*À la mémoire de Effi,
Aliki, Katina et Hélène*

DE LA ROYAUTÉ HELLÉNIQUE

Toute reproduction intégrale ou partielle de cet ouvrage est illégale, de même que son transfert sur tout support électronique ou numérique, ou toute reproduction sous quelque forme que ce soit (électronique, mécanique, photo reproduction ou tout autre moyen), sans l'autorisation préalable écrite de l'éditeur. L 2121/1993 et Règlement international en vigueur en Grèce.

© 2017 ÉDITIONS KAPON – COSTAS M. STAMATOPOULOS

ISBN 978-618-5209-04-9

ÉDITIONS KAPON
23-27 rue Makryianni, GR - 117 42 Athènes,
Tél./Fax: (0030) 210 9214089

RACHEL'S BOOKSHOP
22 rue Ploutarchou, GR - 106 76 Athènes,
Tel. 210 7241 442, 210 9210 983

Courriel: info@kaponeditions.gr
www.kaponeditions.gr

COSTAS M. STAMATOPOULOS

DE LA ROYAUTÉ HELLÉNIQUE

ÉDITIONS KAPON

Il se trouve en effet que sur bien de choses, y compris sur celles qui ont lieu à présent et dont le temps n'a pas effacé le souvenir, les Grecs ont une fausse opinion (…) aussi il en est que pour la plupart la recherche de la vérité se veut sans fatigue, de sorte que ceux-là sont enclins à se tourner vers les choses toutes prêtes.
Thucydide, I, 20, 2

Πολλὰ δὲ καὶ ἄλλα ἔτι καὶ νῦν ὄντα καὶ οὐ χρόνῳ ἀμνηστούμενα καὶ οἱ ἄλλοι Ἕλληνες οὐκ ὀρθῶς οἴονται (…) οὕτως ἀταλαίπωρος τοῖς πολλοῖς ἡ ζήτησις τῆς ἀληθείας, καὶ ἐπὶ τὰ ἑτοῖμα μᾶλλον τρέπονται.

TABLE DE MATIÈRES

REMERCIEMENTS 10
NOTE INTRODUCTIVE 12
PRÉFACE DE STÉPHANE BERN 13

PREMIÈRE PARTIE

LE CHOIX DANOIS 21

DOUBLE HÉRITAGE, LOURDE HÉRÉDITÉ 26
LE POIDS DE L'HISTOIRE 27
DIEU DÉCHU 35
LE POUVOIR INCARNÉ 36
L'ÉTAT INTROUVABLE 37

LA DURE RÉALITÉ 40
LE CHOIX DU RÉGIME 40
« MA FORCE CONSISTE EN L'AMOUR DE MON PEUPLE » : LA DEVISE ROYALE . 42
ENTRAVES 45
LES TROIS MARÂTRES 48

L'ÈRE FONDATRICE 56
OTHON ET AMÉLIE (1833–1862) 56
PARCOURS ASCENDANT (1863–1915) 64

FRAGILITÉS 67
LA LÉGITIMITÉ IMPOSSIBLE (1915–1945) 67
RÉUSSITE ÉPHÉMÈRE (1946–1961) 77
AVANT LA TEMPÊTE (1964–1965) 90
LE GLAS (LA CRISE DE L'ÉTÉ 1965) 96

LA DIMENSION CONSTITUTIONNELLE	100
TEXTES CONSTITUTIONNELS ET LA QUESTION DE LA ROYAUTÉ (1821–1862)	100
LA CONSTITUTION DE 1864 ET LES POUVOIRS ROYAUX	112
ÉCARTS	117

DEUXIÈME PARTIE

TROIS PORTRAITS	124
GEORGES Ier (1845–1913)	125
CONSTANTIN Ier (1868–1923)	137
FRÉDÉRICA (1917–1981)	211

TROISIÈME PARTIE

LA VOIE DU CŒUR	250
MISSIONS	250
SACERDOCE	269
ÉPILOGUE	279
DAMNATIO MEMORIAE	279
RETOUR AU PAYS	288
NOTES	291
TABLE CHRONOLOGIQUE	325
ARBRE GÉNÉALOGIQUE DES FAMILLES ROYALES DE DANEMARK ET DE GRÈCE	330
INDEX	332

REMERCIEMENTS

Cet ouvrage tira grandement partie de la recherche, effectuée pendant plusieurs années, pour la rédaction de *La Chronique de Tatoï (1800–2003)* – à savoir le domaine privé de la famille royale de Grèce –, recherche pour laquelle, outre la bibliographie et le dépouillement de la presse quotidienne couvrant un siècle, l'auteur a fait le tour des archives publiques ou privées à travers l'Europe. Il a également interviewé des gens de toute catégorie ayant eu dans le passé, sous n'importe quel titre, un rapport personnel avec des membres de la famille royale de Grèce ; ils lui firent part de leurs propres souvenirs, ou de récits transmis par leur famille. Leur apport fut particulièrement précieux quant à l'effort de cerner le plus près possible des caractères et expliquer des comportements, ce qui à son tour facilite la compréhension d'évènements plus considérables.

De la Royauté hellénique est également redevable aux commentaires encourageants de S. M. le roi Syméon de Bulgarie et de S.A.R. le prince Michel de Grèce à qui le manuscrit fut présenté peu avant de parvenir à sa version définitive. Son auteur se doit tout particulièrement à exprimer sa reconnaissance à Madame Athina Kakouri, ainsi qu'à l'ambassadeur Costis Ailianos qui ont enrichi son texte de leurs remarques détaillées ; il leur sait profondément gré surtout pour leurs objections – qui parfois l'obligèrent de revenir sur ses pas et d'en remanier tel ou tel passage. Il a ressenti l'attention qu'ils accordèrent à son manuscrit comme un témoignage précieux d'amitié de leur part. Il se doit également de remercier Mesdames Mariéla Papadimitriou et Véronique Boureau di Vetta qui ont bien voulu parcourir le texte et y apporter quelques légères retouches. Tout particulièrement il est redevable à Madame Anastasia Carastathi, grâce à qui, et avec l'étroite collaboration du signataire de ces lignes, le présent ouvrage acquit l'aspect sous lequel il se présente aujourd'hui. Immense a été également à la réalisation du bel objet d'édition que constitue ce livre la contribution de Rachel et de Moïse Kapon, amis et éditeurs. Que soit également mentionner avec gratitude Monsieur Marios Dalézios, sans l'appui duquel la présente édition n'aurait pas eu lieu. Que dire enfin à Monsieur Stéphane Bern pour son étincelante préface, sinon un chaleureux merci ?

Pour finir, il nous faut citer parmi ceux à qui ce court préambule rend hommage, Monsieur Alvaro de la Riva, actuellement ambassadeur d'Espagne en Estonie, pour avoir incité l'auteur, à la suite d'une promenade qu'il fit avec lui à Tatoï, à entreprendre la rédaction de ce livre sur la Royauté hellénique.

NOTE INTRODUCTIVE

Le présent travail a exploité dans une large mesure les données collectées au cours d'une longue recherche exigée pour la redaction de l'ouvrage *La Chronique de Tatoï (1800–2003)*. Son auteur avait bien sûr parcouru la maigre bibliographie existante (en grec) et la presse quotidienne grecque d'un siècle (1863–1967) et il avait aussi consulté des archives publiques et privées qui se trouvent un peu partout en Europe ainsi que la correspondance de membres de la famille royale grecque ou de ses proches parents. Dans le cadre de cette enquête, il a aussi interviewé bon nombre de membres de la dynastie grecque et des personnes ayant eu dans le passé, d'une manière ou d'une autre, un long contact personnel avec des membres de la famille royale grecque. Ces personnes lui ont communiqué leurs propres impressions et leurs souvenirs ainsi que des recits provenant de gens ayant rencontré jadis des membres de la dynastie grecque. Leur contribution s'est avérée particulièrement précieuse pour l'auteur qui a voulu présenter les personnalités d'une manière objective et nullement conventionnelle afin de pouvoir expliquer les intentions et les comportements des personnages principaux et faciliter ainsi la compréhension des faits auxquels ceux-ci ont été impliqués.

PRÉFACE

Pays des dieux de l'Olympe, des rois mythiques et des héros de l'Antiquité, la Grèce, au carrefour de l'Orient et de l'Occident, a toujours entretenu une relation mystérieuse avec le pouvoir suprême. Certes, depuis la nuit des temps, et plus précisément Alexandre le Grand, la Grèce n'a été gouvernée que par des souverains d'abord hellènes, puis romains, « byzantins » et enfin ottomans jusqu'à l'indépendance au XIXème siècle. En un temps où seule la Suisse n'était pas une monarchie (du grec *monos* = seul, et *arkhéin* = commander), les Grecs de 1862, pourtant réfractaires à toute autre autorité que celle émanant d'eux-mêmes, se cherchèrent un roi. Leur choix s'arrêta sur un prince danois, Guillaume de Schleswig-Holstein-Sonderbourg-Glucksbourg, adoubé par les puissances européennes et qui prit le nom de Georges Ier, roi des Hellènes, manifestant sa volonté d'être proche de ses nouveaux sujets en ne commettant pas les erreurs de son prédécesseur bavarois Othon Ier et de son épouse Amélie, souverains romantiques d'une Grèce fantasmée. C'est ainsi que naît au XIXème siècle la famille royale grecque, une dynastie issue d'une branche danoise, donc étrangère aux querelles internes, échappant ainsi aux intérêts claniques pour mieux unifier la nation et incarner l'indépendance de la Grèce sur l'échiquier international. Contre vents et marées, la greffe a pris, malgré ce que Costas Stamatopoulos décrit comme « le profond égalitarisme du Grec, sa haine pour toute supériorité, pour toute suprématie, pour toute élévation fût-elle légitime et méritée». En cela, son ouvrage sur la royauté hellénique n'est pas seulement une galerie de portraits hauts en couleurs sur les différents rois des Hellènes, de Georges Ier à Constantin II, sans oublier les fortes personnalités des reines comme Olga de Russie ou Frédérica de Hanovre, petite-fille du Kaiser Guillaume, mais une analyse brillante sur le difficile rapport des Grecs à la royauté, en partie lié à un farouche refus de l'autorité. Chemin faisant, Costas Stamatopoulos dépasse largement les frontières du récit historique sur l'épopée de la monarchie grecque et sa légitimité remise en question par le coup d'État des colonels d'avril 1967. Il s'interroge à l'aune de l'âme grecque, de son histoire et de sa philosophie, sur cette question, ô combien taboue, du roi. «Les rois de Grèce reviennent toujours» affirmait, pragmatique, la reine Frédérica, qui avait vu le trône d'Athènes vaciller au gré des révolutions, coups d'État, guerres civiles... Étrange destinée. Au lendemain du référendum qui mit fin à cent dix ans de monarchie grecque moderne au profit de la république, la sœur du roi Constantin II, Sophie de Grèce, et son époux don Juan Carlos de Bourbon montaient sur le trône d'Espagne. Quelles fautes politiques avait donc commis ce jeune couple rayonnant de bonheur en 1964, Constantin et Anne-Marie, renouant pourtant l'alliance avec le Danemark démocratique et égalitariste? Aujourd'hui le roi et sa famille sont rentrés dans leur pays mais ils ne suscitent plus d'intérêt qu'auprès de la presse illustrée. Depuis 43 ans, le monde politique grec, pourtant en pleine déréliction, n'a trouvé pour seul sujet de consensus que les attaques virulentes contre celui que tous désignent en Grèce comme «M. Glucksbourg», comme pour mieux lui reprocher ses origines étrangères danoises. Loin des mensonges, des calomnies, d'une propagande savamment orchestrée, les pages qui suivent donnent pour la première fois un point de vue nuancé sur la royauté en Grèce. Costas Stamatopoulos répare aussi une incroyable injustice ; non qu'il cherche forcément à réhabiliter l'œuvre fondatrice de la monarchie grecque en un siècle – quoique les faits plaident en sa faveur, surtout au regard des vicissitudes de la vie publique grecque depuis que de nouvelles dynasties Papandréou ou Caramanlis lui ont succédé –, mais il rompt un silence devenu pesant autour de cette période de l'Histoire de la Grèce moderne. Je suis heureux que Costas Stamatopoulos ait mis son immense talent pour retracer en français l'Histoire de la royauté hellénique en analysant avec autant de finesse les rapports ambigus des Grecs avec l'autorité et le pouvoir... fussent-ils couronnés.

STÉPHANE BERN
Paros, 2016

PREMIÈRE PARTIE

Diriger une force armée grecque était un supplice, du fait qu'on y était obligé d'être à la fois chef, arbitre et intendant, forcé tout le temps d'avoir recours à des mensonges, à des flatteries, à des histoires fantaisistes ; vos hommes vous abandonnent puis reviennent, les victuailles et le fourrage, ainsi que les munitions de guerre vous manquent tout d'un coup et les hommes refusent de vous obéir malgré vos efforts. En Europe, en revanche, le généralissime commande à ses généraux et les généraux aux colonels et ainsi de suite. Il n'a qu'à tracer son plan et il n'a plus de soucis à se faire. Supposons que Wellington me donnât 40 000 hommes ; j'aurais su les commander sans problèmes. Mais qu'on lui donne à lui que 500 Grecs, il ne pourra se faire obéir plus d'une heure. Chaque Grec a ses caprices, son propre dieu, et, afin de pouvoir les mettre au travail et parvenir à faire quelque chose avec eux, il faut menacer l'un et cajoler l'autre, selon les gens...

THÉODOROS COLOCOTRONIS
Mémoires
(voir note 4)

*L*es élections, voilà notre seule occupation depuis que nous nous sommes libérés, c'est-à-dire depuis que nous avons changé de tyrans ; nous avons l'illusion que grâce aux élections nous pouvons changer les tyrans du moment plus souvent que nous ne le fîmes, rien que pour contredire l'adage populaire « Manolios a changé de vêtements, les ayant enfilés à l'envers ». En effet nous n'avons besoin que d'un roi pieux, oint du Seigneur, seul approprié à élire ses conseillers et ses généraux, puisant sa force de la Croix invincible.

ALEXANDROS PAPADIAMANTIS
Mon cher Saint Georges !
(voir note 5)

*B*ien que profondément pénétré des principes démocratiques de notre race, j'ai l'inébranlable conviction que la Royauté Démocratique, qui au fond est notre régime, constitue la forme de régime la plus parfaitement adaptée à la culture politique du peuple grec, ainsi que celle qui sert le mieux les intérêts nationaux.

ELEUTHÉRIOS VÉNIZÉLOS
S.V. Markesinis, *Histoire politique de la Grèce moderne (en grec)*
(t. III, 363)

LE CHOIX DANOIS

Alors qu'il se dirigeait à pied vers l'École Navale de Copenhague, un cadet, âgé de 17 ans, en deuxième année d'études, jeta distraitement un regard sur la feuille de journal qui enveloppait le sandwich de sardines de sa casse-croûte et découvrit qu'il venait d'être élu par les Puissances roi de Grèce. La nouvelle, dont il n'arrivait pas à en réaliser toute la portée, ne lui déplaisait pas trop, étant donné qu'elle survenait au moment où le train-train quotidien commençait à l'ennuyer, car, comme tout adolescent, il avait envie de changement et d'aventure. Le lecteur a peut-être deviné que ce jeune homme, qui venait de découvrir qu'il était déjà roi, n'était autre que le prince Christian Guillaume Ferdinand Adolphe Georges, deuxième fils de l'héritier du vieux roi du Danemark, Frédéric VII, Christian de Schleswig-Holstein-Sonderbourg-Glucksbourg. L'épouse de ce dernier, Louise de Hesse-Cassel, était la fille d'une princesse danoise, détail qui, avec l'aversion de Christian pour la Prusse et les Hohenzollern et le fait qu'il avait longtemps vécu à la cour de Copenhague, contribua pour beaucoup à la désignation par les Puissances de son mari comme héritier de la couronne du Danemark : Frédéric VII n'avait point d'enfant.

Ce royaume, détenant les clefs de la mer Baltique et menacé de surcroît par l'agressive Prusse, sa voisine, qui, dans un proche avenir et au moyen d'une guerre foudroyante, allait s'emparer des quatre duchés héréditaires du Danemark, était protégé en vertu d'une convention dite protocole de Londres, signée en 1851 par la Grande-Bretagne et la Russie d'abord, puissances qui avait tout intérêt à ce qu'aucun État influent ne détînt une des rives du détroit de Skagerak, ainsi que par la France, l'Autriche et la Prusse.

Or, ce furent ces mêmes puissances (à l'exception des deux dernières) qui garantissaient l'existence à l'autre bout de l'Europe du petit et fragile car fraîchement constitué royaume de Grèce, dont le peuple turbulent venait de détrôner son premier roi, Othon de Wittelsbach, fils de Louis Ier, roi de Bavière. Quant à Othon, il avait lui aussi été choisi en 1832 par les Puissances dites Protectrices, qui s'étaient entendu entre elles pour interdire l'accession au trône de Grèce d'un membre de leurs propres dynasties, afin que l'influence d'une d'entre elles n'y devint prépondérante.

En 1862, donc, la Grèce était de nouveau à la recherche d'un roi. Enthousiaste et naïvement bercé par l'illusion de sa propre importance sur la scène politique de l'Europe, le peuple grec, à l'issue d'un plébiscite hâtivement organisé par le gouvernement provisoire dans la dernière semaine de novembre 1862, porta massivement son choix sur le deuxième fils de la reine d'Angleterre, Alfred d'Édimbourg, qui obtint 230 016 voix sur un ensemble de 244 202 votants, contre 2 400 en faveur du duc Eugène de Leuchtenberg, candidat présumé du parti russophile. Bien évidemment il n'en était pas question qu'Alfred acceptât cette lointaine couronne d'épines[1], de sorte que la question de savoir qui serait le futur roi de Grèce demeurait en suspens. Inutile de préciser que les candidats ne se bousculaient pas. Alors que tout restait en suspens dans la Question Grecque, et que la tension montait à Athènes, la cour de Londres célébrait avec pompe le mariage d'Édouard, prince de Galles, avec la belle Alexandra de Danemark, union que la reine Victoria, qui, parmi les étrangers, n'appréciait que les Allemands, voyait d'un fort mauvais œil. Or, le prince Guillaume, âgé de seize ans, accompagnant sa famille en Angleterre, fit une excellente impression sur lord Palmerston, le premier ministre britannique, qui sur le champ vit en lui le parti idéal pour la couronne de Grèce dont personne ne voulait.

Le roi du Danemark entama des pourparlers, sans se presser et avec un réalisme calculateur d'homme d'affaires, et ceci malgré le fait que les parents de l'intéressé –sa mère surtout– se montrèrent récalcitrants. Certes, déclara Frédéric VII, le choix britannique honorait le Danemark et sa Maison royale, mais il ne fallait pas sous-estimer les difficultés considérables que soulevait l'acceptation de ce trône oriental d'un peuple pauvre et en ébullition perpétuelle qui, par-dessus le marché, venait d'expulser son roi. Précisons au lecteur qu'aux années 1860 le philhellénisme de l'ère romantique était bien mort, et l'Europe victorienne rap-

2. *Le roi Georges Ier six mois environ après son arrivée en Grèce.*

prochait les Grecs ses contemporains moins des héros de la guerre d'Indépendance, réincarnations, dans l'esprit exalté des années 1820–1830, des Grecs de l'antiquité, que des brigands, rois des montagnes, tels que venait de les présenter dans son best-seller l'écrivain Edmond About. Ainsi fallait-il traiter.

Trois furent les questions majeures abordées par Frédéric VII. La première concernait les gains territoriaux en faveur de la Grèce (au détriment donc de l'empire ottoman) afin de donner satisfaction au sentiment irrédentiste grec et rendre populaire la nouvelle dynastie. Or la raison capitale pour laquelle la Grande-Bretagne venait de contribuer à l'évincement d'Othon était justement la vive inclination de ce malchanceux monarque pour la réalisation de la « Grande Idée », idéologie unanimement partagée chez les Grecs aspirant à la résurrection d'un Empire Byzantin, revu et corrigé par l'esprit romantico-nationaliste de l'époque. Aussi lord Palmerston se prononça-t-il, sans mâcher ses mots : la nouvelle dynastie devrait renoncer une fois pour toutes à encourager tout agrandissement territorial de la Grèce. Il n'en était même pas question qu'elle reçut comme dot la Thessalie et une partie de l'Épire, ainsi que le réclamait le tuteur du royal élu Frédéric VII, car cela irait à l'encontre du dogme prônant le respect de l'intégrité territoriale de l'Empire Ottoman, sur lequel se fondait le fragile équilibre de la Question d'Orient et de la paix mondiale. La Grande-Bretagne ne pouvait donner que ce dont elle disposait, à savoir les sept îles de la mer Ionienne, dont la valeur stratégique avait par ailleurs fortement diminué, ses intérêts géopolitiques en Méditerranée se focalisant désormais sur l'axe Gibraltar / Malte / Egypte (où les travaux pour le percement du canal de Suez étaient déjà en cours). Bref, pour la dynastie des Glucksbourg, c'était à prendre ou à laisser.

Frédéric VII consentit de mauvaise grâce, se rabattant sur la deuxième question, à savoir l'appointement du nouveau roi, dont la famille, à l'encontre de celle d'Othon, n'était pas riche, alors qu'il était clair que la Grèce était incapable de subvenir décemment aux besoins matériels de son souverain. La solution fut vite trouvée : la liste civile, d'un montant considérable, allait être en majeure partie, à savoir pour les 4/5èmes, versée par le contribuable grec, le reste incombant aux trois Puissances garantes. Cet état de choses se maintint durant cinquante ans et ne fut aboli qu'au début du règne suivant par Constantin Ier.

Le troisième point concernait uniquement le Danemark : la contrepartie de ce service rendu à l'Angleterre constituerait la ferme garantie donnée par cette dernière au Danemark qu'elle défendrait les quatre duchés héréditaires de la famille royale danoise contre la menace de la Prusse.

Georges Ier avouera plus tard que ce dernier point fut en fait le seul qui influa initialement sur sa décision ; il accepta donc la couronne de Grèce comme un sacrifice offert à sa patrie danoise.

L'accord fut annoncé à la Grèce qui le reçut dans l'exultation. La guerre civile qui faisait rage – les bandes armées s'entretuaient jusque dans les rues de la capitale – cessa sur le champ, l'Assemblée, reconnaissante, enregistra le choix des Puissances et une délégation, composée de trois notables, dont le vénérable Canaris[2], héros de la lutte pour l'Indépendance, prit le chemin de Copenhague afin de remettre la couronne de Grèce entre les mains du nouveau roi. Guillaume apprit sa nomination de la façon que l'on sait, presque en même temps que la nation sur laquelle il allait régner. Ajoutons-y qu'au fameux plébiscite de 1862 son nom, qui figurait sur le bulletin parmi ceux des dits candidats à la couronne hellénique, n'avait obtenu que 6 voix, détail fort heureusement rayé de la mémoire de ses futurs et versatiles sujets.

Le jeune prince accepta de bonne grâce le trône qu'on lui offrait, fit une excellente impression au minuscule échantillon de ses sujets venu à Copenhague et se choisit, parmi les prénoms qu'il portait, le prénom Georges comme son nom de roi. Officiellement, il serait désormais Georges, roi de Grèce (et bientôt roi des Hellènes). Pour sa famille néanmoins il allait demeurer jusqu'au bout Vilhelm, et pour les intimes Willy. Le 18/30 octobre 1863, après avoir fait le tour des capitales européennes, accompagné de son oncle Jules de Glucksbourg, ainsi que de quatre jeunes amis, tous officiers dans l'armée danoise, Georges fit sa joyeuse entrée à Athènes, petite ville poussiéreuse d'à peine 30 000 habitants, qui l'accueillirent avec transport, comme un nouveau Messie devant mettre fin aux maux du pays, subvenir à ses aspirations et réaliser ses rêves. Rares n'étaient cependant pas ceux parmi la foule en liesse qui dans le passé avaient à deux reprises assisté à de semblables scènes : en 1828, à l'arrivée du comte Capodistrias, premier gouverneur de la Grèce en voie d'indépendance, puis en 1833, lors de l'accueil du roi Othon. Or, Capodistrias, à peine trois ans après sa venue triomphale en Grèce, avait été assassiné, ayant une grande partie du pays dressée contre lui, tandis que Othon avait quitté son royaume en révolte et, chose menaçante pour le nouveau roi, après 29 ans de règne n'avait obtenu au plébiscite de 1862 qu'une seule et unique voix ! Cet incident, en apparente contradiction avec la foule enthousiaste accueillant Georges, met le doigt sur la question hautement compliquée des rapports des Grecs à l'autorité en général et à l'autorité royale en particulier.

DOUBLE HÉRITAGE, LOURDE HÉRÉDITÉ

Deux parmi les trois textes[3] placés en frontispice du présent ouvrage montrent bien la complexité de la question dont il nous faut débattre dans ce chapitre ; le premier provient des mémoires du héros par excellence de la guerre de l'Indépendance, Théodoros Colocotronis[4], l'autre fut extrait d'un récit, écrit en 1892, d'Alexandros Papadiamantis[5], qui compte parmi les plus grands écrivains de la Grèce moderne (appelé avec raison le Dostojevski grec) et par qui s'exprime la voix des petites gens, ceux d'Athènes de son temps, ou bien, dans la plupart de ses œuvres, ceux de Skiathos, son île natale. Ces deux témoignages, apparemment contradictoires, recouvrent néanmoins des réalités qui coexistent. Papadiamantis, en effet, l'affirme clairement, et l'on pourrait avancer, sans trahir sa pensée, qu'il ne fait que désigner la marge séparant l'idéal de la réalité. En d'autres termes, il présente à la fois le problème et indique sa solution selon ses propres critères. La réalité est l'effet ravageur de l'individualisme sur le corps social grec, problème dont se plaignent à la fois le chef guerrier et l'écrivain des pauvres ; l'idéal auquel Papadiamantis aspire – sans qu'il soit sûr que Colocotronis l'eût entièrement contredit – est la monarchie ou la royauté à forte consonance religieuse, qui, selon le sage de Skiathos, pourrait servir d'antidote, de calmant et de remède. Sa pensée, exprimée certes d'une façon quelque peu simpliste, mais qui n'est pas dépourvue d'intérêt, nous invite à méditer sur le fait qu'au cours de la longue histoire grecque, le problème demeurant toujours le même (à savoir le moi outrancier, immature et versatile du Grec), chaque époque, selon ses moyens et ses croyances, inventa ses propres défenses afin de l'endiguer, le dompter et le détourner vers des fins utiles à la chose publique : la Grèce antique, en effet, créa la cité et le noble idéal du citoyen soumis aux lois, fussent-elles injustes ; la Grèce chrétienne, prêchant les vertus de l'humilité et du sacrifice par amour, promut le modèle de la communauté paroissiale et du *coenobium* monastique ; la Grèce ottomane vit s'épanouir l'institution communale (institution par ailleurs voulue par les Ottomans et, par conséquent, point limitée aux populations grecques de l'empire turc). Et si Papadiamantis, porte-parole d'une partie importante du peuple, d'habitude privée de voix tant individuelle que collective, formulait par ces quelques mots non seulement sa propre proposition mais en même temps la leur quant au remède à apporter à la Grèce de son temps, à la Grèce renaissante[6] ? L'hypothèse de travail ayant été posée, on se doit à présent procéder à un diagnostic plus rigoureux, et pour ce faire le lecteur est invité à aborder la pathologie du comportement politique du Grec surtout après 1821 sous trois angles différents.

LE POIDS DE L'HISTOIRE

Abordons la question en commençant par deux constatations apparemment contradictoires, qui portent l'une sur une particularité de l'homme Grec et l'autre sur un phénomène de longue durée relevé dans l'histoire plusieurs fois millénaire de l'hellénisme.

D'une part il y a le profond égalitarisme du Grec, sa haine pour toute supériorité, pour toute suprématie, pour toute élévation, fût-elle légitime, fût-elle méritée. D'autre part il est un fait que, depuis l'époque d'Alexandre le Grand, le Grec a toujours vécu sous des régimes monarchiques, même si au sein de ceux-ci survécurent ou réapparurent des formes organisées de gouvernement local plus ou moins démocratique. Le passage de l'état-cité de l'époque classique à la monarchie, hellénistique d'abord, puis romaine, ensuite byzantine et enfin ottomane, est à mettre en parallèle avec un accident de l'histoire qui fit progressivement basculer à partir du IVe siècle avant notre ère le centre du monde grec vers l'Asie. Ceci nous incite à affirmer que, politiquement, l'hellénisme fut, jusqu'à un certain point, conquis par ses propres conquêtes.

Cette lente et progressive mutation entraîna l'acquis d'habitudes et de formes de fidélité, lesquelles finirent avec le temps par forger une conception particulière et assez paradoxale de l'institution royale (qui en cela s'écarte du modèle oriental, et ce en dépit du dédain affiché de Byzance pour la démocratie, synonyme de désordre aux yeux de son élite lettrée), dans laquelle se rencontrent, selon une logique propre à la Grèce, deux éléments contraires et pourtant complémentaires, qui se disputent l'âme du Grec, à savoir l'élément oriental et l'élément occidental. D'une part l'Orient despotique, hiératique et sacralisé, l'Orient monarchique aux masses politiquement apathiques ; d'autre part l'Occident en mutation permanente, l'héritière des notions de cité et de citoyenneté. D'un côté la primauté accordée au sentiment, au mythe, à l'orthodoxie, à la vérité unique, de l'autre sinon toujours la raison, du moins la mise en question de toute certitude, la mise en examen, le mouvement : la salle du trône, mais encore l'agora. Ces deux tendances – dont l'une, en mesure que s'accomplit le glissement vers l'Asie, se renforce, alors que l'autre, toujours fragile, se pervertit par contamination – ne sont pas parallèles, mais elles s'entrecoupent et s'entrecroisent à plusieurs niveaux, formant un tissu de réalités politiques difficiles à saisir de la part de quiconque demeure attaché au traditionnel clivage occidental : Droite / Gauche. Ces deux notions existent, certes, aussi dans la Grèce moderne, mais elles n'y sont pas les plus importantes, étant, toutes les deux, traversées, déviées, parfois même fécondées, par des réalités infiniment plus complexes et plus riches en contenu, que je nommerais en simplifiant : « Orient » et « Occident ».

Ainsi il y a en Grèce une Droite et une Gauche « orientales », comme il y en a une Droite et une Gauche qui se veulent inspirées de l'Occident. Les premières revendiquent le cœur du Grec, les secondes sa raison. L'entrée de la Grèce à l'Union Européenne était censée renforcer, jusqu'à le rendre irréductible, l'élément occidental. Elle était censée écarter à jamais les démons de l'autoritarisme et de l'arbitraire qu'ils fussent de droite ou de gauche, diminuer chez le Grec la tendance de fuir hors de l'histoire (à savoir hors de la réalité concrète) et se réfugier dans le mythe, perçu, au fur et à mesure que le temps avance, sous une forme de plus en plus appauvrie, grossière ou mal dégrossie et, pour en finir, souvent puérile. Il n'en a été rien ; l'ampleur de la crise actuelle démontre celle de l'échec d'une entreprise qui n'eut jamais le plein assentiment de la nation et dont la plupart des apôtres, étant eux-mêmes peu convaincus de l'applicabilité de leurs thèses, soit s'effacèrent, soit démentirent par leurs actes leurs propres arguments.

Certes, pour ce qui concerne l'Orient, on en est loin du monde qui, entre le XIIe et le XIVe siècle, reçut de plein fouet l'attaque de l'Occident en train de prendre son essor et dont la physionomie s'affirmait, expansionniste et sécularisée quant au fond ; l'Orient grec, en revanche, politiquement déjà sur le déclin, était parvenu au comble de sa maturité spirituelle et intellectuelle. Nourri de deux millénaires de pensée philosophique et théologique, il offrait au monde, à travers les écrits de ses sages et la beauté transcendante de sa peinture religieuse (qui atteint autour de 1300 un sommet inégalable), sa propre voie à suivre, une voie mystique, rayonnante, et pourtant relativement statique, introvertie, sans avoir ni les moyens ni la volonté (toute sa vision des choses s'y opposait !) de l'imposer à quiconque restait insensible à son rayonnement.

De ce formidable conflit – préfiguration de futures agressions plus vastes d'un Occident conquérant sur une échelle planétaire –, deux épisodes sont à retenir : d'une part la quatrième Croisade, qui aboutit au sac de Constantinople le 13 avril 1204, d'autre part la controverse hésychaste. Les deux, chacun à son niveau, selon ses moyens et ses raisons propres, accélérèrent le processus de la mise en marge de l'Orient byzantin par rapport à ce qui s'avérerait bientôt être le courant dominant de l'histoire qui, de rupture en rupture, allait progressivement engendrer le monde moderne.

Dans les deux cas, l'Orient orthodoxe refusa un compromis si contraire à sa propre conception de la vie ; celle-ci, étant éminemment eschatologique et favorisant fatalement la fuite hors du monde, façonnait malgré elle un type de société passif et résigné. Les meilleurs pourtant de ses membres tendaient vers la perfection intérieure, vers la sainteté ; les autres, à savoir le grand nombre, se contentaient de végéter, rivés sur leur destin quasi immuablement ingrat, sans échappée, ni horizon immanent, dont ne les délivreraient, espéraient-ils, que le miracle ou la mort. Il faut dire qu'à partir de 1204, l'Histoire fut à ce point cruelle à l'égard de l'hellénisme que non seulement elle sembla justifier cette vision des choses, mais encore elle la fit apparaître comme une faveur du sort, un bienfait de la Providence.

En effet, alors que l'Occident, fidèle à lui-même, s'acheminait vers sa pleine sécularisation et la domination ainsi que l'exploitation de plus en plus totale de a planète, l'Orient byzantin, lui, sombrait dans la nuit du joug ottoman, joug qui, à partir de la fin du XVIe siècle, devint synonyme d'arbitraire, de régression culturelle et de sous-développement chroniques. Dans ces conditions, il était normal que la baisse dramatique du niveau du savoir que celles-ci suscitèrent engendrât chez les asservis, parmi d'autres graves handicaps, un complexe d'infériorité et, par conséquent, une vision déformée, faussée et partielle de soi et de l'autre. Cet état de choses ne fut qu'aggravé après la lutte pour la libération des années 1821–1832, la création d'un État étant porteuse d'exigences de modernité pour lesquelles les Grecs n'étaient pas préparés. Optant pour une approche superficielle des choses, on eût dit que le progrès accompli depuis 1821 fut impressionnant – indiscutable preuve de dynamisme d'une race industrieuse et douée : certains des étrangers en visite en Grèce dans le dernier quart du XIXe siècle allèrent jusqu'à la comparer à l'Amérique.

En effet, il s'agissait bien de créer un monde nouveau. En l'espace de quelques années, le Grec échangea la fustanelle contre la redingote et le veston, se construisit de blanches cités néoclassiques, dans lesquelles il s'efforça de faire disparaître tout vestige oriental, importa ses institutions et son système juridique de l'Occident, désormais synonyme de Lumières, de progrès et de modernité ; à vrai dire, selon lui, il ne s'agissait que d'un rapatriement, d'un retour chez soi, la civilisation occidentale étant née en Grèce. Se regardant lui-même de plus en plus à travers les lentilles des Occidentaux, chez lesquels il puisait sa propre estime de soi, il réserva au passé antique une place énorme dans l'idéologie et l'enseignement sans pour autant en faire progresser, comme ce fut le cas en Occident, la connaissance scientifique de l'antiquité, et cela en partie par légitime fierté d'épigone, en partie pour en tirer de la vanité et pour mieux justifier ses revendications de la culture et de la mentalité occidentales. Par conséquent, le millénaire byzantin fut voué au silence, sinon à l'opprobre – pour ne rien dire des siècles ottomans honnis – de la part d'un État qui, sans chercher à conformer son discours à ses actes, proclamait son ambition de devenir un avant-poste de l'Occident et de constituer, aux marges du continent européen, le royaume modèle.

À vrai dire, bien de choses stagnaient, et les consciences se montraient récalcitrantes au changement, soit par inertie, soit parce que toute réforme essentielle inévitablement bouleverserait des certitudes et des habitudes séculaires et menacerait des intérêts et des pouvoirs bien établis. Mais il y avait une raison supplémentaire qui contraignait la Grèce à imiter l'Occident d'une manière irréfléchie : c'est qu'elle manquait d'outils nécessaires pour une perception plus complète et plus nuancée d'un monde qui désormais dominait la planète, et cela parce qu'elle n'avait pas pu partager les moments fondateurs, la Renaissance et le temps des Lumières. Pour combler ne serait-ce qu'un peu le gouffre qu'avait creusé la nuit ottomane, il lui fallait du temps ; mais ce temps qui lui manquait la condamnait, de pair avec les autres problèmes mentionnés, à ne vouloir et à ne pouvoir tirer de l'Occident que ce qui était immédiatement à sa portée. Le mal serait moindre si sa propre et très riche tradition lui eût été abordable, mais l'absence d'élites capables de puiser aux trésors du patrimoine intellectuel et spirituel autochtone ne lui facilitait pas la tâche.

L'expansion du royaume, à l'issue des guerres balkaniques (1912–1913), en Macédoine et en Épire et surtout l'arrivée massive, dix ans plus tard, de 1 350 000 réfugiés de l'Asie Mineure et de la Thrace orientale annulèrent le fragile acquis occidental des quatre-vingt années précédentes. Les remous violents des années 1920 et 1930 ainsi que la tourmente qui ravagea la Grèce au cours de la décennie suivante sont la conséquence et portent les traces soit de coupures brutales par rapport à des passés proches mais irrévocablement écroulés ou émanent de la peur qu'éprouvèrent des groupes sociaux clos jusque-là (telle la paysannerie traditionnelle) menacés d'anéantissement. À partir de ces années qui, suite à la Catastrophe en 1922, laissèrent la Grèce comme amputée, on a à faire à des générations désorientées, humiliées et appauvries. Le résultat en est l'image d'un peuple recroquevillé sur sa propre médiocrité qui lui colle à la peau comme un destin – malédiction pour les uns, inséparable compagne de route pour les autres, à dévisager presque avec tendresse.

À propos de l'impact qu'eut sur la formation de l'hellénisme médiéval et post-byzantin l'Église Orthodoxe on en a déjà presque dit l'essentiel : le lecteur comprend bien que le terme « tradition » renferme tout ce que l'Église a su léguer au niveau de l'enseignement mais aussi de la pratique à la vie quotidienne des fidèles. L'Église en effet fut la grande, voire par moments la seule, école de la nation grecque, après avoir elle-même beaucoup reçue de l'hellénisme antique qu'elle métamorphosa, réorienta et développa. Insinuer toutefois que la tradition orthodoxe résulterait de l'immersion du multiple héritage de la pensée antique dans les fonts baptismaux de la chrétienté n'est qu'une demi-vérité, toutes les écoles philosophiques grecques n'ayant pas exercé sur l'Église orthodoxe le même impact. Aucune école, en effet, n'eut pour elle l'importance du platonisme et du néoplatonisme, dont l'influence, directe ou indirecte, fut énorme malgré les défenses que l'Église se créa pour s'en protéger. Cette inclination s'avéra irrésistible du fait du glissement *oriental* précédemment mentionné, qui commença, rappelons-le, depuis l'ère hellénistique et contribua à forger et à accentuer ensuite avec le temps ce que d'aucuns appellent la vocation johannique (contemplative) de l'Orthodoxie[7].

Par ailleurs, il est important de signaler, dans ce chapitre consacré au poids du passé, que l'enseignement de l'Église, dont la pensée théologique a atteint son point culminant dans la première moitié du XIVe siècle, au moment de la controverse hésychaste, connut fatalement sous l'ère ottomane un réel appauvrissement et alla même jusqu'à subir une nette altération de son contenu, due à l'intrusion d'éléments d'inspiration catholique ou protestante. Cela était la conséquence du marasme général du savoir et des dures conditions de vie des populations orthodoxes asservies. La spectaculaire résurgence spirituelle de la fin du XVIIIe siècle (dite renouveau philocalique), qui, bien que parue en terre grecque, fleurit dans la principauté moldave et principalement en Russie, montre que la source était loin d'être tarie, même si tous n'étaient pas en état de s'en abreuver.

En dépit des vicissitudes de son histoire et des temps d'adversité et de faiblesse, les dispositions de l'Église orthodoxe face à la notion d'autorité, face au problème de la source du pouvoir et de l'attitude à son égard de la part de ses membres, ne varièrent point. L'Église préfère-t-elle la monarchie ou la démocratie ? De prime abord, il est facile de trancher, compte tenu de l'égalité absolue de tous les hommes, pour qui le Christ a indifféremment versé son sang. De là découle la conception capitale selon laquelle la Vérité réside dans l'ensemble du corps ecclésial, à savoir dans la totalité des fidèles baptisés qui constituent le corps du Christ (selon la doctrine paulinienne) sans distinction entre membres du clergé et laïcs. Cette vérité fondamentale, sans être jamais mise en question, est en pratique nuancée à travers une optique ascétique et eschatologique par l'observance des vertus chrétiennes de l'humilité, de la persévérance, de l'obéissance et du sacrifice. Par ailleurs, on ne peut négliger l'importance que l'Orthodoxie accorde à la communion entre les personnes, ni le fait que cette notion de communion constitue le fondement du régime royal, alors qu'elle fait défaut à la démocratie qui par nature est impersonnelle et donc souvent inflexible, insensible et sans cœur. Évidemment, un monarque peut l'être aussi, mais, dans ce cas, il s'agit plutôt d'un défaut de caractère individuel et non d'une particularité intrinsèque de l'institution. L'Église est à la fois une Démocratie et une Monarchie. Dans sa façon de concevoir et d'exercer l'autorité et dans sa propre organisation on reconnaît à la fois le principe démocratique et le principe monarchique : d'une part il y a le système synodal, fondé sur le principe de l'égalité entre évêques ; d'autre part le quasi-absolutisme de l'évêque, représentant à vie du Christ, qui, au sein de son diocèse, est le maître incontesté (*despote*), selon une tradition qui porte, elle aussi, le poids de l'Histoire.

Afin de mieux cerner ce double discours de l'Eglise sur l'autorité, il faudrait remonter aux Ecritures : on a la parole du Christ et le texte capital de la deuxième tentation dans le désert d'où ressort l'essence démoniaque du pouvoir (ce qui constitue une des fatalités majeures de l'Histoire) ; on a aussi l'acceptation de Sa part de verser l'impôt à César, ou bien, sur un autre registre, Sa soumission au Père. Paul, de son côté, incite les fidèles à l'obéissance envers le pouvoir civil, pourvu que celui-ci remplisse quelques conditions éthiques et laissât les chrétiens exercer leur culte en paix, prônant ainsi également le devoir à l'indocilité et à la désobéissance. À l'époque byzantine, le pouvoir séculier cessait, aux yeux de l'Église et du peuple, d'être légitime a) au cas où il se muait en tyrannie et b) quand les empereurs négligeaient de protéger et de promouvoir la foi orthodoxe.

Par ailleurs, les vers du psaume 145 : *Ne mettez point votre foi dans les princes, dans un fils de la glaise, il ne peut sauver !*, qui reviennent lors de chaque service religieux, mettent en question le principe de l'autorité temporelle. Ils sont, en effet, un avertissement prophétique pour le fait qu'aucun pouvoir terrestre n'est entièrement légitime, aucun n'est définitivement établi. Chaque pouvoir est en partie usurpation et porte en soi la semence de la contestation et de la révolte.

Ceci étant, l'Église orthodoxe, hiérarchisée et anti-individualiste comme elle est et au demeurant très attachée au passé byzantin, qu'elle considère, à tort ou à raison, comme un véritable âge d'or, fut de tout temps un appui majeur de la cause royale, majeur certes, mais, comme on vient de le voir, jamais inconditionnel.

DIEU DÉCHU

Le poids du passé, sous ses aspects multiples et contradictoires et selon une dialectique d'acquis mutuels et d'influences réciproques, bien que façonnât en profondeur le Grec, allait s'avérer incapable de corriger ou du moins de durablement atténuer le trait le plus vif et le plus nocif de son caractère : son individualisme outrancier.

Cette caractéristique est à joindre à une autre particularité, à savoir l'indifférence du Grec à l'égard des valeurs abstraites, son refus de les laisser guider sa vie. Ceci explique l'impossibilité dans laquelle il se trouve de maintenir durablement le cap sur un but visé et aussi sa répulsion pour les efforts de longue haleine. Son orgueil d'autocrate s'avère irréductible, tout comme sa certitude, maintes fois démentie, d'être l'arbitre absolu de sa destinée, l'épicentre autour duquel graviterait le reste de l'univers.

Ses innombrables déconfitures ne le font pas désenchanter, car il en juge les autres responsables. Vaniteux, il succombe facilement à la flatterie, d'où son penchant pour les démagogues. Fidèle à un code moral et une échelle de valeurs qui lui sont propres, aucun contrat ne l'engage, et il s'arroge tous les droits, y compris celui de se contredire, de se renier, bref, il donne l'impression d'un dieu à l'envers, un dieu tragique, dérisoire, irrémédiablement déchu… mais d'un dieu quand même, foncièrement indiscipliné, indomptable, impossible à mettre au pas. L'autre pan de cette même réalité, sa facette orientale, si l'on veut, est l'apathie dans laquelle il se plonge, son laisser-faire, son refus de se mobiliser pour de grandes causes (d'où le fait qu'il est à la fois irascible, toujours en effervescence et soumis) et son inconséquence : en d'autres termes, il s'agit d'une pâte humaine qui ne pourra jamais permettre la constitution d'une société structurée et d'un État ordonné.

Et pourtant cet être intraitable a lui aussi son talon d'Achille, qui n'est autre que son amour propre (tantôt fierté, tantôt vanité), à la fois damnation et rédemption, en raison duquel il est prêt, tant individuellement que collectivement, à accomplir des exploits, des actes d'abnégation et d'héroïsme stupéfiants. Comment s'y prendre pour provoquer cet embrasement et éviter qu'il ne soit qu'un feu d'artifice ? Aussi bizarre que cela puisse paraître, pour un peuple qui a vu naître la notion de raison, le Grec s'engage dans un mouvement collectif par le biais de la foi ; ses transports collectifs ont un fond religieux, même si parfois, dans les premiers moments de son engagement, la raison s'y mêle, sans pour autant être toujours désintéressée.

Le vrai talent du chef idéal pour le peuple grec, qui pourrait susciter un élan durable, serait sa capacité de faire naître dans le cœur de ses compatriotes cette confiance, cette fidélité, cette foi à son égard et l'exploiter par la suite soit pour le bien de la patrie soit pour son bien personnel. D'où la création, la légitimation et la relative pérennité de véritables dynasties politiques[8] – phénomène tiers-mondiste si il y en ait, qui culmine dans la période après 1974 (quand – est-ce vraiment un hasard ? – la royauté est abolie)[9]. Le fait que la foi quasi inconditionnelle en un chef implique l'établissement d'une relation personnelle de type particulier entre lui et ses partisans nous conduit au troisième volet du triptyque.

LE POUVOIR INCARNÉ

Cette nette préférence pour un gouvernement personnel est à mettre en rapport avec cette autre particularité fondamentale du Grec, qui a déjà été mentionnée en passant, à savoir son mépris envers toute notion abstraite, tout principe immatériel, y compris dans le domaine de la religion, chrétienne ou païenne, où il a toujours voulu voir ses dieux incarnés[10]. Quoi qu'il en dise pour défendre des idées à la place des personnes, le Grec, au fond de son cœur, ne reconnaît vraiment que le pouvoir incarné en une personne concrète. Et c'est en faveur d'un homme et non pour défendre une idée qu'il prend feu.

Cette priorité accordée à la personne – et donc à la *relation* avec elle – et sa prédominance sur les institutions, fûssent-elles excellentes, et sur la loi demeure jusqu'à nos jours une des particularités majeures du comportement politique grec (laissant grandes ouvertes les portes aux démagogues de tout bord) et une des causes de la fragilité permanente des institutions étatiques.

Dans sa correspondance avec son père, le duc d'Oldenbourg, la reine Amélie de Grèce relate un épisode de l'Athènes de son temps, qui en dit long sur le sujet[11] : elle lui raconte l'impossibilité dans laquelle se trouvait la municipalité de trouver un bourreau, quelqu'un qui pût être chargé d'exécuter les condamnations à mort arrêtées par les tribunaux. Que celui-ci fût un Grec, était déjà hors de question, mais l'embauche d'un étranger s'avérait également impossible. Cette attitude était-elle due à une prétendue aversion des Athéniens pour la peine capitale ? Rien ne nous incite à le croire, malgré le fait que les foules en Orient ne partageaient pas la délectation des occidentaux pour le sang versé en public. La vraie cause du problème doit être attribuée à la certitude du bourreau de se faire abattre aussitôt par les proches de l'exécuté, même si ce dernier était un criminel de droit commun. À leurs yeux, le bourreau était le responsable de la mort de leur parent et ami, il était son assassin, et le crime exigerait réparation et vengeance !

L'ÉTAT INTROUVABLE
Voici donc le limon déposé dans la conscience politique du Grec par les différents âges de sa longue histoire ; voici les démons qui, depuis la nuit des temps, poursuivent et tourmentent sa destinée et qu'une longue et cruelle occupation turque, puis, à partir de 1821, dix ans de guerre sans merci, à la fois guerre contre l'occupant et guerre fratricide, avaient, au moment de sa libération, de nouveau rendu furieux. En admettant que ce choix leur eût été réellement offert, pourrait-on dire que les Grecs étaient davantage prédisposés à la république qu'à la monarchie ? Les données dont on dispose, passablement troubles et mêlées, nous portent plutôt à affirmer qu'ils pencheraient instinctivement et par habitude formée au cours de la longue période du déclin ottoman – période fondatrice de l'hellénisme moderne – vers un régime personnel fort sous certaines conditions[12], dans un État relâché et quasiment absent, un État égalitaire et point trop sourcilleux de contrôler en détail ses sujets.

De cette situation découlerait un régime chaotique, perpétuellement provisoire et toujours aux aguets, ne serait-ce que parce que des rivaux ne manqueraient pas de se dresser contre celui qui exerce le pouvoir, en entraînant derrière eux tous ceux qui s'estiment lésés dans leurs droits, tous ceux qui, ne faisant point partie de la clientèle de l'homme fort, furent privés des bénéfices matériels ; la conséquence serait une interminable guerre civile. Gare à celui qui prétendrait mettre en question cet état de choses, lequel, par ailleurs, de par l'alternance, accomplie de gré ou de force, des protagonistes et de leur clientèle au pouvoir, confère au système un semblant d'équité, puisque, en fin de compte, toutes, ou presque toutes, les parties prenantes y trouvent à tour de rôle leur intérêt ; toutes sauf une : l'État, dont nul ne s'en soucie, condamné, lui, à perpétuellement végéter et à pâtir, à courir toujours le risque de disparaître complètement, rendu, de par sa faiblesse provocante, l'objet de convoitise pour la Turquie : celle-ci était peu résignée d'avoir été contrainte de céder ce bout rocailleux au sud des Balkans et une poignée d'îles dans l'Archipel, parcelle improductive, infestée de brigands et de pirates, mais cependant précieuse de par sa position.

La solution, unique alternative pour les élites de la Grèce, serait de trouver un puissant protecteur et déchoir dans un état de dépendance, sous la tutelle d'une Puissance majeure, qui garantirait la survie du pays et la leur et qui, sur le scène de la politique intérieure, jouerait quelque peu le rôle desservi par les Ottomans avant la Révolution.

L'État est cet inconnu, pour qui le Grec avait versé son sang sans compter, en vertu d'une relation paradoxale qui l'incite à lui sacrifier allégrement sa vie, tout en lui refusant l'impôt ! L'État est une notion abstraite, indifférente, pour ne pas dire gênante dès sa naissance, face à une société qui, elle, est bien concrète, composée d'individus ou de clans voraces qui le considèrent comme leur bien personnel ou plutôt comme leur proie. *La foi en la Révolution française et à la constitution ne produisit chez nous et ne produira jamais rien d'autre que des amoureux passionnés du pouvoir et de la caisse centrale*, constate amèrement Dimitrios Vernardakis, écrivain du XIXe siècle finissant.

À plus d'un siècle de distance, un penseur grec contemporain enchaîne et présente la vie politique grecque[13] à partir de 1821 comme une guerre impitoyable que livrait la société, confinée qu'elle était dans une réalité pré-étatique et attachée donc à la famille, au clan, au village, à l'étroite région en tout cas, contre l'État, qui dès le départ ne pouvait être organisé que sur le modèle occidental. Dans cette guerre du Sang contre la Loi, la société, pour mieux y réussir, se sert des politiciens dont la plupart, qu'ils fussent de notables de souche ou de parvenus, partageaient ces aspirations et tentaient, en recourant à la corruption, aux pots de vin, au piston, en profitant de l'impunité et en acceptant dans les faits la fraude fiscale, à prendre d'assaut l'État, à l'annihiler et à le transformer en fief personnel. De son côté l'État, cherchant à se défendre, se vengeait, faute de mieux, en pressurant les plus faibles et se faisant ainsi unanimement détester. Les grands politiciens grecs, tous des conservateurs, tels Capodistrias, Tricoupis, jusqu'à un certain point Vénizélos et, après lui, Caramanlis, essayèrent de contenir cette tendance et de briser le cercle vicieux ; presque tous ont succombé à la tâche ou ont vu leur œuvre s'écrouler comme un château de cartes peu après qu'ils eurent quitté le pouvoir.

En anticipant, on pourrait ajouter que le grand appui pour les gouvernants était le Trône, lequel, d'une part à cause de son altérité face à la société et d'autre part grâce à ses liens privilégiés avec elle, empêchait que le noyau de l'état n'en fût anéanti, sans pour autant nuire à la cohésion de l'édifice social, qui, au contraire, se trouvait renforcée. Il faut bien sûr admettre que ce service inestimable rendu à la nation est de beaucoup plus difficile à réaliser avec un président de la République, qui, quels que soient les pouvoirs et les prérogatives dont la constitution le dotera, fait partie, qu'on le veuille ou non, de la mêlée politicienne dont il est issu et avec qui le tiennent attaché mille liens, dont certains parfois répréhensibles. Une seule fois (c'était en 1965) le Trône se permit d'agir, ou, pire, donna l'impression d'avoir agi, en partie sans scrupules – attitude dont il sera question dans les chapitres suivants : en abolissant, au vu et au su de tous, la distance morale qui le sépare d'emblée du monde politique, il se vida de sa substance et perdit sa raison d'être, ce qui fut fatal tant à lui qu'à l'État, aussi bien sur le coup que sur la longue durée. Car, à partir de ce moment, la voie restant ouverte, le chaos pris, dans un premier temps, l'aspect de la dictature de 1967-1974 ; ensuite, se mettent en place, les uns après les autres, tous les composants qui menèrent droit à la crise actuelle, produite par le plein abandon de l'État de la part de ses dirigeants (tel fut l'exploit négatif d'Andréas Papandréou, puis celui de tous ses successeurs jusqu'à nos jours) aux mains de la société pillarde. De la sorte, les hommes politiques ont pu impunément participer à la curée en s'arrogeant la part du lion, sans encourir de risque personnel et sans porter préjudice à autre chose qu'à l'État.

Mais nous voici presque revenus à notre point de départ, à savoir aux affligeantes constatations de Colocotronis, de Miaoulis et de Papadiamantis, lesquelles pourraient être partagées sans difficulté, à l'autre bout de l'histoire grecque, par Agamemnon, roi de Mycènes et généralissime de la guerre de Troie !

LA DURE RÉALITÉ

LE CHOIX DU RÉGIME

Pour l'immense majorité du peuple, au moment où la question du régime du futur État fut soulevée, l'idée de royauté nationale se confondait avec l'idée d'indépendance : un peuple libre et maître de ses destinées a son propre roi. Byzance avait été une monarchie, et le dernier monarque grec, l'empereur Constantin XI Paléologue, était mort, l'épée à la main, en 1453, sous les murailles de Constantinople assiégée par les Turcs. L'État ressuscité ne pouvait donc qu'avoir à sa tête un roi, afin que la justice, aussi bien divine qu'historique, fût rétablie et que la boucle fût bouclée[14]. En théorie, c'était on ne peut plus simple.

Par ailleurs, la Suisse exceptée, le monde de 1820-1830 était un monde monarchique (en crise relative depuis 1789). C'était la monarchie – la monarchie absolue, mais aussi, et ce de plus en plus, la monarchie constitutionnelle – qui à l'époque représentait le régime considéré comme normal, ainsi que de nos jours il y va de la démocratie parlementaire.

Cette conception des choses était partagée tant par la majorité du peuple grec que par les Puissances Protectrices, qui décidèrent du sort du nouvel État, à cette différence près que ces dernières optèrent pour la monarchie absolue, alors que la plupart des Grecs inclinaient en faveur de la monarchie constitutionnelle respectant les us et coutumes du pays.

Tandis que Capodistrias, à la tête de la Grèce, était en train de lutter contre mille adversités, dont la principale fut la déception du peuple qui s'attendait à des miracles une fois sa liberté conquise, l'Angleterre, la France et la Russie décrétèrent par le protocole de Londres, le 3 février 1830, que *le gouvernement de la Grèce sera monarchique et héréditaire, par ordre de primogéniture. Il sera confié à un prince qui ne pourra pas être choisi parmi ceux des familles régnantes dans les États signataires du traité du 6 juillet 1827 et portera le titre de prince souverain de Grèce*[15]. *Le choix de ce prince fera l'objet de communications et de stipulations ultérieures* (Article 3). Ensuite, par le traité de Londres, le 25 avril 1832, les Puissances annoncèrent que *le prince Othon de Bavière sera roi de Grèce* et que *La Grèce formera un État monarchique indépendant, conformément au protocole du 3 février 1830*. Cette décision avait été prise après le désistement de Léopold de Saxe-Cobourg qui renonça à la couronne de Grèce, après l'assassinat de Jean Capodistrias, après la promulgation par la Ve Assemblée Nationale d'une constitution dite monarchique et après le déclenchement d'une nouvelle guerre civile[16].

Revenons aux Grecs et essayons de cerner la question de leur régime. L'image se trouble, car, tout nostalgique qu'il fût de son empire médiéval et bien que vénérant la mémoire de son dernier empereur (selon une légende, celui-ci ne fit que dormir dans une cave aux pieds des murailles de Constantinople, pour se réveiller un jour et entrer en libérateur dans la Reine des villes), le Grec moyen était plutôt indifférent face au contenu à donner au pouvoir personnel à la tête de son État. Dans les faits, comme d'ailleurs ce fut le cas pour ces ancêtres byzantins au moins jusqu'au Xe siècle, le Grec moderne basculait entre, d'une part, la fidélité à la loi dynastique, censée stabiliser l'État, et, d'autre part, la soumission à l'homme providentiel, imposé par les circonstances. Il était donc partagé entre l'option d'avoir un roi et celle d'avoir un dictateur, entre l'idée d'une monarchie plus ou moins constitutionnelle et un régime républicain, peut-être plébiscitaire et certainement populiste, issu éventuellement de l'armée, qui était l'institution populaire par excellence. Fidèle à la tradition byzantine, gardant de souvenirs traumatisants des conflits intestins de l'époque républicaine[17] et succombant à la vanité – car à ses yeux la royauté conférait plus de prestige à la nation que la république –, le Grec moderne rejeta pour longtemps l'option républicaine, se prononçant, au moins jusqu'à la grande coupure que constitue l'année 1922, nettement en faveur de la royauté. D'ailleurs, l'option républicaine, dans le sens d'un régime non héréditaire et non couronné, bien qu'elle ne lui fût pas présentée au moment de sa délivrance du joug turc comme un choix viable, compta bel et bien parmi les possibilités de régime à asseoir, offertes au verdict populaire lors du plébiscite de novembre 1862. Or, cette proposition n'obtint que 93 voix !

Pour en conclure :
- le régime royal était intrinsèquement lié dans la conscience populaire au fait même de l'existence de l'État[18]
- la royauté fut la moins étrangère, parmi les institutions politiques de la Grèce libérée
- compte tenu du penchant du Grec pour des régimes personnels et donc autoritaires, la royauté constitua une solution intermédiaire et modérée *et du coup* un bouclier à la fois contre la tyrannie et contre l'anarchie, cette dernière n'étant en fait que le signe avant-coureur de l'instauration du despotisme
- la royauté fut une affaire éminemment populaire.

LA DEVISE ROYALE : ΙΣΧΥΣ ΜΟΥ Η ΑΓΑΠΗ ΤΟΥ ΛΑΟΥ
(MA FORCE CONSISTE EN L'AMOUR DE MON PEUPLE)

Le quatrième point est de taille, car il souligne – au grand dam de la mythologie établie – que ce fut le peuple, dans le sens des classes laborieuses, qui, tout le long de son histoire, constitua l'assise du Trône, la vraie source de son pouvoir : cette vérité fut remarquablement résumée – bien qu'à l'époque elle n'exprimait (mais avec quelle clairvoyance !) qu'une sorte de vœux pieux – en la devise royale, optée par Georges Ier,[19] qui atteste de la précoce maturité politique du fondateur de la dynastie. Au fond, ce fut le peuple, et le peuple seul (sauf la section qui, après 1922, fut gagnée par la Gauche) qui soutint la royauté jusqu'au bout, avec une ténacité et une persistance qui surprend, et qui demeura fidèle à la famille royale dans l'adversité et l'exil, bien qu'il eût à lutter contre vents et marées.

En revanche, en ce qui concerne les couches dites éclairées de la société, la réalité était bien différente. Au moment de l'indépendance, celles-ci étaient essentiellement composées de marchands entrés en contact avec l'Occident ainsi que de quelques lettrés vivant pour la plupart hors des frontières de l'empire ottoman ; dès avant la fin du XVIIIe siècle, elles s'étaient laissées séduire par l'esprit des Lumières et avaient été fortement influencées, comme cela était normal pour de gens qui devaient tout à leur réussite personnelle, par les principes égalitaires et libéraux de la Grande Révolution. De là il était facile d'établir le lien avec le passé grec antique, dont ils s'enorgueillissaient en l'idéalisant, un passé qui plaidait lui aussi en faveur de la démocratie. L'érudit Adamantios Coraïs, résidant en France, adepte des Lumières et prônant, pour la Grèce en train de secouer son joug, un régime républicain, en constitue le cas typique.

Néanmoins, une fois les mirages du temps de la Guerre de l'Indépendance dissipés, mirages qui, au cas où ils seraient utilisés par la jeune nation, risquaient de dangereusement isoler la Grèce renaissante du reste de l'Europe monarchique (l'Europe de la Sainte Alliance), le régime royal (mais point monarchique) parut convenir aux dites élites de la nation, allant de pair avec leur conception de l'État moderne centralisé et efficacement gouverné.

Cette attitude en faveur de la monarchie constitutionnelle[20] était dans l'ensemble également partagée par les élites autochtones, les notables locaux de l'ère ottomane et les chefs militaires du temps de la Révolution, dont l'indiscipline chronique, l'incivisme notoire ainsi que les sauts d'humeur face au gouvernement d'Athènes, comme auparavant, du temps de Capodistrias, à celui de Nauplie, avaient surtout à faire avec la nouveauté que constituait pour eux l'existence d'un État rognant leurs privilèges de jadis.

Voilà pourquoi l'esprit d'insubordination de l'élément civil à l'égard du pouvoir centralisé se manifesta dès le déclanchement de la guerre de l'Indépendance de la part des notables du Péloponnèse, qui firent corps afin de s'imposer en pouvoir oligarchique parallèle et contrebalancer de la sorte l'autorité de l'homme fort censé être le prince Alexandros Hypsilantis, puis son frère Dimitrios. Plus tard ils feront de même à l'égard de Capodistrias, à l'égard de la régence bavaroise et à l'égard du roi Othon.

Les chefs « providentiels » – tous provenant forcément de l'étranger – furent, en revanche, davantage soutenus par l'élément militaire, non sans réserve de sa part. C'est dire que, face à l'oligarchie des politiciens, se constitua une autorité rivale, populiste, antiparlementaire et jusqu'à un certain point antihiérarchique, qui leur disputa le pouvoir, inclinée qu'elle était en faveur d'un régime autoritaire à caractère plébiscitaire, confié de préférence à un militaire.

Et l'on ne peut s'empêcher de penser que c'est l'incompatibilité entre ces deux oligarchies (la civile et la militaire) et l'impossibilité où elles se trouver de coexister dans la gestion de l'État qui fit que leurs représentants finirent par reconnaître une autorité totalement *autre* et indépendante par rapport à eux, à savoir celle d'un roi d'origine étrangère. Au fond, il s'agissait d'un compromis, d'une espèce d'armistice provisoire dans la lutte pour le pouvoir, ce qui signifie que la royauté risquait, à chaque pas, à chaque sursaut du conflit ajourné mais latent, à être prise entre deux feux et devenir la cible aussi bien de l'oligarchie civile que de l'élément militaire.

Mais pour revenir aux élites civiles de la nation et à leur relation au Trône, il faut admettre que dans le cas des notables « autochtones »[21] aussi bien que dans le cas des notables « hétérochtones » il s'agissait plutôt d'une alliance fondée sur l'intérêt et non pas sur la conviction et la foi ; il s'agissait de toute évidence d'une inclination provisoire et précaire. La bourgeoisie grecque, classe en majeure partie soit résidant hors du pays, soit sans cesse renouvelée par les parvenus de chaque génération[22], pour ne pas dire par les gens qu'avaient enrichis les faveurs de chaque gouvernement et régime en place, bouda en grande partie la royauté et se choisit des chefs parmi les politiciens qui souvent se heurtèrent à la Couronne. Et il fallut la peur que suscita à partir de l'automne 1943 la menace communiste pour que la bourgeoisie se refugia pour un temps, et jusqu'à ce que la tempête fut calmée, sous l'étendard rassembleur et rassurant de la royauté.

ENTRAVES

Or, la royauté, synonyme à l'époque d'indépendance, ressuscitait dans un pays exsangue et ruiné, rendu quasiment sauvage après 10 ans de guerre féroce nationale (contre l'occupant) et civile. La plupart des conditions qui sont nécessaires à la constitution d'un État sinon moderne (dans le cadre, évidemment, du XIXe siècle) du moins gouvernable lui faisaient cruellement défaut. Tout manquait, à commencer par l'existence d'une classe dirigeante, éduquée, munie de sens et de conscience civiques, désirant servir l'État et non pas sa région étroite, voire ses intérêts propres, classe susceptible sinon d'effacer au moins d'atténuer le régionalisme exacerbé par les récentes guerres civiles. À cela ajoutons l'état désastreux des finances, la destruction de toute infrastructure et le fait que toute activité économique avait depuis longtemps cessé à cause de la guerre, tous des facteurs provoquant une extrême indigence matérielle, au moment où les brûlants problèmes sociaux demeuraient en suspens. Cet amoncellement de maux, de graves carences et de difficultés quasi insurmontables était peu fait pour susciter de la part des Hellènes désormais libérés des aspirations autres que la volonté de survivre, de survivre à tout prix. Trois calamités, liées entre elles, découlèrent de cette situation : a) le clientélisme politique, mû par le seul but de faire main basse sur les caisses de l'État, b) la fraude fiscale généralisée et c) le brigandage.

L'on devine aisément qu'il ne s'agissait que de la survivance de vieilles habitudes ottomanes, lesquelles, à peine maquillées et adaptées aux circonstances de l'indépendance, perdurèrent quasi intactes pour des décennies en pesant de tout leur poids sur la vie du jeune État qui, par ailleurs, prétendait imiter l'Occident. Entre l'ambition exprimée par les autorités et la réalité se creusait un gouffre immense que l'on peut mesurer en regardant de plus près les groupes sociaux qui, au moment de la libération et pour une grande partie du XIXe siècle, eurent de l'ascendant sur le peuple : d'une part les notables (dont certains sont des militaires), qui iront bientôt occuper les sièges du parlement (en tant que représentants de leurs provinces) et les postes de la haute administration ; d'autre part l'élément populaire armé, au prestige variable, à savoir les brigands. Ses deux groupes influant, chacun selon ses propres méthodes et dans son propre champ d'action, doivent être perçus dans la perspective de la formation et du fonctionnement d'un État. Outre le diagnostic pessimiste qui en résulte quant au sort des institutions étatiques et le respect de la loi, on ne peut s'empêcher de constater qu'on est en présence d'un phénomène chronique de guerre civile latent entre deux types de pouvoir, ayant chacun ses intérêts, ses fidélités et son obéissance propres.

La mentalité des élites locales de la Grèce libérée fut formée au cours des deux longs siècles de décomposition de l'Empire. Elle est marquée par la quasi annihilation de l'État – et donc par une extrême décentralisation, d'où l'essor du régionalisme –, par la vénalité, la permissivité, le recours à l'arbitraire. Parmi les conséquences de la décomposition de l'édifice administratif ottoman, on compte l'ascension, au sein des populations asservies, de l'élément militaire, agissant tantôt au service des Turcs (ou de leurs vassaux) tantôt indépendamment, et le renforcement de la vie communale, dont profita un petit nombre de clans, afin d'asseoir localement son pouvoir. C'est ainsi que vit progressivement le jour, en particulier dans les régions où les Turcs étaient largement minoritaires, une sorte d'aristocratie à qui la Porte confia – en collaboration en certains domaines avec la hiérarchie ecclésiastique – l'administration locale du peuple asservi et la collecte des impôts. Au cours de la guerre de l'Indépendance, cette classe numériquement restreinte mais politiquement puissante versa aussi son sang pour la patrie, tout en cherchant dès la première minute à garantir la survie de ses privilèges. Au sein de cette élite sociale, rares étaient ceux qui possédaient une quelconque expérience et des qualités requises pour administrer un État centralisé. Seuls les « hétérochtones », à savoir les Grecs provenant des îles ioniennes dont s'entoura Capodistrias, ainsi que les Grecs de Constantinople, les fameux Phanariotes, tel Alexandros Mavrocordatos, étaient familiarisés aux usages occidentaux de gestion étatique. Les uns et les autres étaient unanimement détestés, ce qui n'empêcha nullement l'administration du jeune État de recruter parmi eux ses membres les plus efficaces, agrandissant ainsi, sans le vouloir, la distance déjà considérable entre l'État et les citoyens.

Quant aux brigands, ils étaient originellement issus de la piétaille des troupes irrégulières révolutionnaires, restés sans emploi sous la Grèce indépendante, qui était incapable, en raison de ses difficultés financières chroniques, de les incorporer dans sa petite armée. Certains d'entre eux étaient déjà du métier avant 1821, tantôt à la solde des Turcs – ce qui leur procurait de l'argent et des armes – tantôt en tant que véritables brigands, proscrits et hors-la-loi, à la fois bandits et héros populaires. Après la libération du pays, vivant dans un extrême dénouement, aigris par ce qu'ils considéraient être de l'ingratitude de la part de la patrie pour laquelle ils s'étaient sacrifiés, groupés en bandes, dont l'importance numérique variait selon les cas, ils effectuaient de véritables razzias, attaquaient la troupe ou la gendarmerie, dévalisaient des voyageurs, emmenaient des otages, dans le but de soutirer de l'argent et des vivres et se pourvoir de quoi subsister et s'armer. Malgré leurs méfaits, les brigands étaient, dans l'ensemble, populaires auprès de la paysannerie, qui, méfiante et sur la défensive contre tout ce qui venait de la capitale, y compris à l'égard de ses propres représentants siégeant au parlement (propriétaires terriens ou avocats), était, en revanche, attirée par ces hommes, sortis de ses rangs, incarnant l'insubordination et l'indépendance face à l'État centralisateur (qui n'apparaissait dans les provinces que sous l'aspect honni du percepteur et de la conscription) et prolongeant à ses yeux la fière tradition et la bravoure des *clephtes* de l'époque ottomane, chantées dans les chants populaires[23]. Souvent les brigands louaient leurs services à ceux des politiciens qui n'arrivaient pas sans ce recours musclé à s'assurer des voix de leurs électeurs. En contrepartie, les bandes armées bénéficiaient d'une certaine impunité et échappaient facilement aux poursuites, menées par les autorités sans trop d'énergie. Par ailleurs, il n'était pas rare que l'État lui-même fît appel à leurs services, afin de les envoyer de l'autre côté de la frontière pour inciter à la rébellion les populations grecques des provinces limitrophes. Dans ce cas il accordait aux brigands de larges amnisties. Enfin, ils étaient même employés par des puissances étrangères (entendons l'Angleterre) dans le but de semer le désordre et de discréditer ainsi la Grèce aux yeux de l'opinion européenne, ou pour provoquer des incidents de frontière, afin d'attirer sur Athènes des ennuis supplémentaires et rendre, dans les deux cas, le gouvernement hellène davantage enclin à se plier aux *desiderata* londoniens.

LES TROIS MARÂTRES

Ce tableau déjà sombre s'obscurcit davantage si l'on ajoute l'outrancière ingérence des Puissances, qui faisaient payer cher à la Grèce l'aide vitale qu'elles lui avaient offerte, à moitié poussées par le courant philhellène, à moitié mues par l'intérêt, pour des raisons de rivalité entre elles. En effet, l'épineuse Question d'Orient, à cause justement de la Révolution grecque, était entrée dans une nouvelle phase, que chacune d'elles et pour ses propres raisons devait modeler à temps. La guerre russo-turque (1828–1829) avait amené les armées russes à deux pas des Détroits ; l'Égypte de Mohamed Ali prenait ses distances de Constantinople ; les Druses au Liban levaient la tête – bref, les données géopolitiques étant déjà sérieusement bousculées dans ce grand carrefour du monde, il fallait à tout prix empêcher tout ce qui pourrait risquer de les bouleverser davantage et conduire à un conflit européen généralisé.

Ainsi s'explique le dogme du respect de l'intégrité de l'empire ottoman, rendue intouchable autour de 1830–1832 et plus jamais remis en question avant les traités de San Stefano et de Berlin. L'irrédentisme grec, sans constituer un danger réel pour la paix globale, était néanmoins un élément de désordre chronique. Le mouvement philhellène s'étant estompé, il devenait plus aisé pour les dirigeants européens de se rappeler que l'indépendance avait été concédée à la Grèce d'une part sous la pression d'une faction exaltée de l'opinion publique, fort heureusement calmée depuis, et d'autre part afin qu'aucune puissance rivale ne puisse séparément en tirer profit ; après tout, concluait-on dans les chancelleries, Navarin fut le résultat d'un malentendu.

Le fait que l'Angleterre, la France et la Russie soient intervenues pour aider les Grecs au moment où leur Révolution battait de l'aile leur conférait le droit de s'arroger, sous le masque pudique de Puissances Protectrices, garantes de la survie de la Grèce, qui était si faible et si mal entourée, un devoir d'ingérence : ainsi la Grèce n'était indépendante que de nom. Le meilleur moyen afin d'assurer sa docilité permanente, moyen qui s'avéra être un excellent instrument de chantage et un efficace prétexte d'intervention, était le remboursement de la dette contractée par les Grecs en 1824 et 1825, au cours de la lutte contre les Turcs. De la somme empruntée, une grosse moitié – correspondant aux intérêts futurs, aux assurances et aux primes versées – fut prélevée à la source par les créanciers précautionnés, craignant de ne se voir jamais remboursés ; le reste fut allégrement dilapidé par les débiteurs au cours des cycles sanglants des guerres civiles de la décennie révolutionnaire. En plus, la Grèce devait également, depuis 1832, quelques 60 millions de francs, qu'elle avait emprunter pour parer à des besoins urgents et qui furent prélevés auprès des banquiers Rothschild ; par ailleurs, la Bavière s'engagea pour quatre millions, par philhellénisme certes, mais désireuse aussi d'augmenter par ce geste le prestige et la popularité de son prince auprès de ses nouveaux sujets. Ce nouvel emprunt, dont une partie fut, comme de coutume, immédiatement retenue par les créanciers, fut dépensé pour le remboursement d'une partie de la dette antérieure et il contribua au redressement du nouvel État. Mais avant tout, il fit faire à la Grèce un pas décisif vers la banqueroute, qui survint finalement en 1843 et qui fatalement l'entraîna vers une dépendance encore plus serrée envers les Puissances.

Afin que la mise en tutelle se déroulât sans mauvaises surprises, les Puissances s'appuyèrent non pas sur la monarchie, comme le voudrait la légende – en fait ce fut tout le contraire du temps de la première dynastie –, mais en revanche sur la classe consentante de la majorité des politiciens, empressés de recevoir distinctions et directives de la part des ministres des États protecteurs à Athènes, qui se comportaient – le représentant de Londres surtout – en maîtres du pays.

Chaque fois que le relâchement des brides par ses hauts patrons risquaient de donner à la Grèce l'illusion d'indépendance et de liberté, ces mêmes Puissances avaient vite fait de la ramener à la réalité, en lui faisant exécuter, de temps à autre, sans crier gare et de sang-froid, des exercices d'assouplissement. À partir de la fin des années 1840, elles optèrent donc pour l'attitude autoritaire et cynique. En haussant le ton, elles se prirent à formuler des exigences exorbitantes et donnèrent à leurs demandes la forme d'un ultimatum : à elles de dicter, à la Grèce d'obéir. Afin d'obtenir satisfaction, elles ne reculaient devant aucun chantage et aucune humiliation. Et le reste de l'Europe de suivre dans l'indifférence, sinon avec approbation, le déshonorant spectacle des trois Puissances planétaires, entre les mains desquelles s'écoulaient les richesses de la terre, qui adoptaient le comportement d'un usurier afin de faire main basse sur le maigre pécule d'un État fragile à l'extrême, lui en extorquer le maximum et le condamner à végéter à perpétuité. Pour y parvenir tout prétexte était bon ; tantôt il s'agissait de dédommager quelques vagues et obscurs ressortissants britanniques, tantôt il s'agissait du versement retardé d'une tranche de la fameuse dette, tantôt le but était de plier le gouvernement grec à leur volonté et de l'aligner sur leur propre politique étrangère. Parmi les mesures de coercition, on y dénombre la séquestration de la flotte grecque, tant militaire que marchande, l'occupation militaire des ports, le blocus des côtes, qui à chaque fois amenait sa kyrielle de malheurs, tels la famine ou la hausse de la mortalité infantile, voire même, pendant la guerre de Crimée, le choléra, propagé par les troupes anglo-françaises occupant le Pirée.

Il serait tout de même contraire à la vérité que d'affirmer que chacune des Puissances garantes pesait d'un poids égal sur la Grèce, d'autant plus que l'Angleterre était la seule parmi elles à détenir des territoires peuplés de Grecs, à savoir les îles de la mer ionienne, Cythère comprise (et plus tard, à partir de 1878, Chypre). D'où, d'ailleurs, la mauvaise humeur de son gouvernement au moment où la nouvelle de l'insurrection grecque parvint à Londres ; d'où également les mesures autoritaires prises par sir Thomas Maitland, le haut-commissaire, son représentant à Corfou. Malgré cette attitude quasi hostile de la part des Anglais, certaines personnalités grecques encouragèrent le rapprochement avec l'Angleterre, en tant que puissance maritime et libérale. Leurs efforts finirent par trouver un écho à Londres, et ce dès mars 1823, à la suite d'un changement survenu à la tête du ministère des Affaires Étrangères, Georges Canning succédant à Castlereagh qui s'était suicidé le 12 août 1822. Ce changement d'attitude de la part de l'Angleterre était dû surtout à sa crainte de se voir devancée en Grèce par la Russie. Il y en a eu plus. Le 26 juillet / 7 août 1825, alors que l'armée égyptienne dévastait la Morée, les autorités de la Grèce, désemparées, remirent *volontairement le dépôt sacré de sa liberté et de son existence politique sous la protection exclusive de la Grande-Bretagne*[24]. Londres, en réponse et pour les raisons évoquées, auxquelles il faut ajouter la pression exercée sur le gouvernement par le mouvement philhellène, reconnut le 18 / 30 août 1825 à la marine de guerre grecque le statut de belligérant ; ce fut le premier acte de reconnaissance internationale de la Grèce, qui de la sorte fut placée, et ce pour plus d'un siècle, dans la zone d'influence de l'Angleterre.

Ceci étant, il est curieux que le choix de la personne du chef provisoire du jeune État échappât à Londres. Aussi voua-t-elle une haine implacable au comte Jean Capodistrias, corfiote, ancien ministre du tsar Alexandre Ier, en qui elle refusa de voir autre chose qu'un agent de la Russie. Paradoxalement, elle persécuta tout aussi cruellement le roi Othon, sans forte raison apparente autre que l'irrédentisme romantique mais anodin de cet infortuné monarque. Elle le poursuivit de son hostilité intraitable, malgré le fait que c'est à Londres, en 1832, lors du traité accordant l'indépendance à la Grèce, que furent arrêtés, en accord avec les deux autres Puissances signataires, aussi bien le choix de la maison régnante de Bavière, d'où proviendrait le premier roi de Grèce, que celui de la personne de ce dernier. Jusqu'au bout, l'Angleterre s'acharna contre ces deux personnages (Capodistrias et Othon) et elle n'eut de cesse que lorsqu'elle vit le premier tomber, frappé d'un coup de poignard et sous les balles de conspirateurs dont elle avait elle-même, en quelque sorte, armé le bras, et le second quitter pour toujours la Grèce, sur un vaisseau anglais, à l'ancre dans le golfe Saronique, dont le commandant s'offrit galamment à le déposer, lui et sa reine, à Trieste…

Face à l'Angleterre, maîtresse des mers, la Russie, Puissance continentale, avait à son avantage par rapport aux autres grands États européens la communauté de la foi avec le peuple grec, facteur important dont elle usa, voire même en abusa, afin de maintenir sa popularité. Le parti russophile, relativement pauvre en politiciens de marque, rassemblait néanmoins des personnalités de renom, issues de l'élite militaire du temps de la lutte contre les Ottomans. Pour ces deux raisons, à savoir l'orthodoxie et l'appui des militaires, il fut dans l'ensemble populaire, mais pas autant pour parvenir à faire dévier les Grecs du droit chemin qui les condamnait à rester liés à l'Angleterre. Au point que, même après avoir subi de la part de Londres, et de lord Palmerston en particulier, des vexations sans nombre dans les années 1849–1857, le peuple grec opta massivement, lors du plébiscite de 1862 portant sur le choix du régime et de la personne de son futur souverain, en faveur du second fils de la reine Victoria, le prince Alfred d'Édimbourg. Or, ce fut ce dernier qui, beaucoup plus tard, devait renouveler contre la Grèce la tradition de la canonnière et diriger le blocus, de la part des Puissances, du Pirée et du littoral hellène, à la tête de la flotte britannique de la Méditerranée basée à Malte. Il s'agissait alors – nous sommes en 1886 – d'empêcher que la Grèce, qui était fortement agitée par l'union, sans réaction de la part des Puissances, de la Roumélie Orientale (partie nord de la Thrace) à la principauté de Bulgarie, et qui, entre temps, avait mobilisé ses troupes, ne déclenchât une guerre contre l'Empire ottoman, guerre qui risquait de mettre le feu aux poudres dans les Balkans où un sanglant conflit bulgaro-serbe venait de se terminer.

Bien que situées à l'opposé l'une de l'autre sur maints domaines, l'Angleterre libérale et l'autocrate Russie parvenaient parfois à converger, bien que mues par des motivations différentes, et à s'entendre quant à la politique à suivre en Grèce. Au fond la cause en était que la Russie, sans l'avouer, s'effaçait devant la prépondérance anglaise dans cette partie du monde, se rendant à l'évidence de ne pouvoir la contrecarrer. Aussi encouragèrent-elles, en conspirant la main dans la main, la révolution du 3 septembre 1843 : l'Angleterre afin d'affaiblir les résistances d'Athènes et s'assurer du versement régulier des séries de l'emprunt, rendu problématique à cause de la récente faillite de l'État grec ; l'autocrate et orthodoxe Russie pour avoir le puéril plaisir d'humilier le monarque catholique de la Grèce orthodoxe.

Seule la France de la monarchie de juillet soutint, en raison de critères politiques désintéressés, le changement de régime en Grèce, lequel le 3 septembre 1843 bascula dans un sens qui, vu à distance, lui parut se rapprocher du sien[25]. Cette modération de la part de la troisième Puissance garante était certainement due au fait qu'elle était toute absorbée par ses propres projets africains en Méditerranée occidentale, où elle entendait à ne pas être contrariée. Elle accorda donc à l'Angleterre et à la Russie une quasi entière liberté d'action, ne se joignant à elles dans leurs entreprises grecques – ou, lors de la guerre de Crimée, à seule l'Angleterre contre la Russie – que lorsqu'il y allait de l'équilibre tant européen que mondial.

En revanche, au regard des Grecs, peu rompus aux subtilités de la diplomatie européenne, l'attitude distanciée du gouvernement français était largement interprétée comme de l'amitié, d'autant plus que restait vivant dans leur mémoire le philhellénisme français du temps, pas tellement reculé, de Charles X. Au sentiment de reconnaissance en raison des faits de jadis s'ajoutait celui de la sympathie soulevée par des événements français d'actualité : les révolutions de 1830 et de 1848 eurent, en effet, une répercussion considérable sur les couches éclairées de la société grecque, traditionnellement tournées vers la France depuis le temps des Lumières et toujours à l'affût de nouvelles politiques et de nouveautés culturelles venant de Paris. Cette catégorie de Grecs croyait y reconnaître, et en cela elle ne se trompait pas, l'écho renouvelée de la grande Révolution, qui, malgré ses horreurs, fit à jamais de la France la terre de la liberté et des droits de l'homme. Si ces événements politiques français eurent en Grèce le retentissement qu'on leur connaît, c'est qu'entre temps la classe sensible au progrès occidental s'était élargie, grâce au développement de l'enseignement, ce qui provoqua un renforcement spectaculaire de l'ascendant français sur le domaine des lettres et des arts. Autour de 1860, en effet, si la raison dictait plus que jamais le mariage avec Londres, le cœur, lui, était, pour toutes les raisons évoquées, tout dévoué à Paris. Ceci était d'autant plus vrai que les classes populaires elles-mêmes commencèrent bientôt à se détacher de la Russie, à cause de la slavophilie agressive de cette dernière qui, favorisant la Bulgarie, mettait sérieusement en péril l'hellénisme en Macédoine et en Thrace et limitait les aspirations territoriales grecques à la ligne de l'Olympe.

L'inclination en faveur de la France – laquelle n'était pas unanime après Sedan, quand, dans certains domaines, la France se vit concurrencée dans les cœurs des Grecs par l'Allemagne impériale – recélait, certes, sur le plan politique, une réelle possibilité de contamination républicaine, mais, à l'exception d'un petit nombre d'esprits échauffés, prompts à ingurgiter tout ce qui venait de l'Occident, l'heure à l'appel républicain n'avait pas encore sonné en Grèce et ne sonnera pas en fait avant la fin de la première décennie du XXe siècle.

Quant aux rares politiciens, tels Colettis, proche de Guizot, que cette exigence de dépendance de la part de l'Angleterre révoltait, la volonté de se tourner vers la France révélait avant tout sinon leur vif désir de s'affranchir de la tutelle britannique (chose qu'ils savaient impossible à réaliser) du moins une tentative de voir se relâcher quelque peu les serres de cette impitoyable marâtre qu'était la perfide Albion grâce à la co-protection équilibrante du gouvernement français. Inutile de préciser qu'ils en furent, avec tous les Grecs, amis de Paris, amèrement déçus. Beaucoup plus tard, lorsqu'il advint que la France, à partir de 1915, prit la relève pour quelques années de l'Angleterre (tels furent localement les effets immédiats de la déconfiture anglaise à Callipolis), le comportement de Paris à l'égard de la Grèce dépassa en aberration et en cruauté gratuite tout ce que le peuple grec avait connu jusque-là.

Aussi la Grèce demeura-t-elle sous obédience britannique aussi longtemps que l'Angleterre fut en mesure d'assumer son rôle de puissance mondiale. Au cours de ces quelques 120 années, trois fois seulement la Grèce osa contrarier la volonté de Londres : deux fois à cause du choix de ses souverains, en l'occurrence Othon, à l'époque de la guerre de Crimée, et Constantin Ier, pendant la première guerre mondiale, et une troisième à cause de la Gauche communiste, résistante (avec d'autres) sous l'occupation allemande et insurgée après la libération. Dans le contexte encore mouvant de ce qui allait bientôt être la Guerre Froide, la Gauche communiste appela à la rescousse l'Union Soviétique ainsi que les pays passés sous l'orbite de Moscou. Cependant, tout à l'époque était à son désavantage, à commencer par le fait que Staline lui-même, à la conférence de Moscou (9/19 octobre 1944), avait accepté le maintien de la Grèce dans la zone d'influence britannique. Par ailleurs, l'aide obtenue par Moscou et ses acolytes, sans être négligeable, n'était pas en mesure de contrebalancer celle livrée par la nouvelle puissance protectrice : les États-Unis d'Amérique, qui prirent en Grèce la relève des Britanniques à bout de souffle, à partir de la fin mars 1947, alors que la guerre civile battait son plein.

L'ÈRE FONDATRICE

OTHON ET AMÉLIE (1833–1862)

Insolite situation que celle du premier couple royal qui a débarqué en Grèce (Othon en 1833, Amélie, elle, en 1837) plein d'illusions au sujet d'une terre et d'un peuple qu'ils aimaient déjà et dont ils étaient fiers, prétendant le connaître à travers ce que leurs études humanistes leur avaient appris sur son passé glorieux, ainsi qu'à travers les récits, parvenus jusque dans leurs palais, des hauts faits d'armes grecs au cours de la lutte pour l'Indépendance.

Ils étaient tous les deux dans leur prime jeunesse, Othon ayant dix-huit ans à son arrivée, Amélie à peine dix-sept ; deux très jeunes princes, sérieux, courageux, pleins de bonnes intentions, fiers de leur origine, fiers surtout de la mission dont la Providence les avait chargés : assurer la survie de la Grèce – dont ils étaient persuadés qu'elle dépendait du maintien de la monarchie – et œuvrer sans s'épargner pour le bonheur de ce peuple et, pourquoi pas, pour sa grandeur aussi. Bientôt gagnés par les aspirations irrédentistes de la Grande Idée, ils inclurent dans leur conception de la grandeur l'idée de dignité dans l'indépendance et la notion d'agrandissement du royaume. Aussi étonnant que cela puisse paraître de la part de personnes dont l'une était née à Munich et l'autre à Oldenbourg et qui régnaient au pied de l'Acropole, ils rêvaient, romantisme oblige, de se faire un jour sacrer à Sainte-Sophie.

Leur dévouement étant sans faille, nul sacrifice ne leur semblait assez grand, pourvu qu'il contribuât à la réalisation de leurs aspirations. Ils étaient donc résolus à aller de l'avant quoi qu'il arrive, à ne jamais se décourager, à persévérer jusqu'au bout, et cela sans se méprendre ni sur les périls qu'ils allaient encourir ni sur la ténacité, le cynisme et la puissance de leurs adversaires. Jamais ils n'étaient plus prompts à la lutte que lorsque la situation leur paraissait sans issue. Armés d'une inébranlable foi chrétienne et sûrs de la justice de leur cause, ils croyaient fermement que Dieu, dans Sa sagesse, après leur avoir envoyé tant d'épreuves, fini-

3. Détail de la scène centrale du tableau de Peter von Hess représentant l'arrivée d'Othon à Nauplie.

rait par les bénir, leur donner raison et secourir la monarchie par pitié pour la Grèce.

Ils s'adaptèrent facilement à la réalité culturelle et sociale grecque, si différente pourtant du monde qu'ils avaient quitté et auquel ils restaient après tout attachés par des liens indissolubles. En effet, nulle part dans leurs écrits personnels on ne les voit regretter soit l'absence d'une noblesse entourant le Trône soit le manque à Athènes d'une vie culturelle et sociale, digne d'une capitale même périphérique, soit le fait que pendant six ans ils durent se contenter d'habiter, en guise de palais, une maison dans un quartier aéré, en bordure de la ville, mais qu'en Europe n'importe quel riche bourgeois aurait dédaigné.

Tout contraste avec ce qu'ils avaient connu autrefois était pour eux plutôt un stimulant qu'un obstacle, plutôt un défi qu'une entrave. Cette attitude avenante était certainement due à leur jeune âge, à leur maturité

4. La reine Amélie l'année de son mariage avec Othon (1837). Tableau de Joseph Stieler.

précoce, à leur idéalisme de philhellènes allemands en voie d'hellénisation ; à cela il faudrait ajouter leur sens du devoir, ainsi que celui, fort aigu, de leur dignité de souverains grecs et de princes allemands. Aussi non seulement s'adaptèrent-ils aisément à certaines particularités de la société grecque, mais ils finirent par les apprécier et à s'y sentir à l'aise. Et quelle belle image que celle du couple royal chevauchant à travers le pays, dormant parfois à la belle étoile, dans les huttes de bergers ou dans les maisons rustiques de notables, souvent infestées de vermine, explorant les moindres recoins de leur royaume, gravissant les sommets les plus escarpés afin d'admirer le lever du soleil, heureux de découvrir leur royaume, heureux d'échapper aux incessantes intrigues et aux malentendus athéniens, heureux surtout de se voir accueillir toujours et partout avec joie par le peuple des provinces, resté, lui au moins, pur selon eux, dans le sens que les miasmes idéologiques et les éternelles conspirations de la capitale ne l'avaient pas contaminé.

5. *Le jeune roi Othon.*

Au fond, la seule chose avec laquelle ils ne purent jamais se concilier, et qui à chaque fois les exaspérait et les révoltait – eux, gens du nord, à la morale stricte et exigeante –, était l'absence chez la plupart des Grecs de solides et incontournables principes moraux. Le fait de les voir placer, sans scrupules, quasi candidement et comme allant de soi, plus haut que toute autre chose leurs intérêts privés, personnels ou familiaux, paraissait à Othon et à Amélie une particularité incompatible tant avec leur propre sens de la dignité humaine qu'avec les qualités les plus élémentaires requises de la part d'un chrétien. Les voilà, donc, à leur tour confrontés au noyau dur d'anarchie primaire, quasi aveugle, contre lequel Capodistrias avait aussi cogné de front et avait tragiquement échoué. Contre ce même obstacle finissent, tôt ou tard, par se briser toute réforme et tout système novateur aussi prometteur, aussi parfait eût-il été au départ.

Ce défaut capital était, toujours selon le couple royal (et l'Histoire leur en donne raison), le propre de la gente politicienne, pour laquelle

6. *Le roi Othon en costume national (1853/1854).*

7. *La reine Amélie dans son jardin, portant le costume qui prend par la suite son nom.*

les souverains n'avaient que du mépris[26], tout en étant obligés de frayer avec elle. Hommes sans foi ni loi, parjures, frondeurs, susceptibles à l'extrême, inconstants, vaniteux, offrant à l'ennemi – entendons l'Angleterre de lord Palmerston, constamment hostile à la Grèce – le moyen de réaliser à travers eux ses desseins dévastateurs, tels étaient les griefs dont Othon et Amélie accablaient, dans le secret de leurs écrits personnels, leurs incontournables collaborateurs. La déduction logique qu'ils tiraient de ce constat était l'absolue nécessité de la monarchie pour la survie de la Grèce, article de foi qui conférait à leur démarche une nette dimension sacrificielle. Eux deux partis, le pays courrait à sa perte ; il y allait donc de leur devoir le plus sacré de le protéger en persévérant jusqu'au bout.

Une conséquence particulièrement pesante de cette insistante volonté de ne pas lâcher prise était le fait qu'ils ne pouvaient pas s'absenter simultanément hors du royaume, de peur de ne plus pouvoir y revenir. C'est qu'un tel voyage impliquait une absence d'au moins quatre mois, les villes allemandes n'étant pas encore toutes desservies par le chemin de fer. Étrange position que celle des premiers souverains, prisonniers volontaires, consentants et résignés, mais prisonniers tout de même du fait de l'extrême fragilité des institutions étatiques et des menaces, des complots et des conjurations sans fin !

Mais cela n'était pas tout. Leur persévérance se nuance de tragique à partir du moment où il fut clair qu'ils n'auraient pas d'héritier. Désormais, Othon et Amélie s'enfoncent progressivement dans une impasse, dont ils sont pleinement conscients, au bout de laquelle se dresse fatalement le spectre de l'abdication et du changement dynastique. Sans perspective de continuité, se voit détruite une des majeures raisons d'être du régime, dont l'inquiétant état de précarité encourageait toute sorte d'opposition contre lui, tant à l'intérieur du pays qu'à l'extérieur. Un seul facteur pouvait, selon le traité fondateur de Londres qui stipulait la ligne de succession au trône de Grèce, apporter une solution : la cour de Munich. Or, malgré les appels réitérés lancés par les Wittelsbach grecs, les Wittelsbach bavarois tergiversaient, n'arrivant pas à se décider à envoyer un des leurs en bas âge à Athènes, afin qu'il fût élevé par Othon et Amélie en futur roi de Grèce.

Ils persistèrent courageusement jusqu'en 1862, à savoir pendant 29 longues années ! Si leur approche des choses n'avait pas été celle décrite plus haut, leur éloignement définitif de la Grèce aurait été ressenti par eux comme une délivrance. En fait, ce fut tout le contraire. Jusqu'à leur mort, ils restèrent inconsolables de s'être séparés de la Grèce et des Grecs. Malgré tant de déboires, malgré la déception et l'échec final, ils ne se départirent jamais de l'amour et de la fierté qu'ils ressentaient pour ce peuple immature, en ébullition perpétuelle, dont ils ne doutèrent jamais, comme ils ne doutèrent jamais de son affection à leur égard. Les faits, hélas, démentissent toute réciprocité de sentiment, non pas par véritable hostilité populaire contre Othon[27], mais par légèreté, lassitude et désir de changement.

8. *Le départ en exil d'Othon et d'Amélie représenté quelques années plus tard sur une chromolithographie populaire.*

PARCOURS ASCENDANT (1863–1915)

La venue de Georges Ier en octobre 1863, ainsi que la proclamation de la Constitution démocratique de 1864, correspondaient parfaitement aux attentes de la partie progressiste des années 1855–1865, laquelle venait d'expulser, avec l'appui extérieur que l'on connaît, l'infortuné Othon. En dépit du progrès effectué dans plusieurs domaines, peu de choses dans les réalités grecques avaient changé en profondeur, de sorte que l'État et la société avaient encore un long chemin à parcourir, l'un afin de consolider ses institutions toujours vacillantes, l'autre pour se structurer davantage en raison de l'apparition d'une bourgeoisie locale résidant dans des villes en plein essor telles Athènes, Patras ou Hermoupolis, à l'île de Syros. La famille royale vint donc se superposer à une réalité politique et sociale en pleine et galopante mutation ; théoriquement elle fut installée sur le double sommet de l'État et de la société ; en réalité elle fut condamnée à mener une existence insulaire, jusqu'à ce que, petit à petit, elle prît racine et que sa deuxième génération, née et grandie en Grèce, atteignît l'âge adulte.

Tandis que le jeune État luttait pour acquérir modernité et cohésion, la dynastie, en pleine phase d'apprentissage elle aussi, cherchait à s'adapter aux usages grecs, en évitant, autant que possible, de répéter les erreurs commises par ses prédécesseurs. Dans ce processus simultané, du succès duquel dépendait la consolidation de l'État, où les composantes se renforcent mutuellement, la stabilité persistant au sommet de la pyramide nationale, politique et sociale, et l'assentiment général en faveur d'un pouvoir inamovible du chef de l'État facilitaient à leur tour la maturation dans les autres domaines et contribuaient grandement – bien qu'imperceptiblement dans la courte durée – au raffermissement de l'ensemble.

Tel fut l'inestimable service consciemment rendu par la royauté à la nation sous le règne cinquantenaire de Georges Ier ; l'élégant Athènes néoclassique du début du XXe siècle en est l'expression et le symbole le plus accompli. La stabilité et le calme relatif durant ces cinquante années de règne, en partie dus à l'adresse et au doigté personnels de ce souverain

9–10. Des portraits officiels du jeune couple royal de Georges et d'Olga l'année de leur mariage (1867).

exceptionnel que fut Georges Ier, l'absence de sérieuse contestation du régime, outre les colères vite calmées de 1897 et de 1909, permirent petit à petit l'établissement et le développement d'une relation réciproque entre la nation et la dynastie, d'où naîtra d'abord une forme sommaire de fidélité, puis, dans un deuxième temps, une fidélité réelle, qui à la longue étoffera la légitimité officielle.

Le coup d'état militaire de 1909, avec son fort accent antiroyaliste, révéla cependant la fragilité de l'entreprise ; et il fallut toute l'habileté de Vénizélos, nouvellement arrivé sur la scène politique, pour imposer les réformes nécessaires tout en protégeant, dans le contexte de la nouvelle constitution de 1911, les acquis positifs du cinquantenaire révolu, pour lesquels il avait déjà, dans son fameux discours du 10 septembre 1910, rendu à la royauté un hommage public.

Mais cela n'était pas suffisant. Pour parvenir à la conquête de la pleine légitimité, dans un contexte donc où chaque Grec fût porté à considérer la famille royale avec amour et fierté et comme une extension de sa propre famille, il fallait en plus une sorte de sacre populaire ; il fallait joindre au prestige lentement consolidé de l'institution royale celui du roi au mérite personnel attesté. C'est ce qui advint dans le cas de Constantin, grâce à la double auréole qu'il acquis au cours des deux guerres balkaniques : généralissime victorieux et chef partageant le quotidien de ses subordonnés, qui n'étaient autres que la nation en armes. D'une part il satisfit l'orgueil du Grec, d'autre part son exigence d'égalité. Dans la personne de Constantin se réunirent ainsi les deux traditions qui à Byzance permettaient l'élévation au trône soit de l'homme providentiel ayant suscité l'amour populaire grâce à ses propres capacités, soit de l'héritier légitime de la dynastie régnante[28]. Tout donc portait à croire, lors de l'avènement de Constantin, deuxième roi des Hellènes, en mars 1913, que la dynastie de Georges Ier – dont les aînés de la troisième génération étaient déjà adultes – accédait enfin à l'état, difficilement, croirait-on, réversible, de fusion heureuse, sereine et durable avec la nation.

FRAGILITÉS

LA LÉGITIMITÉ IMPOSSIBLE (1915–1945)

Il en fut ainsi, mais point pour longtemps. Car, pour le malheur de la dynastie, cette union progressive, si lentement effectuée après une longue gestation et grâce seulement à l'accomplissement d'éclatants exploits, ne put s'affirmer à cause de la fracture, survenue au sein de l'opinion, à peine deux ans plus tard, du fait du déclanchement de ladite « Scission Nationale » (Εθνικός Διχασμός), quand face au souverain populaire se dressa un premier ministre qui l'était tout autant. Conflit bien grec donc, entre deux personnalités charismatiques et populaires au sommet de l'État dont les vues divergeaient absolument. En résultèrent deux Grèce ennemies, chacune suivant son propre chef et s'acharnant par tous les moyens à détruire l'autre dans une opiniâtre lutte fratricide. Conflit dont les premiers stades se situent dans un contexte de Guerre mondiale, avec tout ce que cela implique comme interventions, intrigues et pressions envers les deux factions grecques de la part des deux camps des belligérants.

À partir de là – la date cruciale à retenir est l'année 1916 –, la Grèce s'engagea dans une crise chronique de légitimité dont bénéficia l'armée, toujours populaire en Grèce, érigée en arbitre de la vie politique à partir de 1922 et jusqu'en 1974[29]. Entre ces deux dates, en effet, aucun régime, qu'il fut royal ou républicain, ne rassembla autour de lui la totalité de la nation, ce qui implique que désormais le roi cessa d'être un symbole d'unité et de continuité, l'institution royale n'étant en fait vraiment admise que par une partie seulement des Grecs, plus ou moins large, selon les moments, variant entre une confortable minorité et les deux tiers de la base électorale. D'où la nécessité à laquelle fut soumise la royauté pendant toute cette période de devoir s'appuyer sur l'armée, ce que ne manquaient pas également de faire, et pour des raisons identiques, tous les gouvernements républicains entre 1922 et 1924[30] et en 1935.

Bien entendu il ne s'agissait pas à chaque fois de la même armée. Dans une ambiance de fanatisme partisan exacerbé, il semblait logique de vouloir à tout prix détruire son adversaire. Ce but était poursuivi tant du côté du gouvernement, qui cherchait à compenser sa faiblesse en cajolant la section amie de l'armée, sans l'appui de laquelle il ne pouvait durer, que de celui des officiers, qui, conscients de leur importance, cherchaient à en profiter pour élargir davantage leur emprise et réaliser leurs aspirations à la fois politiques, corporatives et personnelles (de carrière). L'un comme l'autre, la main dans la main, ils procédèrent à des purges en masse, doublées de foudroyantes promotions[31]. L'armée, en l'espace d'une génération, changea de peau au moins trois fois : en 1917, en évinçant les officiers partisans de Constantin, en 1923, en expulsant les royalistes ayant réoccupé leurs postes en 1920, et en 1935, en se débarrassant des vénizélistes républicains. Ces transformations impliquent de nombreux retournements de veste et une foule de parjures, le cas le plus notoire étant celui de Georges Condylis, issu de l'extrême gauche du parti vénizéliste, instigateur, entre autres, des mesures scélérates, d'une cruauté inouïe, appliquées contre les villageois royalistes en Chalcidique, qui finit sa carrière en principal putschiste royaliste, puis en régent, comptant parmi les tout premiers artisans du rétablissement au trône de Georges II.

Ce service une fois rendu et le roi rentré, Condylis fut cordialement congédié. On eût pu attribuer ce geste à la proverbiale ingratitude des rois ; en fait il s'agissait d'un effort conscient entrepris par Georges II afin de se rapprocher des modérés des deux bords en isolant les extrémistes, y compris les royalistes à qui il devait son retour, mais qui, après tout, n'avaient fait que leur devoir. Cette attitude à la fois ferme et impartiale

11–13. Les principales résidences royales à Athènes et ses environs.

11. Le palais royal (1843, 1913, 1922) sur la place de Syntagma (place de la Constitution).

12. Le palais du diadoque (1897–1913) dans la rue d'Hérode Atticus, tel qu'il a été achevé en 1909 avec l'ajout de la salle de bal, a servi de palais royal de 1913 jusqu'à la fin du régime.

13. La villa royale à Tatoï (1889) sue une photo de 1896.

11

12

13

de la part du roi lui attira le chaleureux éloge de Vénizélos depuis Paris où il s'était auto-exilé ; à vrai dire, celui-ci avait dès 1922 relevé le doigté politique dont faisait déjà preuve le jeune roi, décidemment si différent de son père. Et comment le vieux chef crétois pouvait-il ne pas se souvenir que le roi lui avait tendu la main treize ans auparavant, en surmontant son aversion personnelle et surtout en feignant ne point mesurer l'effroi que son geste provoquerait chez les royalistes, dont les chefs, avec l'accord en coulisse de Vénizélos, venaient d'être fusillés, condamnés par un tribunal militaire en tant que seuls responsables de la débâcle en Asie Mineure. Mais en automne 1922 le moment était des plus contraires à toute idée de compromis, de conciliation et d'entente, au point que Vénizélos lui-même, malgré son prestige et bien qu'il tentât de sauver la royauté, ne sut se faire obéir. Suivre un parcours si chargé de contradictions n'était chose facile pour ses partisans, de sorte que le vénizélisme, plus conséquent que son chef vieillissant mais toujours prêt à rebondir, las de le suivre dans des chemins si diamétralement opposés, se détachait de lui en se rangeant désormais dans le rang républicain. Rang auquel Vénizélos, tiraillé entre ses propres convictions, assez troubles, et l'image qu'il en avait donné à ses partisans, finit aussi par publiquement se rallier, et ce avec sa véhémence habituelle, lors de son éclatant retour en politique, en 1928.

Douze ans après cette occasion manquée d'œuvrer conjointement avec le roi à la tête du pays, le vieux chef, réfugié à Paris après un coup raté entrepris pour renverser un gouvernement pourtant légal et issu sans équivoque des urnes, observait le roi, qui, à peine rentré d'exil, cherchait à renouer le fil de sa politique. Le but de Georges II restait le même : la réconciliation des deux camps, la cicatrisation de la plaie ouverte vingt ans auparavant, but qui, tout compte fait, n'était autre que la reconquête de la part de la dynastie de sa légitimité populaire perdue.

En 1935, les circonstances en étaient relativement propices : l'armée purgée était à nouveau soumise à la Couronne, et, chose plus importante, la grande majorité du peuple, telle qu'elle s'était exprimée lors des élec-

14. La photo officielle de Georges II au moment de la restauration (1935).

tions du 9 juin 1935, tout comme lors de celles du 25 janvier 1936, n'aspirait qu'au calme et à la paix sociale[32]. En favorisant les modérés des deux camps, les Grecs avaient massivement manifesté leur lassitude et leur désir d'ordre, leur volonté de voir enfin cesser les coups et les contrecoups d'état, les dictatures d'opérette, les tentatives de soulèvement et de changement de régime. Toutes ces turbulences ralentissaient à chaque fois la convalescence du pays et mettaient à l'épreuve ses maigres mais réels succès, fruit de pénibles efforts de redressement, tant après le déracinement de 1922–1924 qu'en 1931, lorsque la crise économique internationale frappa de plein fouet la Grèce. En plus de cela, voici que Vénizélos, par le biais de tierces personnes faisant la liaison entre lui-même et le roi, se déclarait enclin à répondre cette fois-ci favorablement en cas d'appel de la part du souverain.

Pour son propre malheur et pour celui de la Grèce, Georges II butta contre deux infranchissables obstacles dont le premier était aussi imprévisible qu'il était sans appel : la mort qui, dans l'espace de quelques mois, lui enleva, l'un après l'autre, ses appuis politiques, hommes modérés des deux camps ; la mort lui avait enlevé aussi Vénizélos, qui, quelques jours avant son décès, survenu le 18 mars 1936, avait fait par écrit l'éloge du roi et approuvé sa politique ; l'autre impasse, presque absolue, bien que prévisible pour qui avait, peu ou prou, l'expérience de la vie publique grecque, était les politiciens qui se montrèrent une fois de plus incapables de surmonter leurs différends et de s'élever à la hauteur exigée par la gravité des circonstances. Devant l'impossibilité de s'entendre entre eux et de coopérer pour former un gouvernement de coalition, puisque aucun des deux partis, de force presque égale, n'avait obtenu la majorité absolue des sièges au Parlement, ils jugèrent bon de suspendre, en avril 1936, pour six mois leurs travaux de députés – éclipse périlleuse – en laissant libre l'exercice du pouvoir à Jean Métaxas, vice-président du conseil des ministres, malgré le fait que ce dernier faisait partie de ceux (en nombre presqu'égal dans les deux camps) qui ne cachaient pas leur sympathie pour les régimes autoritaires.

La crise parlementaire en s'éternisant avait fini par ériger en arbitre de la situation politique le Parti Communiste, qui obtenait ainsi une importance disproportionnée par rapport à sa taille. La raison en était qu'une alliance entre lui et un parti bourgeois offrait à ce dernier un nombre suffisant de sièges au Parlement lui permettant de former un gouvernement. Le Parti Populaire, bien que l'idée de la coopération parût un instant ne pas lui déplaire, rebroussa finalement chemin. Le Parti Libéral, en revanche, aboutit à un accord qu'il tenta en vain de garder secret et qui, une fois découvert, provoqua un tollé général, y compris dans les rangs des libéraux : nombreux furent en effet les députés qui accusèrent leur chef Thémistoclis Sophoulis de haute trahison, ainsi que d'avoir engagé le Parti Libéral dans des tractations dangereuses avec l'extrême gauche sans leur assentiment. En résulta une aggravation de la crise, car à l'impasse politique venait s'ajouter un sentiment d'insécurité sociale, lequel fut habilement exploité par les ennemis du parlementarisme, communistes ou fascisants. En plus de cela, le P.C. réussit à tirer profit du profond malaise social que suscitait la stagnation de l'économie combinée à l'incompétence chronique de l'administration, ce qui fut déjà démontré lors du scrutin de 1935. En mai 1936 de sanglantes émeutes éclatèrent à Salonique, centre de grandes manufactures de tabac, au prolétariat nombreux et mal rémunéré ; elles furent sauvagement réprimées par les forces gouvernementales, qui, pour en venir à bout, durent faire appel à des renforts expédiés depuis Athènes.

Sur le plan international, enfin, la situation se détériorait rapidement ; l'attaque de l'Italie fasciste contre l'Éthiopie, en plus de ce qui était en train de révolutionner l'Allemagne, signifiait en Europe le réveil menaçant des forces de l'arbitraire. Pour le roi des Hellènes il devenait clair que l'actualité mondiale imposait impérativement une remise en question de ses priorités : une nouvelle guerre était à nouveau probable, de sorte que ce qui à présent primait, en devançant le devoir sacré de la réconciliation interne, était la réorganisation et le réarmement de l'armée, laissée par la république dans un état lamentable.

Il y avait donc urgence. Pour que l'entreprise eût des chances de succès, il fallait que l'armée restât homogène, ce qui excluait le retour des officiers républicains licenciés à l'issu du coup vénizéliste manqué de 1935, chose qui à son tour interdisait toute entente entre les deux partis majeurs ainsi que la coopération du monde vénizéliste avec le pouvoir. Unique issue restante était l'imposition d'une dictature, décision que Georges II fut amené à prendre avec une nette répugnance, car non seulement elle s'opposait à son modèle politique de prédilection qu'était celui de l'Angleterre libérale, pays qu'il chérissait, mais encore parce qu'elle détruisait, peut-être pour toujours, sa tentative de rétablissement de ce lien affectif profond et durable entre la dynastie et le peuple, lien désigné ici par le terme de légitimité. Non que Georges II aspirât à la moindre récompense personnelle, voire à un quelconque sentiment de reconnaissance du peuple envers lui ; mais il était normal que de tels sentiments naquissent dans le cœur du peuple de par l'estime et le respect que susciteraient ses actes de pacificateur, lesquels n'étaient pour lui que le strict accomplissement de son devoir de roi.

Or, ce même devoir lui dictait à présent de se faire violence. Dans la nuit du 3 au 4 août 1936, tirant prétexte de la grève générale annoncée par le Parti Communiste, il abrogea, à la demande de Jean Métaxas, homme de génie, aux capacités considérables, depuis toujours dévoué à la royauté, les articles fondamentaux de la constitution et confia le plein pouvoir à celui qui depuis plusieurs mois était déjà à la tête du gouvernement. Son attitude à l'égard du dictateur fut toutefois paradoxale et ambigüe ; car, bien qu'instigateur de la dictature, dont il fut le principal soutien, Georges II évitait de frayer avec ses représentants, les tenait à distance, tout comme il s'abstenait de participer aux cérémonies du régime, dont il détestait la vulgarité et les allures de plus en plus mussoliniennes, et confiait souvent cette corvée à son frère Paul. De même il repoussait tout contact avec les officiels allemands, quand il arrivait que l'un d'entre eux visitât Athènes. Son attitude résolument hostile face à l'Allemagne nazie, à l'heure où les souverains balkaniques, accomplissaient, les uns après les autres, dévotement le pèlerinage à Berchtesgaden, mettait à chaque fois le gouvernement dans l'embarras, car Métaxas évitait de provoquer inutilement Berlin, sans néanmoins s'écarter de la ligne pro-britannique convenue avec le roi.

Attaché à l'Angleterre par des liens personnels de gratitude, mais aussi par tempérament et par goût intellectuel, tout comme par réalisme politique, Georges II, avant de faire appel à Métaxas, s'était assuré de la ferme résolution de ce dernier de maintenir la Grèce aux côtés de l'Angleterre[33], car l'élu de Georges II souffrait d'une réputation d'ancien germanophile et avait des penchants autoritaires. Ce que l'histoire montrera bientôt c'est que Londres donnera bien du fil à retordre à ses alliés grecs, qui à coup sûr avaient surestimé ses moyens et sous-estimé son arrogance et son cynisme. Mais pour ce qui en était du roi, il fut incontestable que, dès lors et jusque vers la fin de l'année 1944, Georges II fut, parmi toutes les personnalités grecques, l'homme lige par excellence de l'Angleterre ;

ceci dit, après un intervalle de quelques années, il ne faisait que prendre en cela la relève de Vénizélos, le Vénizélos d'avant 1923.

Au cas où l'on voudrait mesurer la place réservée à la royauté dans l'esprit et le cœur des Grecs entre le début de la Grande Guerre et le déclenchement de la Seconde Guerre mondiale, on constaterait une nette régression. Car, parti de l'inaccessible faîte des années 1912–1915, le roi chutât en la position de chef d'une grosse moitié du peuple pour achever son parcours comme chef suprême et symbole unificateur de la Droite[34]. Son recours ensuite, quasi forcé par des impératives le dépassant, à la dictature, dans les circonstances que l'on connaît, réduisit encore davantage son impact politique sur l'opinion, et ce malgré le fait que la Grèce sur le plan économique, social et militaire en sortit renforcée ; la preuve en est que son armée fut capable de tenir admirablement tête à deux agresseurs infiniment plus puissants : l'Italie, dont elle fut victorieuse sur le

15. *Jean Métaxas et Georges II : les hommes forts du régime du 4 août. Entre les deux, le prince héritier Paul.*

front principal de l'Épire, et l'Allemagne qui, attaquant le front dégarni de la Macédoine et passant à travers le territoire yougoslave en direction de Salonique, eut rapidement raison des maigres forces helléniques et britanniques malgré leur résistance acharnée. L'attitude noble, ferme et intransigeante du roi lors de l'attaque italienne, sa décision de ne jamais baisser les armes et de lutter contre l'envahisseur jusqu'au bout, le mit pour un bref moment au diapason de son peuple et sut susciter respect et admiration. Mais les élites continuèrent à le bouder, de sorte qu'au moment de la catastrophe – avec Jean Métaxas mort depuis quelques mois et son successeur Alexandros Coryzis venant de se suicider, avec l'armée grecque en pleine déroute, et les arrière-postes anglais en train de tenter de retarder sur la ligne des Thermopyles les Allemands fonçant sur Athènes – Georges II ne trouvait plus personne disposée à coopérer avec lui (certains refusèrent par rancune ou par haine, d'autres par lâcheté, d'autres encore parce qu'ils étaient partisans d'une armistice immédiate afin d'épargner ce qui restait de l'armée et d'éviter à la population

16. Les jours du triomphe sur le front de l'Épire du Nord. Le roi est ovationné par la foule en sortant de l'hôtel de la « Grande-Bretagne », où siégeait l'état-major.

civile des dommages supplémentaires inutiles, d'autres enfin, tels que Pangalos et Plastiras, en tant que sympathisants nazis), au point d'en être réduit à assumer lui-même le poste du premier ministre, jusqu'à ce que, 24 heures plus tard, le banquier Emmanuel Tsoudéros consentît à recevoir la présidence d'un gouvernement fantôme, en partance pour l'exil, ce qu'il fit certes par patriotisme, mais encore parce qu'il subissait une forte pression de la part des Anglais.

Aussi Georges II fut-il dans l'ensemble peu regretté lorsqu'il quitta la Grèce envahie, puis occupée. Accablé de souffrances sans nombre, le peuple grec se distancia de la royauté et du roi, dont le retour au moment encore incertain de la libération lui semblait être une question d'un âge révolu, en dépit de la conduite, digne et courageuse, du solitaire Georges II, en tant qu'unique représentant officiel dans le monde resté libre de la Grèce indomptée. De même, le Grec moyen se distancia des partis politiques bourgeois, tombés dans le discrédit le plus total[35]. Par la suite, il fallut toute l'épouvante suscitée par l'intensification de la violence communiste dès l'automne de l'année 1943, qui culmina pendant l'insurrection en décembre 1944/janvier 1945 à Athènes, pour que se produisît à nouveau un revirement spectaculaire dans l'opinion en faveur de la royauté, considérée, dans un contexte balkanique des plus alarmants, comme le principal garant du maintien de la Grèce dans le monde occidental.

RÉUSSITE ÉPHÉMÈRE (1946–1961)

De retour en Grèce en 1946, la royauté avait en sa faveur et par rapport à sa situation en 1941 le maximum de ce dont elle pouvait espérer : tout d'abord un gouvernement royaliste qui avait remporté les premières élections de l'après-guerre – les premières en fait depuis 1936 –, ensuite un plébiscite de gagné, où plus des deux tiers des Grecs avaient voté pour le maintien du régime, dont une forte tranche des vénizélistes que la peur du communisme avait poussé à se rallier à la Couronne. En revanche, le reste du tableau était plus que sombre, car le pays gisait en ruine et la rébellion, qui bientôt allait se développer en véritable guerre civile, s'étendait, la misère matérielle générale exacerbant jusqu'au paroxysme les différends, dans lesquels souvent l'idéologie se mêlait inextricablement à des conflits d'intérêt personnels.

Depuis le départ des Allemands en automne 1944, le sang en effet n'avait cessé de couler ; à la terreur rouge avait succédé la terreur revancharde blanche, provoquant elle-même des réactions également sanglantes de la part de ses adversaires qui tantôt se défendaient l'arme à la main et tantôt attaquaient les premiers, n'ayant pas par ailleurs révisé leur volonté d'attacher la Grèce aux Balkans communistes. De règlement de compte en règlement de compte, le pays s'enfonçait dans un cercle vicieux de haine, de violence et de sang. Tout cela était attisé par l'immense frustration de la Gauche résistante, dont une partie persévérait dans la lutte contre un ennemi qui n'était plus l'occupant allemand. Ce qui la rendait encore plus téméraire et plus décidée était l'espoir – après tout pas tellement fou – de voir l'armée soviétique, parvenue jusqu'aux frontières nord du pays, se décider à les franchir afin de porter secours à ses frères idéologiques insurgés. A l'ouest, l'Italie vacillait. Et la Grande-Bretagne du gouvernement travailliste de Clément Attlee, plongée elle-même dans une crise économique sans précédent qui lui faisait presque regretter les années de guerre, était incapable de persister dans son aide à la Grèce nationaliste, et ce d'autant plus que chez elle de nombreuses voix, tant dans le parlement que dans la presse, s'élevaient exprimant soit des réserves soit une hostilité ouverte à l'égard du régime dit fasciste d'Athènes, dont les opposants seraient non pas des communistes prosoviétiques, comme la propagande officielle le prétendait, mais des républicains et des démocrates. De l'autre côté de l'Atlantique, la politique américaine n'était pas encore tranchée quant au sort du sud des Balkans. En Grèce, les États-Unis allaient-ils prendre la relève de la Grande-Bretagne défaillante et, quand bien même ils s'y décideraient, y interviendraient-ils à temps ?

Le 1er avril 1947 Georges II mourut subitement, écrasé par trop de labeur et trop de soucis. Certes, le sort avait enfin timidement souri à cet homme que la vie n'avait pas gâté, car il lui offrit la satisfaction du retour au pays après cinq années de séparation, années très dures, passées dans la solitude, les humiliations et l'angoisse. Au cours de cette période, le roi avait traîné comme un boulet à la patte sa propre responsabilité pour la dictature de Métaxas, en essayant de ne pas trop se marginaliser par rapport aux nouvelles réalités nées en Grèce sous l'Occupation et de ne pas trop perdre pied dans un monde de plus en plus fluide et incertain au fur et à mesure qu'approchait la fin de la guerre. Roi régnant sans royaume et presque sans sujets, il accomplit avec noblesse son devoir ingrat de souverain contesté, s'appuyant sur le fait de sa reconnaissance de la part de la communauté internationale en tant que chef d'État d'un pays allié et surtout sur l'infaillible soutien de l'Angleterre ; et voilà que ses amis anglais, qui sur place essayaient de mâter, au moyen de féroces combats de rue, la révolte communiste dans la ville d'Athènes, subitement le lâchèrent. Son heurt avec Churchill, qui était en prise avec mille problèmes, puisque la guerre se poursuivait sur tous les fronts, dont celui de la contre-attaque allemande dans les Ardennes, et avec son propre pays

17. 28 octobre 1946 (jour de la fête nationale). Le roi Georges II et le prince héritier Paul se rendent à la tombe du Soldat Inconnu.

sous le tire des terrifiants missiles V2, fut pour le souverain grec un des moments les plus éprouvants de son existence ; dans la nuit du 29 au 30 décembre 1944, au cours d'une discussion serrée qui dura jusqu'à 4 heures du matin, le premier ministre britannique, malgré le respect que lui inspirait la personne du roi des Hellènes, arracha avec brutalité à son interlocuteur son consentement sur trois points auxquels celui-ci s'opposait farouchement jusque-là. Il lui interdit le départ immédiat pour la Grèce, lui imposa un régent (en l'occurrence l'archevêque Damascène d'Athènes, un vénizéliste, personnage dont le roi se méfiait) et soumit son retour, et donc la survie du régime, au verdict d'un plébiscite. De surcroît, quelques jours plus tard les Anglais provoquèrent un changement de gouvernement en Grèce dans un sens qui ne pouvait que déplaire à Georges II. À Georges Papandréou, qui fut prié de s'effacer, alors que le combat d'Athènes approchait à son terme par l'écrasement des forces communistes dans la ville même, succéda Nicolaos Plastiras, ancien militaire de renom et républicain notoire, qui jadis s'était illustré pour avoir, entre autres, détrôné le propre père du souverain, le roi Constantin. Dans les mois qui suivirent, Georges II n'était plus l'hôte de l'Angleterre mais son prisonnier, les services secrets ayant reçu l'ordre de le surveiller et de l'empêcher au cas où il tenterait de s'évader afin de rentrer en Grèce[36].

La victoire des travaillistes en Angleterre porta un coup supplémentaire aux espoirs de retour du roi ; le gouvernement Attlee, en poursuivant une politique d'apaisement à l'égard de la Gauche grecque – et ce d'autant plus que certains de ses membres en méconnaissaient tant la nature que les desseins –, s'écarta de la politique traditionnelle (en dépit de quelques périodes d'abandon et d'accrochages passagers) de soutien à la dynastie grecque. Londres donc décida d'inverser l'ordre dans l'application des mesures convenues à Varkiza[37] en vue d'une normalisation de la situation en Grèce : à la place du plébiscite qui devait avoir lieu en premier – en partie afin d'exploiter en la faveur de la royauté la réaction suscitée par la révolte communiste –, Londres privilégia à présent le déroulement dès que possible des élections législatives, dans l'espoir qu'elles contribueraient à faire baisser la tension, de sorte que le plébiscite fût évincé, remis à plus tard, en 1948 peut-être, voire indéfiniment.

Toutefois, c'était calculer sans les Grecs, sans la majorité des Grecs de 1945–1946. Résultat : la royauté fut maintenue et la famille royale fut de retour le 27 septembre 1946 ; était-elle seulement consciente de devoir ce

18. Les obsèques de Georges II le 6 avril 1947.

19–20. Le roi Paul, tenant par la main son fils Constantin, âgé de presque sept ans, suit à pied l'affût de canon sur lequel est placé le cercueil de Georges II.

21. Le roi Paul.

bonheur aux communistes, ainsi que Georges Papandréou ne manquait pas de le lui rappeler dans ses discours politiques de l'époque ?

Le 21 mars 1947, les États-Unis d'Amérique déclarèrent solennellement leur décision de soutenir la Grèce menacée par le communisme international. Cette nouvelle d'importance capitale fut un réconfort certain pour le roi épuisé, qui s'éteignit subitement à l'âge de 57 ans à Athènes, moins de dix jours après. Sa mort provoqua dans l'opinion grecque un mouvement de vive sympathie et de deuil sincère[38].

Son successeur fut son frère Paul, de onze ans son cadet. Autant le défunt roi était taciturne, austère et distant, autant Paul était affable et souriant ; il était doté d'une rare intelligence de cœur ainsi que d'une réelle bonté, qualités qui firent écrire beaucoup plus tard à une des grandes journalistes grecques de l'époque[39] que le roi Paul était un homme d'une civilisation supérieure. Sa voix grave et sa parole parfois

22. Le roi Paul.

entrecoupée par son rire sonore étaient des traits caractéristiques de cet homme qui aimait plaisanter. Très grand de taille, sportif, il était aussi simple de goûts que son frère aîné, bien qu'il ne partageait pas la frugalité quasi ascétique de Georges II. Profondément religieux, son sens de la religion excluait étroitesse et bigoterie ; orthodoxe convaincu, il prenait particulièrement au sérieux son rôle d'unique roi régnant orthodoxe sur terre. Suivre les longs services religieux à l'église était pour lui un véritable plaisir et il s'en délectait l'âme en écoutant les vieux textes liturgiques byzantins. Pendant toute sa vie il eut une forte inclination pour la musique, étant lui-même un pianiste émérite, et fut l'ami intime de grands musiciens, tels Gina Bahauer et Yehudi Menuhin. Il avait un faible pour la mer, tout particulièrement la mer Égée. Aussi aimait-il de temps en temps partir pour la journée, seul et par tous les temps, sur une vedette de la marine royale, le plus souvent dans le golfe de Corinthe, moins fréquenté que le Saronique, afin de méditer et de réfléchir en paix. Il réservait à ces escapades quasi hebdomadaires le lundi, jour qui, d'habitude, était calme, les politiciens se reposant des fatigues du dimanche, selon le bon mot du roi. Par ailleurs, ayant été obligé entre 1925 et 1935 de travailler pour assurer sa subsistance, entre autres dans une industrie aéronautique en Grande-Bretagne, Paul connaissait d'expérience la vie laborieuse du commun des mortels.

Autant Georges II a été malheureux dans sa vie privée, autant Paul fut comblé dans la sienne. Il fit un mariage d'amour avec la princesse Frédérica-Louise de Hanovre, de seize ans sa cadette, dont il eut trois enfants : Sophie, reine d'Espagne, Constantin, qui fut son héritier, et Irène. Ils menèrent une vie de couple, doublée d'une vie de famille exemplaire et extraordinairement unie ; leur complicité, ainsi que la profonde union

d'âmes du roi et de la reine, selon l'heureuse expression d'un de leurs amis les plus proches[40], ne manquaient pas d'impressionner leur entourage.

Malgré les incertitudes du début du règne, dues à la farouche résistance et l'agression de l'adversaire communiste, à la lenteur du secours américain, initialement fourni au compte-goutte, et aux inévitables vicissitudes de la guerre civile, qui ne fut remportée qu'à la fin de l'été 1949, malgré les crises politiques qui compliquaient davantage la situation, Paul, et la royauté avec lui, bénéficièrent dans l'ensemble d'une période faste inattendue. Cette rénovation inespérée du lustre de la dynastie, cette popularité recouvrée fut causée par les anciennes fidélités royalistes ravivées ainsi que par des impératives que dictait la guerre civile, la royauté étant ressentie comme le bouclier principal contre le communisme. Elles furent également le résultat de l'immense ascendant de la reine, dont la

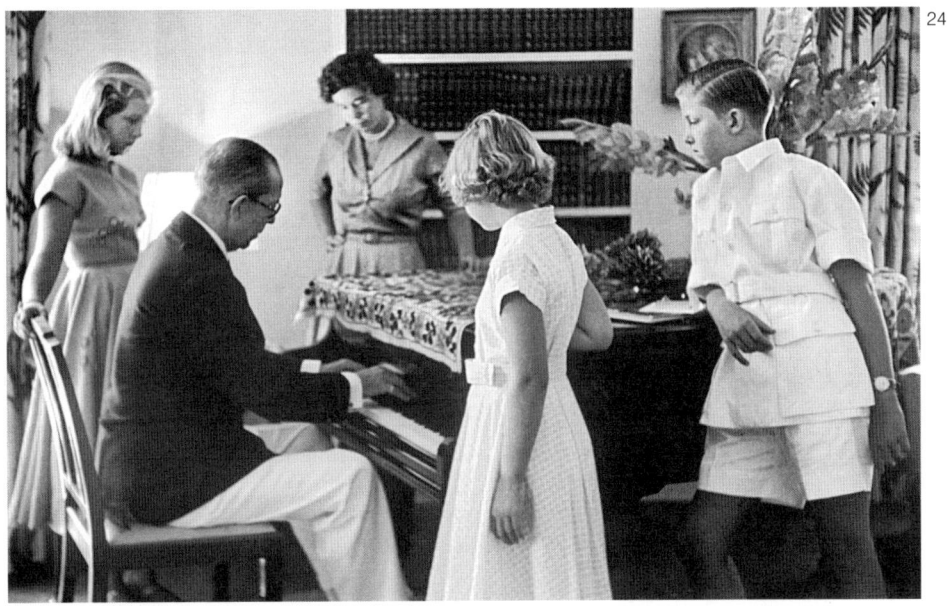

23. *La famille du diadoque Paul photographiée devant l'entrée du palais sis rue d'Hérode Atticus juste après le baptême de l'héritier présomptif Constantin (1940).*

24. *À Tatoï. Scène de la vie quotidienne d'une famille unie. Le roi Paul, assis au piano, est entouré de sa femme Frédérica et de ses enfants Sophie, Constantin et Irène. La cadette des princesses deviendra plus tard une pianiste émérite.*

bravoure face au danger, l'énergie inépuisable et la quasi-omniprésence dans les régions les plus exposées et les plus sinistrées où elle donnait courage et portait secours et consolation aux populations, avaient fait d'elle la personne de loin la plus aimée et la plus admirée en Grèce.

Cette large union populaire autour du Trône excluait fatalement un quart environ des Grecs, à savoir les insurgés, puis les vaincus de la guerre civile, ainsi que tous ceux qui passaient pour avoir des sympathies communistes. Issu de la victoire remportée sur le communisme, une victoire gagnée en partie grâce à l'aide militaire et économique américaine, le régime d'après-guerre en Grèce était d'une part farouchement anticommuniste[41] et d'autre part proaméricain à outrance. L'inquiétant voisinage balkanique[42] ainsi que les divers épisodes de la guerre froide risquant à tout moment, et cela jusque dans les années 1960, de se transmuer en

conflit mondial, semblaient donner raison tant à l'anticommunisme du régime qu'à cette quasi-dépendance de l'Amérique, dont l'ambassadeur, surtout dans les premières années après la fin des hostilités (1949-1953), ne prenait pas des gants quand il voulait dicter les volontés de Washington au roi ou au gouvernement. L'insolence du représentant des États-Unis et l'empressement des autorités grecques de lui donner satisfaction ne manquaient pas toutefois de déranger l'opinion : même ceux qui se sentaient redevables à l'Amérique pour le salut de leur pays s'en offusquaient parfois.

En dépit de ces quelques réserves formulées, jamais la royauté ne fut mieux établie et n'avait été aussi populaire depuis l'époque de Constantin I. Peut-on néanmoins parler de légitimité recouvrée ? La réponse est positive et ce malgré la mise à l'écart de la Gauche, malgré les fortes tensions

25–26. *Plus d'un million de gens ont suivi émus, dans un profond silence, le cortège funèbre du roi Paul depuis la cathédrale d'Athènes jusqu'à l'hôtel Hilton (12 mars 1964).*

politiques survenues vers la fin du règne entre l'opposition parlementaire et le Palais, puis entre le Palais et le chef de la Droite, malgré l'effondrement enfin, au cours de ces mêmes années, de la popularité de la reine. Autrement, comment expliquer cette chorégraphie spontanée et magique, animée par des centaines de milliers d'acteurs-témoins comme une immense et poignante symphonie populaire, parfaitement accordée, accomplie avec gravité dans une absolue unité de sentiment le 9 mars 1964, lors des funérailles du roi Paul, assurément un des moments suprêmes dans l'histoire centenaire de la dynastie ?

Au fond, cette légitimité recouvrée ravivait la vieille formule apparue en 1912–1913 dans le cas de Constantin, à savoir la rencontre du mérite et du charisme personnel avec le mythe de l'institution royale, à cette différence près que dans ce cas l'être providentiel n'était point le roi mais la reine. La reine Frédérica des années de la guerre civile, qui furent sinistres et héroïques pour les deux camps, et des années qui suivirent la fin des combats sut faire preuve de témérité, de dévouement sans bornes, de disponibilité, de sollicitude, de compassion, associés à l'éclat et au charme de sa féminité[43] ; à ses côtés, presque en retrait, la haute stature du roi représentait, pour le peuple épris de sa reine, le bon sens, la sagesse, la stabilité, vertus paternelles qui finirent par imposer l'image durable « du bon roi Paul ».

Pour son malheur, le couple royal ne semble pas avoir été conscient de ce nouvel élan, de cette popularité comme par miracle rétablie, prisonnier qu'il était du sentiment angoissant d'insécurité, qui avait été celui de la dynastie depuis la restauration de 1935, sentiment de précarité frôlant l'obsession et que, évidemment, la dictature de 1936, puis les péripéties de l'occupation et du conflit intestin n'étaient pas faites pour le dissiper.

Si le couple royal avait réalisé l'ampleur du revirement en sa faveur, il aurait à coup sûr évité sa trop grande accointance avec les États-Unis et leurs représentants locaux, attitude qui blessait, comme on l'a dit, plusieurs et non des plus susceptibles. Par ailleurs, il aurait pu tenter davantage sa chance en direction des classes moyennes des grandes villes en essayant, sinon de se les gagner entièrement, du moins d'en dissiper la méfiance à son égard en y établissant des liens réciproques durables de compréhension, pouvant évoluer avec le temps en estime, qui est déjà une sorte de fidélité.

Cela aurait assurément nécessité de la part de la famille royale une conversion totale, une pleine immersion dans la grécité, chose qu'elle ne souhaitait peut-être pas réaliser pour des raisons ailleurs évoquées. Cette conversion, dont elle eut peut-être été encore incapable, faute de suffisante maturation, serait plus facile pour une génération telle que celle de Sophie, de Constantin et d'Irène (ou mieux encore pour la génération suivante, forcément démocrate à cause de l'esprit du temps), élevée en Grèce. Mais était-elle seulement consciente que son altérité, ignorée ou, au contraire, admirée par le peuple et dont les snobs se flattaient, était plutôt un désavantage face aux classes citadines moyennes ? Toujours est-il que celles-ci furent tenues à distance par perplexité, et la famille royale ne sortait de son insulaire existence privée (et cela plus que du temps de Georges Ier et de Constantin !) que pour effectuer des tournées exténuantes, mais combien compensatoires, en province, véritables bains de foule, programmées tantôt d'avance, tantôt à l'occasion des désastres naturels, tels que les séismes ravageurs des années 1950. Une fois rentrée à Athènes, à l'exception de la supervision des différentes œuvres de charité, elle tournait le dos à la société réelle, pour se retrancher dans une vie de famille ou pour fréquenter de diplomates étrangers ou de courtisans – amis depuis des générations –, ainsi qu'un groupe restreint d'Athéniens enrichis, industriels ou armateurs, au fur et à mesure qu'aux alentours de 1960 l'opulence commençait à faire son apparition dans les couches supérieures de la société grecque, qui se trouvait en pleine mutation.

Au cours de ces années plutôt fastes pour la royauté, l'on peut aisément distinguer trois périodes différentes quant à l'immixtion du roi dans la vie politique. Une première, allant jusqu'en 1952, est caractérisée par une prépondérance indiscutable de l'institution royale dans le contexte de la guerre civile et de l'immédiat après-guerre ; elle fut suivie par une relative éclipse qui allait durer jusqu'en 1961[44] et qui recouvre en fait les gouvernements de Papagos ainsi que la première moitié de l'ère de Constantin Caramanlis. Enfin il y a un troisième temps, au cours duquel s'affirme progressivement l'ingérence du souverain dans la vie politique, due à la mauvaise surprise que fut la montée inattendue de la Gauche aux élections du 11 mai 1958. À partir de ce moment, l'intervention du roi dans les affaires politiques est perceptible d'une part dans la composition du gouvernement de service,[45] chargé à superviser les élections du 29 octobre 1961, restées dans la mémoire collective sous le nom de « scrutin de la violence et de la fraude », et d'autre part dans la crise de l'année 1963, dont il est longuement question ailleurs dans cet ouvrage.

Malgré le rendez-vous manqué avec les classes moyennes, malgré les fortes secousses politiques de la fin du règne, dont le Palais fut tenu responsable et qui sont relatées dans les paragraphes réservés à la reine Frédérica, la royauté tint bon, son prestige dans l'ensemble en sortit intact, de sorte que Constantin II, jeune homme populaire de 23 ans, médaille d'or aux Jeux Olympiques de Rome en 1960, accéda au trône le 6 mars 1964 sous les meilleurs auspices.

Un an et demi après, ce lien étant brisé, toute légitimité s'était évaporée, la royauté partait à la dérive et avec elle le pays tout entier. Que s'était-il passé ?

AVANT LA TEMPÊTE (1964–1965)
Vue de loin, l'histoire paraît simple et pourrait se résumer en quelques mots : il s'agissait de l'évincement d'un premier ministre populaire par un roi faisant montre d'autorité. La chose s'était déjà produite en 1915, dans un contexte de guerre mondiale, de la part d'un roi immensément populaire, qui venait, dans les guerres balkaniques, à la tête de ses troupes, de doubler son pays, et à une époque où le principe monarchique semblait encore partout en Europe assez bien ancré. Toutefois, même dans ce cas relativement ancien, le bouleversement qui en résulta fut tel, les conséquences en furent si désastreuses et les plaies ouvertes si

27. Le retour et l'accueil triomphal du diadoque Constantin à Athènes après sa victoire aux Jeux Olympiques de 1960.

longues à se cicatriser que tout souverain devait désormais fuir à tout prix toute tentation, sous n'importe quel prétexte, de réitérer cet acte risqué, qui était somme toute légal, puisque la constitution l'autorisait[46], mais toujours mal reçu. Il se devait donc à ne prêter aucune attention aux sirènes qui le pressaient, avec force arguments, de sévir : celles-ci étaient tantôt des membres de sa proche famille (trop sûrs d'eux-mêmes ou bien, au contraire, trop effrayés), tantôt des conseillers trop zélés qui avaient la vue courte, tantôt enfin, et pour des raisons bien évidentes, l'opposition parlementaire en bloc, parce qu'une telle démarche du roi la rapprocherait du pouvoir, voire l'y ramènerait. Soit donc Constantin II connaissait mal l'histoire, soit il n'en tint aucun compte. Ce fut d'autant plus navrant que le monde n'était plus celui de 1915.

Afin de mieux comprendre les événements de l'été 1965, qui furent, eux et leur résonance, fatals à la royauté, il serait bon d'examiner le multiple héritage qui échut au jeune roi. De sa popularité personnelle, superficielle croûte de légitimité, on a déjà fait mention. De même on a cru honnête de ne point taire l'existence en Grèce d'une Gauche brimée ou exclue, ainsi que la présence d'une classe moyenne, épine dorsale de la société, dont une partie au moins de ses membres restait imperméable aux charmes de la royauté. Au sein de cette couche sociale, grâce au relatif épanouissement économique, progressivement survenu depuis 1954, fruit de l'habile gestion de l'économie par les gouvernements successifs de droite, grâce aussi au naturel renouvellement des générations qui peu à peu assourdissait les souvenirs de la guerre, soufflait depuis quelque temps un vent de changement, amenant des exigences de plus en plus pressantes pour des réformes, pour plus de justice sociale et une plus grande liberté. Ces aspirations fécondaient, certes, la création culturelle

et artistique qui atteint dans la première moitié des années 1960 un sommet depuis inégalé. Surtout elle avait nourri la forte lame de fond qui avait propulsé au pouvoir l'Union du Centre, le parti qui fit de ces réformes son programme politique. Les caisses de l'État, laissées pleines par la Droite désormais vaincue, permirent au nouveau gouvernement d'abuser en matière de dépenses sociales, mettant ainsi l'économie à l'épreuve, tout en augmentant sa propre emprise sur les masses.

À sa tête, après la mort inopinée du co-président de ce parti Sophoclis Vénizélos, fils d'Eleuthérios et ami intime du couple royal[47], se trouvait un premier ministre âgé, un octogénaire rusé, grand démagogue en public, causeur brillant et indiscutable charmeur en privé, homme plutôt ferme dans ses convictions, farouchement anticommuniste, mais que le compromis ne lui répugnait pas, à condition qu'il l'amenât ou le retînt au pouvoir. Georges Papandréou entretenait avec le roi d'excellentes relations personnelles ; sa propre ascension au pouvoir avait d'ailleurs été

28. La prestation de serment du roi Constantin II, une première fois au palais royal d'Athènes et ensuite devant la Chambre des députés. Derrière le roi, la princesse héritière Irène et le prince Michel de Grèce.

29–30. Le roi Constantin et la princesse héritière Irène devant la Chambre des députés. À leur droite le premier ministre Georges Papandréou.

facilitée, à peine quelques mois auparavant, par le roi Paul, en échange d'une promesse, obtenue sans difficulté, que le Palais pourrait continuer de se réserver le contrôle de l'armée.

Quant aux forces armées, elles cachaient, sous la surface homogène de l'anticommunisme et de la loyauté au régime (seuls principes perçus par le jeune roi), une réalité assez diversifiée. Certes, dans l'ensemble, le corps des officiers était anticommuniste, proaméricain et royaliste. En cela rien d'étonnant, s'agissant de l'armée des vainqueurs de la guerre civile ; ses cadres étaient attachés au régime (ceux de la marine royale en particulier) et plus encore à l'ancien couple royal qui a été toujours présent à leur côté, y compris parfois sur le champ de bataille ; en revanche, ils connaissaient mal le jeune roi, dont ils étaient séparés par toute une génération d'âge.

Mais le fond était moins homogène que la surface ne laissait supposer, depuis les ultras haut-gradés, prêts à « sauver » le roi même contre son gré, jusqu'à ces groupes de jeunes officiers qui n'avaient pas fait la guerre, que l'on disait inspirés du nassérisme et que l'on soupçonnait de sympathies républicaines. Entre les deux extrêmes d'ambitieux arrivistes, dont la loyauté envers la Couronne était rognée par les services secrets américains travaillant à leurs propres fins, qui n'étaient pas toujours celles de leur gouvernement, dans le contexte politique particulièrement mouvant de la Méditerranée orientale.

Enfin, dernier acquis légué à Constantin, l'article 31 de la constitution qui assignait au souverain le droit, en cas de grave dissension avec son premier ministre, de pouvoir le congédier. Au cas où l'évincement de son chef de Cabinet entraînerait également la chute du gouvernement, le roi était obligé de procéder à des élections dans un délai de 45 jours. Le risque encouru de voir revenir le premier ministre congédié, avec une majorité reconfirmée, voire même accrue, forçait le roi de bien peser son choix avant d'user de cette mesure extrême.

Pour en conclure, tous les ingrédients d'un état de crise étaient sournoisement réunis, de sorte que le malheureux Constantin se leurrait en

31. Le jeune couple royal à la réception organisée à l'occasion de leurs noces le 18 septembre 1964.

escomptant que son règne serait de tout repos. Quoi de plus facile, en effet, pour former et entretenir l'illusion de la puissance dans le cœur d'un jeune homme de 25 ans, mal préparé pour la charge qu'il était en train d'assumer, mal conseillé par des intimes imperméables à l'esprit du temps, trompé par de flatteurs, de politiciens intéressés, qui tissaient autour de lui leurs filets afin de mieux se servir de lui, involontairement égaré par des courtisans honnêtes mais trop déférents, acclamé par le peuple qui l'ovationnait à chacune de ses apparitions en public, assuré enfin par ses généraux de la pleine fidélité de l'armée ? Comment pouvait-il soupçonner que le tapis rouge, sur lequel on l'invitait d'avancer en toute confiance, dissimulait un terrain piégé ?

Car il suffisait que le premier ministre voulût porter atteinte aux privilèges royaux concernant l'armée, tacitement reconfirmés, et que le roi, étant trop ou, au contraire, peu sûr de lui et de toute façon mal conseillé, lui signifiât son congé pour que la crise éclatât. Georges Ier aurait à coup sûr flairé le danger et se serait abstenu du moindre mouvement, jusqu'à ce que les choses s'éclaircissent d'elles-mêmes. Son arrière-petit-fils, malheureusement pour lui et pour la dynastie, fut beaucoup moins prudent.

LE GLAS (LA CRISE DE L'ÉTÉ 1965)

La crise éclata et fut fatale à la royauté. Elle se déroula en plusieurs épisodes de juin à septembre 1965. Au départ, elle eut comme toile de fond la lente dislocation de l'Union du Centre, dont l'édifice, mal soudé et comprenant des éléments politiquement incompatibles, allant depuis la Droite jusqu'à l'orée de la Gauche, commençait à se fissurer, d'autant plus que la querelle de la succession de Georges Papandréou commençait à percer et que le parti se voyait écartelé entre, d'une part, la majorité des députés se rangeant derrière Constantin Mitsotakis, bras droit du vieux chef depuis au moins les élections de 1961, auteur de la fameuse « lutte irréductible » (ανένδοτος αγών)[48], et, d'autre part, un petit groupe d'extrémistes cherchant la rupture sur tous les fronts et ayant à leur tête Andréas, fils du premier ministre, récemment débarqué des États-Unis.

Inutile de préciser que Papandréou père était incapable de contenir son fils et donc de sauvegarder la cohésion de son parti, et ce malgré le soutien inaltéré de sa base populaire.

L'atmosphère, si détendue pendant toute l'année 1964, s'était soudainement gâtée, empoisonnée par des rumeurs de complots – prémices de tempête –, ourdis pour les uns par la Gauche impatiente et revancharde, fomentés pour les autres par la Droite excédée. Le chef de la Droite Panaghiotis Canellopoulos, personnage modéré et distingué homme de lettres, après moult déclarations incendiaires contre le gouvernement, qui selon lui conduisait le pays à l'abîme, monta au palais pour exiger du roi le licenciement immédiat du premier ministre ! La presse fidèle, ainsi qu'à peu près 35% des Grecs, i.e. l'électorat traditionnel de Droite, l'épaulaient dans ses exigences si peu démocrates ; sur l'autre bord, celui de l'Union du Centre, les premiers députés quittaient dès le mois de février le navire qui commençait à prendre l'eau.

Là-dessus deux événements survinrent quasi simultanément et précipitèrent la rupture entre le roi et le premier ministre, le différend portant sur un secteur que le Palais ne voudrait jamais sacrifier : le contrôle de l'armée. Constantin, en effet, fut prévenu par le ministre de la Défense que le gouvernement, nonobstant ses anciens engagements, allait procéder à un remaniement des cadres supérieurs de l'armée. Le roi s'en étonna, protesta de n'avoir pas été consulté ; les remontrances royales valurent au ministre délateur son licenciement. Papandréou aussitôt prétendit à ce poste, décidé de défier le roi jusqu'au bout, et ce dans le domaine qui importait le plus à ce dernier. La situation devenait, d'un seul coup, explosive.

Mais comme malheur ne vient jamais seul, d'autant plus que les agents secrets, à l'œuvre depuis quelques années déjà, poursuivaient leur travail de sape, survint une découverte qui mit le feu aux poudres et parut confirmer les pires appréhensions ; une conjuration « nassériste » au sein des forces armées fut en effet dévoilée, et le nom d'Andréas Papandréou s'y trouvait, paraît-il, impliqué. L'atmosphère trouble et tendue, dans laquelle baignait depuis quelques mois le pays, donna à l'affaire ASPIDA (bouclier en grec, acronyme de la phrase «Officiers Sauvez la Patrie, les Idéaux, la Démocratie, la Méritocratie») des proportions qu'en réalité elle n'avait pas, ce qui ne fut, hélas, prouvé que plus tard. Les conspirateurs furent traduits en justice et étaient appelés à comparaître devant une cour martiale. Depuis Corfou, où la reine Anne-Marie allait bientôt accoucher de leur premier enfant, Constantin, au moyen de trois lettres rédigées sur un ton hautain[49], invita le premier ministre soit d'abandonner toute prétention au ministère de la Défense, en y nommant n'importe quel autre membre de son parti, soit de transmettre le procès aux tribunaux civils. Car comment se pouvait-il que le père patronnât l'instance devant laquelle allait comparaître son propre fils, accusé de complicité dans le complot? Papandréou, intransigeant, répliqua que l'affaire ne concernait que lui seul et son gouvernement. Il refusa donc de se plier à ces injonctions, estimant que lui, le représentant de 53% du peuple, ne pouvait pas être un premier ministre sous tutelle. Afin d'augmenter la pression sur le roi, il ameuta la rue; Athènes devint le théâtre d'énormes manifestations. Constantin rentra de Corfou, tout aussi inflexible que son premier ministre: la rupture était imminente! Conscients de l'abîme qu'un tel geste ouvrirait, les premières personnalités du parti conjurèrent leur chef, quoi que le roi fît, de ne point démissionner. Emporté et sûr de l'appui populaire, Papandréou passa outre. Le roi, d'ailleurs, avait lui aussi hâte de conclure. La démission fut froidement acceptée. Supprimant toute possibilité de rétractation – chose après tout fort possible vu le caractère versatile du premier ministre et la nette opposition de son parti à l'idée de démission –, le souverain conféra sur le champ la présidence du conseil, suivant à cela la lettre de la Constitution, au président de la Chambre des députés Georges Athanassiadis Novas, académicien et médiocre poète à ses heures, qui avait, disait-on, été prié d'attendre dans la pièce d'à côté. La raison de cette hâte venait du fait que le roi s'était laissé assurer par des députés de l'Union du Centre, qui étaient soit trop optimistes soit perfides et qui ne souffraient plus Papandréou et encore moins son agitateur de fils, que 80 de leurs confrères étaient prêts à faire sécession au moindre signal de sa part. Leurs voix, ajoutées à celles des députés de la Droite, traditionnellement dociles aux volontés du Palais, étaient en mesure de garantir la formation d'un gouvernement suffisamment stable. Or, ces promesses s'avérèrent fallacieuses, et les séparatistes recensés lors du vote de confiance au parlement ne dépassaient pas en nombre le chiffre humiliant de trois ! L'impasse était totale ; l'énorme différence d'âge entre le souverain de 25 ans et le premier ministre octogénaire donnait en plus au comportement de Constantin, aux yeux de l'opinion déjà furieuse contre lui, une teinte d'insupportable insolence.

Entre temps Athènes était en feu ; un étudiant fut tué au cours des confrontations avec la police débordée ; sa dépouille fut processionnée par la foule déchaînée. Un cri y dominait : « Constantin, le peuple ne veut plus de toi, prends ta mère et f... le camp ! » ; la crise politique était en train de tourner en crise de régime, voire en révolution.

Une deuxième tentative de former un gouvernement avorta également, malgré la nette augmentation du nombre des sécessionnistes. Le pays tout entier était en ébullition, le désordre s'étendait, l'autorité de l'État était bafouée jusqu'aux derniers recoins du royaume, la police et la gendarmerie apeurées laissant faire ; partout se réveillaient les fantômes de la guerre civile. Il était urgent que la Grèce se dotât d'un gouvernement, qui parviendrait à se faire accepter par l'Assemblée, entreprise point aisée, d'autant plus que celui-ci devrait consentir à enfreindre la Constitution en ajournant le déroulement de nouvelles élections législatives bien au-delà du délai prescrit des 45 jours.

Constantin convoqua alors le Conseil de la Couronne, organe consultatif, jouissant d'une haute autorité morale et faisant depuis longtemps parti des mœurs politiques, bien que point prévu par la Constitution. Il regroupait les chefs des partis siégeant au parlement, de même que tous les anciens premiers ministres en vie. Le Conseil se réunit par trois fois au palais, sous la présidence du roi ; au bout de longues discussions, méticuleusement minutées et publiées un peu plus tard, qui se déroulèrent dans la civilité et sans le moindre esclandre, ses membres parvinrent à conclure que, vu la fièvre qui secouait l'opinion, et appréhendant que la violence ne s'étendît davantage, des élections immédiates étaient déconseillées.

Acculé par ses propres actes au pied du mur, le Palais[50], aux abois, cherchait n'importe quelle issue, afin de constituer un gouvernement, sans trop sourciller sur les moyens. Et c'est ainsi qu'il commit la faute, dans le sens du mot prétendument prononcé par Fouché, de soudoyer des députés centristes pour qu'enfin ils se décidassent de quitter l'Union du Centre, que la crise avait entre temps raffermie. Pour les uns comptèrent les appâts offerts, pour les autres la nécessité que la crise se terminât au plus vite et que le pays fût à nouveau gouverné ; le fait est qu'un nombre important de députés se détacha de l'Union du Centre, nombre suffisant pour y établir, avec l'appui de la Droite, un gouvernement.

Ce furent les si décriés « apostats ». La crise, du moins en sa partie violente, se dissipa, lorsque le gouvernement de Stéphanos Stéphanopoulos obtint le vote de confiance au parlement : nombreux furent ceux qui le considérèrent comme illégal.

La royauté, accusée à tort ou à raison, en sortit flétrie, souillée et, pour un certain nombre de Grecs, comme ayant dérogé. Les derniers agissements en coulisse ayant transpiré, gonflés par de rumeurs encore plus sordides que la réalité, firent l'effet que fit aux Français du temps de la Révolution la fuite de Louis XVI à Varennes ou aux Russes le Dimanche Sanglant à l'égard de Nicolas II. Bien de fidélités se brisèrent. Le glas pour la royauté grecque avait sonné[51].

LA DIMENSION CONSTITUTIONNELLE

TEXTES CONSTITUTIONNELS ET LA QUESTION DE LA ROYAUTÉ (1821–1862)
Une insurrection qui se mue en révolution de tout un peuple luttant pour son indépendance amène tout naturellement ses dirigeants à s'interroger sur la nature du régime qui régirait le pays une fois celui-ci libéré. Au cours des premiers mois du conflit, l'attention de tous était naturellement portée sur l'effort de guerre, sur la lutte sans merci afin de briser les armées que le sultan expédiait l'une après l'autre et qui, comme des vagues furieuses, déferlaient sur les provinces révoltées ; de même il s'agissait de conserver le contrôle de la mer Egée, qu'il fallait disputer aux puissantes escadres turques, ainsi que d'essayer d'étendre la révolution aussi loin que possible parmi les populations chrétiennes asservies.

Ce n'est donc qu'à partir du moment où le noyau du territoire révolté parut, grâce à une accalmie, relativement assuré que l'élite de la nation se mit à songer de doter l'État en train de naître d'une constitution. Les intérêts opposés des vieilles oligarchies possédant le pouvoir et des hommes nouveaux qui émanèrent du conflit et la difficulté à trouver un terrain commun d'entente pour parvenir à une première organisation politique de la nation révoltée créaient une situation chaotique qui, en se prolongeant, risquait de discréditer la lutte des Grecs aux yeux des Puissances européennes. En désespoir de cause et sans abandonner leurs efforts pour parvenir à une concorde entre les différentes factions, certains « hétérochtones », tels Alexandros Mavrocordatos ou le métropolite Ignace d'Arta, envisagèrent la solution de concentrer le pouvoir entre les mains d'un nombre restreint de patriotes habiles et, en cas où ces derniers resteraient introuvables ou manqueraient d'autorité pour s'imposer, d'offrir le plein pouvoir à une personnalité de notoriété européenne, le prince Eugène de Beauharnais ou le comte Capodistrias, ministre du tsar[52]. Les difficultés, sans être aplanies, n'empêchèrent point que les notables de chaque majeure partie de la Grèce révoltée se réunissent, vers le milieu de l'automne de l'année 1821, en assemblées dans le but de rédiger chacune son propre projet de régime. Il y en eut donc trois projets : le régime de la Grèce continentale occidentale (issu d'une assemblée convoquée à Missolonghi), celui de la Grèce continentale orientale (rédigé et voté à Salona/Amphissa), et celui du Péloponnèse (qui fut l'œuvre d'une assemblée siégeant à Argos).

Parmi ces trois ébauches de constitution, seule celle proposée par l'assemblée de la Grèce continentale orientale et votée par elle le 15 novembre 1821 (au dire des spécialistes, elle fut la plus évoluée et la plus libérale quant aux droits et devoirs de l'individu) opta en faveur d'un régime monarchique constitutionnel et héréditaire, dont le chef proviendrait de l'Europe chrétienne. Plus précisément, le texte relatif à la nature du régime stipulait que l'Assemblée Nationale déjà convoquée allait jouer le rôle *de lieutenance du futur souverain, que l'Europe chrétienne enverra à la Grèce, en réponse à la demande de celle-ci, et qui sera reconnu par la Grèce comme son roi, à condition qu'il acceptât de se soumettre aux lois nationales*[53]. La question ne fut pas débattue, puisque l'Assemblée Nationale, réunie dans une bourgade près d'Épidaure, ne tint aucun compte des propositions des trois assemblées locales réunies avant elle et proclama, le 1er janvier 1822, sa propre constitution, laquelle fut largement inspirée par la constitution française de 1795. Il est donc vain d'y rechercher la moindre trace monarchique.

La question fut à nouveau effleurée un an et demi plus tard, alors que les circonstances s'étaient tragiquement altérées. Depuis la fin de l'année 1823, la Grèce, sans s'être nullement délivrée de la menace turque (à présent il y avait en plus, au contraire, les Égyptiens qui s'apprêtaient à venir à la rescousse des Turcs et se jeter dans la mêlée), était entrée dans un cycle de guerres fratricides, qui menaçaient de briser l'essor de la révolution, de dévier ses buts, d'en ruiner les finances et de créer petit à petit, et ce dès 1825, les conditions politiques et le climat psychologique nécessaires permettant aux Grandes Puissances européennes de s'ingérer, sans ménagement, dans les affaires intérieures du pays. Compte tenu des circonstances, leur immixtion fut ressentie par la plupart des Grecs non pas comme un acte arbitraire d'une mise en tutelle, mais au contraire comme chose souhaitable et allant de soi. Cette attitude avait été à l'origine facilitée par l'existence des trois partis politiques, à savoir le parti « anglais », le parti « français » et le parti « russe », dont par ailleurs elle en avait aussi favorisé l'éclosion. Chacun d'eux puisait son prestige et faisait dépendre le succès de sa politique de la bienveillance manifestée à son endroit par la Puissance européenne dont il était le client.

Dans une plus longue durée toutefois, l'évidence des menaces mortelles, encourues à cause des incessantes haines intestines qui plongeaient la Grèce dans un véritable chaos dont profitait l'ennemi, orienta les esprits vers la nécessité de munir le pays d'un exécutif qui fût à la fois centralisé et puissant, car placé au-dessus de la confusion partisane. C'est dans ce contexte, et mû par ce même état d'esprit, que le parti français, présidé par Jean Colettis, proposa qu'on fit appel à un prince de la maison régnante de France et intrigua dans ce sens en faveur du duc d'Orléans, le futur roi des Français Louis-Philippe, ou bien en faveur de son fils Louis, duc de Nemours. Ce projet monarchique resta aussi sans lendemain.

Toutefois la tendance centralisatrice, dans laquelle se projet s'inscrivait, ne fut point abandonnée, car elle s'imposait comme une évidence aux esprits réalistes de par les circonstances désastreuses qui disloquaient le pays et conduisaient à coup sûr la révolution à sa perte. Elle fut en effet entérinée par la nouvelle Assemblée Nationale qui, après maintes péripéties, dont certaines fort sanglantes, et un certain nombre d'ajournements, finit par se réunir le 18 mars/1er avril 1827 dans le bourg de Trézène[54]. C'est donc cette assemblée, avec le concours actif de Colocotronis qui y exerça sur les représentants tout son empire, qui fit appel au plus illustre des Grecs, le comte Capodistrias, ancien ministre du tsar Alexandre Ier, résidant à Genève. Celui-ci fut supplié de se rendre au plus vite en Grèce, qui lui confiait son gouvernement pour sept ans.

Le régime dont l'Assemblée de Trézène dota le pays fut, grâce à la balance des pouvoirs qu'il prévoyait, le régime, dirions-nous, du juste milieu et aurait pu satisfaire à la fois les partisans d'une certaine centralisation au sommet de l'édifice étatique, puisque il y installait un président, et les libéraux, puisque, d'une part, les pouvoirs du chef de l'État étaient restreints et que, d'autre part, le texte constitutionnel privilégiait les droits de l'individu-citoyen. L'Assemblée de Trézène fut de surcroît la première à instaurer explicitement le principe de la souveraineté populaire. Cette construction constitutionnelle équilibrée était apparemment un luxe que la Grèce ne pouvait s'offrir sans risquer l'anéantissement. Voici pourquoi Capodistrias, dont les goûts d'administrateur formé en Russie étaient plutôt autoritaires, l'abolit dès son arrivée.

Le gouverneur Capodistrias fut indiscutablement un des personnages les plus admirables et les plus tragiques de la Grèce moderne. Homme de conscience et de sacrifice, dévoué depuis toujours à la cause grecque, esprit créateur et infatigable travailleur, il s'épuisa au service du pays, de la part de qui il ne récolta que de l'incompréhension et de l'ingratitude. Reçu en Messie, il fut peu après voué aux gémonies et fut, pour son grand désespoir, porté à s'enfoncer dans un cercle vicieux où l'autoritarisme gouvernemental engendrait la révolte, qui à son tour appelait à des mesures draconiennes, servant d'excuse aux ennemis de l'État et de prétexte pour de nouveaux soulèvements. À ces difficultés, par elles-mêmes insurmontables, il faudrait ajouter l'inflexible hostilité de l'Angleterre, dont il a été fait mention dans un chapitre précédent.

Bref, l'effort titanesque entrepris par Capodistrias était voué dans l'immédiat à un échec certain. En surface, la réaction populaire semblait avoir pour cible la personne même du gouverneur, son entourage d'hétérochtones occidentalisés (membres de sa propre famille ou des compatriotes venus des îles ioniennes), ainsi que sa politique absolutiste. En fait, ce qui surtout rebutait, ce que le Grec moyen n'arrivait pas à admettre, c'était les contraintes et les exigences qu'impliquait le fonctionnement même de l'État, ce grand inconnu, une fois la liberté conquise. Le Grec moyen, qui pendant des années avait versé son sang en torrents pour la libération, s'exaspérait à présent de se voir encore plus malheureux et plus démuni que du temps des Turcs, encore plus opprimé que jadis, et s'in-

32. Le gouverneur de l'État grec Ioannis (Jean) Capodistrias.

surgeait contre cette prétendue indépendance qui le forçait à se plier au joug uniforme de la loi, alors qu'en tant qu'esclave il se jouait des ordres des pachas. La loi émanant de l'État et l'État étant personnifié par Capodistrias, se défaire de lui semblait être la voie toute indiquée conduisant à la délivrance espérée.

Et c'est ainsi que Capodistrias, faisant à son tour et avant tant d'autres la décevante expérience que le Grec n'était pas gouvernable et que son insubordination, en se prolongeant, annihilerait tout acquis de la révolution, parvint à la conclusion que le remède au problème ne pouvait être que la venue d'un roi[55], d'une personne donc qui, au sommet de l'État, unirait en elle la supériorité inconcurrencée du rang à l'altérité absolue d'origine[56], et qui servirait en plus de trait d'union avec l'Europe monarchique d'où, espérait-il, découleraient certaines facilités pour le pays[57]. Bien entendu, c'est lui qui en serait le premier ministre… Dans des moments de découragement extrême, il alla jusqu'à songer, comme il ressort clairement de sa correspondance, qu'il serait souhaitable pour la stabilité du nouveau régime que ce souverain, venu d'ailleurs, fût accompagné d'une armée. Il poussa même la réflexion jusqu'à émettre l'idée que les Bavarois seraient peut-être les plus indiqués pour accomplir cette tâche de pacification interne, parce que la Bavière n'était pas une grande puissance et parce qu'elle bénéficiait chez les Grecs d'une certaine notoriété à cause du philhellénisme de son roi.

Se débattant entre mille maux, l'infortuné gouverneur, président provisoire d'une Grèce qui ne voulait plus de lui, entama une correspondance avec Léopold de Saxe-Cobourg, veuf de la fille unique du roi Georges IV d'Angleterre, que l'on disait tenté par le Trône hellène, en essayant d'attiser son intérêt déjà manifesté pour la Grèce et obtenir grâce à lui l'extension des frontières pour l'État sur lequel celui-ci serait appeler à régner. Les pourparlers durèrent quelques mois, au cours du printemps et de l'été 1830, sans aboutir, et Léopold, comme on le sait, monta sur le trône ô combien plus confortable de la jeune Belgique, tout en regrettant jusqu'à la fin de sa vie de ne pas avoir osé l'aventure grecque.

Le 27 septembre 1831 Capodistrias était assassiné à Nauplie, en sortant de l'église, par deux membres d'une puissante famille de notables du Magne[58]. Les partisans du défunt gouverneur, connus sous le nom de « gouvernementaux », lui donnèrent sans tarder comme successeur son frère Augustin, lequel s'empressa de convoquer à Argos la Ve Assemblée Nationale. Mais les « constitutionnels », prétendument attachés à la Constitution de Trézène, y firent immédiatement sécession, se retirèrent à Corinthe, où ils convoquèrent leur propre assemblée. Ainsi, pour la troisième fois consécutive depuis le début de la révolution, la Grèce avait deux gouvernements et deux assemblées ennemies et glissait vers une nouvelle guerre civile.

Entre temps, la fameuse Ve Assemblée (décembre 1831–mars 1832) n'était pas restée inactive. Elle avait, en effet, rédigé sa propre constitution, censée devoir être soumise au prince qui, désigné par les Puissances, viendrait dans un proche avenir régner sur la Grèce. Le régime qu'elle instaurait était formellement présenté comme *princier*, *héréditaire* et *constitutionnel*. Il prévoyait en outre l'existence de deux Chambres, à savoir un Sénat et une Chambre de députés, députés élus au suffrage indirect et censitaire. Au prince était accordé le droit de dissoudre l'assemblée, privilège qui constitue une première dans les constitutions grecques ; la loi le contraignait cependant de faire appel à un nouveau scrutin, dans un délai de trois mois[59]. La constitution du 15/27 mars 1832 resta également lettre morte, car d'une part les « gouvernementaux », qui en étaient les artisans, furent battus par les « constitutionnels » qui, comme on va le voir, avaient leurs propres projets, et, d'autre part, Othon de Bavière, l'élu des Puissances, n'en tint aucun compte en arrivant en Grèce en 1833.

Mais nous n'en sommes pas encore là. Pour le moment, les « constitutionnels », qui, après leur victoire sur les dits « gouvernementaux » avaient transporté leur siège à Nauplie, s'étaient également scindés en des factions adverses qui se faisaient la guerre et pillaient le pays. Cette fois-ci c'était Rouméliotes contre Péloponnésiens et Péloponnésiens contre Rouméliotes… La situation était devenue à ce point intenable que les Grecs, parvenus aux limites du désespoir, imploraient Dieu pour que vînt enfin le roi, seul capable, espéraient-ils, de donner fin à leurs supplices[60]. Ces années de détresse et d'exaspération se gravèrent profondément dans la mémoire de toute une génération, de sorte que l'anarchie, qui acheva le peu qu'avaient épargné la guerre contre le Turc et les guerres civiles précédentes, fut longtemps associée dans les esprits avec le régime républicain[61].

Malgré le désordre général, une assemblée de « constitutionnels » put quand même se réunir afin de valider le choix des Puissances quant à la personne du roi de Grèce, abolir la constitution de la Ve Assemblée, sa rivale, et en rédiger la sienne avant la venue du monarque. Celle-ci ne vit jamais le jour et ce furent les Puissances qui mirent terme à ce projet. Les clauses du traité de Londres passaient, il est vrai, sous silence la délicate question de la constitution ; en revanche, dans leur déclaration destinée au peuple grec, lui annonçant la désignation d'Othon de Bavière comme son roi et l'invitant à se rallier autour de lui et de l'assister dans sa tâche, les trois ministres des Affaires Étrangères, Talleyrand, Palmerston et Lieven, leur firent fallacieusement miroiter l'agrandissement futur de leur royaume, un support financier consistant, ainsi que l'octroi d'une constitution de la part du souverain.

Alors que tout – ou presque tout – convergeait en 1833 en faveur de l'instauration en Grèce d'une monarchie constitutionnelle, la Bavière en décida autrement et installa dans le pays, sans que les Puissances y fissent objection, un gouvernement absolutiste de régence (Othon étant encore mineur) qui gouverna au nom du roi. La Régence était composée de trois membres : le comte d'Armansperg, le professeur Maurer et le général de brigade Heideck, philhellène notoire qui avait combattu dans les rangs grecs au cours de la guerre de l'Indépendance. Parmi les trois, c'était surtout Maurer qui se distingua en dotant la Grèce moderne d'un Droit et en fondant un appareil juridique. Malgré son indiscutable contribution au développement du pays, la Régence se fit unanimement détestée par le peuple qui ressentit son autorité – et donc, par son biais, celle de l'État – comme une nouvelle occupation étrangère. Cette impression était renforcée par le fait de la présence d'une armée de 3 500 Bavarois et d'une cohorte de particuliers Allemands – dont certains étaient des individus plutôt louches – qui se ruèrent sur les postes de la jeune administration et les partagèrent avec les « hétérochtones », des gens également honnis. La désillusion fut profonde et l'explosion de la colère ne fut évitée que grâce à l'attente : une fois majeur, le roi, en se saisissant du pouvoir, redresserait les choses et amènerait enfin à son peuple justice et prospérité. Le rôle de la Régence s'acheva, en effet, à la majorité d'Othon, le 20 mai / 1 juin 1835. En dépit du souvenir négatif qu'elle a laissée, justice lui doit être faite d'avoir posé en un si court laps de temps les fondements dura-

33. Un superbe daguerréotype de la fin des années 1840 représentant le roi Othon. Les signes de l'âge et d'une vie qui n'a pas été facile sont visibles sur le visage du souverain. Le daguerréotype est l'œuvre du pionnier de la photographie Philippos Margaritis.

bles de l'État, en complétant, non sans en altérer certains aspects, l'œuvre de Capodistrias. Ayant trouvé la Grèce en plein chaos, elle la dota d'institutions dont quelques-unes perdurent jusqu'à présent.

Outre son manque notoire de discernement[62], sa scrupulosité et sa lourdeur toute germanique, voire la rudesse des moyens qu'elle appliqua pour imposer ses vues, il y eut dans son échec quelque chose de fatal, en partie pour les mêmes raisons qui provoquèrent la ruine de Capodistrias, qui, lui, était pourtant Grec. Dans les deux cas, l'effort opiniâtre pour parvenir à construire un État moderne en partant des matériaux disponibles recelait un excès d'illusion et un mépris du fait que trop de choses devaient être bousculées à cette fin. En plus, ils procédèrent avec trop de hâte, puisque l'immense retard de la Grèce devrait être au plus vite rattrapé. Or, dans ces circonstances-là, l'absolutisme pouvait à première vue convenir, ayant en plus l'avantage de trancher avec le passé aussi bien ottoman que révolutionnaire. Rien, en effet, n'évoque mieux cette brutale rupture avec le passé que la nouvelle Athènes néoclassique à la munichoise, avec ses édifices à fronton et portique, poussant en peu d'années sur le tissu serré de la ville où s'enchevêtraient les maisons et les ruines, tissu urbain parsemé de chapelles byzantines délabrées et de mosquées dont on avait abattu les minarets ; en levant la tête, on y voyait l'Acropole encore toute hérissée de fortifications moyenâgeuses franques.

Pénétré, tout comme les trois régents, de principes absolutistes, Othon ne s'écarta pas trop des sentiers battus. Il essaya tout au plus de ménager certaines personnalités particulièrement susceptibles et prit soin, afin de s'en débarrasser, d'expédier les plus récalcitrants de ses adversaires en tant que ministres de la Grèce auprès des Cours européennes. Des hautes vertus individuelles du premier couple royal et des difficultés sans nombre qu'ils eurent à affronter il a été question dans un chapitre précédant. Aussi le lecteur connaît-il déjà que leur mérite fut incapable d'épargner à Othon et à Amélie l'épreuve de la révolution du 3 septembre 1843. Forcé par l'armée qui assiégeait le palais et par une populace excitée qui se précipita pour rejoindre les militaires (d'aucuns prétendent qu'elle accourut moins spontanément que la légende ne le veut) et abandonné surtout par les représentants des Puissances, transformés tout d'un coup en partisans de la Constitution, le roi n'eut d'autre choix que de céder et promettre l'octroi d'une Constitution, ainsi que le renvoi chez eux des derniers Bavarois occupant des postes administratifs.

L'appel aux urnes, proclamé pour le 7 septembre, donna jour à une assemblée qui fut chargée de la rédaction d'un projet de constitution ; la constitution fut votée le 21 février 1844, mais n'entrât en vigueur qu'après que le roi l'eût validé le 8 mars 1844 et promit solennellement de la respecter et de la défendre. Le texte était inspiré de celui de la constitution belge, avec en moins la référence à la souveraineté populaire[63]. Il s'agissait donc clairement d'une constitution monarchique. Cependant, grâce à celle-ci, la Grèce s'engagea dans l'ère de la monarchie constitutionnelle avec son enthousiasme et sa naïveté habituels, signes irréfutables, annonciateurs d'une prompte désillusion, ainsi que le diraient cyniquement les réalistes.

Tous y contribuèrent. Le roi, bien entendu, qui avait du mal à se départir de ses anciennes habitudes et se plier à un texte de loi qu'il jugeait néfaste pour le pays et humiliant pour lui-même, un texte qui lui fut arraché sous pression et contre lequel tout son être se révoltait. Il affecta de s'y plier sans grande conviction, adepte qu'il était de la monarchie absolue, évitant pour autant de trop en dévier. Sa femme, en revanche, affirme dans ses lettres qu'Othon fut peut-être le seul qui le respecta, lui qui détestait tant ce régime, et cela non pas parce que ses convictions eussent changé, mais à cause du serment qu'il avait prêté et son horreur du parjure.

Sans avoir à prendre à la lettre les dires d'Amélie sur ce sujet, une chose est néanmoins certaine, et la reine ne manqua pas de la souligner dans sa correspondance avec son père : les partisans les plus farouches de la Constitution se muèrent, du jour au lendemain, en ses plus nuisibles détracteurs, méprisant ses contraintes chaque fois que celles-ci cherchaient à limiter leurs propres abus et utilisant la Constitution comme une arme offensive pour pourfendre et anéantir leurs adversaires.

Cependant, après la fin de la guerre de Crimée, époque qui vit l'effondrement des anciens partis et l'apogée de la popularité du couple royal, une nouvelle génération pointait, que le triste état du royaume, sa relative stagnation et son extrême et permanente faiblesse (si crûment démontrée pendant cette guerre) remplissaient d'exaspération et de colère, ainsi que d'impatience de voir les choses enfin changer ; pour les maux dont pâtissait la Grèce ils en jugeaient responsables le régime et en premier lieu le roi. C'est en grande partie cette couche jeune de la population, qui n'avait pas connu la guerre de l'Indépendance, ni fait l'expérience du chaos suscité par les conflits civils avant la venue du roi, qui fit la révolution du 10/22 octobre 1862 et évinça pour toujours la dynastie bavaroise.

LA CONSTITUTION DE 1864 ET LES POUVOIRS ROYAUX

Bien que le lecteur soit déjà averti de la suite des événements concernant le changement dynastique, et vu que dans un des chapitres suivants il sera question de la grande dextérité politique du nouveau roi Georges I, serait bon, avant de procéder plus en avant, de cerner quelques aspects de l'évolution constitutionnelle sous son règne concernant les pouvoirs du souverain en relation avec les progrès effectués dans la consolidation du système parlementaire, sans toutefois trop nous y attarder. Avant de poursuivre, il ne nous semble pas inopportun de donner quelques indications supplémentaires sur les événements qui se déroulèrent en Grèce entre le départ d'Othon et la promulgation de la Constitution de 1864.

Aussitôt que le couple royal eût quitté le sol grec, le comité révolutionnaire proclama l'abolition du règne d'Othon et procéda à la désignation d'un gouvernement provisoire et à la convocation d'une Assemblée constitutionnelle, laquelle débattrait sur un nouveau projet de constitution, dont s'était chargée une commission spéciale. L'Assemblée devrait par ailleurs ratifier le choix que le peuple ferait de la personne de son nouveau souverain.

Le gouvernement provisoire organisa donc un plébiscite qui eut lieu dans la dernière semaine de novembre (en même temps que les élections pour la Constituante) et auquel prirent part 240 701 votants. Alfred d'Édimbourg obtint, comme on l'a vu, 230 016 voix, le candidat présumé de la Russie 10 220, l'alternative républicaine à peine 93 et celle de l'unique candidat de sang grec – il s'agissait du prince phanariote Grégoire Hypsilantis résidant à Vienne – seulement 6. Quant à Othon, dont le nom figurait parmi les candidats, il eut l'humiliation de n'obtenir, après 29 ans de règne, qu'une seule et unique voix, autant donc que François d'Orléans, prince de Joinville, le banquier philhellène Eynard ou Mac Mahon ![64] Ceci montre entre autres à quel point le Grec s'empresse de tourner la page, quitte à le regretter amèrement plus tard (c'est à dire assez rapidement).

Un court épisode s'en suivit, au cours duquel la couronne faillit échoir au prince Eugène de Saxe-Cobourg[65], frère de feu le prince consort d'Angleterre (d'où l'enthousiasme de la reine Victoria en sa faveur) et, donc, neveu de Léopold des Belges. Ce dernier, dans la correspondance qu'il eut avec Eugène au sujet du Trône hellène, révèle qu'il ne s'était pas entièrement consolé d'avoir échangé la Grèce pour la Belgique ; toutefois il dissuada son neveu de s'y aventurer, considérant sagement que, vu les circonstances, ce Trône n'était pas viable pour la bonne raison que le pays lui-même ne l'était davantage.

Le désistement d'Eugène fit subir à la Grèce l'humiliation d'offrir sa couronne presque au premier venu et n'essuyer que des refus ; un roi qui lui serait destiné restait introuvable. Enfin et par un concours de circonstances relatées ailleurs, le choix britannique finit par se fixer sur Guillaume-Georges du Danemark, malgré le fait que ce prince n'avait été honoré au plébiscite de l'année précédente que de 6 voix ! Le choix de Londres, contre lequel aucune des deux autres Puissances garantes ne fit d'objection, fut communiqué à Athènes et accepté avec transport et reconnaissance par l'Assemblée constituante grecque le 18 mars 1863. Une délégation grecque fut expédiée au Danemark, tandis que le gouvernement anglais arrachait après des pourparlers serrés avec Frédéric VII le consentement de la famille de l'intéressé. Et l'on sait que parvenir à un accord ne fut pas aisé, tout comme l'on sait que le motif le plus déterminant qui amena la décision finale fut celui du patriotisme danois du jeune prince, ce qui après tout était normal. L'heureux résultat des négociations fut finalement annoncé aux représentants grecs le 24 mai / 5 juin 1863, et la Grèce avait enfin un nouveau roi et une nouvelle dynastie royale : Georges Ier, de la famille des ducs de Schleswig, Holstein, Sonderbourg et Glucksbourg, branches cadettes de l'antique maison d'Oldenbourg. Le nouveau roi des Hellènes quitta Copenhague pour Athènes.

Il était grand temps qu'il arrivât dans sa nouvelle patrie, car l'anarchie s'y étendait et des accrochages sanglants dégénérant en batailles rangées, dans lesquelles prenaient part aussi bien des troupes mutinées que des bandes de brigands descendues des montagnes, étaient spectacle courant jusque dans les rues de la capitale. Mais dès que l'on annonça que le roi arriverait bientôt, les combats cessèrent comme par miracle et le calme revint ; Georges fut accueilli en véritable Messie, tout comme jadis l'avaient été Capodistrias et Othon. Il prêta serment devant l'assemblée le 19 octobre/1er novembre 1863.

Tout cependant n'était pas une simple répétition de choses déjà vues. Le grand pas en avant par rapport à la situation d'avant la révolution du 10/22 octobre 1862, nouveauté que le lecteur a probablement soulevée, consiste en l'inversion des rapports entre le chef de l'État et la nation. Désormais la source du pouvoir ne réside plus dans la personne sacrée du monarque ; elle échappe entièrement de ses mains pour passer à celles de la nation. C'est la nation qui décide de son propre sort, du régime qui lui convient, des procédures afin d'établir ce régime, des pouvoirs dont sera imparti le chef de l'État. La constitution n'est plus une sorte de charte que le monarque octroie afin de réglementer la vie politique, mais elle relève de la nation dans son entier qui, seule souveraine et source de tout pouvoir, dispose à son gré de son présent et de son avenir. À partir donc de 1862, en Grèce, il n'y plus de monarchie ni de monarque, mais une royauté et un roi, et ce parce que la nation l'a voulu. Ainsi le roi n'est plus que le premier magistrat du royaume, à titre héréditaire. Cette suprématie de la nation par rapport à son chef fut traduite aussi dans les faits par l'instauration du suffrage universel masculin et elle commanda aussi bien l'esprit que la lettre de la Constitution de 1864[66], laquelle, disons-le en passant, recèle certaines similitudes avec la Constitution mort-née de Trézène.

Cependant, l'euphorie générale dura peu. La cause (ou le prétexte) de mécontentement était cette fois-ci le conseiller du jeune roi, le comte Sponneck, homme intelligent, réputé dans son pays comme particulièrement doué dans la gestion de finances et plus généralement de l'économie. Conservateur et conscient de certains travers du caractère grec, il chercha à renforcer l'exécutif face au législatif dont il se méfiait et parvint à faire inclure dans la nouvelle constitution la création d'un nouvel organe : le Conseil d'État. Le rôle de cette nouvelle institution, dont les membres étaient exclusivement désignés par le roi, consistait dans l'élaboration des projets de loi devant être soumis à la Chambre des députés. Ce fut l'unique succès de Sponneck. Sur le plan extérieur il fut également malheureux, car il se heurta, tout comme Capodistrias et Othon avant lui, à l'opposition de l'Angleterre, invariablement hostile envers quiconque en Grèce cherchait à affirmer l'autorité de l'État et accroître son efficacité. Cette fois-ci Londres, pour parvenir à ses fins et semer le désordre, s'appuya sur le parti au pouvoir, lequel suivait d'un œil soupçonneux les projets politiques du conseiller du roi.

La double réaction, tant intérieure qu'extérieure, contre Sponneck – dont les interventions ravivaient chez certains les souvenirs traumatisants de la régence othonienne – provoqua l'arrivée à Athènes de l'oncle du roi, le prince Jules de Glucksbourg, qui commença son enquête par la réunion au palais des chefs de l'opposition. C'était mettre le feu aux poudres. La prompte réaction du roi, absent du palais lors de la réunion et ignorant les intentions de son oncle, rétablit le calme. Georges Ier, alors qu'il était en promenade, eut vent de l'affaire par la rumeur qui déjà s'étendait en ville. Il rentra furieux au palais, convoqua sur le champ ses ministres et les assura de son entière confiance. Il ne put cependant éviter que le gouvernement démissionnât dans la nuit. Alors le roi réunit à nouveau au palais le gouvernement démissionnaire et lui adressa solennellement l'allocution qui suit :

> *Aujourd'hui je vous annonce que, dans la dignité du trône et l'intérêt de la patrie, j'ai exigé que mon oncle parte samedi prochain. J'ajoute que je ne permets ni ne permettrai jamais à personne, ni à un membre de ma famille ni à un étranger, de s'immiscer dans les affaires de notre patrie, qui ne sauraient être réglées que par la nation et par moi, son Roi* [67].

Le gouvernement demeura en place, Jules de Glucksbourg plia bagages ; et Sponneck, qui lors de la crise avait déjà offert sa démission, quitta lui aussi la Grèce peu après.

Avant cela, Georges Ier, qui, signalons-le, n'avait pas encore 20 ans, avait déjà donné les preuves de sa précoce maturité politique. Se rendant compte que l'enthousiasme des premiers jours en faveur de la nouvelle constitution était en train de se refroidir, de sorte que sa rédaction traînait indéfiniment et que personne ne pouvait lui dire quand elle parviendrait à son terme, il somma l'assemblée de faire accélérer le rythme de travail des comités qui en avaient la charge, en menaçant qu'au cas contraire il quitterait la Grèce. C'est qu'il avait juré devant l'assemblée d'être un roi constitutionnel et il trouvait embarrassant qu'il n'y eût pas de constitution ! Mais plus que la question du serment prêté, importante en elle-même, son geste fut dicté par sa clairvoyance qui lui permit de réaliser qu'à cause du caractère versatile du Grec et de l'implantation plus que récente de la nouvelle dynastie, à cause donc de la légitimité insuffisante de cette dernière, le roi n'aurait d'autre appui et, dans les heures de crise, d'autre allié que le texte impersonnel de la constitution fixant les règles du jeu. Georges Ier fut donc le seul roi de son temps non seulement obligé à admettre de plein gré la contrainte constitutionnelle, ce que d'autres souverains faisaient également, mais à en considérer aussi l'existence comme la condition absolue de son propre maintien au trône !

Enfin, quand le texte du projet constitutionnel lui fut soumis, il en proposa deux amendements, l'un à propos d'un article sur le clergé non orthodoxe, l'autre sur la procédure extrêmement compliquée de révision. Avec insistance il porta l'attention des légistes sur le fait que celle-ci lui paraissait en pratique irréalisable. Sa première remarque passa dans le texte définitif, l'autre, en revanche, qui était plus importante, fut rejetée, évidemment. Le roi s'y soumit ; l'histoire cependant montre que ce jeune homme de dix-neuf ans avait vu loin et juste, car, lorsque, beaucoup plus tard (en 1910), les événements imposèrent une révision constitutionnelle dans des délais relativement pressants, celle-ci ne pourra s'accomplir sans grave enfreinte à la charte de 1864.

La Constitution fut enfin votée par l'assemblée, et le roi, conformément à la loi, y prêta serment le 16/28 novembre 1864. Elle ne fut altérée dans ses articles fondamentaux ni par la Constitution de 1911 ni par celle de 1952.

34. *Harilaos Tricoupis à l'époque de son premier mandat de premier ministre.*

ÉCARTS

La Constitution de 1864 recelait toutefois une profonde contradiction entre, d'une part, le principe de la souveraineté de la nation, dont elle assurait le respect, et, d'autre part, les prérogatives royales, en particulier le droit conféré au roi par l'article 37 de former et de dissoudre les ministères. L'obligation d'avoir recours à des élections au cas où le gouvernement désigné n'obtiendrait pas l'assentiment de la Chambre n'enlève rien au fait que l'article 37 constitue une entorse à la pleine souveraineté populaire. Ceci est d'autant plus vrai qu'il était la copie quasi intégrale de la Constitution monarchique de 1844 (article 30).

Pendant la première décennie qui suivit le vote de la constitution, au cours de laquelle dix-huit gouvernements se succédèrent l'un à l'autre, le problème demeura latent. La fluidité de la vie politique était, en partie, due à la grande fragmentation de l'Assemblée, où les partis ne constituaient que de fragiles alliances de députés autour de personnalités puissantes, et en partie à l'arbitrage royal, dans le sens ou le roi usait et abusait du droit que lui conférait l'article 37. Cette situation finit cependant par provoquer une réaction, à la tête de laquelle se distingua, tant par ses discours politiques (prononcés dans un grec puriste flamboyant), qu'au moyen d'articles particulièrement virulents visant directement le roi, le politicien Harilaos Tricoupis, farouche partisan du système politique britannique et fervent admirateur de l'Angleterre en général, pays dans lequel il avait jadis longuement résidé.

Celui qui allait bientôt se révéler comme l'homme d'État le plus important que la Grèce ait connu depuis le temps de Capodistrias et qui, au cours de la décennie 1880–1890, voire un peu au-delà, allait étroitement collaborer avec le roi, militait à l'époque en vue de l'établissement d'un système parlementaire compatible avec le principe de souveraineté de la nation et qui contraindrait le roi à inviter le parti bénéficiant de la majorité des voix aux élections à former un gouvernement[68]. Ce système, tout en procédant, comme on vient de le dire, logiquement du principe de la souveraineté populaire, n'était pas explicitement prescrit par la constitution. Dans une volte-face admirable, Georges Ier s'effaça ; non seulement n'y fit-il aucune opposition, mais, à la surprise générale, il appela peu après Tricoupis au pouvoir.

Mais qu'en était-il de ce fameux article 37 (ultérieurement article 31) qui subsista jusqu'à la fin de la royauté[69]? Et que se passerait-il au cas où le roi, usant de son droit constitutionnel, estimerait nécessaire d'en faire usage contre un gouvernement issu d'une majorité, selon le principe de 1875, qui fut introduit dans la pratique politique sans toutefois avoir été inscrit dans la constitution ? Or, c'est ce qui se produisit en 1892[70], en 1915[71] et en 1965[72]. Le fait que les deux premières fois le peuple vota pour le parti royaliste et valida de la sorte l'initiative royale n'altère pas le problème qui se pose au niveau des principes et ne fait que souligner la contradiction qui réside au cœur même du régime, puisque dans le deuxième et le troisième cas l'évincement du premier ministre généra de crises profondes aux résultats désastreux. Le roi, en se débarrassant d'un gouvernement qu'il jugeait nuisible, avait, certes, pour lui la lettre de la constitution ; mais ce faisant, il s'en écartait dangereusement de l'esprit et prêtait le flanc aux démagogues[73]. L'article 37 était, donc, presque un piège dont il fallait rester, dans la mesure du possible, éloigné.

Le dire est plus facile que le faire, d'autant plus que, dans le cas de la Grèce, maints facteurs étaient à l'œuvre, poussant dans le sens de la rupture. Parmi eux, la double nature du régime dit de la Démocratie couronnée n'est pas des moindres. Ses deux composantes en effet, à savoir la Royauté et la Démocratie, ont l'aspiration naturelle, en se jouant des lois écrites, de tendre chacune vers leurs formes pures initiales dont elles sont issues, à savoir la monarchie d'un côté et la démocratie sous sa forme la plus totale de l'autre, de sorte que les laisser agir, chacune de son côté, provoquerait infailliblement la cassure et, donc, la faillite du régime. L'adroit, le sage et l'utile, tant de la part du roi que de celle des politiciens, serait de faire en sorte qu'elles puissent collaborer et s'enrichir mutuellement au bénéfice de l'unité et de la cohésion nationales. Mais dans cet exercice souvent ingrat, délicat et somme toute précaire, les impliqués doivent faire preuve de hauteur de vues, d'abnégation, de retenue, d'autodiscipline et de vertu civique, qualités nobles qui, comme chacun le sait, n'abondent pas dans les cercles du pouvoir.

Une seconde menace pour cet équilibre instable proviendrait des propres inclinations du souverain et de celles de son proche entourage ; celles-ci ont également trait au passé, passé personnel, familial et dynastique, et elles acquièrent plus ou moins d'importance selon le caractère et le tempérament du roi. Or, dans le cas de la Grèce, d'un État jeune à la dynastie implantée et à la tradition sociale et politique si différente de celle des pays où les institutions politiques du monde moderne sont nées, ce passé, en mesure qu'on remonte dans le temps, n'est pas grec. Cette particularité, qui, comme on l'a vu, a été initialement ressentie comme un avantage au point de constituer une des raisons d'être du régime, recèle néanmoins potentiellement un problème qui n'est pas à négliger : celui de la pleine fusion entre la dynastie et la nation, dans le sens d'une profonde, spontanée et quasi instinctive compréhension réciproque, qui sous-entend l'intégration totale de la famille régnante non seulement dans la société contemporaine qui l'entoure (but relativement aisé et qui fut atteint à certaines époques), mais encore dans une grécité quasi intemporelle dans le sens où elle traverserait le temps historique des Hellènes. C'eût été peut-être trop en demander, si la Grèce n'était pas avant tout un immense passé, dont la conquête de la part de celui qui prétendrait y régner serait le fruit d'une exigeante éducation à la fois intellectuelle et spirituelle. De tous les rois hellènes celui qui s'approcha le plus de ce haut idéal fut Paul.

La question de savoir à quel point cette intégration absolue ne limiterait l'efficacité « thérapeutique » de la royauté et ne porterait sérieusement atteinte à la raison d'être du régime lui-même ne rend le problème que plus compliqué. Mais, pour en revenir à la question évoquée ci-dessus, disons que l'altérité, qui s'estompe avec le temps, serait censée normalement disparaître, si, d'une part, l'élément étranger n'eût pas été renouvelé à chaque génération – ne serait-ce qu'au niveau du langage, porteur de culture – par le fait que la reine, et donc la mère du futur roi, n'était pas grecque[74] et si, d'autre part, les coupures dans le processus d'hellénisation, suscitées par de longues absences forcées, n'eussent pas eu lieu – ce qui évidemment ne met pas en cause le patriotisme de la famille royale, laquelle a toujours été dans ce domaine d'une loyauté absolue.

L'ultime tentation à surmonter de la part du roi concernant l'article 31 (qui était identique à l'article 37 de la Constitution de 1864, lui-même hérité de la Constitution monarchique de 1844, article 30), viendrait, elle, de la rive opposée et pourrait être comparée au chant des sirènes de l'Ulysse homérique. Le roi devait réagir avec prudence et discernement envers la tendance constante des partis politiques qui voulaient exploiter, chacun pour soi, ce fameux article, en incitant le chef de l'État d'écarter du pouvoir le parti adverse au moindre signe de faiblesse de celui-ci. Ce dernier, évidemment, au cas où le roi se laisserait tenter, crierait à l'abus, ce qui ne l'empêcherait nullement de faire lui aussi appel au souverain sous différents prétextes, une fois passé à l'opposition[75] ! Les exceptions à cette règle, car il y en a eu, ne font, hélas, que la confirmer.

Dans ces conditions, vouloir sauvegarder un équilibre quelconque exigeait de la part du roi des capacités peu communes : une personnalité bien ancrée, ainsi que des dons d'acrobate. Exercer son rôle d'arbitre avec fermeté et discernement, tout en demeurant au-dessus de la mêlée politicienne, sans porter atteinte au principe de la souveraineté populaire ni donner l'impression de toujours s'appuyer sur lui, constituait une véritable prouesse. Pour y réussir, il devrait sans cesse doser en lui la part du monarque et la part du magistrat qui se bornerait à régner sans gouverner. Il devait donc être doté d'une éminente intelligence politique, ce qui dans un régime héréditaire ne va pas de soi, comme d'ailleurs dans n'importe quel autre régime, mais pour des raisons différentes.

Toutefois, dans les pays à tradition parlementaire, la coexistence du principe monarchique et du principe démocratique ne pose pas problème, la royauté se limitant à y exercer un rôle que j'appellerai moral pour simplifier. Mais jusque dans un passé relativement récent, il n'y allait pas de même dans des pays comme la Grèce, pays aux réalités sociopolitiques passablement différentes, aux institutions plus ou moins pastiches, en lesquelles la société n'avait aucune foi. L'instabilité y était permanente et tout pouvait à tout moment partir à la dérive ou exploser sous l'effet d'une pulsion. Dans ces conditions, la mission déjà difficile du souverain s'appesantissait d'un fardeau moral écrasant, le roi étant appelé à subvenir à un besoin vital de la patrie. La royauté serait donc à la fois nécessaire, voire irremplaçable, et, sinon incapable de persister, du moins éternellement fragile – ce que la suite des événements a d'ailleurs parfaitement démontré.

DEUXIÈME PARTIE

TROIS PORTRAITS

Ce chapitre est réservé à la présentation de trois personnalités de la dynastie grecque, appartenant à des générations différentes, et dont chacune joua un rôle capital dans le processus, véritable rocher de Sisyphe, visant à construire une légitimité à la grecque, c'est à dire jamais achevée, jamais assurée pour longtemps, toujours à consolider et à parfaire. En premier, celle du fondateur, le roi Georges Ier, dont le règne cinquantenaire, de par sa durée, de par le professionnalisme du souverain et enfin de par l'ambiance de l'Europe monarchique d'avant la Grande Guerre, où une république constituait sinon une anomalie du moins une exception, jeta imperceptiblement les fondements d'une relation féconde et relativement solide entre la nation et la dynastie.

Quant aux deux autres personnalités dont ce chapitre essaiera d'en brosser le portrait, à savoir Constantin Ier et la reine Frédérica, elles y figurent parce qu'elles constituent, dans le processus qui nous intéresse, les étapes à la fois les plus importantes et les plus prometteuses, puisque Constantin Ier et Frédérica surent incarner, pour un laps de temps, ce qui confère, chez les Grecs, la vraie légitimité politique, en joignant en leur personne le mérite personnel au prestige et à l'aura mystique de l'institution royale. Personnalités éminemment tragiques, car, pour leur malheur personnel autant que pour celui du trône et de leur nation et pour des raisons qui en partie les dépassaient, non seulement elles ne se maintinrent pas longtemps au faîte de la popularité, mais, en passant promptement dans les cœurs d'une partie considérable du peuple de l'adoration à la haine, elles finirent par devenir les symboles mêmes de la division, de l'arbitraire et du malheur, attirant sur elles une sorte de malédiction qui éclaboussa durablement le régime et que leurs adversaires politiques firent toujours en sorte qu'elle ne soit jamais levée. Le but des pages qui leur sont consacrées est de faire la part des choses entre le mythe – la légende noire en l'occurrence – et la réalité historique.

36. Une des premières photos du roi Georges Ier prise à Athènes.

GEORGES IER (1845–1913)[76]

Les photos montrent un homme quasi inaltérablement juvénile, grâce à sa taille élancée, nordique d'apparence, avec de longues moustaches blondes, soignées selon la mode du temps, les yeux clairs, le front de bonne heure clairsemé et avec dans le regard, où brille un brin de malice, quelque chose d'ouvert, de fort sympathique, de bon enfant. En civil, il était d'une sobre élégance ; par sa préférence pour le petit uniforme d'amiral de la flotte royale hellénique, il manifesta son vif penchant pour la mer.

Il communiquait en allemand avec sa femme (surtout au cours du premier temps de leur mariage, avant de passer à l'anglais), en anglais avec ses enfants et sa vaste famille éparpillée de par l'Europe, en français avec les diplomates, les visiteurs de marque, ainsi qu'avec quelques courtisans, au début de son règne, enfin en danois avec l'intendant de sa propriété Tatoï et les quelques employés qui y travaillaient, recrutés par lui au Danemark. Il apprit rapidement à manier correctement le grec, bien qu'avec un fort accent danois qui écorchait les oreilles de ses sujets et accentuait l'exotisme nordique de sa royale personne. Conscient du problème, le roi évitait les longs discours en public.

Son trait principal ? Celui d'être un professionnel de la royauté et un sportif de la politique. Il s'y prenait en mettant entre lui et les choses la distance nécessaire ; distance régalienne, bien entendu, distance d'un allogène aussi, tant dans le sens de quelqu'un toujours prêt à refaire ses valises que dans celui d'un homme flegmatique du nord ayant affaire à un peuple agité et éruptif de méridionaux. Jamais il ne perdait son sang-froid et rarement son humour. Et c'est au fond cette attitude, à la fois détachée et professionnelle, qui lui permit de manœuvrer avec un relatif bonheur, de crise en crise, dans le dédale, véritable nid de vipères, de la vie politique grecque et de régner, record impressionnant et insurpassable, durant cinquante ans. Réaliste, il ne nourrissait aucune illusion ni sur la fragilité de sa position, ni sur le caractère emporté et versatile de ses sujets, ni sur la piètre qualité de la plupart de ses collaborateurs que le résultat des urnes lui imposait.

À la Grèce il était attaché par les liens de l'honneur et du serment prêté, puis, petit à petit, par ceux de l'affection et de l'habitude qui, imperceptiblement, se tissaient dans son cœur. Plus que toute autre considération, ce qui compta pour lui était sa conviction que la royauté était pour le pays d'une importance vitale ; que c'était à elle, et, malheureusement, à elle seule, qu'incombait la tâche ingrate de remettre à chaque fois sur le cap le navire de l'État, sans cesse mis en péril par les passions partisanes et les intérêts particuliers, tout en prenant soin de ménager les susceptibilités et de tenir compte des entraves constitutionnelles. Ceci nous porte à dire que sa persévérance souvent exaspérée se teinta avec le temps d'un sentiment qui était plus que de la loyauté : c'était du patrio-

37–38. Le roi Georges Ier vers 1880 et vers 1910.

tisme et même du patriotisme à dimension sacrificielle. Lui-même, ayant en horreur les grands mots, aurait désavoué ce propos. Sa fin pourtant en démontrera la véracité.

Son vrai royaume était Tatoï, domaine distant de 25 kilomètres d'Athènes, au pied des montagnes, acquis par lui à partir de 1872 et transformé en peu d'années en propriété modèle du pays. Dans ces 4 000 hectares de forêt et de champs, le roi, y régnant en maître absolu, y déploya les traits majeurs de sa personnalité, ses aspirations, ce dont il était capable. Face aux architectes ambitieux qui, le prenant comme une sorte de Louis de Bavière – strictement son contemporain –, lui proposèrent des projets mégalomanes, il opta en faveur de constructions à dimensions modestes, noyées dans la végétation, révélant par là son sens de la mesure ainsi que son goût pour la nature. Il entreprit d'ailleurs à Tatoï des plantations d'arbres à grande échelle de sorte que la forêt du domaine devint

39. Le domaine royal de Tatoï dans une photo de 1900.

une des plus belles du pays et certainement la mieux soignée de la Grèce. En y interdisant la chasse (quelques battues de loups mises à part), et tout particulièrement la chasse au cerf, Georges Ier manifesta son amour pour les animaux. Il y introduisit également l'usage de harnais plus légers afin d'adoucir le sort de chevaux et des bêtes de trait, effort qui, hélas, eut peu d'imitateurs. Enfin, les méthodes d'avant-garde de fertilisation des sols et de culture qui furent appliquées à Tatoï par ses régisseurs danois, spécialistes en la matière, ainsi que les mesures de protection prises contre les incendies, montrent bien le côté pratique et progressiste de la personnalité du roi. Georges Ier essaya, sans trop de succès, de les répandre par l'intermédiaire de la Société Agraire, qu'il fonda et dont il fut pour de nombreuses années le président. Les journalistes athéniens ne tardèrent pas à relever l'éclatant contraste que présentait le prospère Tatoï, dirigé par le roi et géré par une administration restreinte et efficace, au reste du royaume, livré en pâture à l'incompétence et la corruption des partis. En lisant leurs appels, le roi devait sourire, mais sagement il s'abstint de donner suite à leurs invites.

À l'opposé du roi Othon, son prédécesseur, Georges eut la chance de pouvoir s'entourer d'une famille nombreuse. De sa femme Olga de Russie il eut huit enfants, dont l'un mourut au berceau et un autre à vingt ans, la princesse Alexandra, épouse du grand duc Paul de Russie, adorée par son père. Homme à femmes, il eut des aventures incalculables[77], simples passades, sans attachement affectif, dont rien, évidemment, ne transpire dans les écrits familiaux, mais qui finirent par lasser sa femme, qui, à partir de 1883 environ, commence à voyager sans lui et à prolonger ses séjours en Russie. Les escapades extraconjugales du roi, bien que recouvertes d'un voile de silence, ne constituaient qu'une des raisons de dissension au sein de la famille royale. L'autre, qui était aussi la plus sérieuse, venait du fait que Georges Ier, roi si simple de goûts, si abordable en public, si sans façons, dirions-nous, régentait sa famille en véritable despote,

40. *La reine Olga entourée de sa bru, l'épouse du prince héritier, Sophie, et de la grande maîtresse de la Cour, Hélène Théohari. À gauche de la princesse, la princesse Marie et Angélique Contostavlou, dame d'honneur de Sophie. À droite de madame Théohari, les dames d'honneur de la reine, mesdames Sapountzaki et Costi. Toutes portent l'habituel costume de la Cour. La photo date de 1896.*

41. Une très belle photo (colorée à la main) de la reine Olga qui date de 1876.

s'ingérant et contrôlant tout au moindre détail près. De surcroît, chose encore plus grave, il laissait les membres de sa famille, le prince héritier compris, dans l'ignorance la plus totale des choses de l'État et ce malgré le fait qu'il dota tous ses fils d'une éducation des plus soignées, conduite par les meilleurs professeurs grecs et étrangers dont disposait la Grèce.

C'est ainsi que, au sein de la famille royale deux camps se formèrent progressivement, sans qu'il y eût toutefois entre les deux de véritable coupure. Dans l'un, il y avait le roi seul, dans l'autre la reine et le prince héritier. Entre les deux, bien que partageant souvent l'avis de leur mère et de leur frère aîné, se rangeaient les princes Georges, Nicolas et André. En public rien ne perçait évidemment. Mais dans le privé, ce qui ressort parfois dans le journal personnel de tel ou tel membre de la famille, ou dans les plaintes que deux parents, se transmettant l'un à l'autre les nouvelles de la famille, formulaient dans leur correspondance, c'est qu'il y avait souvent tension

42. La reine Olga sur sa dernière photo officielle.

dans le palais à Athènes, théâtre de bien de crises latentes ou étouffées qui se muaient en amertume. Au fil des pages il n'est pas rare d'y rencontrer une mention concernant une prière de la reine Olga transmise par l'intermédiaire de l'impératrice Frédéric à la reine Victoria sa mère afin que conseil fût donné par elle au roi pour qu'il cessât de tenir ses propres fils, et tout particulièrement Constantin, à distance, concernant les affaires de l'État. Olga, qui sur ces choses n'avait aucune autorité sur son mari, craignait que cette attitude pourrait susciter bien des difficultés dans l'avenir. Dans son propre journal, le prince Nicolas, qui des fils de Georges Ier était le plus proche du roi, remarque que son père, à cause même de son mutisme à l'égard de ses proches, se faisait du tort, car il empêchait ses enfants de lui communiquer des renseignements utiles, puisées à travers leurs fréquentations athéniennes. Les amis des princes n'avaient parfois pas directement accès à lui et, de toute façon, n'auraient jamais osé lui en faire part.

En débarquant le 18/30 octobre 1863, le jeune prince nordique ignorait presque tout du pays méditerranéen qui l'avait adopté, si ce n'est son lointain et glorieux passé, et il n'avait à sa disposition qu'un abrégé des principaux événements survenus en Grèce depuis 1821 qu'un lettré danois traça avec les moyens du bord, le lui dédicaça et le lui envoya la veille de son départ. Cet exposé, d'une centaine de pages en petit format, était tout à fait inadéquat pour éclairer le prince sur ce qui l'attendait une fois installé à Athènes. Quelle était en réalité la nature du peuple sur qui il allait régner, quel était l'état de la société, quelles étaient les institutions politiques qui lui étaient familières, et quel était le comportement politique auquel ce peuple était accoutumé ? Inutile de dire à quel point tout cela différait des stéréotypes et modèles occidentaux, les seuls que Georges connaissait lors de son arrivée. Avec sa stricte morale protestante, sa probité à toute épreuve, avec le sens de la responsabilité personnelle qui constituait l'assise de sa personnalité et de sa vision du monde, rien n'était plus sûr qu'il allait au-devant de surprises pour le moins déplaisantes. Et l'on sait que, au moins une fois, en 1870, lors du massacre par des brigands à Dilessi de voyageurs étrangers pris en otages, il fut sur le point de démissionner, quand il se rendit compte que l'opposition gouvernementale ne reculait ni devant le meurtre ni devant le discrédit international du pays afin de renverser le gouvernement en place et accéder au pouvoir. Son autre option, confia-t-il alors à l'ambassadeur britannique, serait de réformer la constitution dans un sens plus conservateur. Sir Henry Elliott parvint fort heureusement à l'en dissuader.

Ceci dit, Georges Ier, à peine âgé de 18 ans quand il arriva en Grèce, fit tout de suite preuve de ses qualités innées d'homme d'État. Son bagage culturel et son instruction reçue étaient plutôt maigres ; outre les quatre langues qu'il maîtrisait parfaitement, il n'avait reçu que peu d'instruction, si l'on excepte celle d'un gentilhomme de sa génération, à savoir la danse, l'équitation, l'escrime, ainsi que des rudiments de botanique. De formation officier de Marine, la mer était une de ses grandes passions. Mais il avait le sens du devoir, une haute conception de sa qualité de roi (réalité qui ne contredisait en rien sa tendance politique libérale), possédait du sang froid et avant tout il était muni de cet instinct particulier aux hommes d'État qui lui permettait de rapidement jauger les situations et agir en conséquence. Sous l'allure désinvolte d'un parfait gentleman, Georges Ier cachait le fin politique et l'habile diplomate qu'il était. Autant dire qu'il possédait une étonnante capacité d'adaptation et une aptitude au compromis tactique, qualités qu'il démontra de bonne heure sans pour cela s'écarter du but qu'il s'était tracé. Il n'hésita donc pas à éconduire le comte Charles Epinger Sponneck, ami de son père, qui l'avait accompagné en Grèce à titre de conseiller, et à couper court aux tentatives d'immixtion de son oncle Jules de Glucksbourg dans la vie politique à Athènes, dès qu'il sentit que les Grecs, qui avaient jadis détesté les vice-rois bavarois, étaient en train de se retourner contre lui ; en faisant cela, il était conscient qu'il allait demeurer seul pour de longues années, avec seulement quatre camarades danois, dans un pays étranger et exotique, au sort duquel il était désormais rivé.

Ayant, malgré son manque d'expérience, l'intelligence de considérer le respect de la constitution comme la suprême garantie de son trône (il devait démontrer cela une fois de plus lors du *pronunciamiento* militaire de 1909), il fit, à peine arrivé et sous menace de quitter la Grèce sur le champ, accélérer la rédaction et le vote de la nouvelle constitution, qui fit en 1864 de la Grèce une « démocratie couronnée » et de son roi le premier magistrat du Royaume à titre héréditaire. À l'encontre du régime de la monarchie constitutionnelle établi en Grèce depuis 1843, le pouvoir n'émanait plus désormais de la personne du souverain, mais du corps même de la nation. C'est la raison pour laquelle Georges Ier se fit appeler roi des Hellènes et non plus roi de Grèce, son nouveau titre ayant de surcroît l'avantage d'indirectement englober, sans toutefois provoquer le sultan, les très nombreux Grecs de l'Empire ottoman[78] et d'émouvoir donc, sans que la Grèce encourût de risques, les partisans de la Grande Idée.

Ceci dit, Georges Ier fit peu de cas de la plupart des hommes politiques, si l'on excepte Alexandros Coumoundouros, Harilaos Tricoupis, Georges

43. Le roi Georges fête son dernier anniversaire (Salonique, 11/24 décembre 1912). Le roi, avec la reine à ses côtés, s'adresse à la foule qui lui présente ses vœux et l'ovationne.

Théotokis et Eleuthérios Vénizélos, qui sont indiscutablement, avec lui, les bâtisseurs de la Grèce moderne, précédés par Capodistrias. Il considérait tous les autres comme un mal incontournable, mais dont il fallait absolument réduire la nocivité par le moyen de fréquents changements de gouvernement. La constitution lui en donnait le droit, au moins jusqu'en 1875, quand le roi se vit contraint d'offrir le gouvernement au parti ayant remporté les élections. Les plus promptement appelés par lui à diriger le pays étaient les chefs de l'opposition qui réagissaient le plus contre sa politique. En effet, il facilitait leur ascension au pouvoir pour les tester mais aussi pour s'en défaire définitivement en cas d'échec. Si, au contraire, ils s'avéraient utiles au pays, il était prêt à passer l'éponge sur leur passé, sur leurs attaques contre sa personne, allant jusqu'à multiplier les marques de faveur,

44. L'entrée du roi Georges Ier et du diadoque Constantin à Salonique.

voire d'amitié, à leur égard aussi longtemps qu'il estimait qu'ils avaient le vent en poupe et que leur gestion était bénéfique à la Grèce, quitte à les lâcher par la suite, dès qu'il voyait leur astre décliner et considérait les effets de leur politique comme contraires aux intérêts du pays. Le cas le plus éclatant à ce propos fut celui de Tricoupis. Signe indéniable de la faveur royale était l'habitude de Georges Ier, habitude contraire à la constitution, mais incontestablement démocratique, de laisser conjointement à l'ensemble du Ministère l'exercice de la régence, chaque fois qu'il se rendait à l'étranger. Ces voyages duraient souvent plusieurs mois, d'habitude entre le mois de juillet et le mois d'octobre, au point que certains de ses sujets, que les trop longs séjours du roi en Europe agaçaient, murmuraient que la Grèce était un royaume en hiver et une république pendant l'été !

Ce souverain, de loin le plus habile que la Grèce moderne ait connu, fut peu aimé. Les Grecs critiquaient, comme on vient de le voir, ses longues absences à l'étranger et surtout le manque de tout empressement à réaliser, par voie de guerre, les aspirations nationales,[79] sa prudence jugée excessive, sa prétendue dépendance de l'étranger. Il est vrai que le roi considérait la conduite de la politique extérieure de la Grèce comme faisant partie de ses propres attributions[80]. Impatients, entraînés par des démagogues, les Grecs étaient incapables d'apprécier le lent et continu progrès dans tous les domaines, accompli grâce à ce jeu d'équilibriste, magistralement réalisé par le roi, qui seul permit à la Grèce de s'armer, de combattre et de vaincre, lorsque vint le moment propice. L'enjeu majeur lors de la première guerre des Balkans était le port de Salonique, que la Grèce venait d'arracher à l'Empire Ottoman et qui était convoité par les Bulgares, dont l'armée s'était pernicieusement introduite dans la ville. Georges Ier s'y installa afin que, par sa présence, il fût clair à tous que la ville était pour toujours rentrée dans le giron de la Grèce. Alors qu'il se promenait à pied, sans escorte, le long de l'avenue où se trouvait sa demeure (maison mise à sa disposition par un riche Grec de la ville), il fut abattu par un coup de pistolet tiré par un dément, dont le suicide quelques jours plus tard dans sa cellule fit naître le soupçon puis la légende qu'il était un agent à la solde de l'Allemagne, qui aurait souhaité la montée au trône de Constantin. Or Georges Ier, depuis les éclatantes victoires remportées par son fils, ne cachait à personne son intention de se retirer, immédiatement après la célébration des fêtes du cinquantenaire de sa venue en Grèce et de sa prestation de serment (le 19 octobre 1913). Pour ce qui est des meurtriers du roi, la recherche historique tend à présent à incriminer non pas les Allemands, mais les Serbes, membres de l'organisation terroriste ultranationaliste la « Main Noire », qui, quinze mois plus tard, devait abattre à Sarajévo l'héritier de la couronne des Habsbourg François-Ferdinand et son épouse[81]. Sur la tombe de Georges Ier à Tatoï sa veuve fit graver un verset de l'*Apocalypse* de Saint Jean : « *Sois fidèle jusqu'à la mort et je te donnerai la couronne de la vie* »[82].

45. Le diadoque Constantin, sa sempiternelle cigarette entre ses doigts, s'amuse à enlever dans ses bras sa cousine Victoria d'Angleterre. La photo est prise sur le balcon du palais du diadoque en 1907.

CONSTANTIN IER (1868–1923)

Que dire de ce troisième roi de Grèce, sinon qu'il fut en maintes choses l'opposé de son père et qu'il compte parmi les personnalités les plus tragiques de l'histoire grecque et en même temps parmi celles qui furent le plus adorées et haïes !

Moins intelligent que Georges Ier, moins subtil, moins fin que lui, Constantin ne possédait pas cette capacité d'adaptation, cette aptitude éminemment politicienne qui consiste à rechercher le possible et non pas l'absolu. Il n'avait rien d'un politique et il avait tout d'un militaire. L'Allemagne impériale – où il fit l'essentiel de ses études – exerça sur lui un indiscutable attrait, et Constantin se disait en toute sincérité vouer un culte aux vertus militaires de la discipline et de l'obéissance ; cependant au fond il n'avait rien d'autoritaire et sur le terrain, au milieu de ses hommes, officiers ou soldats, il était d'un naturel aimable et d'un contact facile. Son parler direct et franc, sa simplicité, ses goûts spartiates, sa volonté de partager le quotidien de l'armée, le firent adorer par ses troupes. Son entourage l'appréciait pour sa droiture, sa franchise, son amabilité, sa gentillesse, son rejet de toute ostentation, l'attachement à sa vie familiale et à son devoir de prince royal et de soldat. En revanche, les diplomates et certains de ses parents à l'étranger notaient sa forte sentimentalité et critiquaient son inflexibilité dans laquelle il se cabrait dès qu'il avait la certitude d'avoir raison, attitude interprétée parfois comme manque d'intelligence.

Rien de plus opposé donc à Georges Ier, personnage de beaucoup plus complexe, si ce n'est la bonté, une délicatesse de cœur et la simplicité des goûts, communs aux deux. Ainsi rien d'étonnant si leurs rapports furent parfois difficiles, voire tendus. Sans pouvoir insinuer que Georges Ier était déçu de son fils et héritier, il n'en est pas moins vrai qu'il le maintint – tout comme d'ailleurs l'ensemble de sa famille – à une certaine distance des choses publiques, de sorte qu'il ne partagea jamais avec Constantin ses soucis de chef d'État ni ne l'initia autant qu'il le pouvait à la gestion du pouvoir, à la fonction de roi, de roi de Grèce. Entre le père et le fils se développa avec le temps un genre de rivalité – phénomène quasi classique dans les familles – qui fit naître chez Constantin une certaine amertume, partagée par sa mère, qui, elle aussi, désapprouvait le pragmatisme, le laissez-faire, le manque de rigueur de son époux et infusa dans l'âme de ses enfants une conception à la fois plus idéaliste et plus autoritaire de la royauté.

À vrai dire, la popularité de Constantin ne lui vint que tardivement. Sa carrière publique démarra par un cuisant échec qui, bien qu'il n'en fût pas responsable, lui fut en grande partie imputé : la guerre désastreuse de 1897, dont il fut comme souillé. Par souci d'équité, il faut dire qu'il n'avait été placé à la tête de l'armée – et cela pour la première fois – qu'à la veille du déclenchement des hostilités, par un gouvernement d'irresponsables, pris de surcroît de panique devant l'imminence d'une guerre à laquelle il s'était laissé entraîner par démagogie, un gouvernement qui espérait que la présence du diadoque généralissime sur le front allait calmer les têtes brûlées et empêcher que les incursions provocatrices à l'autre côté de la frontière des bandes armées nationalistes grecques ne servissent de prétexte à la Turquie pour déclarer la guerre à la Grèce.

Or les forces armées grecques – jamais vraiment organisées jusque-là à cause du manque de fonds chronique, de l'infiltration de la politique partisane dans les rangs des officiers, de l'indifférence des gouvernements successifs, du relâchement de la discipline, du laissez-faire généralisé et de la corruption qui ne l'était pas moins – étaient, au moment où la Turquie déclara la guerre, dans un triste état, exceptée la marine de guerre. À ces raisons permanentes, s'ajoutaient à l'époque a) les restrictions imposées à l'armée par les gouvernements successifs de Harilaos Tricoupis (qui, tout en favorisant l'acquisition de quelques cuirassés, réduisirent de beaucoup toute autre dépense militaire par mesure d'économie, alors qu'ils cultivèrent une politique de rapprochement avec la Turquie) et b) la récente faillite de l'État, la banqueroute de 1893, dont Georges Ier craignait avec raison qu'elle eût pour son pays des conséquences funestes : les prêteurs à coup sûr chercheraient à obtenir le retour de leurs fonds sous forme de dédommagements à verser par la Grèce après une guerre perdue...

Bref, Constantin, en partant pour le front la mort dans l'âme, était conscient qu'il courait droit au désastre, dont l'opprobre rejaillirait essentiellement sur lui – les écrits personnels de son frère Nicolas, qui fit la guerre à ses côtés, en témoignent. En effet, la Grèce fut écrasée et envahie et ne fut sauvée *in extremis* que grâce à l'intervention des Puissances. La Dynastie faillit sombrer, rendue à tort (par l'opinion exaspérée qui cherchait un bouc émissaire) responsable de l'incurie patente et de l'humiliation nationale. On attenta même contre la vie du souverain. Le pays fut placé sous contrôle financier international, lequel contrôlait ses maigres ressources en en déversant une partie dans les caisses des créanciers étrangers. Pour son malheur, et pour celui de sa famille et de son pays, Georges Ier s'était vu confirmé dans ses pires craintes.

Constantin, bouleversé par la défaite, par les conséquences de celle-ci et par les calomnies dont il fut la cible, prit très à cœur la réorganisation de l'armée, tâche à laquelle il s'appliqua avec bonheur, encouragé par les gouvernements successifs de Georges Théotokis, dans les années 1901–1908. La qualité de l'armement fut en effet améliorée, sa quantité accrue (en partie grâce à des emprunts publics), les premières grandes manœuvres dignes de ce nom eurent lieu dans les environs d'Athènes, et la Grèce se dota pour la première fois d'un véritable état-major. Les membres de celui-ci furent des officiers sévèrement triés, dont presque tous avaient fait leurs classes à la fameuse *Kriegsakademie* de Berlin, à l'époque l'école militaire la plus prestigieuse au monde. Toutefois cette distinction accordée à un nombre restreint d'officiers qui les fit ainsi placer au-dessus de leurs confrères, dont certains les égalaient en valeur et dont nombreux les dépassaient en grade, provoqua – rien de plus facile en Grèce – des jalousies et des haines. La « coterie du Diadoque » se vit accusée d'entraver les avancements, de retarder des carrières, de ne favoriser que les officiers proches de la Cour ; par ailleurs les progrès réalisés dans l'armée étaient jugés insuffisants de la part des plus impatients, et ce alors qu'une guerre générale dans les Balkans paraissait à nouveau probable. L'annexion de la Bosnie-Herzégovine, l'érection de la Bulgarie en royaume et, pour terminer, la révolution des Jeunes Turcs, suscitèrent dans toutes les capitales balkaniques un branle-bas généralisé, causé par l'impression que le dogme de l'intégrité territoriale ottomane était aboli... Pour le patriote Grec, qui constatait que même l'empire décrépi des Ottomans était capable de se réformer, de se rajeunir, de rattraper le temps perdu, la Grèce seule constituait une exception dans un monde en mouvement, condamnée à une paralysie sans fin. L'éviction d'Abdul Hamid, jointe à de nouvelles humiliations imposées par les Puissances au sujet de la Crète (autonome, mais toujours assujettie à la Porte), précipita les événements.

Les officiers de la garnison d'Athènes s'insurgèrent dans la nuit du 14 au 15 août 1909 et sans coup férir s'imposèrent au pays au moyen d'un *pronunciamiento* d'opérette. Le gouvernement, si sûr de lui la veille et se vantant de contrôler tout, particulièrement les officiers membres de la « Ligue Militaire » (Στρατιωτικός Σύνδεσμος), qui ne cachaient pas leurs intentions de se rebeller, s'effaça, laissant pour ainsi dire le roi seul, exposé aux putschistes. Dans leur déclaration adressée au souverain, les chefs des insurgés exigèrent, en contradiction avec le ton déférant de leur requête, comme première parmi les mesures à prendre sur le champ, l'éviction des princes de l'armée, y compris celle de Constantin, qui était jusque-là son chef. Ce fut la deuxième humiliation de taille essuyée par Constantin, qui subit cette nouvelle injustice avec dignité, mais aussi avec dégoût qu'il ne put et ne voulut point dissimuler, l'idée de l'officier parjure lui étant particulièrement insupportable. Aussi quitta-t-il la Grèce en famille et se réfugia chez sa belle-sœur, la princesse Marguerite de Hesse-Cassel, dans le château Friedrichshof, non loin de Francfort, construit par feu l'impératrice Frédéric, mère bafouée de Guillaume II et fille aînée de la reine Victoria.

L'ordre ne revint qu'au bout de plusieurs mois, pendant lesquels Georges Ier, plusieurs fois sur le point de démissionner, dut faire preuve de beaucoup de patience, d'abnégation et de courage, d'astuce et de finesse aussi. Dégoûté de l'ancien monde politique, à ses yeux grandement coupable d'avoir conduit le pays dans la situation inextricable dans laquelle il se débattait, et désireux par ailleurs de se débarrasser au plus vite des militaires, dont l'insolence et l'irrespect pour la Constitution l'exaspérait et qui, Dieu merci, avaient entre temps commencé à s'entredéchirer, le roi reconnu en Vénizélos, fraîchement débarqué de Crète et sollicité par la Ligue Militaire en pleine impasse, l'homme capable d'établir l'ordre et d'apporter, sans ruptures majeures, les changements dont le pays avait bien besoin.

Sur l'autre bord, le rusé Crétois, aspirant au pouvoir et réalisant l'importance de l'appui royal pour y accéder, fit tout ce qui lui était possible pour rassurer le souverain. Il s'agissait avant tout de lui faire oublier son passé révolutionnaire en Crète, lorsqu'il s'était insurgé contre le prince Georges, le propre fils du roi, à l'époque haut-commissaire des Puissances,

46. Ce dessin humoristique du journal « Acropolis », daté du 9 septembre 1910, commente à sa manière quelques facettes du fameux discours de Vénizélos, prononcé sur la place de Syntagma (de la Constitution) le 7 septembre : le bonnet phrygien emprunte progressivement la figure de Georges Ier.

ainsi que les critiques désobligeantes contre la personne même du roi, parues dans un journal de la Canée. Dans ces articles il avait salué haut et fort l'intervention de l'armée à Athènes, allant jusqu'à proposer l'instauration d'une dictature à court terme, afin d'accélérer, en brûlant les étapes, l'armement et la modernisation du pays. Mais tout cela était du passé. S'adressant, place de la Constitution, à deux pas du Palais, à une foule excitée et réclamant la convocation d'une assemblée constituante (la marotte du moment, afin d'en finir avec la Dynastie), il sut brillamment tenir tête et finalement imposer ses propres vues sur la réforme constitutionnelle à venir. Dans la Constitution de 1911, il maintint la totalité des prérogatives et privilèges de la Couronne tout en engageant le pays dans la voie des réformes et de la modernité. Écartant les militaires de la Ligue, à savoir ses anciens compagnons, ceux-là même qui l'avaient invité à se rendre à Athènes et lui avaient de surcroît offert le pouvoir, qu'il avait fort intelligemment décliné, il s'entoura uniquement d'officiers membres de l'ex état-major du prince héritier. Le roi n'en croyait ni à ses yeux ni à ses oreilles ! *Mais ce sont les amis de mes fils !* s'exclama-t-il au comble de l'étonnement, lorsque Vénizélos lui en soumis la liste.

L'étape suivante de la réconciliation fut le retour de Constantin dans l'armée. Au prince héritier fut certes assigné de la part de Vénizélos, qui cumulait les fonctions de premier ministre et de ministre de la Défense, le poste le plus éminent, mais à son déplaisir, sans responsabilité réelle. Enfin, ce fut le déclenchement de la première guerre balkanique qui précipita les choses, fit réintégrer les autres princes dans l'armée et éleva Constantin au rang de généralissime. Tout d'un coup le prince héritier se vit investi de l'espoir séculaire de la nation, transportée d'enthousiasme, dans cette guerre, comme un seul homme. Pour lui, il s'agissait avant tout de laver l'humiliation de 1897 : *En ce qui me concerne, les choses sont claires, car il s'agit de vaincre ou de mourir*, écrivait-il à sa bien-aimée la veille de son départ pour le front[83].

La progression de l'armée grecque fut foudroyante. Les Ottomans, attaqués à la fois par les Bulgares, les Grecs, les Serbes et les Monténégrins, essuyèrent de cuisantes défaites, de sorte que, malgré leur résistance désespérée, la présence ottomane dans les Balkans se rétrécit comme une peau de chagrin. Bientôt le fracas des canons bulgares du front de Tjataldja retentit jusqu'à Constantinople, alors qu'Andrinople était encerclée, que les Serbes occupaient Skopje puis Monastir et que l'armée grecque, après avoir pris Salonique, mettait le siège devant Ioannina et pénétrait dans Argyrocastro, l'actuel Gjirokastër d'Albanie ; en même temps, la flotte hellénique victorieuse libérait les îles du nord et de l'est de la mer Egée, depuis Samos au sud jusqu'à Lesbos, Imvros, Ténédos, Samothrace et Thasos au nord.

Épaulé par les brillants officiers de son état-major (parmi lesquels le plus remarquable était Jean Métaxas), suivi d'une armée galvanisée par la foi en la justice de sa cause et par la confiance que lui-même avait su lui inspirer, Constantin, volant de victoire en victoire, devint l'idole de la nation, le « fils de l'aigle », selon le titre de la marche militaire la plus populaire de l'époque. Pendant l'été 1913, les Bulgares, non satisfaits des gains obtenus au cours de la campagne de l'hiver précédent, alors que leur contribution à la guerre avait été la plus considérable, attaquèrent subitement leurs alliés ; ce fut la deuxième guerre balkanique, courte en

47. Le roi Georges et le prince héritier Constantin entrent à Salonique à la tête de l'armée grecque.

durée mais particulièrement vorace en hommes. À la tête de ses troupes, Constantin entra en libérateur dans les villes de Serres, de Drama et de Cavala et bouscula l'armée bulgare battant en retraite dans les défilés de Kresna, jusque-là jugés inexpugnables.

Cette campagne lui fit prendre conscience de la vaillance tout comme de la cruauté du soldat bulgare et aussi du fait que l'endurance de sa propre armée était à bout. La puissance de l'armée bulgare, malgré sa défaite, jointe à l'épuisement manifeste des forces grecques en dépit de leur victoire, fit naître chez Constantin un sentiment lourd de conséquences. Un autre facteur incitant à la prudence était la présence dans les provinces récemment conquises de multiples et nombreuses minorités ethniques : il était donc clair que la Grèce avait impérativement besoin de temps afin de cicatriser ses plaies et assurer la cohésion de son territoire si prompte-

48. Le généralissime diadoque Constantin.
49. À la tête de l'armée grecque, le diadoque entre dans la ville libérée d'Ioannina.

ment élargi. En d'autres mots, elle devait avant tout aspirer à une longue période de paix.

Entre temps, était survenu l'assassinat de Georges Ier à Salonique. Depuis le 5 mars 1913, Constantin était roi. Aucun souverain n'accédât jamais au trône aussi auréolé de gloire, aussi adoré de son peuple, unanimement autour de lui rassemblé.

À première vue seulement. Car s'il était vrai que Constantin, grâce à ses victoires remportées pendant la guerre et à sa personnalité qui sut s'attacher le soldat, avait enfin soudé le peuple avec la dynastie, il n'en était pas moins vrai que chez un peuple méridional l'excès de popularité est toujours chargé de menaces ; Aristote déjà mettait en garde les cités contre leurs citoyens trop proéminents, dont il conseillait l'ostracisme ; dans le cas de la Démocratie couronnée, régime exigeant l'équilibre délicat entre le principe électif populaire et le principe héréditaire royal, le danger n'en était que plus grand, surtout lorsque ce régime était appliqué dans un contexte d'institutions éternellement fragiles, tout comme dans celui d'un peuple toujours tenté de suivre aveuglément un Messie. En effet, un roi très populaire risquait, de par la démesure de sa popularité, quand bien même cette pensée ne l'eût pas effleuré, de faire pencher le régime vers une monarchie, tout comme un politicien, qui se trouverait dans la même situation, basculerait facilement vers la démagogie, la tyrannie et la dictature. En 1913 cela pourrait bien constituer une tentation probable tant pour Constantin que pour Vénizélos, d'autant plus que certains traits de caractère qu'ils avaient en commun rendaient l'un et l'autre particulièrement vulnérables.

Pour en revenir à Constantin seul, l'unanimité qui semblait s'être formée autour de lui n'était qu'apparente. En premier lieu, dans l'armée subsistait une poche d'officiers aigris, peu éblouis de l'éclat de ses victoires et point touchés par les dons de sa personnalité : bref, des individus antiroyalistes, égalitaristes et populistes, du noyau dur de la (dissoute) Ligue Militaire, que Vénizélos maintenait à l'écart, sans toutefois rompre entièrement avec eux. Mais un élément réfractaire de taille décisive, récemment apparu au sein de la société civile, s'avérait comme infiniment plus important que cette poignée de militaires récalcitrants : un nouveau type de bourgeoisie, classe conquérante, dont l'éclosion était en partie le produit de la stabilité relative dont bénéficia le pays sous le long règne de Georges Ier. Parvenue à maturité autour de 1900, elle était prête à étoffer tout mouvement correspondant à ses aspirations. Le coup d'état de 1909 avait permis à certains de ses membres d'accéder au pouvoir. Composée d'hommes qui s'étaient créés eux-mêmes, des élites ayant été éduquées en Occident, cette bourgeoisie était à la fois nationaliste et libérale et dans l'ensemble peu portée à favoriser tout système qui ne reposerait pas sur le propre mérite de l'individu. Il n'était donc pas surprenant que le délire populaire à l'égard de la personne du roi la laissait plutôt froide, quand même elle ne la froissait pas. Elle vota massivement pour Vénizélos, en

50. La famille royale à l'heure du déjeuner. Le roi est encadré de sa femme Sophie, qui porte sur ses genoux la petite Catherine (1913), et de sa fille aînée Hélène (1896). À côté d'Hélène se trouve Alexandre (1893) et plus près du photographe Paul (1901). À côté de la reine sont assis le prince héritier Georges (1890) et Irène (1904).

fournit la plupart des cadres de son parti, le Parti Libéral, et laissa puissamment sa trace dans le texte de la nouvelle constitution, celle de 1911. Cette nouvelle Grèce en train de percer était certes très minoritaire, mais elle avait le vent en poupe et prétendait de par sa valeur dominer le pays.

Enfin il y avait les anciens politiciens. Contournés par Georges Ier au profit de leur adversaire Vénizélos, honnis par une tranche importante de la population, ils optèrent de s'abstenir aux élections législatives du 28 novembre/12 décembre 1910, afin d'éviter d'y être écrasés. L'immense participation à ces élections montre l'ampleur de leur échec : les Grecs avaient massivement voté en faveur de Vénizélos. Ils renouvelaient leur choix lors de chaque appel aux urnes et ce jusqu'en juin 1915. Le vieux monde politique semblait anéanti. Sous Georges Ier sa marge de manœuvre était nulle ; en revanche, sous le règne suivant, apercevant des chances de frictions entre le nouveau roi et le premier ministre qui, point entièrement débarrassé de ses anciennes habitudes, ni, comme on l'a dit, de ses anciennes relations, ne se privait pas, même du vivant du vieux roi, tantôt directement, tantôt par le biais de personnes de son entourage, de vexer par des actes humiliants gratuits tel ou tel membre de la famille royale, les politiciens d'avant 1909 s'érigèrent en défenseurs de la dynastie, dans l'espoir de faire remonter leur propre cote auprès de l'opinion, en exploitant à leur profit l'immense popularité de Constantin.

En d'autres mots, la Grèce allait au-devant d'une crise sérieuse dont les composantes étaient en train de s'assembler. Ajoutons-y le rôle du « facteur étranger », à savoir celui de l'Angleterre, dont la mainmise sur la politique grecque tant extérieure qu'intérieure fut déterminante dès avant la libération du pays ; nous lui avons d'ailleurs consacré un passage dans ce livre. Rappelons au lecteur que sous la seconde dynastie la Grèce consolida sa position dans l'orbite anglaise et que l'influence exercée par l'ambassadeur britannique sur Georges Ier était prépondérante. Mais un roi conciliant n'était pas suffisant pour la perfide Albion. Il lui en fallait plus.

Or, depuis le tout début du XXe siècle son attention s'était portée sur un avocat crétois au passé révolutionnaire modéré (contre les occupants turcs), intelligent, ambitieux, à l'écoute du monde extérieur par l'intermédiaire des consuls des Puissances établis à la Canée avec qui il aimait frayer, rédacteur de surcroît de la constitution en vigueur de l'île et secrétaire (= ministre) de la Justice du prince Georges de Grèce, haut-commissaire des Puissances. Fait regrettable, Son Altesse Royale s'activait trop en faveur de l'union de la Crète avec le royaume de son père ; il fallait donc entraver ses démarches, en dressant contre lui quelqu'un de flexible, dont on attiserait l'ambition ; un profond différend entre le prince et son secrétaire de la Justice concernant la politique à suivre dans l'affaire crétoise permit à l'Angleterre de s'immiscer en prenant position pour Vénizélos.

Ce dernier désirait certes l'union de son île avec la Grèce tout autant que le prince, mais, en réalisant que la politique de celui-ci était vouée à l'échec, parce qu'elle heurtait de front les visées des Puissances, il opta en

*51. Le prince Georges de Grèce et son épouse Marie Bonaparte
à l'époque de leur mariage (1907).*

faveur d'une position intermédiaire, et se mit à militer pour l'octroi d'une autonomie à Crète, qui mettrait cette ancienne possession ottomane, à deux tiers détachée de l'empire des sultans, dans une position analogue à celle de la Bosnie-Herzégovine face à l'Autriche-Hongrie ou bien de la Roumélie Orientale face à la Turquie. Excédé, le prince haut-commissaire le congédia. Entre temps, Vénizélos avait été abordé par le nouveau consul britannique à la Canée Esme Howard, dont la délicate mission consistait à renverser Georges, tout en le faisant choir le plus doucement possible (*to let him down gently*) – telles furent mot à mot les instructions reçues[84] –, parce que celui-ci, tout en étant la cible du cabinet de Saint James, était aussi le neveu favori de leurs Gracieuses Majestés le couple royal d'Angleterre !

Le caractère passionnel grec et la vendetta crétoise se chargèrent du reste. En bon méridional qu'il était, Vénizélos savait que pour réussir à

52. Eleuthérios Vénizélos.

se faire entendre des Crétois et parvenir à les détacher du prince il devait donner à son combat une violente teinte personnelle ; en d'autres mots, il devait transformer le débat politique en un duel entre deux individus. Il attaqua donc avec virulence le prince, en traitant lui de tyran et son régime de tyrannie, sans se soucier du fait qu'il en était lui-même l'auteur en tant que rédacteur de la constitution en vigueur. Afin d'augmenter le nombre de ses partisans, il leva le drapeau de la rébellion (risquant peu, car il bénéficiait ouvertement de la protection britannique)[85] et par une volte-face dont lui seul possédait le secret il déclara l'union de la Crète avec la Grèce, acculant son adversaire dans l'impasse. Le prince Georges, bien que depuis toujours partisan de l'union et ayant de multiples fois agi en faveur de la cause unioniste, était à présent contraint, en tant que haut-commissaire des Puissances, de s'y opposer. Sa position personnelle en Crète en tant que prince royal de Grèce devenait de ce fait intenable. Bien que jusqu'au bout fort populaire auprès des Crétois, il quitta en 1906 dégoûté son poste, la Crète et la Grèce, vouant à Vénizélos une haine implacable, dont il ne démordra jamais.

Bien entendu l'union ne se fit pas, les Puissances restant inflexibles. Et bien entendu une nouvelle occasion fut donnée à la Turquie pour prétendre qu'elle était lésée dans ses droits de suzeraine de l'île et menacer la Grèce d'une nouvelle guerre. En revanche, Vénizélos était devenu à peu de frais célèbre pour avoir expulsé le prince – geste qui à Athènes lui attira peu d'amis dans l'immédiat – et pour avoir (prétendument) tenu tête aux Puissances. Un autre gain encore plus considérable pour sa carrière ultérieure fut le fait que, depuis lors et pour de longues années, il devint l'homme lige de l'Angleterre, qui, en la personne du rusé crétois, trouva l'appui local qui lui fallait.

Comment aborder cet homme aux facettes multiples, qui fut idolâtré ou haï plus que jamais personne ne le fût, Messie et sauveur de la Grèce pour les uns, incarnation du Malin pour les autres et traître à sa patrie ? « Vénizélos est double » note astucieusement Jean Métaxas dans son journal le jeudi 4 novembre 1910[86], à l'époque où il servait comme son aide de camp. Cette remarque nous paraît être la meilleure approche pour définir une personnalité, caractérisée par de profonds contrastes qui s'excluent mutuellement et néanmoins apparaissent chez le même homme. Métaxas se balançait avec raison entre l'admiration à l'égard du politicien conservateur qu'il voyait à l'œuvre et la défiance que suscitait le souvenir de son passé de rebelle crétois, de rebelle insurgé contre le propre fils du roi des Hellènes, défiance renforcée par le fait qu'il venait de se hisser au pouvoir grâce à l'appel de putschistes, eux aussi soulevés contre la Dynastie.

Comment en effet faire confiance à un tel homme, remarquable certes, mais dont la volonté de fer, la ruse de renard, le manque effrayant de scrupules sous des contours affables, voire charmeurs, étaient attestés, et qui cachait mal une ambition effrénée ? Ce même Métaxas avait de surcroît maintes fois cru distinguer, en observant Vénizélos, une pointe de jalousie de sa part, qui se manifestait bien malgré lui sur son visage lors des cérémonies publiques, lorsqu'il estimait au fond de son cœur qu'il avait droit au moins à une part de l'ovation populaire, dont le roi à chaque apparition était l'objet.

Un tel politicien ne pouvait faire bon ménage qu'avec un souverain tel que Georges Ier, un roi donc sinon malléable du moins rompu à l'usage de la constitution, tout comme au particularisme et aux déviations coutumières propres aux Grecs, et dont le trait de caractère dominant était le réalisme et l'aptitude à s'adapter même dans des situations incommodes. Mais voilà que Georges Ier – qui de toute façon songeait à démissionner en l'automne de cette même année 1913, après avoir célébré son cinquantième anniversaire sur le trône – était assassiné.

Taillé d'une seule pièce, Constantin était l'opposé de son père. De plus il était le vainqueur d'une guerre qui venait de doubler la superficie de la Grèce et il était immensément populaire. Ce Vénizélos, dont la personnalité était aux antipodes de la sienne, lui portait sur les nerfs dès le départ, et ce d'autant plus que le premier ministre ne ratait pas une occasion pour mettre à l'épreuve la patience, voire la légendaire bonté du roi. Bref, à la tête des deux Grèce rivales, un conflit de personnalités se profilait, attisé par la grande popularité des deux personnages, ainsi que par la présence, dans les deux camps, d'individus qui, pour des raisons d'intérêt, d'idéologie ou de patriotisme, étaient prêts à entamer la lutte contre la faction adverse. Pour le moment, l'exaltation de la victoire, ainsi qu'une euphorie telle que les Grecs n'en avaient jamais connu par le passé (les années 1913–1914/15 restèrent en effet dans la mémoire collective des générations qui en furent les témoins comme une espèce de mirage à peine croyable), limitaient la confrontation à quelques prises de bec. Le peuple, attribuant sa félicité tant à Constantin qu'à Vénizélos, n'envisageait pas la possibilité d'une rupture entre eux. Il les voulait unis au sommet de l'État, collaborant étroitement pour le bonheur du pays. Pendant presque deux ans (1913–1915) son désir ne semblait pas contredit par les faits, puisqu'aucun désaccord entre les deux hommes n'avait jusque-là transpiré…

Conflit latent de personnalités certes, mais peut-on affirmer qu'il y avait eu entre ces deux hommes, dans l'espace de ces deux années, non pas des moments d'irritation mutuelle (car celles-ci y abondèrent[87]), mais de sérieuses divergences de politique ? Pas vraiment, si l'on excepte la question de la nationalité des officiers étrangers appelés à réformer l'armée de terre grecque. La résolution avait déjà été prise avant la montée de Vénizélos au pouvoir par un des gouvernements précédents, sous l'influence de la Ligue Militaire : le gouvernement avait opté en faveur des Français, mais il est clair que Vénizélos aurait été du même avis. Georges Ier, mécontent du choix, n'était pas à l'époque en état de protester et l'on sait qu'il s'opposait à tout appel d'étrangers, la Grèce ayant selon lui besoin de l'appui de l'ensemble des Puissances pour régler en sa faveur (telle était l'illusion du roi) la question crétoise.

Vénizélos surenchérit sur le choix de ses prédécesseurs en augmentant les attributions des officiers étrangers, au point de leur confier le contrôle absolu de l'armée. L'opinion publique, bercée par les éloges de la presse gouvernementale sur les miracles accomplis sur tous les plans, accepta sans difficulté cet assujettissement, d'autant plus que la France était immensément populaire. Il n'en allait pas de même de la part de la famille royale, pour qui la France républicaine faisait un peu figure de brebis noire, comme c'était le cas dans toutes les cours européennes d'avant la Grande Guerre. Il était donc normal que les Anglais, à qui la réforme de la marine avait été confiée, y soulevèrent moins d'objections.

Les membres de l'état-major dissimulaient tout aussi mal leur mécontentement, d'une part parce qu'ils s'estimaient humiliés (les Français se comportant de surcroît avec une arrogance quasi coloniale) d'avoir été évincés par leur propre gouvernement, et d'autre part parce qu'ils partageaient sur les Français la même opinion que les Allemands de l'époque avec qui, tant à cause du prestige de l'armée allemande que des années passées à la *Kriegsakademie*, ils se sentaient plus en affinité. Bien que la présence allemande à la place des Français les eût moins dérangés, dans le fond, tous, ou presque tous, auraient préféré que les réformes militaires restassent entre des mains grecques. Les choses rentrèrent, si j'ose dire, dans l'ordre, lorsque la première guerre balkanique éclata : les Français s'éclipsèrent, leurs collègues grecs reprirent les rênes et durant les mois qui suivirent surent glorieusement montrer leur valeur sur le champ de bataille.

La rancune de la famille royale et celle de l'état-major grec contre les Français éclatèrent au grand jour dans l'allocution maladroite que Constantin adressa lors de sa remise du bâton de maréchal allemand (à l'époque, geste de courtoisie assez banal entre souverains) lors des manœuvres impériales en Silésie, le 26 août / 8 septembre 1913. Dans son discours, le roi des Hellènes attribua les récents succès remportés lors des deux guerres balkaniques d'une part à la vaillance et l'héroïsme du soldat grec et d'autre part à la haute qualité de l'instruction des officiers, acquise dans les écoles militaires allemandes, sur les bancs desquelles lui-même avait eu l'honneur de s'asseoir. De la contribution des réformateurs français, il ne souffla mot...

Paris – que Constantin (chose fort embarrassante) devait officiellement visiter juste après Berlin – cria au scandale et reçut glacialement le roi, malgré les efforts de Vénizélos pour dissiper l'impression faite, malgré aussi le discours flatteur prononcé par le souverain grec lors du banquet officiel où celui-ci fit l'éloge de l'officier français et souligna les indéfectibles liens de reconnaissance unissant la Grèce à la France. Il n'y eut rien à faire. Désormais la France rangea Constantin dans les rangs des germanophiles irrécupérables ; le fait que son épouse, Sophie de Prusse, était la propre sœur de l'empereur Guillaume fut avancé comme preuve irréfutable de son inclination en faveur des ennemis héréditaires de la France. Un mythe était en train de naître, que la France allait bientôt outrageusement exploiter, pour finalement se faire prendre dans ses propres filets et décider, sans chercher à y voir clair et tout en étant irritée, irrésolue quant à sa politique orientale et malheureuse à la guerre, de détruire la Grèce et d'en finir avec son boche de roi.

Pour ce qu'il en est des rapports entre les deux protagonistes de la scène grecque, notons comme geste amical la remise du bâton de maréchal de l'armée au roi par le premier ministre, cérémonie qui eut lieu dans la grande salle du palais et au cours de laquelle Vénizélos prononça une chaleureuse allocution en l'honneur du souverain en y vantant ses talents de stratège.

Au seuil de l'année fatale 1914, ainsi qu'au cours des sept mois qui précédèrent le déclenchement des hostilités, aucune grave différence d'appréciation quant à la position de la Grèce au sein des alliances majeures, qui depuis longtemps divisaient le continent et qui bientôt allaient l'ensanglanter, ne séparait les deux hommes dont dépendait le sort du pays. Ce fut en effet avec l'assentiment sans réserve du roi que Vénizélos proposa, en janvier 1914, aux Anglais l'alliance de la Grèce. La proposition fut réitérée le 1er août, au moment où commençait le conflit mondial. À deux reprises donc l'offre grecque – que Churchill qualifierait plus tard de « magnanime »[88] – fut rejetée par le gouvernement britannique !

Les raisons qui amenèrent Lord Grey à décliner la proposition d'Athènes, pour être cyniques, ne furent pas moins claires. Elles consistaient en l'appréhension du gouvernement anglais que, dans le cas où il accueillerait l'alliance grecque, il allait automatiquement rejeter dans les bras des Allemands la Bulgarie et la Turquie, puissances qui objectivement comptaient infiniment plus pour l'Angleterre et qui avaient avec la Grèce de sérieux différends : Sofia au sujet de la Macédoine, dont elle avait été frustrée, et Constantinople au sujet des grandes îles proches des rivages de l'Asie Mineure, dont elle n'arrivait pas à accepter la perte. Ce calcul de la part de Londres était en partie erroné, car ces deux puissances s'étaient déjà largement engagées dans la direction de Berlin. Mais il était vrai que les risques encourus par l'Angleterre étaient mineurs du fait de la disposition géographique de la Grèce, à savoir l'étendue de ses côtes, sur ou à proximité desquelles ses grands centres urbains étaient situés, chose qui la plaçait à la merci des canons de la Royal Navy.

Dans la pensée de Constantin, l'élément géographique fut déterminant et lui dicta en grande partie la voie à suivre. Dans sa réponse à l'empereur allemand, qui, le premier jour des hostilités, lui proposa son alliance, il expliqua embarrassé à son beau-frère l'impossibilité dans laquelle se trouvait la Grèce, pour une simple raison de géographie, de s'opposer à l'Angleterre. Toujours est-il qu'au tout début de la Grande Guerre la Grèce avait déjà essuyé deux refus de la part de l'Entente de se ranger à ses côtés et avait reçu en revanche une offre d'alliance de la part de l'Allemagne, alliance que son roi avait déclinée.

Si les deux hommes à la tête de la Grèce avaient d'un commun accord opté en faveur de l'Entente, une nuance dans leurs appréciations les séparait déjà, laquelle pourrait un jour se muer en sérieuse divergence : Vénizélos croyait fermement à la victoire de l'Angleterre et était partisan d'une alliance inconditionnée avec la puissance maîtresse des mers, aux ressources, pensait-il, inépuisables ; ainsi il se débarrassa du revers de la main du gênant ministre des Affaires Étrangères Georges Stréit, ami proche du roi, qui réclamait de sérieuses garanties de la part de l'Entente avant que la Grèce ne décidât de se ranger de son côté ; dans le cas contraire, il conseillait l'alternative de la neutralité, du moins provisoirement.

Constantin partageait au fond l'avis de son ministre. Par ailleurs, son idéal eût été une alliance germano-britannique au moment du déclenchement des hostilités ; il s'engageait donc dans cette guerre sans enthousiasme et avec nettement moins de conviction que son premier ministre. Il s'agirait pour lui moins d'une occasion à ne pas manquer – comme le pensait Vénizélos – que d'une alliance dictée par la nécessité ou, pire, d'une soumission à une force majeure. Sa raison et son cœur étaient partagés, car la nouvelle Grèce, issue il y avait à peine quelques mois agrandie d'une éprouvante guerre balkanique, avait tellement besoin de repos. Plus il calculait les risques d'une immixtion grecque au conflit, plus il se reprochait lui-même de s'être laissé entraîner par Vénizélos et d'avoir consenti à offrir l'alliance de la Grèce, sans réclamer au moins au préalable à l'Entente des promesses de compensations territoriales en vue des sacrifices à accomplir. Tel était l'état d'esprit du roi au cours du premier mois de la guerre. Ses scrupules pourtant n'empêchèrent pas Constantin de confier aux Anglais les plans de la percée du détroit des Dardanelles, que Jean Métaxas avait préparés en avril 1914 et dont Londres ne fit, malheureusement, aucun usage. Par ailleurs, il ne cessa de prévenir les dirigeants de l'Entente qu'ils étaient en train de se leurrer au sujet de la Bulgarie et de la Turquie (pays pour l'alliance desquels l'Entente rejetait celle de la Grèce) qui bluffaient, étant depuis longtemps entrés dans l'orbite des Empires Centraux.

L'arrêt des Allemands sur la Marne ne fit qu'augmenter les doutes du roi, qui auparavant, par prudence, avait conseillé à Vénizélos d'attendre l'issue de la bataille avant d'exposer davantage la Grèce. Il était clair désormais que la guerre de 1914 ne serait pas une répétition, en plus grand, de la guerre de 1870, mais un conflit infiniment plus considérable, à nul autre pareil. Constantin, en militaire, se rendit immédiatement compte que les deux camps s'engageaient fatalement dans une longue guerre d'usure, laquelle, estimait-il, se terminerait sans véritable vainqueur, par l'épuisement réciproque des belligérants, sauf en cas, précisera-t-il un peu plus tard dans une discussion avec son frère Nicolas[89], où soit l'entrée en guerre des États-Unis du côté de l'Entente, soit l'utilisation par les Allemands de la nouvelle arme non encore éprouvée que constituait le sous-marin, ferait pencher la balance en faveur de l'un ou de l'autre. Mais cela restait imprévisible ; ce qui en revanche existait déjà, c'était le heurt des deux géants : l'Angleterre, maîtresse des mers, et l'Allemagne, première puissance économique et militaire du continent.

Vénizélos, qui était d'un naturel optimiste et passionné et que les questions militaires intéressaient peu, était impatient de brûler les étapes, quitte à devoir forcer un peu la main de l'Angleterre, dont dépendait l'agrandissement de la Grèce. Il ne partageait nullement l'avis du roi. La guerre ne saurait trop durer et de toute façon – il n'y avait là dessus à avoir aucun doute – l'Angleterre en sortirait victorieuse ! Ainsi il se rongeait les sangs et l'idée que la Grèce pût ne pas participer à la victoire prochaine de l'Entente lui brouillait la vue !

Bref, dès septembre 1914, la distance séparant les deux hommes ne faisait que s'élargir : le conflit ouvert n'était plus, hélas, qu'une affaire de temps. Alors que Constantin s'installait inconfortablement, car point débarrassé de ses doutes, dans la neutralité (neutralité, pour des raisons évidentes, favorable à l'Entente), état qu'il entendait maintenir jusqu'au moment où se révélerait l'issue du conflit, Vénizélos, confiant en son astre et à la promptitude de la victoire de l'Angleterre, cherchait quant à lui à s'imposer à l'Entente et, à l'encontre de tous les autres pays, qui, eux, marchandaient chèrement leur alliance, il offrait à Paris et à Londres l'appui de la Grèce sans condition.

L'entrée en guerre de la Turquie aux côtés de l'Allemagne, le 30 octobre/13 novembre 1914, enfonça un peu plus le roi dans sa décision ; chez Vénizélos, elle provoqua le même effet, bien qu'il en tira des conclusions opposées. Pour lui les dés étaient enfin jetés, puisque l'ennemi héréditaire s'était rangé avec les Allemands. Il fallait foncer sus, le dépecer, avec l'aide de l'Entente, aide qui ne saurait tarder. En revanche, chez Constantin, la question se posait différemment : comment était-il possible que la Grèce s'engageât dans les rangs de l'Entente, à présent que la Turquie, où demeuraient au moins deux millions de Grecs – otages potentiels de celle-ci –, était entrée en guerre au côté des Allemands ?

À vrai dire, le sort des populations grecques de Thrace, de Constantinople et d'Asie Mineure tourmentait le roi dès le début du conflit et constitua une raison essentielle pour laquelle il cherchait à éviter toute provocation contre la Porte. Un jour, lors d'une conversation amicale avec l'amiral anglais Mark Kerr, il confia à son interlocuteur sa propre vision des choses ; celui-ci, à peine sorti du Palais, s'empressa de transmettre la confidence privée royale à Vénizélos, qui sur le champ rédigea sa démission, sans même chercher à rencontrer le souverain pour tirer les choses au clair… La démission fut certes rejetée par une lettre aimable que Constantin aussitôt lui écrivit, de sorte que l'affaire n'eût point de suite ; n'empêche, ces deux hommes, qui depuis toujours n'éprouvaient l'un pour l'autre aucune sympathie, s'éloignaient un peu davantage après chaque accroc.

Pour le moment ces dissensions restaient sans conséquences directes, mais il devenait de plus en plus évident qu'elles finiraient par aboutir à un conflit politique majeur ; dans un deuxième temps, le caractère, le patriotisme et la popularité de chacun des deux personnages, tout comme la politique trouble et perfide de l'Entente à l'égard de la Grèce, se chargeraient à exacerber les différends dans un degré au-delà du pensable. Jusqu'à présent c'était toujours le roi qui s'inclinait, n'estimant pas l'enjeu suffisamment grave pour justifier une crise politique, qui fatalement se muerait en crise constitutionnelle. On n'en était pas encore là. Mais au rythme où allaient les choses, la rupture définitive ne saurait trop tarder.

En dépit des efforts considérables entrepris par Vénizélos[90] pour dégager son pays de l'isolement diplomatique dans lequel il se morfondait depuis longtemps, celui-ci persistait : en 1914, la Grèce demeurait isolée. Unique exception à cet état de choses particulièrement inquiétant à la veille d'une grande guerre, était le traité défensif, signé avec la Serbie le 19 mai / 1 juin 1913. Celui-ci, en particulier dans les articles 2 et 4 de la convention militaire parallèle, visait essentiellement la Bulgarie, hostile en permanence, qui convoitait des territoires récemment acquis par les deux alliés. Ces derniers, selon les clauses du traité en question, s'engageaient, dans l'éventualité d'une attaque de la part d'une puissance voisine – la Serbie craignant celle de l'Autriche-Hongrie, alors que pour la Grèce le danger venait de la Turquie – d'une part à envoyer sur le front qui subirait l'attaque une certaine quantité de troupes et d'autre part à en diriger d'autres sur la frontière bulgare (150 000 Serbes et 90 000 Grecs), afin d'immobiliser la Bulgarie et l'empêcher de frapper dans le dos.

Or la Serbie était l'alliée de la France et, à travers elle, celle de l'Entente. D'où le calcul vite fait de la part de ceux des Grecs qui s'impatientaient de voir leur pays entrer en guerre : ils estimaient que prêter main forte à la Serbie, en cas d'attaque austro-hongroise, équivaudrait à assister l'Entente tout entière, et par ce biais à s'introduire dans le cercle de ses amis et alliés. Agissant ainsi, la Grèce finirait par imposer sa collaboration à l'Entente qui jusque-là s'obstinait à la rejeter. Bref, selon eux, le seul chemin possible pouvant un jour relier Athènes à Paris et à Londres passait obligatoirement par Belgrade.

Pour les partisans de la neutralité, en revanche, le traité serbe n'engageait la Grèce en rien dans les circonstances actuelles, car il n'était pas applicable, estimaient-ils, dans les conditions absolument uniques d'un conflit mondial que le traité ne prévoyait pas. Pire, ils considéraient que la Grèce, s'impliquant dans le conflit austro-serbe, encourrait une menace mortelle, par le simple fait que ses forces, accourues à la rescousse des Serbes sur le front du Danube, seraient vraisemblablement prises entre deux feux et détruites, les Bulgares les ayant attaquées de dos ; cela, affirmaient-ils, était d'autant plus vrai, qu'il était évident, compte tenu de la disproportion des forces en présence sur le front principal, que les Serbes seraient dans l'impossibilité d'en détacher 150 000 hommes pour les expédier sur le front de la Bulgarie. La défaite de l'armée expéditionnaire grecque loin au nord entraînerait inévitablement l'invasion par les Bulgares de la Macédoine grecque, province au peuplement disparate et dont les défenses seraient grièvement affaiblies. La Turquie, enfin, ne pourrait rester longtemps inactive, la défaite grecque ayant altéré en sa faveur l'équilibre des forces dans la région. Elle prendrait donc certainement part à la curée, afin d'arracher à la Grèce – qui, privée d'une partie de son armée, anéantie en Serbie, serait contrainte de lutter sur deux fronts – les îles de l'est de la mer Egée, de la perte desquelles elle ne s'était jamais consolée. La Grèce par conséquent risquait, si elle s'aventurait à vouloir appliquer le traité en question, de se voir repoussée jusqu'aux frontières d'avant 1912 ; même dans le cas où cette catastrophe ne se produirait pas, une énorme et puissante Bulgarie s'étendrait désormais sur la majeure partie de sa frontière nord. Dans ces conditions, vouloir secourir la Serbie équivaudrait à un suicide national certain.

Dans l'immédiat, néanmoins, le traité serbe ne souleva pas de problème, puisque d'une part Vénizélos opta pour une attitude expectative et donc modérée et puisque d'autre part les Serbes eux-mêmes, confiants en leurs propres forces, assurèrent les Grecs de parfaitement comprendre leur impossibilité de leur venir en aide ; toutefois ils n'exprimèrent pas de doute quant à la validité du traité. Ils se bornèrent seulement à demander au gouvernement grec de faciliter le ravitaillement de la Serbie en le faisant transiter par Salonique.

Le problème majeur à résoudre, tant pour les voisins à l'ouest et au sud que pour l'Entente, restait donc la Bulgarie, dont l'armée, malgré sa récente défaite dans la deuxième guerre balkanique, était de loin la plus forte des Balkans. Le gouvernement de Sofia, bien que depuis quelque temps déjà au mieux avec Berlin, faisait semblant d'hésiter quant au parti à suivre dans la Grande Guerre, observant d'un air amusé la surenchère d'offres, de promesses et de dons de la part de l'Entente, ainsi que la difficulté dans laquelle cette prodigalité mettait les amis ou alliés de l'Entente dans les Balkans, à savoir ses propres rivales, la Serbie et la Grèce. Car, si pour les Puissances de l'Entente, et tout particulièrement pour l'Angleterre, qui de tout temps avait un faible pour la Bulgarie dans l'espoir – toujours déçu – de l'ériger en digue capable de barrer l'accès russe à la Méditerranée, aucun prix à payer, aucun sacrifice à faire ne paraissait suffisamment élevé afin d'éviter que celle-ci ne rejoignît les Empires centraux, pour la Serbie et la Grèce il en allait tout différemment, puisque le sacrifice que l'Entente entendait faire devait être accompli à leur détriment. Et c'est en vain que Constantin, instruit par son beau-frère dès le début de la guerre de l'imminence d'une pleine convergence de Berlin avec Sofia, essayait d'en ameuter l'Entente.

En ce qui regarde la Grèce, l'obstacle incontournable était donc la Bulgarie. Chez les partisans de la neutralité, elle constituait une menace durable contre la Macédoine grecque, face à laquelle il fallait par tous les moyens se protéger ; chez les partisans de l'entrée en guerre (que nous n'appellerions pas encore Ententistes, les « neutres » étant aussi, dans un grand pourcentage, amicalement disposés envers l'Entente), une Bulgarie indécise, potentiellement ennemie, de concert avec une Entente dédaigneuse ou indécise, bloquerait leurs aspirations, anéantirait leur politique, et cette situation ruinerait définitivement l'image positive de l'Entente dans l'opinion publique grecque. Il était donc urgent d'essayer au pire de la neutraliser, au mieux d'en faire une amie.

Afin de parvenir à ce but, Vénizélos, rongeant son frein, caressa, dans un premier temps, l'espoir d'une alliance balkanique englobant l'ensemble des États voisins ; dans un deuxième temps, n'ayant pas pu émouvoir la Bulgarie, il fit des avances à la Roumanie, laquelle, en refusant de s'y engager, l'accula vers la solution qu'il souhaitait le moins, à savoir l'offre de territoires de la part de la Serbie et de la Grèce à la Bulgarie en échange de la neutralité de celle-ci. Dans le deuxième mémoire que le premier ministre envoya au roi, le 17/30 janvier 1915, Vénizélos énuméra les raisons qui le faisaient défendre cette option. Contre les provinces de Drama et de Cavala, que la Grèce devait immédiatement céder à la Bulgarie, il fit miroiter à Constantin la vague promesse que l'Angleterre venait de faire à la Grèce : l'offre d'une partie du vilayet de Smyrne, au cas où celle-ci se déciderait d'accourir de toutes ses forces au secours de la Serbie et à condition que l'Entente remportât la guerre !

Cette promesse fut faite par l'Angleterre seule et non par l'ensemble de l'Entente. Nous abordons ici une question capitale qui, méconnue, laisse maints aspects de la crise grecque dans l'obscurité et sans réponse convaincante. Car il est clair que de nombreux problèmes eussent été évités, si les petites puissances, telle la Grèce, s'étaient rendues compte à temps de cette « polyphonie » au sein de l'Entente, qui révélait que, sous les nécessités et les impératifs imposés par la guerre, les vieilles méfiances, les vieux antagonismes persistaient et que, la guerre attisant les ambitions et ouvrant de nouvelles perspectives, des réajustements impérialistes étaient en cours, pour la réalisation desquels on ne reculait devant aucune tromperie, devant aucune perfidie, afin de triompher de son rival de toujours et allié éphémère d'aujourd'hui.

Les petits États, pions infimes d'un gigantesque échiquier, se rendaient compte, souvent trop tard et après être tombés dans le panneau, que la triple alliance de l'Angleterre, de la France et de la Russie ne constituait une entente et encore moins une entente cordiale. Il en résultait un sérieux manque de confiance mutuelle et donc un sérieux manque de cohésion, ainsi que beaucoup d'incohérence dans la politique suivie, phénomènes quasi permanents et qui mettaient sans cesse à l'épreuve tant les trois principaux associés entre eux que leurs partenaires mineurs. Dans les rangs de ces derniers, la confusion, qui provoquait l'affolement, était aussi parfois le fait de la rivalité ou de brouilles existant entre les différents services du même pays (par exemple, entre les militaires et les diplomates français), voire entre personnalités au sein du même service (par exemple, entre le ministre des Affaires Étrangères d'une Puissance et son ambassadeur accrédité à Athènes), chacun se permettant de s'adresser au nom de son pays, de sorte que la voix de l'Entente leur parvenait indistincte et contradictoire, propre à susciter des malentendus et à entraîner des déboires, dont serait frappé le plus faible, puni pour s'être fait leurrer.

Cette confusion ne pouvait qu'empirer à cause de l'angoisse que suscitaient à la fois aux gouvernements et à l'opinion de France et d'Angleterre les échecs répétés de l'Entente sur les différents théâtres de la guerre, où partout, sauf dans le cas de Paris, les Allemands étaient soit les vainqueurs, soit en position de nette supériorité. À l'ouest, c'était la France qui, au prix d'effroyables hécatombes, subissait le gros de la pression allemande, tandis qu'à l'est, après les succès trompeurs des premiers jours, les Russes, écrasés dans les marécages de la Prusse orientale, se retiraient en profondeur dans les plaines polonaises, laissant derrière eux d'innombrables morts et des armées entières de déportés dans des camps, alors qu'ils se trouvaient immobilisés sur le front autrichien de la Galicie après quelques victoires initiales. La Russie manquait déjà de munitions et de matériel de guerre. Afin de diminuer la pression sur le front ouest pour donner à la France quelque répit, afin d'imposer silence à tous ceux qui protestaient du fait que la fameuse flotte anglaise n'avait pour le moment jamais quitté ses ports d'ancrage et afin de briser l'étau qui étranglait la Russie, dans l'esprit des gouvernements et des états-majors l'idée de l'ouverture d'un troisième front prévalut.

En déclinant la suggestion – intéressée – française d'un débarquement allié en Macédoine, ou encore mieux dans la région d'Alexandrette, en Syrie, l'Angleterre, à savoir Winston Churchill, qui à l'époque était premier Lord de l'Amirauté, établit et mit rapidement en exécution le projet d'une expédition aux Dardanelles, dans le but de percer les Détroits, occuper Constantinople et dégager la voie du sud pour le ravitaillement de la Russie. Décision hâtive, imposée par un civil, qui ne tint aucun compte des réserves exprimées par l'ensemble des experts militaires britanniques ; l'amiral John Arbuthnot Fisher (First Sea Lord) menaça même de démissionner, afin de souligner sa radicale opposition au projet, qu'il jugeait absolument suicidaire[91]. Churchill ne tint également aucun compte (à supposer qu'il en eût connaissance) du plan établi par l'état-major grec, qui avait été livré aux services militaires anglais par ordre de Constantin. Ce plan avait été conçu par Jean Métaxas au printemps 1914, au moment précis où la Grèce méditait une guerre-éclair préventive contre la Turquie, dans le but de l'empêcher d'altérer en sa faveur le rapport des forces en mer Égée. Le plan grec faisait dépendre la victoire de deux impératives, indispensables aux yeux de son auteur : a) l'effet de la surprise et b) la combinaison opérationnelle, au cours de la campagne, de la flotte de guerre avec les forces de l'armée de terre qui effectuerait également des attaques de diversion. L'Angleterre, en revanche, aussitôt la décision arrêtée, cria haut et fort ses intentions, de sorte que les Turcs eurent le temps nécessaire pour organiser leur défense. En outre, elle opta pour une expédition uniquement navale. L'appui immédiat de la flotte grecque lui serait donc utile. Et c'est pourquoi elle fit en échange à Athènes les vagues offres micrasiatiques que l'on sait.

Vénizélos crut à nouveau sinon la guerre finie, du moins les Anglais victorieux, installés à Constantinople ! Et les Grecs demeurés pantois pour ne les avoir pas assistés ! La réticence du roi le désespérait. Dans sa tentative de faire fléchir Constantin, à qui il adressa le 17 février / 2 mars un troisième mémoire, Vénizélos se permit arbitrairement non seulement de préciser la proposition micrasiatique floue, comme on l'a vu, des Britanniques, mais encore de l'étendre, tout aussi arbitrairement, afin de la rendre plus attrayante, à l'ensemble de l'ouest anatolien, suivant une ligne droite unissant la presqu'île de Cyzique, sur la Propontide, au port de Makri/Fethiye, en Méditerranée. Contre les 35 000 Grecs des provinces macédoniennes qu'il serait conseillé qu'elle cédât immédiatement aux Bulgares, la Grèce recevrait, à la fin de la guerre, 800 000 de ses fils, habitants d'Asie Mineure, chiffre dans lequel, fort imprudemment, Vénizélos incluait les habitants des grandes îles égéennes proches du littoral. Le premier ministre espérait en outre augmenter ce nombre par l'immigration en zone grecque des Grecs de l'intérieur anatolien. Le fait que les Grecs de la zone prétendument proposée par l'Angleterre étaient en forte minorité (tout au plus autour de 20% en moyenne) par rapport à l'ensemble de la population, turque et musulmane, ne semblait pas le préoccuper outre mesure. Il soutenait même que les populations musulmanes accepteraient sans réagir la domination grecque, premièrement à cause de la traditionnelle inertie du musulman et deuxièmement parce qu'elles goûteraient les avantages de l'administration grecque. Et pour terminer, voici que, pour la première fois après un an que la Grèce vainement frappait à sa porte, l'Entente (en fait, uniquement l'Angleterre) l'engageait enfin à contribuer à son effort de guerre. Voici que ses flottes convergeaient en mer Égée. Leur but, forcer les Détroits et conquérir Constantinople, était une entreprise dont les Grecs ne sauraient s'absenter.

Le débat, à ne pas en douter, soulevait à la fois un problème stratégique et un problème constitutionnel. Alors que dans l'esprit de Vénizélos la primauté revenait au second volet, et c'était donc à lui, le premier ministre responsable, d'en décider en dernier recours, dans l'esprit de Constantin c'était la question militaire (à savoir les chances réelles d'une victoire de l'Entente aux côtés de qui la Grèce combattrait) qui recouvrait toutes les autres. Quant à l'entreprise des Dardanelles, les chances de succès étaient, estimaient tant le roi que les officiers de l'état-major, quasi nulles, a) en raison des forces engagées, insuffisantes pour une campagne de cette envergure, et b) parce que l'entreprise avait été stratégiquement mal conçue. Qui plus est, la Grèce, en vue d'assister les alliés dans une campagne que la plupart d'entre eux jugeaient condamnée, mettrait en danger sa possession des îles récemment libérées, ainsi que la survie des Grecs des territoires ottomans, pris fatalement en otages. De surcroît, elle ferait peser un péril mortel sur la Macédoine, que la Bulgarie attaquerait sans faute, voyant faiblir les défenses de la Grèce. Par conséquent, pensaient les militaires, le seul plan logique intimait d'anéantir la Bulgarie, avant de songer d'entreprendre quoi que ce soit contre les Turcs. Selon Constantin, le chemin vers Constantinople passait forcément par Sofia ; si l'Entente adoptait sa façon de voir, il était prêt, déclara-t-il, à conduire en personne l'armée grecque, voire à se placer à la tête de l'ensemble des troupes terrestres alliées pour mener à bien l'expédition !

Cependant, lors du conseil convoqué au sujet de la participation ou non à l'entreprise des Dardanelles, l'éloquence de Vénizélos et le mirage de Constantinople ébranlèrent, pour un bref instant, Constantin sur le choix à prendre. L'appât miroité était décidément trop grand, et Constantin, on l'a déjà dit, n'était pas homme de certitudes. La fracassante démission de Métaxas (le « cerveau » de l'état-major), qui, pour donner à son geste le plus d'éclat possible, demanda en même temps son licenciement de l'armée, fit revenir Constantin à la dure réalité des choses. Le rêve fabuleux de Constantinople, avec lequel il avait grandi et que partageaient unanimement les Grecs depuis le jour de la chute de la Ville, faisait battre son cœur. À l'égard de l'Asie Mineure, en revanche, son avis divergeait ; le roi, en effet, était persuadé que toute entreprise militaire de la part de la Grèce sur l'autre rive de la Mer Égée était contraire à la raison la plus élémentaire. S'y aventurer entraînerait une catastrophe nationale, car l'entreprise non seulement outrepassait les possibilités de la Grèce, non seulement elle causerait la perte des Grecs en Turquie, mais, en plus, elle rendrait la Grèce extrêmement vulnérable sur les autres fronts, en particulier le front bulgare.

Vénizélos tenta un compromis, en proposant de diminuer les effectifs grecs qui participeraient à l'expédition. Puis, buttant contre l'inflexibilité du roi, il lui fit valoir ses droits constitutionnels. Selon la constitution en cours, c'était à lui en tant que premier ministre, élu par la majorité du peuple, d'assumer toute la responsabilité en cas de succès ou de défaite. Le roi avait exprimé son avis ; à présent il n'avait qu'à s'incliner, qu'à se soumettre. Ainsi, sans plus s'embarrasser des objections du souverain et de celles de l'état-major, il répondit affirmativement à l'Entente (Angleterre), tandis que Constantin, toujours entre deux chaises, et afin de s'assurer qu'il ne commettait pas de bévue, chercha à savoir (Vénizélos l'y avait aussi invité) quels seraient les avantages dont la Grèce pourrait bénéficier du côté allemand au cas où elle persisterait à rester neutre. Les offres allemandes ne furent pas particulièrement engageantes, de sorte que le tourment du roi ne fut pas atténué.

À ce stade, la dissension entre les deux hommes était absolue ; Vénizélos, ne voyant pas d'autre issue, démissionna. Puis, fou de rage et passant outre l'avis de ses collaborateurs les plus proches, effrayés par sa véhémence d'expression, il adressa au roi une lettre dans laquelle il l'accusait de mener une politique dynastique et de sacrifier sciemment les intérêts grecs afin de ne pas déplaire à son beau-frère, l'empereur allemand. Comme ce fut le cas jadis en Crète, avec Georges, le propre frère de Constantin, Vénizélos doubla le différend politique d'une offense personnelle d'une violence inouïe. La rupture entre les deux hommes paraissait définitive. Ils étaient devenus d'ennemis irréconciliables.

Entre temps, chacune des Puissances avait pris position face à la proposition grecque. Aucune des trois n'offrit son alliance à part entière, aucune n'admit la Grèce en tant que membre de plein droit de l'Entente. L'Angleterre évidemment, la plus exposée des trois, répondit allégrement par l'affirmative : elle acceptait avec reconnaissance le concours de la Grèce dans la campagne qui était sur le point de commencer. La France, elle, manifestement embarrassée, ne voulant ni ouvertement éteindre, ni, cela s'entend, encourager le zèle de Vénizélos, l'invita à accourir plutôt à l'aide de la Serbie, sa propre alliée, qu'elle-même ne pouvait pas secourir[92]. C'était un refus à peine camouflé. Quant à la Russie, elle déclara sans ambages s'opposer absolument à toute perspective de participation de la Grèce dans une expédition visant les Détroits. Catégorique, elle signifiait à ses alliés qu'elle ne tolérerait la présence à Constantinople d'un seul navire de guerre grec, voire d'un seul soldat !

Ce n'était pas tout. Le 28 février / 12 mars 1915, à peine quelques jours après que se consomma la rupture entre Constantin et Vénizélos, à peine quelques jours après que le premier ministre grec lançait à la figure du roi l'irréparable insulte de la trahison, parce qu'il empêchait l'armée grecque de marcher sur Constantinople, la Grande-Bretagne, la seule puissance ayant favorablement accueilli l'offre de coopération du premier ministre grec, signait avec la Russie un accord secret qui, en cas de victoire, livrait les Détroits et Constantinople à l'empire des tsars ! À la veille de sombrer, le régime impérial russe remportait son succès diplomatique le plus éclatant, pour la réalisation duquel il œuvrait au plus haut niveau depuis au moins septembre 1914[93], mis à part les efforts effectués dans le même but depuis l'âge de Pierre le Grand. Et la Grèce, ignorante de ce que fomentait la perfide Albion, mais avertie quand même du fait de l'inhabituel et suspect va-et-vient dans les différentes chancelleries des Puissances concernées, était sur le bord de s'entre-déchirer pour rien !

En attendant la prochaine installation des Russes dans les parages – chose qui constituait un renversement absolu des principales données de la Question d'Orient –, l'Angleterre occupa sans coup férir l'île grecque de Lemnos, aux baies profondes et bien abritées, mouillages excellents pour sa flotte, située de surcroît juste devant la bouche des Détroits. C'est donc depuis Lemnos qu'elle lança, quelques semaines plus tard, son attaque. Ce fut un désastre cuisant. Lors de la première attaque du 5 / 18 mars 1915, sur les seize navires qui composaient l'escadre alliée 3 sautèrent sur les rangées de mines défendant l'entrée de l'Hellespont et coulèrent à pic, tandis que quatre autres y furent grièvement endommagés, dont un, entraîné par le courant, échoua sur le rivage[94]. Sans aucun doute, les quelques unités de la flotte grecque, au cas où elles auraient participé à l'entreprise, auraient partagé le même sort, et les îles grecques, à partir de Samothrace et jusqu'à Samos, seraient laissées sans protection. En d'autres termes, c'est au refus de Constantin qu'elles devaient leur salut. Dans les mois suivants, la victoire des Turcs sur l'Entente fut totale. Et les plages étroites aux falaises abruptes de la péninsule de Callipolis (l'antique Chersonèse) furent le théâtre de combats aussi meurtriers que vains, qui coûtèrent la vie à des dizaines de milliers de soldats anglais ou français. La défaite anglaise entraîna en plus une conséquence d'un autre genre qui ne fut pas perceptible sur le champ, à savoir le fait que l'initiative de la guerre échappait localement (c. à d. autour de la mer Égée) aux Anglais pour passer entre les mains des Français – nuance qui pour la Grèce eut de gravissimes conséquences.

Entre temps, à Athènes, un nouveau gouvernement s'était formé, présidé par Dimitrios Ghounaris, homme cultivé et poli, aux idées avancées, proches jadis du socialisme. À deux reprises et avec l'entier accord du roi, il offrit à l'Entente l'alliance de la Grèce, en demandant en contrepartie la garantie de son intégrité territoriale. Craignant mécontenter la Bulgarie, Paris et Londres répondirent par des vociférations et des menaces. Ghounaris néanmoins revint à la charge une troisième fois : à présent il n'offrait à l'Entente que l'appui de la flotte grecque, ayant besoin de l'armée pour se protéger des Bulgares, et ne demandait en revanche aucune garantie. L'Entente ne daigna même pas y répondre. C'est qu'entre temps des élections législatives avaient été proclamées en Grèce et que l'Entente, sûre du résultat, attendait le retour au pouvoir de Vénizélos, tellement plus compréhensif, plus serviable et plus conciliant à son égard.

Au cours du mois d'avril 1915, les longs pourparlers engagés entre l'Entente et l'Italie aboutirent enfin à la signature d'une alliance (Traité de Londres), qui, entre autres, garantissait à l'Italie la possession, au moment du démembrement de l'empire ottoman, d'une bonne partie de l'Asie Mineure occidentale, dont une parcelle avait aussi été offerte, bien que fort vaguement, à la Grèce par l'Angleterre deux mois auparavant. Jusque-là, entre Athènes et Rome deux étaient les points de litige : le sort de la partie nord de l'Épire (libérée en 1912–1913, puis incorporée dans l'Albanie à peine née, en vue de devenir un protectorat italien) et la question du Dodécanèse, archipel à population grecque, que les Italiens avaient enlevé aux Turcs comme trophée égéen, lors de la récente guerre qu'ils avaient mené contre l'Empire ottoman en 1911–1912. À ces deux différends le Traité de Londres en ajoutait un autre, cette fois en Asie Mineure, à cause de la promesse, concrète, fixée sur le papier et contresignée par l'ensemble de l'Entente, suivant laquelle toute la côte, avec l'arrière-pays depuis Kuşadasi jusqu'au-delà d'Attalia, reviendrait après-guerre à l'Italie. Ce qui signifiait que désormais, dans tous ses projets dans l'est méditerranéen, l'Italie verrait en la Grèce au mieux une antagoniste, au pire potentiellement une ennemie. Elle allait donc faire tout ce qui était en son pouvoir pour contrarier les projets d'Athènes. Par conséquent, on peut affirmer que l'entrée en guerre de l'Italie – qui coïncida avec le relatif effacement anglais en mer Égée – écarta encore plus l'Entente de la Grèce, diminua les chances de rapprochement et ajouta une entrave de plus à la réalisation d'une alliance.

La défection de l'Italie et son alignement définitif à l'Entente était un changement de situation qui ne surprit guère l'Allemagne, laquelle se méfiait de tout temps de son alliée méridionale et dont les armées sur le front est poursuivaient victorieuses leur avance dans les territoires polonais de la Russie. Bien plus, la volte-face italienne permit enfin à Berlin d'aborder pour la première fois directement la Grèce et lui adresser dans les mois suivants des propositions concrètes, fort alléchantes, comme nous le verrons, sans en demander en échange que sa neutralité. Plus précisément, Berlin devait offrir à Athènes l'Épire du Nord, voire même la totalité de l'Albanie (qui en ce cas serait associée à la Grèce selon le modèle de l'Autriche-Hongrie : royaume bicéphale sous le sceptre du même souverain). Les offres allemandes, de plus en plus importantes au fur et à mesure que le temps passait, doublées parfois d'une ombre de chantage pour le cas où la Grèce refuserait de se laisser tenter, comprirent également le Dodécanèse, ainsi que la protection des populations grecques en Turquie, assez malmenées depuis 1914 et dont le sort avait encore empiré après l'expédition alliée à Callipolis[95].

De toute cette prodigalité allemande, l'offre épirote attirait tout particulièrement Constantin. Le souverain grec avait en effet consenti à abandonner bien à contrecœur l'Épire du Nord que l'armée grecque avait libérée et il avait même caressé l'idée –dont Vénizélos, partisan de la *Realpolitik*, eut toutes les peines du monde à l'en éloigner –, en automne 1913, de quitter momentanément le trône, afin de ne point susciter des complications diplomatiques, puis de se placer à la tête de bandes irrégulières et lutter pour le rattachement de cette province à la mère patrie[96] ! Notons que, de tout temps, Constantin était favorable à un accroissement vers le nord du tronc continental de la Grèce, en partie pour les mêmes raisons qui lui faisaient rejeter tout projet d'extension et de conquête sur l'autre rive de l'Égée.

Et voici qu'à cause des vicissitudes de la guerre c'était l'Allemagne qui lui comblait ses aspirations, sans effusion de sang, sans entrée en guerre, alors que l'Entente, rien qu'au cours du printemps 1915, avait par trois fois rejeté, de la façon que l'on sait, l'alliance de la Grèce, de peur de mécontenter la Bulgarie, et refusait obstinément de lui garantir l'intégrité de son territoire. Dans ces conditions, demeurer neutre ne signifiait plus seulement épargner à son pays les affres de la guerre ; ce choix amenait de surcroît l'acquisition de considérables gains territoriaux. C'est donc à partir de ce moment, à savoir fin avril/début mai 1915, que dans la pensée du roi l'option en faveur de la neutralité acquit une teinte pro-allemande, dans le sens où il estimait que les intérêts de la Grèce et de l'Allemagne convergeaient. Et pourtant, même après être parvenu à cette constatation, le parti pour Constantin, et ce pour maintes raisons, n'était pas facile à prendre.

Là-dessus il tomba grièvement malade et pendant quelques semaines on craignit pour sa vie. Les médecins grecs firent appel à des collègues allemands qui opérèrent le roi avec succès alors qu'il était à l'article de la mort. Dans toute la Grèce les églises ne désemplissaient pas, une foule dense encerclait le Palais à l'affût de nouvelles, on fit venir au chevet du roi, depuis l'île de Tinos, l'icône miraculeuse de la Vierge. Constantin échappa à la mort, mais d'une part son rétablissement fut extrêmement lent, avec de nombreuses et douloureuses rechutes, et d'autre part il était contraint de vivre pour un temps indéterminé avec un mince tuyau enfoncé dans la plaie pour l'écoulement du pus. Pire encore, ses facultés intellectuelles furent atteintes, son pouvoir de concentration diminua et souvent il paraissait sombrer dans une espèce d'apathie, qui le désespérait dès qu'il en émergeait. Désormais il était un homme brisé, parfaitement conscient de son état, tout en ayant la conviction qu'il était de son devoir de faire ce que sa conscience lui dictait pour le bien de son pays. De nature religieuse, il se considérait comme suprêmement responsable devant Dieu et l'histoire, en tant que souverain et en tant que soldat, quelles que fussent les répercutions sur sa propre personne. Sans aucun doute, tant la guerre que la maladie avaient accentué son penchant monarchique dont l'autre face, cachée mais essentielle, était l'abnégation, le sacrifice de soi.

La maladie accrut également sur lui l'influence de la reine, qui pendant de longues semaines le soigna avec une abnégation exemplaire. Ceci dit, l'influence de Sophie sur son mari, influence sur laquelle la France d'abord, puis les Grecs vénizélistes, puis enfin l'Entente dans son entier, fondèrent toute une mythologie simpliste mais crédible par sa vulgarité (elle était la « sœur du Kaiser »), ne fut jamais prépondérante. En témoignent tant les lettres de Constantin à son amie Paola Lottero, dans lesquelles il lui fait part de sa solitude et de l'incompréhension à son égard de la part de son plus proche entourage en ce qui concerne ses visées politiques, que les lettres de sa femme à sa sœur à elle, Marguerite de Hesse-Cassel, dans lesquelles Sophie se plaint souvent de la divergence d'opinion avec Constantin, ainsi que du manque de fermeté de la part de son mari quant à la ligne à suivre. Disons aussi que, malgré ses préférences évidentes et pourtant en contradiction avec toute la mythologie dont on vient de parler, Sophie resta longtemps discrète ; et ce n'est qu'en 1916, après avoir subi, elle et son pays, la Grèce, des humiliations inimaginables de la part de l'Entente, que sa compréhensible inclination pour l'Allemagne éclatera en plein jour et qu'elle finira par accompagner sa signature sur les photographies qu'elle offrait à des étrangers de son double titre de reine des Hellènes et de princesse de Prusse ! Mais en 1915 on n'en était pas encore là.

Les élections du 31 mai/13 juin, comme il était à prévoir, furent remportées par Vénizélos. Le peuple, qui avec ferveur avait prié pour le rétablissement du roi et qui jour et nuit entourait le Palais, avide de nouvelles, ce même peuple avait également voté en faveur de Vénizélos. En juin 1915, la discorde à la tête de l'État n'avait pas atteint la base, et les Grecs donnèrent massivement (hélas, pour la dernière fois) leur appui à la fois au roi et à son premier ministre, conscients de leur être redevables, à part égale, de la prospérité et de la gloire de leur pays.

Faisant usage d'un privilège de la Couronne qui permettait au roi d'ajourner de quelques semaines la convocation du nouveau parlement issu des élections, Constantin, affaibli, mais recouvrant petit à petit une partie de ses forces, hésitait. Devrait-il appeler Vénizélos au pouvoir, comme la constitution le lui imposait ? Ou bien était-il de son devoir de s'écarter de la voie constitutionnelle, pour sauver ce qui, dans un contexte de guerre mondiale, comptait davantage à ses yeux : le salut de son pays ? Son entourage y était partagé ; quant à la reine, elle se préoccupait surtout des répercussions que l'inévitable heurt avec Vénizélos aurait sur la santé de son époux. Constantin, bien que point entièrement convaincu de la justesse de son choix, opta finalement pour le respect de la voie légale ; se faisant, il se désespérait de sa fragilité persistante et de la lenteur avec laquelle il récupérait ses forces, dont il sentait qu'il allait avoir cruellement besoin pour affronter toutes sortes de difficultés que susciteraient la conjoncture inquiétante, mais plus que quiconque ce damné Vénizélos !

De son côté, Vénizélos ne se pressait pas d'assumer le gouvernement. En tournée en Égypte, où il fut fêté comme une idole par la riche communauté grecque d'Alexandrie, il n'écourta pas son séjour pour regagner Athènes. Sa position était loin d'être aisée. Car bien que partisan inconditionnel de l'Entente, il n'ignorait pas les réticences de celle-ci à l'égard de la Grèce, tout comme l'importance dont bénéficiait à ses yeux la Bulgarie, pour la faveur de laquelle Paris et Londres étaient prêts à sacrifier non seulement l'amitié de son pays mais encore l'intégrité territoriale de la Grèce. De tout cela il avait conscience. Mais il était déterminé de passer outre, certain que les gains futurs compenseraient les sacrifices présents ; le roi néanmoins serait difficile à manœuvrer. Il faudrait donc mieux attendre l'issue de la bataille en train de se dérouler sur le front de l'ouest, car une victoire décisive de l'Entente pourrait enfin avoir raison de l'inflexibilité de Constantin. Par conséquent, il n'avait aucune raison de se hâter.

En attendant que les événements dissipassent l'incertitude et révélassent enfin une direction à suivre, les deux protagonistes, chacun de son côté et sans en rapporter quoi que ce soit à l'autre, restaient en contact permanent avec le camp avec lequel chacun avait plus de facilité de communication : Vénizélos avec les ambassadeurs des Puissances de l'Entente, auprès de qui il essayait par tous les moyens de rendre le roi suspect, Constantin, lui, avec l'empereur, son beau-frère, et le gouvernement allemand. Inutile de préciser que l'attitude du roi était franchement anticonstitutionnelle, alors que celle de Vénizélos ne l'était qu'en partie. Dans le but de consolider la neutralité de la Grèce, et afin d'éviter que la guerre ne s'étende dans les Balkans, Constantin essaya d'y créer, en comptant sur l'aide de l'Allemagne, une zone d'États neutres. La Roumanie l'était déjà. La Bulgarie ne s'était pas encore déclarée, mais nul n'ignorait (l'Entente exceptée, qui persistait à nier ce qui était l'évidence même !) ses rapports cordiaux avec Berlin. Le maillon particulièrement délicat était la Serbie, contre laquelle on devrait éviter toute action hostile, car elle était à la fois l'alliée de la France et l'alliée de la Grèce en vertu du traité défensif de 1913. L'Allemagne devrait donc faire en sorte que l'Autriche-Hongrie et la Bulgarie s'abstiennent de toute action contre les Serbes[97].

Construction idéale, mais, hélas, beaucoup trop fragile, car utopique, ne tenant aucun compte du conflit des intérêts régionaux en relation avec le rapport réel des forces en présence, lequel n'avantageait pas la Grèce ; et ce parce que d'une part la Bulgarie, à savoir le principal fauteur de trouble dans la région, devrait, selon le plan de Constantin, se contenter de rien et que d'autre part la Grèce, de par sa position géographique qui la mettait à la merci de l'Angleterre, ne disposait d'aucun moyen pour exercer quelque pression sur qui que ce soit. L'unique outil qui pourrait influer favorablement sur les choses était la parenté entre les deux souverains, le roi grec et l'empereur allemand. Sur ce point aussi Constantin se leurrait, car il surévaluait son partenaire potentiel : Guillaume II était inconstant et versatile et, en plus, en dépit de ses fanfaronnades et ses discours martiaux, le pouvoir réel sur la conduite de la guerre lui échappait.

La première désillusion de la part des Allemands pour Constantin ne se fit pas attendre. Berlin avertit Athènes que l'Allemagne avait scellé, depuis le 4/17 juillet, son amitié avec Sofia par un traité secret, dont une des clauses donnait à la Bulgarie droit sur l'ensemble de la Macédoine grecque, au cas où la Grèce quitterait sa neutralité. Le chantage était clair. Constantin, bien que coincé, marchanda. Il demanda aux Allemands, en plus du respect de l'intégrité territoriale grecque, le Dodécanèse et l'Épire du Nord, le bout septentrional de la plaine du Vardar/Axios, à savoir un petit triangle de terre, depuis la frontière grecque jusqu'aux défilés de Démir Kapou : ainsi, en repoussant les limites de la Grèce jusqu'à la chaîne des montagnes, il renforçait la protection de Salonique. Berlin y consentit. Ce n'était qu'un détail. Ce qui, en revanche, comptait et que le lecteur devra retenir est qu'à partir de ce moment la neutralité du pays devint pour Constantin une nécessité, puisque la menace bulgare, comme une épée de Damoclès, pèserait désormais sur la Grèce du nord. Il était clair que l'on devrait sacrifier la Serbie, en d'autres mots, livrer ses provinces sud en pâture aux Bulgares. C'est ainsi que le roi, la mort dans l'âme, mais convaincu qu'en agissant de la sorte il épargnait le pire à son propre pays, avertit l'attaché militaire bulgare Passarov que la Grèce ne mettrait pas en exécution le traité qui la liait à la Serbie, au cas où cette dernière viendrait à être attaquée par l'armée bulgare ! *La Grèce est trop petite pour pouvoir commettre une telle ignominie*, devait plus tard déclarer Vénizélos, dans un propos resté célèbre.

Et cependant, lui aussi, bien que travaillant dans le sens opposé à celui de Constantin, venait de trahir la Serbie, afin de ne pas détruire l'unique issue qui permettrait à la Grèce d'entrer en guerre du côté de l'Entente. C'est ainsi que lorsque la Serbie, voyant une grosse armée austro-allemande s'amasser sur le front du Danube, prélude d'invasion, implora l'Entente de lui permettre de lancer une attaque éclair préventive contre la Bulgarie, afin d'éliminer un de ses adversaires qui à coup sûr la frapperait dans le dos, Vénizélos intervint et porta l'attention de l'Entente sur le caractère défensif du traité gréco-serbe, lequel resterait inopérant au cas où c'était la Serbie qui attaquait la première[98] ! Et l'Entente qui, disons-le, ne cherchait qu'à éviter de froisser la Bulgarie dans le fol espoir de parvenir à la gagner *in extremis* à sa cause, tout en étant décidée de laisser la Grèce patienter, s'accrocha à ce prétexte et refusa son autorisation !

Vint le moment, impossible à repousser plus longtemps, où les deux adversaires durent enfin se rencontrer. Chacun était convaincu que, sur un fond de conflit de géants, pesaient sur ses épaules les destinées de la Grèce, conviction qui, tout en renforçant chacun dans sa propre position, les poussait dans des directions opposées et adverses. Vénizélos voulaint à tout prix s'imposer à l'Entente, afin que la Grèce accomplît grâce à cette alliance ses rêves irrédentistes ; Constantin se jurait de défendre la neutralité, afin que son pays, pris dans un étau qui dépassait de beaucoup ses forces, ne fût définitivement broyé. L'entretien eut lieu à Tatoï, demeure estivale du roi. Le débat entre les deux hommes ne dura que fort peu, étant donné que personne ne révéla à l'autre tout ce en quoi il s'était déjà engagé et tout ce qu'il appréhendait pour l'avenir. *Ce fut la lutte entre deux volontés, dont la plus forte était celle de Vénizélos*, écrivit le roi à son amie italienne. Ils se séparèrent sur une promesse de Vénizélos, que le roi lui fit répéter au pas de la porte, comme quoi la Grèce, sauf imprévu majeur, et plus précisément sauf décisive victoire alliée sur le front occidental, maintiendrait sa neutralité. Vénizélos sorti, Constantin s'effondra, la fièvre le reprit ; il eut une rechute.

Et voilà que les dieux de la tragédie, déjà fortement compromis dans la question grecque, s'entendirent entre eux pour asséner à la Grèce un coup supplémentaire, le coup de grâce. Après une accalmie de longs mois, les événements tout d'un coup se précipitèrent, se bousculèrent et déferlèrent tous presque en même temps : la mobilisation bulgare (8/21 septembre 1915), qui fut précédée le 6/19 septembre par la signature d'un traité d'alliance secrète avec l'Autriche-Hongrie et l'Empire Ottoman ; l'abandon par l'Entente de la catastrophique expédition des Dardanelles et sa décision (les Français finirent par entraîner les Anglais à leur corps défendant) de se replier sur Salonique (les premières forces y débarquèrent le 26 septembre/9 octobre) ;

l'invasion de la Serbie le 6/19 septembre par une armée austro-allemande forte de 400 000 hommes et la chute de Belgrade (26 septembre (9 octobre) ; l'entrée de la Bulgarie en guerre contre la Serbie (29 septembre/12 octobre) ! La Guerre européenne fonçait à présent sur les Balkans. Comment la Serbie pourrait-elle résister, comment son écrasement n'entraînerait-il pas celui de la Grèce ? Qui retiendrait les Bulgares dont l'intérêt de se ruer sur la curée était manifeste ? Il y a un proverbe grec qui dit que, lorsque dans un étang se bagarrent les buffles, se sont les grenouilles qui en font les frais.

Ce fut alors que la France, dont le rôle dans le Proche Orient devint prépondérant à la suite de la débâcle anglaise à Callipolis, jugea qu'il était temps de revenir sur son ancien projet, celui qui avait été repoussé par Churchill au profit de la malheureuse expédition aux Dardanelles : l'ouverture d'un front macédonien. Le prétexte avancé par Paris, à savoir le secours de la Serbie, ne pouvait duper que ceux qui ignoraient tout du métier militaire ; en effet, il était plus qu'évident que les quelques dizaines de milliers de rescapés des Dardanelles étaient incapables de débarquer à temps, puis de s'acheminer vers le nord pour rejoindre l'armée serbe, talonnée par les Austro-allemands, et risquaient en plus de se trouver aux prises avec les Bulgares, qui s'apprêtaient à envahir les provinces sud et est du pays.

À ce stade, Paris ne semblait pas avoir fixé le mobile réel du débarquement à Salonique. Il semblerait plutôt que, songeant déjà à l'après-guerre, la France était favorable à l'idée de posséder une armée à quelques jours de marche de Constantinople, compte tenu des considérables intérêts économiques français dans l'empire ottoman. La présence française était d'autant plus nécessaire que les autres puissances de l'Entente étaient déjà sur place : la Russie avoisinant avec la Turquie (ses armées, d'ailleurs victorieuses sur le front du Caucase, allaient bientôt avancer en direction de Trébizonde), alors que l'Angleterre était déjà bien ancrée à Chypre et en Égypte.

Et c'est ainsi que le 6/19 septembre, au cours d'une entrevue avec Vénizélos, l'ambassadeur français confia au premier ministre grec l'intention de la France de débarquer des troupes à Salonique dans le but de secourir la Serbie. Vénizélos se déclara ravi de la tournure que prenaient les événements. Il signala à son interlocuteur que la Grèce ne protesterait que par pure forme contre la violation de sa neutralité et de son territoire, mais que les Alliés ne devraient pas s'y méprendre ; ils seraient bien accueillis et bénéficieraient de la part des autorités locales de toutes les facilités possibles. Mais, prévint-il l'ambassadeur, la France devrait agir rapidement et avec circonspection. Avant tout, conseilla-t-il, le roi devrait être pris au dépourvu, car il était capable de tout faire échouer. L'accueil favorable de la nouvelle du débarquement allié de la part de Vénizélos n'influença en rien la décision de la France, qui de toute façon, au gré ou contre le gré de la Grèce, allait mettre son projet à exécution ; l'assentiment du premier ministre grec lui permit cependant de prétendre plus tard, afin de mieux confondre ses adversaires, qu'elle y avait été invitée.

Le 8/21 septembre la Bulgarie mobilisa. À Athènes, le roi et le premier ministre, d'un commun accord, décrétèrent aussi la mobilisation des forces armées grecques, tout en précisant aux ministres étrangers qu'il ne s'agissait que d'une mesure de prudence, afin que la Grèce pût se défendre en cas d'agression bulgare : il ne s'agissait nullement d'un abandon de sa neutralité dans le conflit mondial.

La mobilisation bulgare ouvrit une nouvelle perspective à Vénizélos, qui se rongeait les sangs afin de trouver le moyen de précipiter enfin la Grèce dans le conflit. La clef pour y entrer restait plus que jamais le traité d'alliance serbe. Or, la Serbie était à la veille de subir une véritable invasion. Et c'est ainsi qu'un soir, en se promenant avec le ministre de France, il posa à celui-ci la question de savoir si l'Entente acceptait d'envoyer sur la frontière bulgare, pour retenir les Bulgares, les 150 000 hommes que la Serbie était dans l'impossibilité de fournir. Bénéficiant de cette couverture de la part de l'Entente, la Grèce serait alors prête à entrer dans le conflit pour porter de toutes ses forces secours à son alliée et voisine.

C'est la réponse française qui arriva en premier. Paris, se trouvant dans la position qui était celle de Londres en février 1915, au moment des préparatifs de l'expédition aux Dardanelles, répondit dès le 10/23 septembre par l'affirmative. Le gouvernement français, et plus précisément le ministre des Affaires Étrangères Théophile Delcassé, fut par la suite accusé en pleine Assemblée d'avoir à dessein trompé la Grèce[99] ; il n'essaya même pas de s'en disculper. L'Angleterre, en revanche, admit dans sa réponse que le rassemblement de troupes nécessaires exigeait du temps, et qu'elle ne pouvait disposer dans l'immédiat que des restes de son armée des Dardanelles. Quant à la Russie, bien qu'elle fût dans l'impossibilité d'expédier un seul de ses soldats dans les Balkans, elle demanda un peu de temps avant de donner une réponse définitive, afin de pouvoir poursuivre sa tentative en cours envers la Bulgarie, dans le fol espoir de lier partie avec elle et de la rattacher à l'Entente, en faisant jouer la solidarité slave !

Ces espoirs illusoires, à savoir que tout n'était pas définitivement perdu avec Sofia, la Russie n'était pas la seule à les nourrir. Aussi tard que le 16/29 septembre, Lord Grey assurait les députés de la Chambre des Communes des sentiments d'amitié unissant le peuple britannique au peuple bulgare, de sorte que, lorsque la nouvelle du débarquement des troupes ententistes parvint deux jours plus tard à Athènes, elle fut reçue par l'opinion avec suspicion, sinon avec colère : on craignait que l'Entente n'occupât la Macédoine grecque que pour la livrer aux Bulgares.

Le lecteur a peut être remarqué que Vénizélos, lors de sa rencontre avec l'ambassadeur français, s'était prudemment abstenu de faire la moindre allusion à une éventuelle alliance avec l'Entente, étant certain que l'engagement de la Grèce aux côtés de la Serbie en constituerait le premier pas. Dans les jours qui suivirent tant la décision française du débarquement à Salonique que l'alignement officiel de la Bulgarie aux côtés de l'Allemagne rapprochèrent encore plus le premier ministre de l'issue qu'il désirait. Parvenus à un pas de la culmination du drame, le moment paraît propice pour souligner une réalité qui en constitue l'essence, à savoir que Vénizélos aussi bien que Constantin, malgré les rebuffades réitérées de la part de l'Entente, continuaient à ne pas réaliser les véritables intentions de celle-ci concernant leur pays.

À la fin du mois de septembre 1915, au pic de la crise et malgré toute son habileté, Vénizélos allait une fois de plus se leurrer. Ce qui de sa part était perçu comme un encouragement et comme un pas de plus vers l'acceptation, tant désirée par lui, du partenariat grec au sein de la triple alliance, avait eu sur la France un effet opposé. Ainsi, lorsqu'au plus profond de la crise, l'Angleterre, dans le but de sécuriser ses propres troupes en Macédoine, proposa à l'Entente de garantir l'intégrité du territoire grec, offrant, de son côté, d'accorder à la Grèce un bout de l'Asie Mineure au cas où celle-ci, sur le champ et avec la totalité de ses forces, se lancerait au secours de la Serbie, elle essuya le refus de la France, qui posa comme condition de ces promesses à faire l'entrée également de la Grèce en guerre contre la Turquie[100] ! On en était, depuis janvier 1914, au sixième rejet, de la part d'une puissance de l'Entente, de l'alliance que la Grèce leur offrait. La question, secondaire pour la Grèce, de savoir si à cette date la France songeait à se servir de la Macédoine comme appât destiné à attirer un jour vers elle la Bulgarie, ou si elle avait ses propres visées dans la région, les documents dont disposent l'historien ne lui permettent pas de l'élucider. Ce qui, en revanche, est tout à fait clair – une bagatelle qui laissait l'Entente absolument de glace – c'est que la Grèce était à la veille de se briser en deux au sujet d'une alliance dont personne ne voulait sauf les vénizélistes.

Mais revenons un peu en arrière et reparlons du roi. À la lecture d'un billet délibérément confus que le premier ministre adressa au souverain pour tester sa réaction, au cas où l'Entente serait disposée à fournir elle-même les troupes nécessaires afin de rendre effectif le traité avec la Serbie, l'habile conseiller de Constantin, ancien diplomate et ministre des Affaires Étrangères, Georges Stréit, se rendit compte que les dés étaient jetés et que Vénizélos avait en fait accompli la démarche. *Comment est-ce possible, puisque je le lui avais formellement interdit*[101] *!* s'écria le roi, surprise qui révélait que, malgré tout ce qui s'était déjà passé entre eux, le roi continuait à nourrir quelques illusions sur le compte de son premier ministre.

L'attitude blessante et quasi coloniale des officiers ententistes qui, précédant le gros des troupes et arrivés les premiers le 26 septembre/9 octobre, se comportaient déjà comme si Salonique était un territoire conquis (ce qui finit par mettre Vénizélos lui-même en colère et le fit protester) ne pouvait qu'exaspérer le roi. D'autre part, le petit nombre des effectifs en train de débarquer et leur piteux état, étant donné qu'ils provenaient exclusivement des Dardanelles, étaient assez peu propices à susciter dans le cœur de Constantin un sentiment de confiance (Churchill devait plus tard, jugeant la situation du point de vue militaire, lui en donner amplement raison), comme quoi cette nouvelle campagne de l'Entente ne se solderait pas par un nouvel échec, à l'instar de celle qui venait si lamentablement de s'achever à Callipolis. En outre, il y avait 400 000 Allemands et Autrichiens sur le point de franchir le Danube et il y avait aussi la Bulgarie qui bougeait déjà et que sa menace pesait sur le nord de la Grèce. S'engager dans un conflit dans ces conditions équivaudrait à un acte suicidaire de la part de la Grèce qu'il fallait à tout prix empêcher.

Le roi, dont la marge de manœuvre politique était à peu près nulle, se trouvant sous l'emprise d'une vive angoisse, essaya maladroitement d'éviter que la question de l'alliance serbe et donc de la déclaration d'une guerre contre la Bulgarie – qui, entre temps, s'était ouvertement prononcée en faveur de l'Allemagne – ne fît l'objet d'un débat au Parlement. Mais comment pouvait-il retenir Vénizélos qui, avec une armée de l'Entente (dont son impatience en décuplait dans son esprit la taille) foulant le sol grec, sentait avoir le vent en poupe et la partie enfin gagnée ? Par ailleurs, il n'avait que faire des réticences royales. Le responsable de la conduite du pays c'était lui, le dépositaire de la volonté populaire récemment confirmée. Il n'était pas question de s'incliner. Le traité serbe fut en effet débattu en long et en large et la séance fut conclue par un vote que le premier ministre remporta aisément. Le roi refusant de valider le résultat du vote, Vénizélos démissionna le 6/19 octobre.

Entre temps, les maigres forces ententistes s'acheminaient vers le nord aussi vite que possible, dans le but de s'unir à l'armée serbe, but que l'entrée en guerre de la Bulgarie, mobilisée depuis déjà deux semaines et donc sur le point d'attaquer, en rendait la réalisation problématique. La Grande-Bretagne, déjà humiliée à Callipolis et entraînée en Macédoine par la France presque contre son gré, était affolée devant la perspective d'un nouveau désastre. Elle appela donc à sa rescousse la Grèce et lui fit la promesse – si avenante en d'autres circonstances – de lui offrir un des fleurons de sa couronne : l'île de Chypre ! Mais la situation était tout aussi critique pour la France, dont le moral était on ne peut plus bas. Devant l'urgence de sauver la face en protégeant son propre corps expéditionnaire en Orient grâce au renfort de la totalité des troupes grecques, elle alla jusqu'à songer, pendant un court instant, et ce pour la première fois depuis le début de la guerre, à offrir à la Grèce son alliance.

Dommage pour elle, Vénizélos n'était plus au pouvoir. Le nouveau gouvernement grec, présidé par Alexandros Zaïmis, ententiste modéré et proche du Palais, déclina l'offre anglaise, au grand scandale du monde vénizéliste qui, après avoir crié à la violation de la constitution de la part du roi, accusait à présent le souverain de trahison ! Ces blâmes furent repris par la presse ententiste et amplifiés en un immense écho d'indignation et de colère dans le monde entier. Désormais Constantin était l'ennemi déclaré de l'Entente ! Cela n'était-il pas naturel, puisqu'il était le beau-frère du Kaiser ? Plus tard, on sut que la proposition britannique émana uniquement du ministère des Affaires Étrangères et avait été faite à la Grèce par Lord Grey dans un moment de panique de sa part et sans l'accord préalable de l'ensemble du gouvernement. Ce qui explique la vitesse avec laquelle elle a été retirée, ainsi que la déclaration de la part du gouvernement britannique que la Grèce devrait la considérer comme non avenue ! N'empêche, pour l'opinion internationale la Grèce avait failli et c'était Constantin qui en était le coupable. Si jamais il advenait que les troupes ententistes en Macédoine fussent anéanties, si la Serbie périssait faute d'aide, c'était à lui seul qu'il faudrait s'en prendre. Par le biais des ministres à Athènes, Vénizélos attisait cette indignation unanime en y ajoutant du sien. Pour les partisans de l'ex-premier ministre, Constantin était un traître, car on avait offert Chypre à la Grèce et lui, son roi, afin de ne pas déplaire à Guillaume, en avait décliné la proposition. À partir de là, la « Scission Nationale » (Εθνικός Διχασμός), qui écartela pendant des décennies la Grèce en la brisant en deux camps ennemis, en deux nations adverses, et dont les séquelles persistent jusqu'à nos jours, était une réalité.

L'événement est si grave, qu'il mérite que l'on s'y attarde un peu. D'après l'Entente, la Grèce n'avait qu'à obéir à ses injonctions, se jeter aveuglement dans la mêlée pour une cause désespérée et se laisser écrasée par une attaque combinée des Austro-allemands, des Bulgares et des Turcs ! Les faits en étaient si clairs, le cynisme des Puissances si outrancier, que nombreux furent les Grecs qui s'éloignèrent de l'Entente et allèrent grossir les rangs, déjà considérables, des partisans de la neutralité. Par conséquent, l'astre de Vénizélos, tout en conservant encore beaucoup de sa clarté, commença à se ternir. Le refus définitif de la Grèce, alors que l'armée ententiste était sur le point d'essuyer de sérieux revers, venant après tant d'autres déboires militaires et diplomatiques de l'Entente, provoqua en France la chute du gouvernement Viviani.

Comme de coutume, la concorde était loin de régner entre les deux alliés, britannique et français, dont les troupes – quelques dizaines de milliers d'hommes pour le moment – remontaient la vallée du Vardar, alors que Belgrade tombait entre les mains du général von Mackensen et que l'armée serbe battait précipitamment en retraite. Les Français de leur côté nourrissaient leurs propres projets en Macédoine – des documents aux archives du Quai d'Orsay en témoignent[102] –, projets encore peu définis, mais de plus en plus déconnectés du sort de la Serbie. Les Anglais, non instruits des véritables intentions de leurs alliés, lesquelles de toute façon ne les regardaient pas, déçus par le refus de la Grèce sur qui ils comptaient dans l'immédiat, finirent par déclarer qu'ils retireraient leurs troupes au cas où celles-ci manqueraient le but de l'expédition, la raison selon eux de leur présence en Macédoine, à savoir la jonction avec l'armée serbe. Les Français paniquèrent et, pendant un court instant, comme on l'a signalé, songèrent à offrir leur alliance à la Grèce et l'accueillir enfin au sein de l'Entente, pourvu que celle-ci se jetât sur le champ dans la mêlée.

C'est Constantin qui les tira de l'embarras. Le souverain grec, instruit uniquement de la version officielle concernant les buts de l'Entente en Macédoine et considérant, d'après l'accord anglo-français dont il avait eu connaissance, le départ des troupes ententistes comme imminent (ayant lui-même par-dessus tout hâte de les voir rembarquer au plus vite), offrit à l'Entente de couvrir son retrait de la Macédoine en déployant l'armée grecque le long de la frontière et en obtenant de son beau-frère la garantie que la frontière grecque ne serait violée ni par les Bulgares, ni par les Austro-Allemands. Il était grand temps, car les Serbes battaient en retraite et l'armée bulgare, s'étant interposée, bousculait l'avant-garde ententiste en obligeant le gros de l'armée serbe, talonnée par les Austro-allemands, de dévier en catastrophe, à travers les chaînes montagneuses, vers l'Adriatique, pour éviter l'encerclement.

Alors que le gouvernement français était encore en train d'examiner l'éventualité d'une alliance avec la Grèce afin de parer au plus pressé, certains de ses services, orientés déjà vers une présence française plus durable, voire permanente, dans le sud des Balkans, avaient reçu l'ordre d'élaborer un plan dans un esprit tout différent. Il s'agissait de prendre un ensemble de mesures de coercition contre la Grèce, dans le but soit de forcer dans l'immédiat son entrée inconditionnée dans la guerre, soit, dans un deuxième temps, c. à d. après que la décision de demeurer à Salonique eût été arrêtée, de l'affaiblir, afin de faciliter la réalisation des aspirations – encore bien floues – de la France dans la région. Ces mesures incluaient la mise en place d'un blocus (avec tout ce que cela entraîne comme privations pour la population civile), la démobilisation de l'armée hellénique ou bien son retrait dans le Péloponnèse, ainsi que le contrôle des voies ferrées.

La Section d'études pour la Défense nationale, dans un mémoire rédigé fin octobre 1915[103], après avoir passé en revue les différentes possibilités d'action à l'endroit de la Grèce, dont celles que l'on vient d'énumérer, alla jusqu'à inventer le prétexte à évoquer le moment voulu, lequel justifierait aux yeux de l'opinion (surtout celle des pays neutres) la mainmise, y compris par la violence, de l'Entente (i.e. de la France) sur ce pays, sans nécessairement exiger de sa part l'abandon de la neutralité : les membres principaux de l'Entente

Cordiale n'étaient-ils pas aussi, d'après le traité fondateur de Londres, les Puissances Protectrices de la Grèce, garantes entre autres, depuis sa délivrance du joug turc, du bon fonctionnement de ses institutions politiques ? Or le roi avait enfreint la Constitution et, ce faisant, avait donné à l'Entente le droit d'intervenir !

Ainsi, dès le mois d'octobre 1915, à savoir dans les semaines au cours desquelles avait lieu le débarquement des troupes ententistes à Salonique, les lignes générales de la politique française en Grèce concernant la durée de la guerre avaient été définies, tout en demeurant secrètes. Dans un deuxième temps, à partir de décembre 1915, à partir donc du moment où l'Entente résolut de retrancher son armée à Salonique, il fallut en plus forger à l'égard de l'opinion publique française, depuis déjà longtemps habilement montée contre Constantin, une thèse crédible pour expliquer le fait que toute une armée – qui comptera bientôt 400 000 hommes – restait parquée à Salonique sans bouger, sans contribuer au moins à atténuer la pression sur le front ouest, le seul qui concernait directement le Français moyen.

C'est donc ainsi que fut montée de toutes pièces et répandue, étalée en mille épisodes les uns plus incendiaires que les autres, par des déclarations officielles mais plus encore par des centaines d'articles dans les journaux la fable du perfide Constantin, dont les troupes, en accord avec l'état-major allemand, seraient prêtes à attaquer l'armée ententiste en la frappant dans le dos, et cela dans le but d'en flammer l'opinion qui à son tour exigeait des mesures punitives ou protectrices à prendre. Si l'on ne voulait pas être pris entre deux feux, l'on devrait en finir avec Constantin et sa clique vendus aux Allemands ; pour le moment, afin de garantir la protection du corps expéditionnaire, il valait mieux se terrer derrière les fortifications de Salonique, y renforcer ses effectifs et son armement et, ce faisant, procéder progressivement à l'affaiblissement, voire à l'anéantissement, de la Grèce.

Par quel moyen ? Mais en lui tendant successivement des pièges afin de provoquer des incidents justifiant à chaque fois de nouvelles atteintes à son indépendance et à sa dignité, de nouvelles exigences, visant toutes au démantèlement progressif du pays. Selon ce procédé, la Grèce serait, en effet, réduite à régresser pas à pas, livrant à l'Entente tantôt une parcelle de son territoire, tantôt une partie de son armement, tantôt serait-elle contrainte à accepter, sous menace de blocus et, par conséquent, de famine, voire de bombardement de sa capitale, l'immixtion de la France (qui, ce faisant, persistait à nier tout dessein de vouloir forcer la Grèce à quitter la neutralité) dans de vastes secteurs de son administration, de sa défense et de sa sécurité publiques, dont les services seraient épurés de tout élément opposé à l'Entente.

La Grèce, dès avant la fin de l'année 1915, fut ainsi prise dans un filet étroit ; toute tentative de sa part à s'en dégager n'aboutissait qu'à la ligoter davantage et ce jusqu'à l'étranglement final. En outre, pendant ces deux interminables années, de 1915 à 1917, dans la presse des pays de l'Entente se déchaînait contre elle une campagne de diffamation, laquelle faisait courir les bruits les plus aptes à exaspérer l'opinion occidentale déjà surexcitée en y cherchant partout des traîtres, à cause des vaines et terribles hécatombes sur le front ouest. L'opinion occidentale était, de surcroît, martelée unilatéralement, la censure étouffant systématiquement les protestations et les explications données par la Grèce officielle.

L'excuse à chaque fois était, comme on vient de le dire, la sécurité de l'armée alliée du camp retranché de Salonique, les fameux « arrières » du général Sarrail, dont s'emparèrent la satire et le vaudeville athéniens et en firent la risée populaire. C'était un cercle vicieux inextricable, dans lequel finit par s'embourber son auteur, dans le sens où le gouvernement français, pris dans les filets de sa propre propagande et bousculé par une opinion alarmée et vengeresse, finit par ne plus avoir une claire vision de la réalité. Le fait que sa politique à l'égard de la Grèce était contradictoire et confuse et que le plus grand désordre régnait, d'une part, entre ses services *in situ* et, d'autre part, entre chacun de ces services et les ministères responsables à Paris n'arrangeait rien. À cette situation déjà passablement trouble l'on devra ajouter – sans omettre les dissimulations, et puis les dissensions et les divergences de vues des puissances ententistes entre elles – les haines et les rivalités personnelles que nourrissaient les uns contre les autres les agents et représentants de la France impliqués dans l'affaire grecque, politiciens, émissaires spéciaux, di-

53–54. Le roi Constantin et la reine Sophie. L'un et l'autre signent en 1916 leurs photos qui datent de 1914/1915.

plomates ou militaires. De ce mélange de perfidie et de désordre et, tout compte fait, de patente incapacité résulta une telle cacophonie que même ceux des Grecs qui persistaient dans leurs bonnes intentions à l'égard de l'Entente ne savaient plus à quel saint se vouer !

Au fond, le seul choix laissé par l'Entente à Constantin était celui de l'alliance allemande, dont il savait qu'elle aurait détruit son pays, la Grèce étant à la merci des flottes ententistes. Toutes les autres issues lui avaient été interdites, aussi bien l'alliance avec l'Entente, que la neutralité, même bienveillante, envers celle-ci. Rappelons au lecteur que l'alliance grecque avait été rejetée par Paris et Londres, deux fois en 1914 et trois fois en 1915 ; elle le sera une sixième fois en août 1916, lorsque la Grèce, privée de toute autonomie, les canons de la flotte alliée braqués sur sa capitale, tenta de se tirer de la trappe, encouragée par le succès de l'offensive Broussilov dans les Carpates ainsi que par ce qui en fut la conséquence, à savoir l'entrée en guerre de la Roumanie du côté de l'Entente. Le gouvernement grec fit donc des avances à celle-ci et se déclara prêt à entamer des pourparlers afin de réorganiser son armée et se joindre à elle. Le roi, en convenant à cette démarche, était loin de se douter à quel point son offre dérangeait la politique de la France et heurtait les intérêts de Paris qui n'avait que faire d'une Grèce alliée édentée et d'un Constantin docile.

Et c'est ainsi qu'au moment où, à l'intérieur de la résidence de France à Athènes, les ministres ententistes, réunis en conférence, étaient en train de se pencher sur la question, éclata, sous les fenêtres de l'ambassade, une manifestation hostile à l'Entente, qui interrompit les négociations et alimenta la presse ententiste de nouvelles preuves de la « félonie » de Constantin. Or cette émeute, organisée dans le but de faire avorter les négociations, avait été l'œuvre du service de contre-espionnage français, et les soi-disant manifestants étaient tous soit des agents du baron de Roquefeuil, le chef du dit service, soit des vénizélistes de bas étage, membres du parti libéral, à la solde des Français[104] ! L'écrasement, en quelques semaines, de la Roumanie gela par la suite le zèle timoré de la Grèce, qui se replia dans la neutralité. Pour la France, les choses rentraient ainsi dans l'ordre ; tirant prétexte de l'incident que ses propres services avaient fomenté et prétendant que son personnel diplomatique n'était plus en sécurité à Athènes, elle obtint l'envoi d'une escouade de marins français pour assurer la sécurité de sa légation.

Une seule et unique fois (c'était avant l'hiver 1916–1917) Constantin fut sur le point de faire appel, quoi qu'il en coûtât, aux Allemands. Il n'était alors qu'au début de ses peines et il avait encore à perdre bien des illusions. C'était lorsque, vers la mi-novembre 1915, Paris, ayant fait son choix de maintenir ses troupes en Macédoine, cherchait à s'en assurer la sécurité. Comment faire pour que la Grèce, dont il ne fallait pas trop heurter la neutralité, acceptât la présence permanente des troupes ententistes sur son sol ? Tel était le problème que le gouvernement français d'Aristide Briand chercha à résoudre et pour y parvenir il usa d'un langage double dans le but prémédité de semer la confusion chez les Grecs. D'une part il expédia à Athènes le ministre sans portefeuille Denys Cochin, philhellène éprouvé, pour se concilier le roi et obtenir promesses et garanties (que Constantin fut d'autant plus prompt à fournir qu'il croyait les alliés prêts à rembarquer) et à qui l'on cacha que sa mission n'avait rien d'officiel ; d'autre part on opta pour la manière musclée, avec ultimatum et rassemblement d'une flotte de guerre à l'appui dans la rade de Mélos, à quelques heures du Pirée, et ce afin d'extorquer des concessions supplémentaires visant à la sécurisation de Sarrail et à la transformation de Salonique en camp retranché. Constantin apprit la nouvelle du rassemblement de la flotte ententiste et de la formulation de nouvelles exigences doublées de menaces d'anéantissement alors que Cochin venait de le quitter dans les meilleurs termes pour allait rassurer de sa part Sarrail à Salonique. Il en éprouva un tel sentiment d'exaspération, de dégoût et de colère que pendant un court instant il songea, l'avouera-t-il plus tard, à se ranger du côté des Allemands ! Cochin, disons-le en son honneur, fut aussi ulcéré que lui !

Ceci dit, le lecteur n'ignore pas la sympathie de Constantin pour l'Allemagne – celle qu'initialement il éprouvait pour l'Angleterre était également très forte. Il n'ignore non plus les raisons qui, à partir de septembre 1914 et surtout à partir de l'été 1915, le fixèrent définitivement (la courte parenthèse d'août/septembre 1916 exceptée) sur la position de neutralité bienveillante à l'égard de l'Entente, qu'il estimait être, pour son pays et pour les Grecs des deux côtés de la mer Égée, sinon la bonne du moins la moins périlleuse solution : Constantin se faisait l'illusion que cette situation pourrait être maintenue le plus longtemps possible. Au fond de son cœur l'écart d'avec les puissances de l'Entente s'était accru, sentiment qui pas à pas renforçait son inclination pour l'Allemagne.

Le roi, étant donné que sa parole ne parvenait pas à franchir le mur opaque de la propagande et des partis pris et atteindre aussi bien les gouvernants que le public occidental, étant donné aussi que les ministres entententistes à Athènes faisaient peu de cas de sa parole et de l'assurance réitérée de sa bonne foi, décida d'envoyer en dernier recours ses propres frères aux capitales de l'Entente, afin d'y exposer aux chefs d'État son point de vue. Nicolas, dont la femme était une altesse impériale russe, fut chargé de se rendre à

Saint-Pétersbourg pour y rencontrer son cousin germain Nicolas II ; à André, qui avait épousé une princesse anglaise, fut confié la tâche d'instruire son autre cousin germain, le roi Georges V ; quant au prince Georges de Grèce, qui de toute façon résidait à Paris, il fut prié d'effectuer la même démarche auprès du président de la République. La mission des trois princes se solda par un échec, tellement les opinions concernant aussi bien les individus que les événements étaient déjà fixées. Celle-ci fut la dernière initiative importante que prit Constantin avant son éloignement forcé l'année suivante.

Entre temps, la situation en Grèce s'était gravement détériorée. Un coup d'inspiration républicaine et patriotique avait éclaté le 17/29 août à Salonique et avait réussi à s'imposer avec la connivence et la complicité de Sarrail. Les insurgés furent rejoints le 26 septembre/9 octobre par Vénizélos, qui parvint à quitter Athènes grâce à l'aide du service de contre-espionnage français. Le chef libéral, qui depuis l'automne de l'année passée avait rompu toute relation avec la Grèce officielle et dont le parti s'était abstenu aux élections législatives du 6/19 décembre 1915, forma son propre gouvernement à Salonique, que la France s'empressa de reconnaître. Coïncidence ou pas, un document, rédigé par un des services du Quai d'Orsay et daté du 1er janvier 1916[105], proposait que Paris a) organisât en Grèce au cours de l'année qui commençait un soulèvement vénizéliste et b) procéda à la création dans le nord du pays d'un gouvernement révolutionnaire, parallèle à celui d'Athènes et favorable à l'Entente, ce qui forcerait Constantin à rompre avec celle-ci. La réaction du roi offrirait à la France le prétexte d'en finir à la fois avec Constantin et avec la Grèce.

La Grèce était donc cassée en deux, et l'une de ses moitiés disposait de l'appui sinon de toute l'Entente, du moins de celui de la France et de l'Angleterre, tandis que l'autre, dit la Grèce d'Athènes, injuriée, amputée, édentée, salie, était à la merci des flottes de guerre mouillant dans la baie du Phalère, qui bientôt allaient canonner la ville pour couvrir une minable démonstration de force, laquelle aboutit à un bain de sang. Il était désormais évident que ses jours étaient comptés. Dans les mois qui suivirent, il devint manifeste que pour Constantin et sa famille l'angoisse quant à la survie du trône fut au moins égale à celle de vouloir épargner le pire à leur pays. Des pourparlers dérisoires eurent lieu, dans le but de faire reculer l'inévitable, puériles tentatives et marchandages avilissants, aboutissant à des accords éphémères, chaque fois violés soit par Sarrail soit par Vénizélos, alors que tout s'effondrait et que le territoire de l'État d'Athènes se rétrécissait comme une peau de chagrin. Les événements en effet poursuivaient inexorablement leur cours, et l'issue ne saurait être autre que l'éviction du roi et l'installation d'un gouvernement vénizéliste à Athènes.

Parvenu à cette impasse absolue, il fut normal que Constantin vint à souhaiter au fond de lui-même la victoire de l'Allemagne, la cause allemande étant désormais liée dans son esprit au maintien de la dignité, voire à la survie des monarchies ou royautés en général et de sa propre dynastie en particulier. Les fameux et si décriés télégrammes expédiés depuis Tatoï au cours de l'hiver 1916–1917, dans lesquels Constantin invitait son beau-frère à faire avancer d'urgence ses troupes (conjointement avec ses propres troupes à lui) sur Salonique[106], peuvent parfaitement être compris dans ce sens et dans ce contexte politique et psychologique précis. Il n'était pas d'ailleurs le seul souverain de son temps qui s'interrogeait sur la politique de l'Entente: la tsarine elle-même se demandait (comme il apparaît dans la correspondance avec son mari qu'elle essayait de mettre en garde contre les périls menaçant les monarchies) si la Russie, en soutenant en Grèce la politique de la France, n'était pas en train de jouer le jeu des républicains et des francs-maçons[107]. Georges V, par ailleurs, écrivit à Lord Grey dans le même esprit, lui conseillant d'être plus circonspect quant au soutien britannique de la politique française, qui offrait un appui immodéré à Vénizélos, la France étant une République[108].

À Athènes, la reine Sophie en était persuadée. Après l'outrageante intervention des Puissances le 8/21 juin 1916, qui fit échoir la Grèce au rang d'un pays asservi, après le grand incendie du 30 juin/13 juillet, qui détruisit la forêt de Tatoï et réduisit en cendres la villa royale et dont elle était convaincue qu'il fût criminel[109], elle quitta sa réserve habituelle et ne fit point un secret de son horreur de l'Entente. Parmi les manifestations de ses sentiments hostiles envers l'Entente, on a déjà évoqué son insistance de signer désormais les photos destinées aux visiteurs étrangers de son double titre de reine de Grèce *et de princesse de Prusse*. Dans sa correspondance privée et surtout dans ses lettres adressées à sa sœur préférée Marguerite de Hesse-Cassel[110], elle crie haut et fort son espoir de voir l'Allemagne victorieuse et son espoir que pointe bientôt le jour où tous ceux qui cherchaient à humilier ces deux patries et à détruire l'Allemagne courbassent la nuque devant les victorieux étendards allemands. Dans ces mêmes écrits, Sophie laisse libre cours à son indignation contre ses belles-sœurs Hélène et Alice, qui persistaient à recevoir chez elles, comme si de rien n'était, les représentants et les partisans de l'Entente. Tel fut l'état d'esprit de la reine pendant le terrible été 1916. Au fond, son hostilité envers l'Entente n'était connue que par le cercle étroit des parents et des amis intimes. Ce ne fut qu'en novembre de la même année que, réfugiée avec les cadets de ses enfants dans la cave du Palais, alors que les obus de la flotte ententiste explosaient dans la cour, Sophie adressa son tout premier message, véritable appel de détresse, à son frère, lui demandant son intervention.

Il est cependant intéressant de noter que, dans ses confidences à sa sœur Marguerite, la reine de Grèce ne cache pas sa déception, voire parfois son exaspération, devant l'inertie de son mari. Affligeant spectacle en effet que celui de l'ex-stratège idolâtré, vainqueur de deux guerres, homme à présent très amoindri par la maladie et le malheur, réduit à suivre en spectateur passif et souffrant, d'une résignation quasi fataliste, le déferlement des événements terribles, signifiant la ruine de sa politique et conduisant au dépeçage de son pays, dépeçage contre lequel il avait jadis lutté de toutes ses forces et contre lequel il ne pouvait maintenant absolument rien.

Ceci dit, pour l'Entente, le chemin menant à la pleine domination d'Athènes n'était pas dépourvu de difficultés. Paris et Londres, enfin d'accord sur l'essentiel de la ligne à suivre, devaient aussi tenir compte de l'opposition de l'Italie, qui voyait avec un net déplaisir une Royauté, la grecque, être malmenée par une République, la France, l'Angleterre ne jouant que le rôle subalterne de comparse dans la question grecque. Derrière cette démonstration de solidarité entre royaumes, l'Italie cachait mal sa crainte de voir la Grèce à nouveau renforcée sous un gouvernement pro-ententiste présidé par Vénizélos, dont les visées expansionnistes contraient sérieusement les siennes. N'avait-elle pas récemment profité de l'état de délabrement dans lequel se trouvait la Grèce pour arracher, lors de la conférence alliée à Saint-Jean-de-Maurienne, l'assentiment des Puissances sur ses droits de possession de la ville de Smyrne, arrondissant ainsi, par l'acquisition de ce grand centre portuaire, la tranche de territoire anatolien qui lui avait été réparti en avril 1915, comme contrepartie de son entrée en guerre du côté de l'Entente ? Puis vint le moment où l'Italie dut se rendre à l'évidence et saisir *in extremis* l'occasion qui se présentait pour s'étendre sur l'autre rive de la mer Ionienne. Réalisant que Constantin était irrévocablement condamné, elle laissa de côté ses scrupules de solidarité royaliste et envoya ses troupes se jeter dans la curée ; elles envahirent et occupèrent l'Épire grecque.

L'Entente cependant n'était pas au bout de ses peines. Même après être parvenue à avoir avec ses alliées majeures une relative unité d'opinion quant au proche avenir de la Grèce – qui fut, au fond, une conséquence de la distance prise par l'Angleterre eu égard à cette région du monde, distance d'ailleurs qui, au fur et à mesure que la fin de la guerre approchait, ne saurait durer –, une grave difficulté émergea. Victime de sa propre propagande et de son sentiment quasi colonial de supériorité, l'Entente n'avait en effet pas compté sur un tiers mais capital facteur qui à présent menaçait grièvement ses plans : l'hostilité à son égard et l'opposition massive du peuple grec. L'Angleterre, plus fine que son partenaire français, fut la première à s'en alarmer. Venant de conclure à Paris un marché avec la France, en échangeant l'expulsion de Constantin contre le retrait total de ses troupes des Balkans afin de pouvoir les diriger sur l'Égypte et le Moyen Orient, régions qui lui importaient plus et qu'elle considérait soit comme siennes soit comme devant lui revenir au moment de la paix, l'Angleterre paniquait à l'idée d'être prise au piège d'un soulèvement populaire en Grèce et d'avoir à mater une guérilla. Cette appréhension fondée de la part de son alliée, laquelle risquait de prolonger indéfiniment l'incertitude en laissant dangereusement les choses en suspens et Constantin à Athènes, incita la France à agir d'une manière aussi prompte que décisive et lui fit franchir unilatéralement le pas : Paris, sans consulter ses alliés, mais en intervenant au nom de l'Entente toute entière, chargea son émissaire extraordinaire Charles Jonnart de la mission d'en finir au plus vite avec Constantin, en employant, si nécéssaire, la manière forte.

Quittons à présent le bord de l'Entente pour nous arrêter un peu sur le sort des Grecs pendant l'hiver et le printemps 1917, ces Grecs humiliés, affamés, des Grecs enfin insurgés et défendant en fait à travers la personne de leur roi leur propre honneur.

Peut-être le lecteur se souvient-il que son attention avait déjà été attirée sur une particularité grecque : l'institution royale (tout comme toute autre forme d'autorité) n'acquiert de véritable légitimité au sein de l'opinion que lorsqu'elle parvient à réunir en la même personne le reflet du prestige impersonnel découlant de l'autorité dont elle est revêtue (à quoi s'ajoute, dans le cas d'une monarchie ou de la royauté, l'aura mystique du Trône) et le lien affectif, la relation de respect et d'amour personnellement méritée par l'individu qui incarne cette institution. Et c'est dans tous les cas la relation personnelle établie entre la personne du chef et le grand nombre qui prévaut et qui consolide la légitimité institutionnelle. Celle-ci, dans un cadre monarchique, sublime et sacralise d'une part le pouvoir incarné et d'autre part déloge le roi en tant qu'individu de son socle solitaire et l'installe dans une tradition de continuité nationale et de partage dynastique.

Constantin, on l'a vu, après une longue série de déceptions et de déboires, avait enfin gagné sa popularité sur le champ de bataille lors des guerres balkaniques. Cette popularité demeurait tout aussi vive dans le cœur de la plupart de ses sujets. Trois ans plus tard, ce renom de généralissime victorieux et de chef de guerre adoré par ses troupes acquérait une dimension morale, quasi christique (réapparition d'une dimension importante de l'histoire de la nation depuis le XIIe siècle byzantin), celle de l'innocente victime, persécutée par les Francs honnis. L'auréole obtenue jadis sur le champ de la gloire se dotait à présent, dans le partage du malheur et de l'humiliation et en relation avec une tradition séculaire, d'un nouvel et tragique éclat.

L'on devine facilement que dans la Grèce de 1916/1917 les passions politiques s'exacerbaient et devenaient explosifs. L'Entente, qui en était la cause principale, empêchait par la présence de ses troupes qu'une vraie guerre civile n'éclatât. Depuis le printemps 1915, la France et l'Angleterre, par leur politique incohérente et cynique, avaient dilapidé l'immense capital d'affection des Grecs à leur égard. Mais ce ne fut qu'à partir des événements de juin 1916[III] que les sentiments du peuple atteignirent un point de non-retour et que se consomma la rupture de la majorité de l'opinion d'avec le vénizélisme et l'Entente. Ce fut en effet le moment où même de nombreux vénizélistes modérés, tout comme bon nombre d'individus qui jusque-là s'étaient maintenus à distance égale des deux camps, vinrent, indignés, humiliés et par patriotisme, grossir les rangs des partisans de la neutralité ; leur position se colorait à présent d'une hostilité de plus en plus vive à l'égard de l'Entente. Dès ce moment, à partir duquel, rappelons-le, le roi s'efface dans une quasi-pénombre d'où il n'émergea presque plus, la résistance contre les menées de l'Entente passa imperceptiblement dans les mains du peuple. Il s'agissait là d'une immense réaction populaire, d'une opposition nationale acharnée, qui rejaillit sur la personne du roi. Alors qu'il était condamné par les Puissances et épuisé par les adversités et la maladie, alors que sa politique s'écroulait de toute part, Constantin devint ainsi le héros populaire par excellence, le symbole incarné des souffrances et des humiliations mais aussi de la volonté de la nation de réagir et de résister. Jamais le roi ne fut aussi populaire que lorsqu'il fut sur le point d'être renversé.

L'épine dorsale de la résistance populaire fut constituée par les conscrits démobilisés (l'armée grecque fut contrainte de démobiliser par ordre de l'Entente), les fameux « Épistrates », dont Jean Métaxas, le véritable cerveau du monde antivénizéliste, eut la géniale idée d'exploiter la colère, afin de maintenir vivace, dans un pays en train de se décomposer, l'esprit de résistance et de conserver une élémentaire organisation dans l'armée[112]. L'idée de Métaxas fut de grouper les Épistrates en associations, au sein desquelles on cultiverait le culte du roi et la haine de Vénizélos, vendu aux Francs détestés. Le succès de l'entreprise était assuré, les démobilisés de 1916 étant en grande partie les soldats que Constantin avait conduits de victoire en victoire à peine trois ans auparavant. Dans le climat ambiant de frustration, d'indignation et de colère, il ne fut pas surprenant que l'initiative de Métaxas, lancée depuis Athènes, prit rapidement corps et se répandit comme une traînée de poudre, malgré le fait que la majorité du pays (la Crète et quelques autres îles exceptées) était déjà, soit directement soit indirectement, sous l'emprise de l'Entente. Celle-ci réagit avec retard : les associations des Épistrates furent partout interdites et dissoutes, du moins officiellement, leurs membres les plus irréductibles, ainsi que leurs proches, arrêtés. Ceux qui parvinrent à fuir, erraient dans les montagnes, se cachant dans des cavernes ou dans les chaumières de paysans. Dans les régions administrées par les vénizélistes (comme, par exemple, en Chalcidique), les Épistrates insoumis furent proscrits, leurs biens expropriés, leurs domiciles parfois incendiés. Vaines mesures, qui ne firent qu'attiser l'exécration et la haine et élargir le fossé séparant, d'une part, les deux Grèce entre elles et, d'autre part, la majorité du peuple grec d'avec l'Entente, au moment même où celle-ci s'emparait du pays.

Par conséquent et pour le malheur de la Grèce, Vénizélos accéda au pouvoir au comble de l'impopularité ; en fait, il ne put s'imposer que grâce à l'appui des baïonnettes françaises (d'où son surnom de « Sénégalais », donné par ses adversaires, les troupes françaises étant en majorité coloniales), alors que son avènement fut précédé de sérieuses purges, effectuées d'après des listes de noms établies que livra lui-même depuis le vaisseau amiral français, au bord duquel il se tenait en sécurité. Sa montée sur Athènes fut en plus précédée d'un coup constitutionnel, le roi expulsé (qui néanmoins quitta le pays sans démissionner) étant remplacé, sur proposition de Vénizélos à l'Entente, enfin maîtresse d'Athènes, non pas par son fils aîné Georges, jugé lui aussi germanophile, mais par son second fils Alexandre, considéré par lui comme anodin.

Dans les jours qui suivirent, le parlement fut dissous, puis remplacé (ce fut, paraît-il, l'idée d'Alexandre Ribot, successeur de Briand, conçue à être réalisée au cas où l'on constaterait l'impossibilité pour Vénizélos de remporter de nouvelles élections[113]) par la Chambre antérieure, celle d'avant les élections de décembre 1915, connue sous le titre humoristique « parlement des Lazare ». En même temps, l'état de siège fut instauré, la censure établie, et les uns après les autres les partisans de Constantin furent déportés, les plus notoires en Corse, les autres dans les îles de l'Égée, prélude des épurations massives qui allaient suivre dans l'armée, ainsi que dans tous les secteurs de l'administration publique. Même l'Eglise et les monastères du Mont Athos n'en furent épargnés ! L'ordre des avancements fut partout aboli, les places furent occupées par les vénizélistes, alors que les services les plus cruciaux, en particulier dans la police et l'armée, l'approvisionnement et l'économie furent directement confiés au personnel de l'Entente, qui s'infiltrait partout : les deux tiers des Grecs étaient convaincus de subir une occupation étrangère, qui s'abattit sur leur pays à l'invite d'un traître, laquais des Francs, leur premier ministre, Vénizélos.

Si telle était l'idée que la majorité des Grecs se faisait du « tyran », la vérité historique est de beaucoup plus complexe et mérite que l'on en donne une image plus nuancée, malgré les manifestations extérieures d'un régime qui, sauf le nom, avait tout d'une dictature. Au fond, et depuis déjà un moment, c'était à qui des deux, Vénizélos ou l'Entente, irait jouer au plus fin ; Vénizélos pensait utiliser l'Entente pour réaliser ses propres desseins patriotiques et personnels, quitte à devoir lui forcer un peu la main ; quant à l'Entente, prise dans son propre piège, elle fut contrainte de conduire Vénizélos au pouvoir, bien décidée à contrer dorénavant ses projets de grandeur qui dérangeaient ses propres intérêts impérialistes. Conflit larvé qui, jalonné de moments d'exaspération, voire même de désespoir, fut, du moins en apparence et dans un premier temps, remporté par le génial Crétois, qui luttait simultanément sur deux fronts : celui des dirigeants de l'Entente (difficiles à fléchir, mais qui, momentanément, parurent se laisser faire, un peu parce qu'ils avaient succombé à son charme et beaucoup à cause de leurs propres divisions et de la confusion de leur politique) et celui du peuple grec qui, lui, resta irréductible et irréconciliable jusqu'au bout.

Deux ont été jusqu'en 1918 les erreurs capitales de Vénizélos : d'avoir utilisé outre mesure les étrangers contre ses propres compatriotes, dans la poursuite de sa politique, et ce faisant, d'avoir blessé le peuple dans son amour propre et dans sa fierté.

Définitivement condamné aux yeux de l'opinion de l'ancienne Grèce, il eut besoin, afin de recouvrer popularité et pouvoir, d'un électorat renouvelé, qui en grande partie fut constitué, après 1922, des centaines de milliers de réfugiés de l'Asie Mineure. Ces derniers d'une part n'avaient point partagé l'expérience des années 1915–1920 et d'autre part ils conservaient dans leurs cœurs la reconnaissance d'avoir été délivrés du joug ottoman par Vénizélos.

Si l'attitude du roi, entre février 1915 et octobre de la même année (à savoir entre le début de l'expédition des Dardanelles et l'invasion de la Serbie par les forces réunies de l'Allemagne, de l'Autriche-Hongrie et de la Bulgarie), épargna à la Grèce une catastrophe militaire, doublée d'une amputation territoriale, c'est assurément l'initiative de Vénizélos de créer, dans le nord du pays, autour de Salonique, un second État grec qui permit à l'hellénisme de renforcer sa position en Macédoine. Le fait que ce second État grec fut reconnu par la France ne signifiait aucunement que l'Entente cessa, dans ses pourparlers secrets soit avec les Serbes soit avec des puissances de la Triplice (l'Autriche-Hongrie ou la Bulgarie en particulier) dans le but de conclure une paix séparée avec celles-ci, d'utiliser comme appât la Macédoine grecque. Bien que les Grecs des deux camps ignorassent ce dernier détail qui ne fut révélé que plus tard, la présence prolongée d'une nombreuse armée étrangère sur le sol d'une province aux particularités spécifiques et, de plus, venant à peine d'être rattachée au reste du pays, rendait tout de même urgente la réplique de leur part. Celle-ci vint aussi bien de la part de Vénizélos, comme on vient de le voir, que de celle de Constantin. Car, enfin, pour le gouvernement d'Athènes une présence vénizéliste, même sécessionniste, dans cette marche grecque fragilisée était préférable à l'absence de toute autorité grecque sur place[114].

C'est donc dans cet esprit que le gouvernement royal autorisa ceux des officiers de l'armée régulière qui le désiraient de rejoindre les forces vénizélo-ententistes dans le nord, à condition qu'ils eussent auparavant démissionné des rangs de l'armée, afin de ne pas nuire à la neutralité du pays dans la Grande Guerre. La préoccupation de la part des dirigeants grecs quant à la défense de la Macédoine datait déjà de plusieurs mois et fut attisée surtout après l'occupation du fort Roupel par les Allemands et les Bulgares le 14/27 mai 1916[115]. À partir de cette date, en effet, il était devenu évident pour le gouvernement central qu'il était dans l'impossibilité d'assurer depuis Athènes la protection des territoires grecs au nord de l'Olympe. Cette appréhension devait bientôt se confirmer dans l'incroyable scandale que fut l'occupation par les Bulgares de Kavala et l'incarcération du IVe corps d'armée grec à Görlitz, coup qui, comme celui de Roupel, avait été sinon prémédité, du moins grandement encouragé par l'Entente (dont la flotte bloquait la ville assiégée) à cause de la haine aveugle que celle-ci vouait à l'égard du gouvernement d'Athènes.

Constantin quitta donc la Grèce le 1/14 juin 1917. Il eut au moins l'amère satisfaction d'avoir été jusqu'au bout l'objet de l'amour populaire. À bord du vapeur le conduisant en Italie, puis au cours des trois années et demie que dura son exil, le souvenir de la foule encerclant son palais pour l'empêcher de partir (la famille royale dut user d'un subterfuge pour attirer l'attention de la foule sur un autre point afin de pouvoir se dérober), tout comme celui des adieux déchirants à Tatoï ou à Oropos, lieu de l'embarquement, mirent assurément du baume sur le cœur meurtri du roi, qui eut la consolation d'avoir été chassé par les étrangers, à l'issue d'une lutte inégale et en dépit de la volonté de son peuple. Mais une fois parvenu sur l'autre rive de l'Adriatique, quel contraste ! Là, il fit quasi physiquement l'expérience de la haine suscitée contre sa personne par quatre ans de propagande ininterrompue. À Locarno, sur la route de la Suisse, il échappa de peu à une tentative de lynchage, la police italienne ayant négligé de maintenir à distance de la voiture du roi la foule déchaînée. Ayant atteint les eaux calmes de la Suisse alémanique, où il élut domicile, il partagea désormais son temps entre Lucerne et St Moritz, où il se rendait pendant l'été, à part quelques courtes visites à Zurich et, en 1920, à Vevey (afin d'y rencontrer son frère Nicolas), ainsi qu'à une station thermale en Italie, où cette fois-ci il fut décemment reçu par les autorités et le peuple.

Dans l'ensemble, il mena en Suisse[116] une existence morne, voire mélancolique, jalonnée par les aléas de sa santé toujours précaire (il eut au moins une grave rechute dans la première moitié de 1918). Il vivait à l'affût des nouvelles de Grèce, lesquelles parvenaient difficilement à franchir le mur de la surveillance du régime, qui cherchait à l'isoler, interdisant tout contact, y compris toute communication avec Alexandre. Nombreux cependant étaient les Grecs qui, profitant d'un séjour en Suisse, faisaient un tour par Lucerne, afin de lui présenter leurs respects et lui faire le torturant récit des persécutions que subissaient de la part du régime ses partisans au pays. À part quelques interviews accordées à des journalistes, de préférence américains, il manifesta fort peu sa présence en public. Il opta en définitive pour un genre de vie en retrait et vécut entouré uniquement des membres les plus proches de sa famille, sa femme et ses enfants, ainsi que de quelques fidèles, courtisans et domestiques, qui avaient bien voulu l'accompagner dans son exil. Sa mère et ses frères avaient préféré s'installer en Suisse romande. Plus tard, lorsque le gouvernement italien leur en offrit le choix, certains membres de la famille royale élurent comme lieu de résidence Rome, Venise ou Florence, pour se rapprocher de la Grèce et parce que la vie y était meilleur marché.

Les visiteurs qui rencontrèrent le roi au cours de ses trois années et demie témoignent presque tous de sa lassitude, son manque de vivacité, son indifférence à tout ce qui se tramait autour de lui. Était-ce par prudence ou bien à cause de son extrême lassitude qu'il évita tout ce qui pouvait donner matière à mécontentement ou à une riposte de la part de l'Entente, au point de s'abstenir de toute déclaration au peuple grec, même après la levée partielle de l'état de siège, au milieu de l'année 1920 ? Constantin attendait passivement, en dépit des injonctions parfois impatientes de son entourage qui l'incitait à tenter quelques discrètes initiatives afin de contrebalancer les effets dans le pays de la toute-puissante propagande vénizéliste, que vint le moment de son rappel, ne doutant jamais que, tôt ou tard, justice lui serait faite et que le peuple allait massivement le réclamer.

Quant à ses rapports avec l'Allemagne, le moindre que l'on puisse dire c'est qu'il se résigna à une sorte d'équilibre délicat, qui lui permit de sauve-

55. Le roi Alexandre.

garder son indépendance ; ainsi il refusa d'une part l'assistance financière que son beau-frère lui proposa et d'autre part il envoya son fils cadet Paul, futur Paul Ier des Hellènes (1901–1964), âgé à l'époque de 17 ans, s'inscrire à l'École de la Marine de Guerre allemande à Kiel. Était-ce parce que Constantin se faisait encore des illusions sur les possibilités allemandes ? Ou bien parce que la marine allemande était la seule qui acceptât dans ses rangs la présence d'un prince grec, destiné à servir un jour dans la flotte de guerre de son pays ? De toute manière le moment était on ne peut plus mal choisi, l'Empire allemand étant, l'automne 1918, sur le point d'imploser. La révolution ayant éclaté à Kiel, les élèves de l'École navale s'étant mutinés, Paul, après avoir traversé l'Allemagne en décomposition, dut faire demi-tour et regagner Lucerne.

56. Aspasie Manou, abattue, penchée au-dessus du corps de son défunt mari, le roi Alexandre, dont le lit est recouvert du drapeau grec et couvert de chrysanthèmes.

Le 12/25 octobre 1920, le prince-roi Alexandre, après trois semaines de terrible agonie, mourut de septicémie, à la suite d'une morsure de singe dans le parc de Tatoï. La mort inattendue de ce jeune homme de 27 ans survint alors que le sort de la campagne en Asie Mineure était loin d'être décidé, et que dans le pays la campagne électorale battait son plein, en vue des législatives, les premières à avoir lieu depuis celles de décembre 1915 ; bref, la dernière chose que le gouvernement souhaitait était le rebondissement de la question dynastique. Les vénizélistes étalaient les réussites impressionnantes de leur chef, à savoir la création de « la Grèce des deux continents et des cinq mers »[117] – édifice dont nul en Grèce ne soupçonnait l'extrême fragilité –, en assurant leur public que la paix définitive ne saurait tarder après un court et ultime effort militaire encore à faire. Le but de cette dernière campagne serait de forcer l'adversaire à accepter les clauses du fameux traité de Sèvres (que nul gouvernement par la suite, le grec excepté, ne voulut ratifier), faute de quoi tout restait en suspens. L'opposition, elle, fit dès le premier jour campagne autour des thèmes qui prévalaient au sein de son propre électorat : la suppression de la tyrannie vénizéliste et le retour du roi. Pour le reste, elle s'alignait sur la politique gouvernementale : poursuite de la guerre jusqu'à la victoire finale[118] dans une étroite collaboration avec l'Entente, dont elle cherchait à s'assurer la fidèle amitié.

La mort d'Alexandre eut comme effet immédiat de rendre pressante la question du retour de Constantin. C'était ajouter une grosse difficulté à tant d'autres. Le pays, déchiré, son économie à plat, se trouvait à la veille d'une nouvelle campagne militaire au cœur de l'Anatolie, la ligne de front s'étirant sur plusieurs centaines de kilomètres dans un pays hostile et étranger. Chose étrange après tout ce qui s'était passé, la Grèce, bien qu'exécutrice des décisions prises par l'Entente tout entière (le Traité de Sèvres était après tout censé engager l'ensemble de l'Entente), avançait sans aucune aide de la part de ses alliés, qui, jusque-là, s'étaient montrés à son égard plutôt revêches et récalcitrants et ne lui avaient fourni de l'aide qu'au compte-gouttes. La France, qui depuis un moment déjà prenait ses distances par rapport à son ancien protégé, interprétant les succès de Vénizélos comme autant de victoires de l'impérialisme anglais, rival du sien, se saisit de l'occasion que présentait le rappel de Constantin pour rompre définitivement avec la Grèce en rejetant sur elle la responsabilité de la rupture. En accord avec l'Angleterre qui, bien qu'à contrecœur, s'alignait sur la France quant à l'attitude à observer dans la question grecque[119], puisque elle avait déjà obtenu la part du lion sur la partie pétrolifère du Moyen Orient qui l'intéressait davantage, Paris déclara sa détermination de ne point reconnaître Constantin comme roi des Hellènes au cas où le peuple grec le rappelât.

Les Grecs néanmoins avaient trop souffert, avaient trop haï, avaient trop longtemps nourri dans leur cœur la foi en un rétablissement de la juste cause pour pouvoir prêter attention aux injonctions et aux menaces de l'Entente, alors que le jour de la délivrance enfin pointait. Aux élections législatives, le parti libéral fut battu. Vénizélos, qui ne parvint pas à se faire élire, quitta précipitamment la Grèce sur le même petit yacht à vapeur qui, quelques semaines plus tôt, avait amené d'Italie la reine Olga, seule de sa famille, à qui le gouvernement vénizéliste permit à se rendre auprès du chevet d'Alexandre mourant. La reine mère arriva à temps pour assister aux funérailles de son petit-fils. Proclamée régente par le nouveau gouvernement, elle invita sa famille à rentrer. Du coup, les princes et les princesses de Grèce, après avoir pendant trois ans et demi vécu en retrait dans une semi-obscurité, se virent propulsés sur l'avant-scène de l'histoire et eurent droit, en débarquant en Grèce, à un accueil délirant de la part du peuple, frisant l'hystérie de masse.

Restait Constantin. Juste après la mort d'Alexandre, Vénizélos, par l'intermédiaire de l'ambassadeur de Grèce à Berne, avait tenté la démarche d'offrir la couronne au prince Paul, qui bien entendu la refusa. On n'en avait que faire d'une nouvelle injure contre la légalité constitutionnelle et dynastique. C'était son père qui indiscutablement était le roi, et, de surcroît, c'était au peuple grec et à lui seul qu'incombait la décision de remettre ou non le roi exilé sur son trône. La sagesse eût alors peut-être dicté à Constantin de démissionner (afin de démasquer l'Entente ou afin de lui ôter tout prétexte de nuire davantage à la Grèce) au profit de son fils aîné, le diadoque Georges. Il ne le fit pas, et c'est là sa part de responsabilité dans la tragédie qui allait suivre.

Si Constantin était encore l'homme de 1912/1913, cet acte d'abnégation et de sacrifice personnel serait concevable de sa part. N'avait-il pas sérieusement songé, en 1913, alors qu'il était au faîte de la gloire, de se déposséder de la couronne afin de prendre la tête de la lutte armée en Épire du Nord ? Mais l'homme épuisé qu'il était en 1920 était incapable de tels gestes et il se laissait tout simplement porter par les événements, et ce d'autant plus qu'au plébiscite devant décider de son retour il venait de remporter une victoire écrasante[120]. Le peuple l'appelait. Il revint donc depuis Venise, à bord du prestigieux cuirassé « Avéroff », et l'accueil triomphal, délirant, auquel il eut droit, tant sur son parcours le long de la voie ferrée entre Corinthe et Athènes que dans les rues de la capitale, entre la gare du Péloponnèse et le palais, ranimèrent dans son cœur le souvenir de cette autre journée glorieuse de sa vie que fut son entrée à Athènes après la victoire aux guerres balkaniques.

57. *La reine mère Olga entourée de sa progéniture. À sa droite, assis, son fils Georges et à sa gauche le roi Constantin. Derrière elle, de droite à gauche, ses enfants Nicolas, Christophe, Marie et André. Hiver 1920/1921.*

Sa joie fut de courte durée. Lui qui dans le temps s'était tant opposé à l'idée de toute entreprise militaire en Asie Mineure, lui qui dès février 1915 (pour ne pas dire, dès le mois d'août 1914) avait dans le détail prédit les conséquences désastreuses de cette expédition, se trouvait à présent piégé, engagé dans cette guerre qu'il n'avait pas voulue, une guerre qui stagnait et dont la perte signifierait (ce qui dès le départ fut sa majeure angoisse) le déracinement de l'hellénisme micrasiatique séculaire. Conscient de l'immensité du problème, voyant clairement venir la vague qui allait tout emporter, il se terrait, incapable de réagir, se bornant de suivre à la lettre, lui jadis si monarchique, les décisions prises par le gouvernement. Et c'est dans cet esprit qu'il consentit, bien que souffrant, à jouer le rôle qu'on voulut lui attribuer. À la veille d'une nouvelle campagne, qui allait mener l'armée grecque jusqu'aux portes d'Ankara, le gouvernement conçut la puérile idée d'utiliser le roi comme symbole de victoire, afin de ressusciter, faute de garanties palpables dans d'autres domaines, l'esprit des guerres balkaniques, tant à l'arrière que sur le front. Au son de la marche populaire « le fils de l'aigle », Constantin s'embarqua pour Smyrne. À Kütahya, il eut une première attaque, il se traîna encore quelque temps et décora lui-même dans la morne plaine d'Eskişehir les étendards des régiments qui s'étaient distingués dans les combats. Puis il s'effondra et on dut, en cachant son état de santé à l'armée et au peuple, le transporter à Brousse, ville de montagne, au climat sain, d'où il put regagner Athènes à peu près rétabli, bien que toujours fragile.

En août 1922 le pire, si prévisible pourtant, saisit le gouvernement grec à l'improviste ! Kemal pacha lança son offensive, contre l'armée grecque, restée inactive depuis presque un an sur le plateau phrygien. Ce fut la déroute totale. Le rêve de l'Iônie grecque tournait au cauchemar.

L'armée grecque, se repliant en catastrophe, contourna la ville de Smyrne sans s'arrêter pour s'embarquer depuis la ville de Çesme, à l'extrême pointe ouest de l'Asie Mineure, face à Chios. Dans la capitale de l'Ionie, restée sans défense et d'où l'administration grecque s'était évanouie, s'entassaient plus de 500 000 Grecs, habitants de la ville mais aussi refugiés de l'intérieur dont le nombre allait en grossissant, et de dizaines de milliers d'Arméniens. Tout ce qui pouvait fuir, fuyait. Puis les Turcs y firent leur sanglante entrée. Le métropolite Chrysostome, à la sortie du palais du nouveau gouverneur où il s'était rendu afin d'intercéder pour le salut de la population chrétienne, fut livré à la populace et lynché, à quelques mètres seulement d'une patrouille de marins français qui restèrent impassibles. Puis le feu se déclara du côté du quartier arménien. L'incendie allumée, puis attisée par des agents turcs, se propagea rapidement, et bientôt l'ensemble de la ville, les quartiers juif et

58–59. Le roi Constantin et la reine Sophie. Les photos datent de 1921.

musulman exceptés, ainsi que « Pounta », la Pointe, quartier levantin à l'extrémité nord de la ville, que les flammes épargnèrent également, fut un immense brasier. Gênées par la chaleur que dégageait l'incendie, ainsi que par les centaines de désespérés qui arrivaient jusqu'aux vaisseaux de l'Entente mouillant dans la rade de Smyrne à la nage ou sur de frêles embarcations pour y demander asile et qui se faisaient inhumainement repousser (seuls les Américains, également présents, s'y montrèrent humains), les escadres s'écartèrent du rivage. Les nerfs des équipages étant à bout et la menace de mutinerie devenant pressante, les fanfares des vaisseaux reçurent l'ordre de jouer sur le pont des navires des airs entraînants ! Dans la nuit, les phares braqués sur les quais étroits, éclairaient des scènes dignes de l'Apocalypse.

L'armée humiliée se révolta et en quelques jours prit possession d'Athènes, précédant de peu les premiers convois de réfugiés d'outre Égée. En route encore vers le Pirée, elle dicta au gouvernement aux abois ses exigences : en premier figurait l'abdication de Constantin. L'irréductible Métaxas, dont les gouvernements royalistes successifs, jaloux de ses compétences et de sa supériorité intellectuelle, avaient dédaigné les services, proposa alors le départ immédiat du roi sur le front de Thrace afin qu'il se plaça à la tête de troupes encore intactes, encore aptes à combattre, avant qu'elles aussi ne soient gagnées à la révolution, pour stopper, chose encore faisable, l'avance turque du côté européen des Détroits. Constantin tergiversa, perdit du temps, bref rendit le projet impossible. Abdiquer, à présent, lui importait peu. Il espérait seulement pouvoir demeurer en Grèce. Peu lui importait l'endroit. Comme on s'y attend en pareilles circonstances, la chance d'être entendu par les nouveaux maîtres y était nulle. Il quitta donc son pays, cette fois-ci avec la

60. *L'accueil triomphal du roi Constantin à Athènes le 6 décembre 1920.*

conviction que c'était pour toujours, en laissant derrière lui sur le trône son fils Georges II, dans une position désespérée.

Le souverain déchu s'installa provisoirement dans un établissement, non loin de Palerme, moitié hôtel moitié maison de repos : la Villa Igiea. Ce fut là qu'à la fin novembre la nouvelle de la condamnation à mort de cinq politiciens et d'un militaire (son propre frère, André, y échappa de justesse grâce à la décisive intervention britannique), jugés responsables de la catastrophe et fusillés, à l'issue d'une parodie de procès, le terrassa. Il s'alita. Le matin du 30 décembre 1922 (12 janvier 1923), il fut trouvé mort, gisant à moitié hors du lit, dans la vaine tentative d'atteindre un sachet dans lequel se trouvait une poignée de terre grecque.

61. Le roi apparaît devant la foule sur la terrasse du Vieux Palais : sur ses murs – surtout au-dessus de la salle de théâtre – les traces de l'incendie de 1909 sont encore visibles.

62. *Le roi décore de la médaille de la valeur militaire les étandards des 22 régiments de l'armée grecque sur le front de l'Asie Mineure. Eskişehir (Dorylée), 19/31 juillet 1921.*

Ses obsèques eurent lieu à Naples, et son cercueil, déposé dans la crypte de l'église orthodoxe russe de Florence, fut rejoint en 1926 par celui de sa mère, décédée à Rome, puis par celui de sa femme, morte à Francfort en 1932. En novembre 1936, ils furent tous les trois transférés en grande pompe en Grèce, pour être enterrés le 22 du même mois au cimetière familial à Tatoï. Les dépouilles de Constantin et de Sophie, ainsi que celle de leur fils Alexandre, furent déposés dans un mausolée de style néo-byzantin, lequel, au moment des obsèques, émergeait à peine du sol. Sa construction fut interrompue par la Seconde Guerre mondiale, et sa sobre décoration intérieure, en marbres de revêtement et mosaïques, ne fut jamais achevée. Sur la dalle de la tombe de son père, Georges II fit tracer l'inscription : *J'ai combattu le beau combat, j'ai achevé ma course, j'ai gardé la foi*[121].

FRÉDÉRICA (1917–1981)

Étonnant destin que celui de cette princesse allemande qui, née dans un château médiéval dans le massif de Harz, élevée au sein d'une famille de souverains déchus, seule fille parmi quatre garçons, fit à 19 ans un mariage d'amour avec l'héritier de la couronne de Grèce, son aîné de 16 ans. Après avoir dû s'éloigner une première fois de sa patrie d'adoption pour cause de guerre mondiale, elle monta sur le trône le Ier avril 1947, au pire moment, alors que la guerre civile battait son plein, que les Anglais s'étaient retirés et que l'assistance américaine n'était pas assurée, et sut incarner, en se lançant à fond dans la lutte, elle qui connaissait à peine la Grèce et ne possédait encore que les rudiments de la langue (qu'elle n'a jamais pu maîtriser parfaitement) la multiple résistance contre le péril communiste tant sur la ligne des combats que sur l'arrière. Elle fut donc adorée comme aucune reine jamais ne le fut. Puis, la faveur populaire lui fut retirée ; attaquée férocement, calomniée à outrance, elle finit par personnaliser dans l'imaginaire populaire le mauvais génie de son mari, puis de son fils, tous les défauts et vices d'une royauté quasi spectrale. Veuve à 46 ans, elle vécut la mort de son mari comme une amputation à vif. Puis, quelques années plus tard, elle subit un nouvel exil. Définitif cette fois-ci. Le dernier épisode de sa vie se déroula en Inde, où elle vécut partagée entre la quête de l'unique nécessaire, but auquel elle aspirait de toutes ses forces mais pour lequel elle était somme toute peu faite, et une forte nostalgie pour la Grèce, qu'elle avait dû bien à contrecœur quitter après l'échec de son fils Constantin de renverser la dictature des colonels. Elle décéda subitement à Madrid (sa fille aînée est la reine d'Espagne), au cours d'une anodine intervention chirurgicale, alors qu'avec la complicité d'anciens serviteurs elle projetait une visite clandestine à Athènes, capitale d'une république depuis plus de cinq ans.

Elle fut jolie, fort gracieuse et d'une prodigieuse vitalité. Sa personnalité en imposait, forçant tous ceux qui la rencontraient à prendre position pour ou contre elle. À quelques rares exceptions près, ceux qui la connurent, encore mieux ceux qui pendant un moment partagèrent son quotidien, furent conquis à vie et conservèrent dans leur mémoire, outre un charme irrésistible, une grande et sincère attention de sa part à leur égard, un dynamisme léger, entraînant et gai, une simplicité avec quelque chose de juvénile et de direct dans le contact. Ceux, en revanche, qui eurent la malchance de la croiser à un moment d'emportement et d'humeur, ou lors d'une crise de hautaine et inflexible obstination (traits communs à tous les Guelfes), en furent révulsés et, si par la suite l'occasion ne se présenta plus de faire avec elle une plus ample connaissance, restèrent à jamais ancrés sur cette première et très négative impression. Ceci pour dire qu'elle fut un être à contrastes accusés, trait qui, s'ajoutant aux vicissitudes de sa vie, aurait fait de Frédérica le délice des biographes.

Son visage avait quelque chose de la mobilité, de la versatilité du ciel, capable de passer de la gravité la plus sombre, de l'expression la plus sévère, la plus dure et la plus rétractée (parfois rien que pour un effort de concentration), à la plus soudaine et délicieuse illumination des traits, et ce pour un rien, grâce au plus radieux des sourires, image même de la gaieté, de l'entrain joyeux, du juvénile aplomb, de l'affirmation positive, engageante et communicative de la joie d'exister. (Sa fille Irène hérita de cette caractéristique qui lui vient également, affirme-t-elle, de leur ascendance hanovrienne.) Un petit nez retroussé, une bouche animée et un menton fin atténuaient chez Frédérica le sérieux de la première expression, tout en augmentant l'impression de fraîcheur quelque peu espiègle de la seconde.

On eut pu s'attendre qu'une femme telle que nous venons de décrire Frédérica eût des goûts vestimentaires plutôt dépouillés. Il n'en était rien, et les modes un peu rétro des années 1950 donnaient facilement matière à son inclination – surtout en ce qui concerne les atours d'apparat – pour des robes pompeuses, surchargées, à la limite parfois du nouveau riche. Ces préférences trahissaient à la fois les origines allemandes de la souveraine, tout comme quelques traits moins sympathiques de sa personnalité, ainsi que l'idée qu'elle se faisait de sa position royale. Pour ce qu'il en était de l'ordinaire, elle créa, au début des années 50, une tenue bien à elle, que ses filles plus tard portèrent également soit lors des tournées en province (effectuées souvent dans les plus rudes conditions) soit quand elles étaient chez elles à la campagne, à Tatoï ou à Corfou. Ce costume supposé être inspiré du costume traditionnel des paysannes de l'Attique consistait en une large jupe arrivant à la mi-jambe, d'étoffe assez grossière, tissée à la main, unie ou brodée en de grandes bandes horizontales, une chemise de percale blanche à manches

63. La jeune reine.

64. Paul et Frédérica sur une photo de 1953.

65. La famille royale à Tatoï (août 1950). Le poney de Skyros qui tirait le cabriolet s'appelait Fourmis.

longues, une large ceinture en tissu à la taille et un boléro assorti à la jupe. A partir du milieu du règne, le tout fut agrémenté d'un rang de perles, duquel pendait un médaillon ovale de diamants cernant un rubis, et de longs pendants d'oreille de perles sous forme de poire. Car la reine avait la passion des bijoux. Elle n'en acheta presque pas de précieux, faute de moyens, mais aima arborer les quelques parures de famille de rang vraiment royal, héritage soit de la reine Olga, grand-mère de son mari, soit de la reine Sophie, sa belle-mère à elle et sœur de son grand-père maternel Guillaume II, le dernier empereur allemand. Elle avait aussi un faible pour les chapeaux et les coiffes à plumes que le *meltémi* grec prenait un malin plaisir à malmener.

Méditant sur elle, on eut pu croire que le trait majeur de sa personnalité était la divergence entre sa nature profonde et son caractère impulsif, emporté, « mauvais » tout en surface, qu'elle n'arrivait pas toujours à mater. Mais une observation plus attentive porterait à découvrir en elle, à un niveau plus profond, une tension, jamais atténuée et toute en son honneur, entre d'une part ce qu'elle estimait être l'expression suprême de l'humanité, à savoir l'homme contemplatif et le mystique religieux – état qu'elle cherchait sans succès à atteindre – et d'autre part la femme d'action qu'elle était, membre d'une race quelque peu inférieure des humains, à savoir la famille des rois. Le trait d'union entre ces deux composantes de sa personnalité – lesquelles se renforçaient mutuellement – était la notion de service et la volonté d'être utile au

66–67. *Lettre d'adieu et de remerciements que la reine mère adressa aux collaborateurs de ses multiples œuvres,*

dont elle céda le soin à la nouvelle reine. La lettre était accompagnée d'une photo de 1961, sa dernière photo officielle.

peuple dont elle était la reine. Son principal ennemi dans ses efforts d'atteindre la sagesse, tout comme dans l'exercice de ses fonctions de reine, était son caractère autoritaire et explosif, source d'innombrables malentendus et de mécontentements ; sans cesse irritée par une insatisfaction sous-jacente, d'autant plus qu'aucune solide éducation ne venait tempérer son humeur, qui était au contraire aiguisée par la conscience de mille ans de haute féodalité allemande. Quant à ses grands alliés, on énumérera facilement sa bien réelle bonté, sa délicatesse de cœur, son intelligence à la fois pratique et intellectuelle, son charme physique, son intuition.

Par moments elle semblait parvenir à un difficile équilibre intérieur, toujours précaire, toujours fuyant, au moyen de l'action patriotique et sociale[122], domaine dans lequel elle excella, et, quand par la suite ce moyen lui fut retiré, à travers l'étude de la philosophie, dans laquelle elle incluait la théologie et la science.

L'on comprend donc aisément l'importance vitale que représentait pour une femme comme elle, fondamentalement fragile, malgré les apparences, la présence à ses côtés d'un homme calme, solide, profond, authentiquement religieux, comme était le roi Paul, qui manifestement incarnait pour elle plus qu'un idéal et un modèle : il était son gouvernail et son ancre de salut. Et l'on devine par conséquent combien elle dut se sentir déstabilisée, désorientée, perdue lors de sa mort, survenue en 1964. À coup sûr ce furent les moments les plus éprouvants, tant pour elle, que pour son entourage. D'autant plus que dorénavant elle resterait désœuvrée, la plupart de ses devoirs et responsabilités publiques passant entre les mains de la nouvelle souveraine (Frédérica sut s'en désister avec dignité et élégance), et au comble de l'impopularité, sans jamais parvenir à en réaliser la raison. Enfin, à 46 ans, elle traversait un âge de grands bouleversements dans son corps de femme.

Les remarques faites ci-dessus impliquent forcément le rejet, sinon en bloc, du moins en grande partie, de la croyance établie – émanant plutôt des apparences, car le roi laissait souvent sa femme occuper ostensiblement le devant de la scène, puisque cela l'amusait – selon laquelle Frédérica exerça une influence déterminante sur son mari. En revanche, ses proches et les membres de son entourage assurent unanimement que, dans les petites choses, Paul la laissait en effet agir à sa guise, mais que dans les choses importantes c'était lui qui toujours tranchait, tout en discutant avec elle, souvent même en présence de leurs enfants. Cette image semble d'ailleurs être davantage en accord avec la conception de la hiérarchie qui était profondément enracinée en la souveraine, tout comme elle était conforme à son idée du rôle de la femme. Cette idée l'observa également, bien que vraisemblablement pas au même degré, à l'égard de son fils, surtout à partir du moment où celui-ci devint roi.

Elle prit personnellement soin de l'éducation de ses trois enfants, à qui elle donna le meilleur d'elle-même et en fit, avec l'aide de son mari, des êtres d'une haute et exigeante moralité, d'une large et profonde religiosité et par-dessus tout des personnalités munies d'un sens aigu de responsabilité à l'égard des plus défavorisés ; ses deux filles héritèrent également de leur mère son noble sentiment de solidarité (inclination d'essence religieuse) avec les animaux et les plantes. Et c'est justement cette fraternisation avec la création de Dieu qui fit d'elle une végétarienne et que, plus tard dans sa vie, augmenta l'attraction qu'elle éprouva pour la philosophie hindoue. Par-dessus tout, elle sut inculquer à ses enfants son propre sens du contenu de la fonction royale – sens qu'elle partageait pleinement avec le roi Paul – et qui égalait celui d'un véritable sacerdoce. Un mot le résume : servir. Servir l'État, servir la société, servir la création de Dieu, servir Dieu.

À part ces grandes bases inébranlables, le reste de son éducation ne fut pas à la hauteur ; les inévitables limitations attribuables aux goûts et aux capacités personnelles de la souveraine, à son sens des priorités, à son maigre bagage culturel, au degré de conscience qu'elle avait des exigences de son époque et de celle dans laquelle allaient vivre ses enfants, enfin à sa propre expérience de vie, ainsi qu'à ses préjugés de caste, en sont les raisons principales. Bien que de bonne heure elle commença à céder progressivement à ces filles quelques-unes de ses responsabilités afin de mieux les entraîner dans leur métier de princesses (dans ce but elle les emmenait souvent avec elle lors de ses tournées en province, afin qu'elles prissent conscience du revers de la société[123], de la chance qu'elles avaient d'être élevées dans l'aisance et des devoirs qui découlaient de leur position privilégiée), elle s'opposa à ce que celles-ci se mêlassent aux jeunes de leur âge (pour Constantin il en allait tout autrement), les cloisonna au palais, limita leur fréquentations au strict minimum et fit peu de choses pour accroître leurs racines affectives avec le pays[124].

Pire encore, à l'âge où l'enfant se crée des repères, quand se nouent des habitudes et des fidélités, elle envoya ses deux filles pour trois ans en Allemagne, à Salem, sur le lac de Constance, dans une école modèle, gérée par son propre frère ; Sophie et Irène y furent particulièrement malheureuses, tout en reconnaissant être redevables à l'« exil allemand » de deux choses : du fait qu'elles aient pu goûter à une vie normale, où leur position de princesses royales ne comptait pas (chose impossible en Grèce), et du fait d'y avoir appris à aimer la musique. En somme, Frédérica destinait ses filles à l'« exportation », visant à ce qu'elles conclussent des unions matrimoniales, comme l'usage à l'époque l'exigeait, d'un rang équivalent au leur, c'est-à-dire royal.

Quels ont été en fait les liens de Frédérica avec la Grèce et avec la grécité ? Question maîtresse dont la réponse, hélas, ne peut être que fragmentaire et partielle. En outre, il est parfois difficile de faire la part des choses entre ce qui doit être attribué à sa propre volonté de mieux connaître, de mieux comprendre le pays, et ce qui provient de sa conception concernant son devoir de reine. Pour commencer, disons qu'elle estimait le Grec capable du meilleur comme du pire – ignoble calomniateur, tout comme intrépide héros, égal d'un demi-dieu –, jugement dont personne ne peut la blâmer, l'histoire grecque étant jonchée d'actes sublimes ou ignominieux.

À lire son autobiographie, il est flagrant que l'attaque subie par la Grèce – déjà victorieuse de l'Italie – de la part de l'Allemagne fut un moment décisif dans la prise de conscience de sa nouvelle identité. L'injustice de l'agression, l'énorme disproportion des forces, la brutalité de l'envahisseur, l'héroïsme désespéré dont firent preuve les maigres garnisons des forts grecs le long de la frontière en Macédoine d'où vint l'agression (alors que le gros de l'armée combattait victorieusement sur le front albanais) suscitèrent dans son âme un véritable bouleversement, dont naquit un vif sentiment de solidarité, d'une part, avec la nation combattante et, d'autre part, d'appartenance à sa nouvelle patrie. Dans sa correspondance avec ses parents, assez enclins à s'entremettre en vue d'un compromis entre la Grèce et l'Allemagne, elle crie son admiration pour les Grecs en armes et son indignation, voire son dégoût, pour l'agresseur allemand, ainsi que sa honte d'avoir été née Allemande[125].

Et c'est donc à ce double sentiment de solidarité et d'appartenance à la Grèce, ainsi qu'à son caractère impulsif et généreux, beaucoup plus qu'à un calcul politique que l'on doit attribuer sa requête spontanée et téméraire, adressée, en septembre 1944, au roi Georges II, de lui permettre de rejoindre les forces de résistance armées (non communistes) en Épire, demande qui fut rejetée à la fois par le roi et par son mari[126] ; en fait Frédérica proposa de remplacer son mari, à qui le roi, ou plutôt les Britanniques, avaient également interdit, un an auparavant, de s'engager dans l'armée résistante de Napoléon Zervas. Dans les années suivantes, la multiple expérience acquise lors de la guerre civile, où la reine partagea tant de moments forts avec les soldats et le peuple, dut approfondir encore davantage ses attaches avec le pays ; y contribuèrent également ses nombreuses visites en province, et en particulier dans les zones les plus pauvres et les plus sinistrées ; elle eut la chance de parcourir une Grèce dévastée certes, mais aux paysages intacts.

Elle avait un faible pour l'Épire où elle faisait de courts mais réguliers séjours (résidant habituellement au monastère de Vella) et dont elle aimait peindre les paysages. Car, on a omis de le dire, Frédérica avait un certain don pour la peinture. Elle aimait aussi, elle qui avait si peur de l'avion, les traversées de la mer Égée, souvent par temps houleux, tête-à-tête avec son mari, à bord d'une vedette de la Marine Royale que le roi dirigeait en personne. De même appréciait-elle

68–70. Instantanés d'une tournée à Magne (Laconie) au printemps de 1960.

les randonnées en province, en jeep aux côtés de Paul, presque sans escorte (car le roi, conduisant très vite par des chemins impossibles, finissait à chaque fois, en faisant un peu exprès, par semer sa suite), ou ces brèves escapades, en jeep ou en voiture décapotable, depuis Tatoï ou Mon Repos à Corfou, au cours desquelles ils avaient parfois le bonheur d'échanger quelques mots avec un berger rencontré sur le bord de la route, ignorant (à cette époque d'avant la télévision) l'identité de ses interlocuteurs.

Elle aimait également se rendre, incognito, avec la complicité du majordome de son mari qui lui servait de chauffeur et dans une voiture sans plaques d'immatriculation de la Cour, camouflée derrière des lunettes noires, un fichu à la tête, sans ameuter le service de sécurité (le difficile était de franchir le portail du Palais) dans les quartiers déshérités dans la périphérie de la capitale ou du Pirée, afin de se rendre personnellement compte des condi-

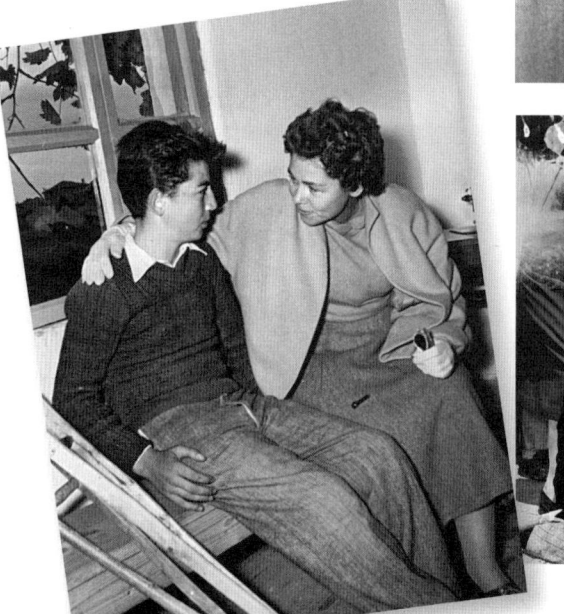

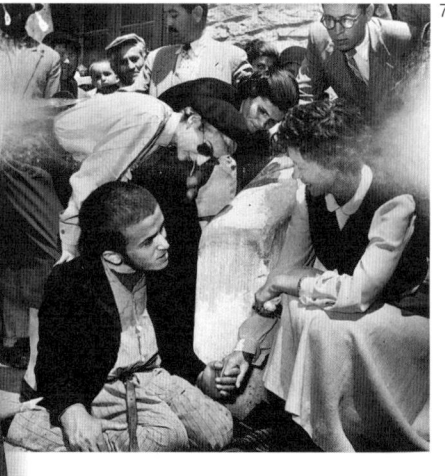

tions réelles de vie de la population et essayait d'y apporter réconfort et secours, selon le cas. Enfin, quelques rares fois, une vedette de la Marine de Guerre partait sur ses ordres pour conduire auprès d'elle, depuis la Sainte Montagne d'Athos, tel père spirituel de renom, que la souveraine aimerait écouter et avec qui elle voulait discourir. Son intérêt porté sur l'Inde spirituelle montra par la suite que sa soif de vérité n'a point été étanchée en Grèce, sinon par l'orthodoxie, du moins par ceux de ses représentants que la reine avait conviés pour s'entretenir avec eux.

71–77. Instantanés tirés de l'action sociale de la reine Frédérica partout en Grèce au cours de la décennie 1947–1957.

Les contacts humains dus au hasard sans aucun doute l'enrichissaient, et elle éprouvait une réelle admiration pour les gens du peuple (la seule vraie noblesse en Grèce, aimait-elle dire) qu'il lui arrivait de rencontrer, toujours si généreux, parfois même si nobles et si justes, en dépit de leur grande pauvreté. Dans ces moments de communion, d'où, à chaque fois, elle revenait comme ressourcée, elle était sincère en affirmant qu'elle était née barbare et que la Grèce l'avait civilisée. Une autre source pour elle de connaissance des Grecs était son contact quotidien avec le personnel du palais, ainsi que, dans une moindre mesure, le contact avec les gens vivant en permanence dans la propriété de Tatoï, avec qui, tout comme avec ses serviteurs, elle entretenait d'excellentes relations ; tous ceux parmi eux que l'auteur de ces lignes a pu rencontrer ont conservé de Frédérica un souvenir reconnaissant et ému.

Enfin, lors de l'exil final, et au fil des années qui passaient sans rien apporter d'encourageant pour la cause royale, une forte nostalgie de la Grèce s'était emparée d'elle, au point que, malgré l'atmosphère hostile qui y régnait, elle songeait sérieusement à y effectuer une visite incognito, bénéficiant de l'hospitalité que lui offrait, dans son modeste appartement athénien, l'ancien et très loyal majordome de son mari, complice de ses escapades de jadis dans les quartiers défavorisés de la capitale.

Et puis, comme toujours, il y a le revers des choses. Là encore, parvenir à être juste, essayer de comprendre, trouver une explication qui ne trahirait point la vérité, toujours plus complexe qu'on ne l'imagine, est une entreprise peu aisée. Le premier point négatif qui pourrait venir à l'esprit est le peu d'intérêt que la reine montra en vue d'améliorer sa connaissance de la langue grecque, sans laquelle pourtant elle restait fatalement condamnée à une certaine extériorité par rapport à l'âme collective populaire, à une superficialité de pénétration, de sensibilité, de connaissance et de vues. Le plaisir de la littérature, de la poésie, lui étaient donc peu accessibles, et l'on sait que les longs services religieux, dont le roi Paul se délectait, la fatiguaient, parce qu'elle ne saisissait pas tout le sens des paroles de la langue liturgique si riche. À l'opposé encore de son mari, elle connaissait peu l'histoire grecque, ancienne ou récente – elle en avait une vision simplificatrice – et montrait peu d'enthousiasme pour s'initier au dédale de l'histoire politique moderne, sans laquelle pourtant bien de facettes de l'actualité échappaient à sa compréhension ou risquaient d'être mal interprétées par elle.

À vrai dire, elle aimait peu l'étude systématique, qui était un exercice auquel elle n'avait jamais était rompue ; impulsive, elle se laissait aller à la passion ou à l'intuition du moment. D'où les simplificatrices tangentes intellectuelles qu'elle défendait avec passion et autorité dans sa conversation avec des spécialistes et qui faisaient parfois perdre pied à ses interlocuteurs, quand ils ne les exaspéraient pas.

D'ailleurs, Dieu excepté, ce qui comptait pour elle c'étaient les êtres humains, les gens qu'il fallait gagner à soi ou secourir s'ils étaient dans le besoin – besogne colossale, le reste lui importait peu[127] ; témoigne de cela le peu de soin qu'elle prit pour le rassemblement puis la conservation d'archives (attitude, à vrai dire, très grecque !), y compris celles de ses propres œuvres caritatives. Et elle aurait pouffé au nez de quiconque lui aurait dit que dans ces documents méprisés résidait sa renommée, révélée et redressée par l'historien de l'avenir.

Comment expliquer de la part de quelqu'un de si dévoué à la Grèce son refus d'accepter l'hellénisation de la dynastie par le sang ? Était-ce par calcul

78. *La reine Frédérica en Épire (1960).*

79. *Tournée de la reine en Macédoine occidentale. Derrière le chauffeur, Alexandra Méla, responsable de l'œuvre de la « Providence royale » et bras droit de la reine.*

politique, dans le sens où pleinement s'helléniser signifierait pour le roi de descendre à l'agora, perdre son rôle d'arbitre et, ce faisant, annuler la raison d'être de la royauté ? Ou bien dans le sens où fatalement les liens matrimoniaux, rendant très proches certains membres de la société grecque plutôt que d'autres, provoqueraient des mécontentements, des tentatives d'ingérence, des tentations de pouvoir et aboliraient la distance recherchée entre la famille royale et la nation qui la considérait à la fois comme intimement sienne et fondamentalement différente, donc seule apte, en un certain sens, à régner sur elle ? Nul ne sait si jamais ces pensées effleurèrent l'esprit de Frédérica. Ce qui, en revanche, est plutôt certain c'est qu'elle agissait conformément à la logique raciale de sa caste, qui considérait comme inapte de faire partie du cercle étroit des rois quiconque n'était pas de sang royal. En être membre était, au contraire, un tel privilège, qui méritait que l'on sacrifiât, si besoin était, son individualité. Sur ce point, la féodale qu'elle était aussi, dotée d'un « pedigree » des plus anciens et des plus purs d'Europe, et pour qui s'unir avec un roturier était forcément déroger et déchoir, avait le dessus sur la personne qui, tout aussi sincère, croyait en l'absolue priorité du spirituel dans la vie et s'inclinait, dans les tréfonds de son être, devant la grandeur morale d'un vieux paysan croisé au hasard ou d'une femme rencontrée dans sa bicoque chaulée de réfugiée et qui lui avait ouvert généreusement sa porte et son cœur, sans se douter qu'elle avait devant elle la reine.

Ses heures de gloire furent indiscutablement les années de la guerre civile, pendant lesquelles elle sut se dépenser sans compter et offrit au pays le meilleur d'elle-même ; rien de paradoxal si ce surmenage soudain provoqua en elle une remarquable transformation physique et comme une floraison. À regarder ses premières photos en Grèce, avant la guerre, tout comme des courts métrages tournés immédiatement après le retour de la famille royale en 1946, Frédérica manquait d'assurance et avait quelque chose de gauche, d'éteint dans le regard et de compassé dans le mouvement. Par la suite, sa haute et exigeante conception du devoir royal, la conscience d'une noble et périlleuse mission à accomplir, la certitude d'être utile à son pays à un moment des plus cruciaux de son histoire, la nécessité de faire face à mille problèmes naissant quotidiennement, la confrontation avec diverses tragédies humaines et, par-dessus tout, l'amour et la reconnaissance de la part du peuple, pour lequel elle se démenait, provoquèrent un vif épanouissement de toute sa personnalité et firent d'elle cette femme dynamique, efficace et séduisante que l'on vient de décrire. *L'assistance active envers la société*, devait-elle dire plus tard, *faisait de toute façon partie des devoirs découlant de ma position. Mais ce furent les terribles tribulations que mon peuple eut à subir pendant la dernière guerre, ainsi que les souffrances sans nombre provoquées par la rébellion communiste, qui transformèrent ce devoir en mission et en but de toute ma vie* [128].

Jamais elle ne fut plus naturelle, et peut-être même, d'une certaine façon, plus vraie, que lorsqu'en galoches, ou en souliers plats, avec un imperméable porté par dessus un simple deux pièces, elle visitait les différentes œuvres et institutions de la « Providence Royale »[129] et tout particulièrement les « Cités d'enfants », où se trouvaient cantonnés, vivant dans de bonnes conditions d'hygiène, encadrés par un personnel trié avec attention, des dizaines de milliers d'enfants, retirés des régions les plus exposées pour qu'ils ne fussent enlevés par la guérilla communiste, ou dont les parents s'étaient enfuis de l'autre côté de la frontière. En ce qui concerne ces derniers, la reine veillait à ce qu'ils ne souffrissent d'aucune discrimination, sans parvenir toujours à se faire entendre. Naturelle et vraie l'était aussi, lorsqu'exténuée, après avoir traversé des régions rendues sauvages par la guerre, en s'arrêtant sur son parcours à chaque pas pour recevoir une supplique ou écouter le récit de malheurs de la part des paysans, elle conduisait la danse (elle dansait admirablement bien sur ses airs qui devaient résonner si étranges et si étrangers à ses oreilles) sur les places des villages ravagés, afin de remonter le moral d'une population abattue par trop de maux.

Véritable Evita Peron de la Grèce, intrépide, infatigable, jamais à bout de ressources morales, jamais à bout d'inspiration, parcourant de bout en bout le pays ensanglanté, modèle de prouesse, de témérité souvent et d'abnégation parfois, elle mit au service de la cause nationale ses indiscutables dons d'intelligence et de séduction. En assumant avec passion son rôle, ou plutôt son sacerdoce de femme et de reine, elle sut, en se penchant sur des milliers de situations humaines dramatiques, inspirer (grand nombre de dames de la bonne société se portant volontaires lui offrirent leurs services, choix qui pour certaines s'avéra fatal, car elles y laissèrent leur vie), consoler, insuffler l'espoir ; sans toujours pouvoir apporter la solution souhaitée aux problèmes qui remontaient jusqu'à elle, elle sut, dans un monde inhumain, déchiqueté, sanglant, où le nécessaire faisait défaut, rendre à l'inévitablement cruel état de guerre un visage humain et aimant, un visage de compassion, dans la proximité et le partage. Elle devint donc rapidement l'idole populaire par excellence, comme la royauté grecque n'en avait pas vu depuis le temps de Constantin Ier. En revanche, elle fut exécrée par ses adversaires, exaspérés par les ravages que sa séduction provoquait dans leurs rangs. Faire face au malheur était sa vocation, et jusqu'à la fin de son règne, après chaque catastrophe naturelle (et il y en a eu tant, la Grèce étant, entre autres, régulièrement éprouvée par des séismes destructeurs), elle accourait auprès des sinistrés, apportant, avec son charme, son énergie et son efficacité habituelles secours et consolation ; Frédérica était la reine des situations extrêmes.

Trop de popularité dans un pays méditerranéen aux esprits promptement inflammables et aux institutions perpétuellement boiteuses est nuisible tant au fonctionnement des institutions de l'État, qu'aux personnes qui sont l'objet de l'adoration populaire. Un politicien parvenu au faîte de la popularité peut toujours sombrer dans l'oubli, pour un temps ou pour toujours, à la suite d'un malheureux tour de scrutin, tout comme il peut, conscient du péril qu'il encoure, soigner son image et essayer de faire remonter sa cote auprès de l'opinion. Au fond, tout le système est là pour le servir et il dispose d'une gamme d'actions de maniement et de contrôle variée et étendue. En fin de compte, c'est l'opinion qui le juge, c'est elle qui cause son succès ou prononce le verdict de son échec par des résultats électoraux renouvelés, tangibles et concrets.

En revanche, le souverain d'un pays à régime parlementaire n'avait à l'époque ni cette liberté de mouvements, ni la possibilité de tâter à tout moment l'opinion. Inamovible, proéminent, sacralisé par le mythe royal, entouré de mille signes de respect et de vénération feinte ou vraie, il était non seulement incapable de se défendre en cas d'agression sans l'appui du gouvernement et d'une large faction du monde politique, mais encore se trouvait-il dans l'impossibilité de sonder directement les sentiments du peuple à son égard. Il était donc susceptible, plus que tout autre, de perdre contact avec la réalité, de se considérer comme au-dessus de toute atteinte et de don-

80–83. Instantanés de l'action multiple de la reine Frédérica. En bas, à gauche, elle s'adresse à Alexandra Méla au cours d'un congrès de cadres de la « Providence royale ». En bas, à droite, détail de la visite officielle du couple royal en France (1956).

ner, par conséquent, tête baissée, dans tous les pièges tendus par les amis ou les ennemis de la Couronne. Dans ce contexte, les pouvoirs considérables que la Constitution grecque conférait au roi étaient autant d'écueils, contre lesquels le régime menaçait de se briser, car ils augmentaient les risques de glissement vers l'utopie, tout comme ils constituaient une tentation permanente d'immixtion, d'intervention et d'ingérence dans l'exercice même du pouvoir, tentation à laquelle, sauf dans des situations urgentes et extrêmes où elle pourrait s'avérer salutaire, le souverain devait particulièrement veiller à ne pas succomber. Il devait aussi se dire que, en dépit des marques de déférence et d'amour dont il est l'objet, en dépit des sermons d'obédience et de fidélité qui n'ont de cesse, il n'a jamais suffisamment d'amis et d'alliés. Le terrain est encore plus glissant, plus miné, quand il s'agit d'une femme.

Frédérica était trop excessive, trop populaire en ces temps-là, trop occupée, peut-être même trop sûre d'elle-même, et certainement trop Allemande, pour tenir compte de ces précautions élémentaires. Adapter son image publique à la situation du pays qui petit à petit se redressait était de sa part un exercice mental et pratique quasi impossible à réaliser, compte tenu de son caractère éruptif et du fait qu'elle s'était tant dépensée durant la guerre. Elle qui n'a jamais fléchi devant aucune difficulté et qui constamment s'exposa à tant de périls, elle dont le dévouement passionné pour le pays suscitait la reconnaissance de tout un peuple, comment pourrait-elle désormais limiter son action à l'inauguration d'expositions florales, se plier à des règles prescrites et s'effacer devant des politiciens qu'elle estimait peu et dont la plupart brillèrent par leur absence aux moments les plus cruciaux de la crise qui risqua de tout emporter ? En outre, elle ne semblait aucunement prendre en compte des données à la fois les plus rudimentaires et les plus essentielles, telles le vif penchant du Grec pour l'égalité ou sa forte inclination, à partir de 1922, en faveur de la Gauche.

Elle poursuivit donc imperturbablement, admirable jusqu'au bout, ses différentes initiatives sociales (que, désormais, la reconsolidation de l'État rendait progressivement moins urgentes, voire moins nécessaires) et continua à sillonner la province, dans un appareil moins dépouillé que par le passé, l'infrastructure s'étant entre temps améliorée, tout comme l'étaient les finances de l'État. Grâce à l'accueil chaleureux que lui réservait la population, elle rentrait confortée, reconfirmée dans ses convictions et enfoncée un peu plus dans ses certitudes paternalistes et féodales. Cette situation l'empêchait évidemment de réaliser à quel point le monde autour d'elle changeait, d'autant plus que, petit à petit, une nouvelle génération, la première de l'après-guerre, atteignait l'âge adulte. Celle-ci, d'une part se débattait toujours dans de sérieuses difficultés économiques, ne trouvant parfois d'autre issue de survie que dans l'émigration (en Allemagne ou en Australie) et d'autre part commençait à rechigner devant l'autoritarisme des différents gouvernements de Droite (1952–1963) et plus encore devant la mentalité discriminatrice et le comportement arbitraire, voire brutal, de la part des cadres de l'administration et des services de sécurité contre quiconque était soupçonné de sympathies dans le champ de la Gauche.

Accuser le sommet de l'État, à savoir le Palais, de cette situation était chose logique ; éclabousser la réputation de la reine, encore populaire, de toute sorte de méfaits, afin de mieux dénigrer le régime à travers elle, était logique aussi, d'autant plus que Frédérica donnait l'impression (et ses manies ostentatoires fatalement plaidaient contre elle), que mille rumeurs semblaient confirmer, qu'elle ne dédaignait pas d'emprunter les couloirs avilissants de la politique. La scène typique, dans presque tous les films cinématographiques de l'époque, du passage forcé des protagonistes par le bureau d'un officier de police ou de gendarmerie (type populaire, d'habitude sympathique, compréhensif et conciliant), sur les murs duquel figuraient, bien en vue, les photos officielles du couple royal, attestent de ce rapport étroit établi par l'opinion entre la royauté et le régime musclé d'alors.

Ceci dit, il serait absurde de prétendre que, au lendemain d'une longue et sanglante guerre civile, avec une Gauche matée certes, mais toujours imposante, un pays dévasté, et donc socialement instable, un voisinage balkanique hostile de tous côtés, et tout cela sur fond de Guerre Froide, que le chef du pays, qui était aussi le chef du camp des vainqueurs, se montrât tolérant à l'égard des anciens rebelles, qui étaient prêts, rappelons-le, si l'occasion se présentait à nouveau, de reprendre les armes. Tout, dans cette époque de haine exacerbée, allait dans le sens opposé à la fraternisation des deux camps, et, le roi l'eût-il voulu, la société (fanatisée pour avoir eu très peur, pour avoir beaucoup souffert et pleuré ses propres morts par dizaines de milliers) ne l'eût pas accepter. Mais il serait également contraire à la vérité que d'attribuer spécialement au Palais l'initiative de la politique de persécution qui sévissait contre les partisans de Gauche, d'autant plus que le couple royal, particulièrement sensible sur cette question, œuvra, dans les limites certes relativement étroites des institutions qu'il patronnait et sans se départir de son anticommunisme (le communisme constituant pour le roi, comme pour sa femme, une sorte de religion du mal, dont il fallait « sauver » les adeptes), dans le sens de la concorde.

Le roi Paul, sincèrement préoccupé du sort des très jeunes parmi les détenus communistes, dont nombreux étaient cantonnés, après l'arrêt des combats, dans les différents secteurs de la Fondation Nationale qu'il avait créé, entre autres, afin de leur épargner le bagne, multiplia les admonestations (dont certaines irritèrent l'opinion) dans le sens de la compassion et de la réconciliation au nom de la patrie commune. Ses paroles, issues du même esprit de compassion, tout comme de la volonté d'aider ces jeunes à se réintégrer à la société, concordèrent parfaitement avec les directives données par la reine au personnel des Cités d'enfants. Et il faudrait ajouter, pour compléter le tableau, que dans ces sombres années de haine, de vengeance et de discriminations plus ou moins injustes (mais compréhensibles jusqu'à un certain point), le palais royal fut peut-être la seule institution grecque à ne pas avoir cédé à la tendance générale de persécution contre la Gauche, et donc à ne pas avoir procédé à des épurations des éléments antiroyalistes ou de gauche ; la même chose s'était produite lors de la restauration en 1935, avec les vénizélistes qui conservèrent leurs postes d'avant 1923. Le couple royal y veillait personnellement. L'ex-roi Constantin raconte souvent avec émotion que, lors d'une pénible tournée en jeep en Macédoine, à laquelle participait lui-même de même qu'un haut dignitaire gouvernemental, sa mère se vit arrêtée en pleine campagne par une femme en haillons qui supplia la reine de l'emmener avec elle, car elle avait tout perdu. « Méfiez-vous, Majesté, lui dit le ministre, il s'agit certainement d'une communiste. » Frédérica explosa de colère et le ministre en question faillit se trouver éjecté du convoi, alors qu'on fit monter la malheureuse dans la jeep qui suivait.

Mais nous voici encore dans des situations extraordinaires et devant des hauts faits d'exception, qui, le calme revenu, touchaient de moins en moins une partie non négligeable de la société grecque, dont ceux qui, luttant pour émerger dans un présent économique difficile, partageaient d'autres vues sur l'avenir du pays et avaient d'autres priorités et d'autres urgences à satisfaire. L'activité débordante de l'omniprésente souveraine était perçue comme superflue et intéressée, comme une déviation du régime, comme un affront de plus porté à la démocratie, même de la part de ceux qui dans un passé très proche cherchèrent à détruire les institutions démocratiques. La façon d'agir et de se comporter de Frédérica heurtait les sentiments. Aussi se mirent-ils à prêter avec complaisance attention aux rumeurs, souvent sans fondement, qui circulaient sur le compte de la reine, chacun, de bouche à oreille, y ajoutant du sien, ainsi qu'aux attaques, le plus souvent calomnieuses, que colportait une partie de la presse. Même sa vie privée, pourtant exemplaire, ne fut épargnée. Face aux agissements de cette gente, la reine était impuissante ; elle était désarmée devant la calomnie. L'œuvre immense accomplie par elle au vu et au su de tous n'avait, selon ses adversaires, d'autres motifs que la propre publicité de la reine, tandis que les fonds assemblés, fruits de collectes ou de taxes particulières, destinés à l'entretien et au développement des différentes institutions caritatives, étaient attaqués comme étant déviés vers sa cassette personnelle !

Son œuvre, tout comme sa façon d'être et sa personnalité rebutaient soit ceux que le mythe royal ne touchait pas, soit ceux qui étaient carrément opposés au régime ; par conséquent, tout ce que Frédérica entreprenait, animée des intentions les plus pures, se retournait invariablement contre elle, dans un malentendu complet, point dépourvu de mauvaise foi et de malveillance, de la part de certains, du moins, de ses adversaires. Il faut dire que parfois elle dépassait la mesure, elle prêtait flanc, sans y prendre garde, aux critiques et, ce faisant, elle nourrissait sa propre légende noire. Tel fut le cas (à nos yeux invraisemblable, mais néanmoins intéressant, puisqu'il démontre à quel point un certain sens politique lui faisait parfois défaut) des adoptions, patronnées par la reine mais effectuées avec le concours du ministère de l'Assistance Sociale, de certains enfants sans ressources, orphelins de père et de mère, par des familles américaines triées avec soin. Il ne suffisait que de peu pour que cette initiative, qui se voulait philanthrope et qui en outre reçut l'assentiment du gouvernement et s'effectua avec le concours des services sociaux officiels, fut saisie par la propagande antiroyaliste et antigouvernementale, et que, déformée, pervertie, salie, fut retournée en l'accusation incroyable et pourtant à l'époque largement adoptée, selon laquelle la reine vendait, pour son profit personnel, des enfants aux États-Unis !

Calomnie et propagande mises à part, on ne peut que déduire qu'il s'agissait de deux mondes différents, condamnés à l'incompréhension mutuelle. Rien n'illustre mieux ce fatal et durable malentendu, que l'initiative royale de la remise, par un des membres de la famille régnante, de livrets d'épargne aux enfants de familles pauvres, leur permettant, grâce à un versement initial gratuit, d'amasser, petit à petit, un petit pécule qui leur rendrait (comme effectivement ce fut très souvent le cas) service plus tard dans leur vie. L'idée, bonne en soi, fut malheureusement réalisée dans le cadre de cérémonies anachroniques, bien que sans pompe, qui mettaient en exergue le côté paternaliste de la royauté. Dans tout cela l'homme populaire, qui baignait dans la foi royaliste, n'éprouvait la moindre gêne, mais pour bien d'autres de pareilles scènes avaient un élément qui choquait, dégradant et humiliant, en ce qu'il accusait l'inégalité des conditions et renforçait, par la reconnaissance suscitée, les liens personnels d'obédience : les blessures d'amour propre sont de celles qui ne se cicatrisent pas.

Avec cela il y avait chez la reine des passions tenant de l'autre versant de sa personnalité. Toujours présentes en elle, elles devinrent plus intenses avec le temps, soit qu'elle fût bercée par l'illusion que la partie était définitivement gagnée, soit qu'elle pensât qu'il ne s'agissait que d'une récompense méritée, après un dur labeur patriotique. En revanche, ce qui est surprenant, c'est qu'au fond d'elle-même elle dut les rejeter, comme opposées à son idéal humain. Et cependant, elle y fonçait parfois tête baissée, poussée tantôt par une sorte de folie des grandeurs, tantôt par une convoitise, liée peut-être à une certaine peur de manquer.

Et c'est ainsi qu'elle introduisit dans le cérémonial de la Cour (depuis toujours si dépouillé) l'obligation pour les dames de saluer la reine non seulement en s'abîmant dans une quasi-génuflexion – ce qui à l'époque était d'usage dans toutes les cours européennes à l'égard des personnes royales – mais d'y ajouter un baisemain, d'après une vieille tradition aulique allemande. Cette exigence puérile, surannée, inutile, irritante et, tout compte fait, inapplicable et restée effectivement inappliquée provoqua des commentaires nuisibles au prestige de la royauté et plus particulièrement à celui de la reine (le roi ne prêtant en fait à ces marques extérieures de subordination et de respect qu'une faible attention). Comment pouvait-elle émaner d'une personne indiscutablement intelligente, si ce n'est que parce que celle-ci se trouvait sous l'emprise d'une passion monarchique d'un temps révolu ?

En essayant de tracer avec le moins d'écarts possibles le contour d'une personnalité aussi antinomique que celle de Frédérica, ajoutons aux paradoxes déjà cités un de plus. Comment une personne qui eut à gérer des sommes colossales sans y toucher, qui déclina avec élégance la liste civile que lui offrit, après son veuvage, le gouvernement Papandréou en train de flatter la Cour, et qui, tout compte fait, mourut presque pauvre, que cette même personne parfois s'abaissait (les cas y sont rares, mais toutefois ils existent) jusqu'à demander auprès d'un artiste ou d'une galerie d'art, et ce toujours par l'entremise d'un tiers, qu'on lui offrît telle pièce qu'elle avait remarquée. Queen Mary avait la réputation de se saisir directement de l'objet d'art ou du bijou qui attirait son attention et sa convoitise. Frédérica ne poussa pas son désir d'acquisition immédiate aussi loin, mais il faudra admettre que l'imposante épouse de Georges V – connue pour avoir été la terreur des riches particuliers auxquels elle rendait visite, et qui dissimulaient loin du regard de leur auguste hôtesse tout ce qu'ils avaient chez eux de plus précieux, susceptible de la tenter – bénéficiait des assises infiniment plus solides de la très monarchique tradition britannique. Ce qui était loin d'être le cas en Grèce. Et la nouvelle du dernier « rapt » (ou pire encore, de la dernière tentative de « rapt », car le succès n'était jamais garanti) de la reine de faire le tour du « village » Athènes, et la dite bonne société de la capitale, commère avide et médisante, de trouver une nouvelle occasion pour jaser…

Enfin il y eut la politique. Même si, comme on l'a déjà affirmé, c'était le roi qui en fin de compte tranchait, il était néanmoins clair que la reine – à qui la Constitution de 1952 concéda le statut de régente en cas d'absence ou de grave maladie du roi – s'y immisçait, avait son mot à dire et que son avis pesait. Frédérica arriva en Grèce en 1938, sous la phase donc la plus insécure de la royauté, et le fait que plus tard elle et son mari s'étaient jurés de ne jamais quitter la Grèce que dans un cercueil[130] montre bien que le couple royal, malgré toute sa popularité, ne s'était jamais entièrement départi d'un certain sentiment de précarité. Trois ans et quelques mois à peine après leur mariage survint une nouvelle absence forcée, à cause cette fois-ci de l'occupation allemande. Rentrés en 1946, ils durent, sans pouvoir reprendre souffle, faire face à la guerre civile, qui laissa le pays exsangue. Le voisinage immédiat de trois pays du Rideau de fer, qui, à plusieurs reprises et selon des modes différents et variables (dépendant du niveau de ses relations avec l'URSS), avaient prêté main forte aux rebelles communistes, était un fait plutôt alarmant dans un contexte international de Guerre Froide, laquelle risquait à tout moment de se muer en conflit mondial. Tout cela, avec, en plus, la méfiance ressentie à l'égard de l'ensemble de la caste politique, accrurent dans l'esprit du couple royal le sentiment d'insécurité et renforcèrent en lui la certitude que, pour la Grèce, la royauté était indispensable, puisqu'elle seule était en mesure de garantir la maintenance du pays au sein des démocraties occidentales, formant un bouclier solide contre le péril communiste. D'où la conclusion, déjà mentionnée ailleurs dans ce livre, qu'il fallait à tout prix à la Grèce une royauté non pas décorative, mais forte en pouvoirs politiques. Nombreux, par ailleurs, étaient ceux qui, autour de 1950, partageaient le même avis, dont une tranche importante du monde vénizéliste ; ce qui explique la raison pour laquelle, dans la nouvelle Constitution de 1952, la totalité des pouvoirs politiques royaux (accordés par les constitutions précédentes de 1864 et de 1911) fut maintenue.

Une royauté forte n'est libre de ses mouvements que lorsqu'elle s'assortit de gouvernements relativement faibles, produits souvent d'éphémères et instables coalitions, tels qu'un scrutin à la proportionnelle peut souvent générer. Voici peut-être la raison pour laquelle le Palais se montra favorable à ce type d'élections, malgré le fait que celui-ci fut en partie responsable de la stagnation du pays et de sa difficulté manifeste à reprendre le dessus après la fin des hostilités à cause de l'instabilité gouvernementale et de la fréquence des élections. Cet état de choses se prolongeant, finit, en 1951, par irriter les États-Unis non seulement parce qu'il risquait d'anéantir la substantielle aide matérielle du plan Marshall généreusement accordée à la Grèce, mais encore parce qu'il fragilisait dans le sud des Balkans les défenses de la toute récente Alliance Atlantique. La réaction du gouvernement de Washington fut de proportion et se manifesta par le déclenchement d'une virulente campagne

84. Le maréchal Alexandros Papagos.

de presse contre la situation politique en Grèce, particulièrement violente, voire injurieuse à l'endroit du roi. En Grèce même, la crise prit l'allure d'une violente dissension entre le couple royal et le maréchal Papagos[131], homme à qui le Palais était très redevable, mais qui, fort de sa grande popularité et conscient aussi du fait que l'opinion, lasse de tant d'inefficacité dans la gestion de l'État, désirait enfin un gouvernement fort, aspirait à présent à un pouvoir non disputé que seules des élections selon le mode de scrutin majoritaire (remplaçant celui à la proportionnelle, valable depuis 1946) était en mesure de lui garantir. La visite officielle du couple royal aux États-Unis – où la reine fit sensation – symbolisa le retour à la normalité, le retour au bercail. Entre temps, l'instauration du scrutin majoritaire à un tour avait abouti à la formation d'un premier gouvernement fort (de Droite), présidé par Papagos, qui fut suivi, après la mort du maréchal survenue en 1955, par celui de Constantin Caramanlis jusqu'en 1963.

Sans trop nous attarder sur des questions traitées plus amplement ailleurs dans cet ouvrage, disons quelques mots à propos des trois lignes majeures que suivit la politique du Palais durant le règne de Paul Ier : a) l'étroite dé-

235

pendance des États-Unis ; b) la volonté de contrôle exercé par le roi sur les forces armées et c) l'appui de sa part des gouvernements centristes.

L'allégeance observée à l'égard des États-Unis s'inscrivit dans la logique tant de la guerre civile (emportée grâce au massif appui américain) que du contexte régional et international de l'époque. Il était impératif, pour des raisons géopolitiques concernant le monde occidental dans son ensemble, tout comme pour des raisons de politique intérieure, que la Grèce se plaçât, aussi docilement que possible, sous l'aile protectrice de la plus puissante nation dominant l'Occident, alignement qui pour la reine (et point seulement pour elle) allait de soi[132]. Ce qui en revanche paraît paradoxal, car il se place en parfaite contradiction avec les racines européennes et les goûts féodaux de Frederica, est que celle-ci a également été une ardente adepte de la culture, de la mentalité et des valeurs américaines ! Sa déception fut à la mesure de sa foi naïve, lorsque sa franche et loyale Amérique lâcha en 1967 sans tergiverser son fils, le roi Constantin II, et lui préféra la junte des colonels !

Sous la houlette des États-Unis fut également réalisée l'entente tripartite réunissant la Grèce, la Yougoslavie et la Turquie (pays où le couple royal effectua, en 1952, sa toute première visite officielle à l'étranger depuis son accession au trône), alliance qui fut dynamitée, en ce qui touche cette dernière, par l'affaire chypriote, avec l'aide vengeresse de l'Angleterre. Ce qui en revanche dut moins réjouir les États-Unis fut l'engagement de la Grèce dans le processus d'entrée au Marché Commun, entamé dès 1961, grâce à Constantin Caramanlis qui, en ce domaine, voyait loin et cherchait à contrebalancer le monopole américain en ancrant la Grèce dans une formation européenne prometteuse. Cet engagement qui, de surcroît, n'entraînait pas dans l'immédiat de sérieux changements de cap, eut dès le départ l'aval du Palais – le chaleureux passage dans le discours officiel du roi pour le Nouvel An 1962 en témoigne.

Fidèle à la tradition établie à partir de 1922, selon laquelle quiconque contrôlait l'armée, dirigeait en fait le pays (ce qui équivaut à affirmer que l'on ne pouvait gouverner la Grèce sans l'assentiment des militaires), le Palais fit des forces armées un des piliers les plus solides du régime et insista pour y exercer une surveillance absolue, tissant avec le corps des officiers des liens affectifs étroits ; le roi n'était-il pas, par ailleurs, l'officier par excellence en tant que chef de l'armée ? Selon le point de vue du Palais, une armée au prestige rehaussé (chose facile en Grèce, où l'armée est, de toute façon, populaire), aux cadres bien entraînés, pro-occidentaux et farouchement anticommunistes, constituait la meilleure contrepartie afin de contrebalancer au sein de l'électorat le poids d'une minorité non négligeable de Gauche pouvant intervenir, en cas de nécessité, afin de sauvegarder la position pro-occidentale du pays et garantir son maintien au sein de l'Alliance Atlantique. L'armée donc (déjà épurée en 1935 de ses éléments vénizélistes, puis, pendant les premières phases de la guerre civile, de tous ceux qui soit aspirèrent à l'instauration d'une république, soit lorgnaient vers la Gauche) devint, en grande partieaprès la fin de la guerre civile, l'affaire du roi, ainsi qu'un des principaux supports de l'État de la Droite.

Néanmoins, fidèle à son ancienne tradition d'insoumission civique face aux institutions étatiques non militaires, forte de son prestige que lui conférait sa victoire, l'armée toléra le développement en son sein de groupes aux tendances ultras, qui finirent par projeter leur traditionnelle défiance à l'égard des politiciens de tout bord (et ce par excès de fidélité à la Couronne) sur la personne même du roi, trop assujetti à leurs yeux à la lettre de la constitution, trop gêné dans ses mouvements par des politiciens déloyaux, enclins à de dangereux compromis, qui mettaient la Grèce en péril. Bien que le coup d'état militaire du 31 mai 1951 (supposé destiné à porter Papagos à la présidence du Conseil) fut étouffé dans l'œuf par le roi et par le maréchal lui-même et fit par conséquent peu de bruit dans l'opinion, la persistance ou même l'apparition de groupuscules et de réseaux d'éventuels conspirateurs[133], plus ou moins clandestins, bénéficia de la complaisance du régime, soit parce qu'ils furent jugés anodins, soit parce qu'ils étaient considérés comme anticommunistes et pro-occidentaux, et donc faisant, malgré tout, partie de la famille.

Le système qui assurait la position maîtresse du Palais au-dessus des forces armées ne fut pas remis en cause avant la fin du printemps 1965, à savoir sous le règne suivant. C'est qu'entre temps la situation au sein de l'armée s'était à nouveau altérée, sans que le Palais, bercé de ses illusions et rassuré grâce à la fidélité apparente dont il jouissait, parût en prendre note. En effet, tant la crise des années 1965–1967 que les profondes divergences apparues au sein de la junte à propos de la royauté, après le putsch d'avril 1967, révélèrent clairement – autre déception de taille pour la famille royale – l'existence parmi la nouvelle génération d'officiers d'éléments (assez nombreux dans l'armée de terre) dont les liens avec le Trône s'étaient passablement relâchés.

Aux petites heures de la nuit du 20 au 21 avril 1967, les habitants du quartier résidentiel de Psychico se réveillèrent en sursaut par le vrombissement d'un char d'assaut, qui vint s'arrêter devant la porte d'entrée de la villa de la reine mère. Frédérica, qui était rentrée assez tard de Tatoï, après une séance cinématographique dans la salle de projections du palais, dormait. La première pensée de la reine fut que quelque chose de désagréable était en train de se passer à Athènes et que le gouvernement jugea bon de prendre à son égard cette mesure de protection. Puis, réalisant que le canon du char était dirigé non pas vers l'extérieur, d'où normalement viendrait le danger, mais vers la maison, elle enfila à la hâte une robe de chambre et se précipita à l'entrée. Ce faisant, elle essaya de communiquer avec son fils ; sans succès, car les lignes téléphoniques étaient coupées.

Sur le pas de la porte un jeune officier, au garde-à-vous, l'assura qu'il était là pour veiller à sa sécurité, et qu'elle n'avait à avoir aucune crainte, mais que par prudence, étant donné que des troubles avaient éclaté en ville, il fallait mieux qu'elle restât chez elle. Autrement, il serait désolé de devoir l'empêcher de sortir ; les ordres reçus étaient formels. Elle le somma de s'en aller, lui et son char. Elle n'avait pas besoin d'être défendue. Et elle irait quand même voir le roi. Il continuait à la dévisager, toujours immobile, toujours au garde-à-vous, sans néanmoins exécuter ses ordres. Très en colère, Frédérica monta dans sa chambre, sonna qu'on lui apporta ses décorations, choisit celle qu'elle avait obtenue après un haut fait pendant la guerre civile et, redescendant à l'entrée, brandit l'insigne à la face du jeune officier en lui criant que, lorsque lui était encore dans les langes, elle avait mérité cette suprême distinction de guerre ; le jeune homme restait toujours sur le seuil sans broncher, tendu dans son salut militaire. Les larmes lui étaient montées aux yeux, pourtant il ne se retira pas ! La reine, humiliée, dut battre en retraite.

Assuré du soutien américain et supposant contrôler l'armée, le Palais préférait à celle d'une Droite pure et dure la présence au pouvoir d'un gouvernement centriste[134] ; son but était d'établir une sorte de rotation entre la

Droite et le Centre, sans encourir le danger d'une dérive, ainsi que d'élargir sa propre assise politique – la droite lui étant de toute façon acquise – par la section la plus large possible du centre, de préférence du centre anciennement républicain. L'ultime objectif que visait ce choix politique était d'isoler la Gauche pestiférée.

Le Palais accorda son appui à tous les chefs centristes que le scrutin ou bien des coalitions de partis propulsèrent au pouvoir, avec une prédilection pour ceux au passé antiroyaliste. C'est ainsi qu'en pleine guerre civile le quasi nonagénaire Thémistoclis Sophoulis – qui fut, disait-on, subjugué par le charme de la reine – fut appelé à la tête du gouvernement (dont le chef, Dinos Tsaldaris, leader de la Droite et vainqueur aux élections de 1946, s'écarta noblement). En 1951 vient le tour de Nicolaos Plastiras, irréversible dans ses convictions républicaines, mais conciliant et coopérant, puis le tour de Sophoclis Vénizélos (fils aîné du grand Vénizélos), ami intime du couple royal, et, enfin, de Georges Papandréou. Ce dernier (la parenthèse des années 1961–1963 exceptée, c. à d. les années du « combat intransigeant »[135]), une fois parvenu au rang de premier ministre, s'étant à la fois servi de la Gauche (comme épouvantail, car il n'y avait de plus anticommuniste que lui) et du roi qui devait faciliter son ascension, oublia ses chantages et ses vociférations antiroyalistes et entretint les meilleures relations tant officielles que personnelles avec la famille royale.

Mesurer la part exacte de l'influence exercée par la reine sur la politique du Palais dans les années 1950–1964 est chose impossible, et il serait sage de ne pas s'écarter de la ligne prudente, dictée par des données sûres, que nous avons suivie jusqu'ici. Elle-même, dans ses mémoires, se montre circonspecte et n'en souffle mot, se bornant à mentionner son contact avec le général américain Georges Marshall et à livrer quelques pages de sa correspondance avec lui, portant surtout sur l'affaire de Chypre. La recherche historique y ajouta un message de la reine au même destinataire, lui intimant de faire rappeler Peurifoy, dont l'immixtion aux affaires politiques internes de la Grèce avait dépassé la limite du tolérable. Dans deux cas toutefois, où la réaction du Palais se chargea d'une forte teinte passionnelle, il ne serait pas erroné – les témoignages avisés de l'époque sont là-dessus unanimes – de dire qu'il y a eu ingérence personnelle de Frédérica. Son intervention, comme nous l'avons déjà dit, n'influença peut-être pas sur l'essentiel le choix politique du souverain, mais colora négativement le différend politique survenu, en le rabaissant aux yeux de l'opinion au niveau d'une vulgaire dispute entre individus, antagonisme tout à fait déplacé de la part d'une reine et qu'il aurait été politiquement sage d'éviter.

Le premier cas fut certainement celui de Papagos en 1951, la reine ne faisant un secret à personne (elle en parlait à tout bout de champ avec emportement) de l'aversion qu'elle ressentait pour l'engagement dans la vie politique du maréchal qui fut jadis grand maréchal de la Cour. Il était inadmissible selon elle qu'un ex-dignitaire de la Cour se présenta au scrutin. Penchait-elle en faveur de Spyros Markesinis ? Celui-ci cependant lui résista, estimant que son ascension au poste de premier ministre était prématurée. Ou bien craignait-elle de voir l'armée s'écarter du trône, sous la guidance d'un chef populaire et prestigieux qui fut le généralissime victorieux de la guerre civile ? Sur un coup d'humeur, le roi Paul, en apprenant que Papagos, qui, la veille, l'avait rassuré du contraire, venait de quitter l'armée et était en train de s'engager dans la politique, somma le chef de l'état-major, le général Tsacalotos, de l'arrêter ! Tsacalotos eut toutes les peines du monde pour lui faire changer d'avis[136]. Toujours est-il que les objections de la part du couple royal n'entravèrent point la carrière politique de Papagos et ne firent pas de dégâts, d'une part à cause de la loyauté du maréchal, qui avait tout un passé de fidélité et de services rendus au Trône (lui et sa femme appartenaient à la tranche sociale la plus proche du Palais) et d'autre part, parce que la popularité de la reine était encore intacte.

Il en alla tout autrement dans le deuxième cas, survenu plus de dix ans plus tard, le cas de Constantin Caramanlis, qui porta un sérieux préjudice au prestige du Trône. Cette situation critique aboutit à une scission de la droite, certains partisans de Caramanlis se détachant psychologiquement du Palais[137], alors que le centre, qui viendra bientôt au pouvoir, n'était que superficiellement gagné. D'ailleurs Papagos et Caramanlis divergeaient absolument en tant que personnalités. Au moment du heurt avec la Couronne, Caramanlis avait, certes, en sa défaveur la lassitude suscitée dans l'opinion par de nom-

85. Constantin Caramanlis lors de la campagne électorale de 1958.

breuses années de gouvernance autoritaire ; en revanche, il avait à son avantage l'indiscutable prospérité économique (à peine amorcée au moment de la mort de Papagos) qu'il avait apportée au pays. Détail supplémentaire non négligeable, Caramanlis avait aussi de son côté la lettre de la constitution.

Sur l'autre rive, le rapport des forces réelles avait aussi changé, Frédérica étant en train de devenir la cible de toute sorte d'opposition, y compris de la part de certains royalistes pour des raisons mentionnées plus haut. Les gens prêtaient à présent foi à tout ce qui se disait contre elle, aussi énorme que cela fût, sans trop se poser la question si dans ces racontars il y avait une part de vérité. Bref, le couple royal en général, et la reine en particulier, n'avaient rien à gagner de s'immiscer dans une crise politique ou, pire encore, de la provoquer, crise dont ils seraient forcément l'épicentre et dont, à long terme, ils finiraient inexorablement par en faire les frais.

Et cependant, ils s'y engagèrent !

Avec le recul du temps, on peut se demander quel a été le facteur déterminant de leur rupture définitive avec Caramanlis en 1963 ; avait-t-on à faire à une antipathie entre individus, devenue incontrôlable, sur laquelle se soudait un différend politique, lequel dégénéra en conflit majeur ? Ou bien ce fut l'inverse qui se produisit, à savoir l'existence d'un sérieux différend politique entre le roi et son premier ministre, qui fut exacerbé par des relations personnelles, envenimées depuis longtemps ? Il n'est pas à exclure – mais il s'agit là d'une simple supposition – que la première hypothèse en serait plus proche de la réalité en ce qui concerne la reine, alors que la seconde pourrait mieux expliquer l'attitude du roi. À vrai dire, la reine et le premier ministre étaient faits pour se déplaire mutuellement, à cause, bien entendu, du grand nombre de points sur lesquels ils divergeaient, mais plus encore en raison de quelques rares, mais très frappantes, ressemblances, dont ils eussent été furieux si quelqu'un eût l'insolence de les leur révéler (sans penser aux problèmes d'ouïe, communs aux deux, qui devaient tant les gêner).

Il y avait certainement de la vanité des deux côtés, ainsi qu'une grande et fière assurance et une haute idée des droits et prérogatives découlant de leur position respective. Car si Frédérica estimait défendre les droits imprescriptibles de la Couronne, tels, bien entendu, qu'elle les concevait, Caramanlis, lui, défendait ceux d'un gouvernement élu et, constitutionnellement parlant, seul responsable devant la nation : il défendait, et au fond il protégeait à sa manière, l'essence du régime de la Démocratie couronnée : sa position était dans l'intérêt même de ses adversaires royaux, alors que la leur conduisait le Trône droit à de hasardeuses péripéties.

Mais toute passion est aveugle, et, de toute façon, au cours des derniers mois avant le heurt final la reine et le premier ministre avaient mutuellement franchi le seuil de l'irréconciliable. Pour le politicien conservateur et fils de paysans aisés de la Grèce du Nord qu'était le premier ministre, cette femme pleine d'énergie et haute en couleurs, que, probablement, lui aussi avait jadis admirée, avec ses prétentions d'un autre âge, ses lubies de reine ou de femme gâtée, son superbe, son irascibilité à fleur de peau, devait lui être prodigieusement odieuse. Quant à la reine, ce parvenu, capable certes, mais sournois et se donnant des airs, car mal dans sa peau en société, ainsi que mal dégrossi, malgré sa tenue vestimentaire impeccable, devait par moments lui être franchement intolérable.

Par-dessus le marché, comment pouvait-elle oublier que c'était son propre mari qui, à la mort de Papagos et à la surprise générale, contre l'avis du parti

86. Instantané de la fête commémorative organisée (1962) à l'occasion du cinquantenaire de la libération de Salonique. Au premier plan, la reine Frédérica. Au deuxième plan, le premier ministre Constantin Caramanlis. Entre les deux, le prince espagnol Juan Carlos de Bourbon discute avec Panaghis Papalighouras, ministre de la Coordination. Derrière la reine, la princesse Irène. À côté du premier ministre, Constantin Rodopoulos, président de l'Assemblée nationale.

du défunt, avait hissé Caramanlis au pouvoir[138], en évinçant les deux chefs potentiels de la Droite (Stéphanos Stéphanopoulos et Panaghiotis Canellopoulos) ? En plus, le roi avait, par la suite, fait de son mieux pour l'imposer à l'opinion et assurer sa victoire lors des élections imminentes[139]. Son insolence durant la visite du général de Gaule en Grèce (en mai 1963), lorsque ostensiblement, en présence de l'hôte français, il prenait le devant et feignait ignorer le roi (qui, de surcroît, opéré d'urgence d'une appendicite, ne put accompagner le Général à Salonique et se fit remplacer par Constantin), dépassait les limites de l'imaginable ! On en était d'ailleurs arrivé aux altercations et à de véritables prises de bec, qui dans son cas provoquèrent d'incurables blessures d'amour propre, lesquelles, ruminées au cours de l'« exil » parisien, se muèrent en désir de vengeance[140].

Que répondrions nous à la question concernant les motifs politiques qui condamnèrent Caramanlis aux yeux du Palais et provoquèrent sa chute en 1963 ? Certes, depuis plus d'un an, le roi subissait le chantage, de plus en plus violent, de la part de Papandréou (en fait, comme cela a déjà été dit, s'était Constantin Mitsotakis, successeur présumé du vieux chef, qui organisa cette réaction disproportionnée, dont il regretta plus tard l'outrance) ; celui-ci, dans des discours enflammés, menaçait le roi d'un « front populaire », qui rallierait le Centre à la Gauche contre la Couronne, au cas où celle-ci s'obstinerait, en véritable complice de la Droite, à la conserver au pouvoir, pouvoir qui, selon lui, elle avait usurpé au moyen d'élections frauduleuses. Les coups assenés, fussent-ils parfois outrageusement mensongers et souvent outrancièrement irresponsables, portaient déjà fruit, puisque le gouvernement semblait perdre pied et ne plus maîtriser entièrement la situation (l'assassinat du député de la gauche Lambrakis en était, entre autres, la preuve). En plus, une bonne partie de l'opinion cachait de plus en plus mal son impatience de se débarrasser enfin de la Droite et de son autoritarisme. La conjoncture donc s'avérait propice au changement. Aussi était-il urgent de faire appel à l'Union du Centre qui ne demandait pas mieux, quitte à se prêter à de compromettantes concessions.

En effet, Georges Papandréou, redevenu amical, ne voyait tout d'un coup plus d'inconvénient à ce que le roi, dont il était en train de s'assurer l'appui, conservât le contrôle de l'armée, de même que ses autres prérogatives. Par ailleurs, son intention, précisait-il, était de partager la présidence de son futur gouvernement (autre garantie de taille aux yeux du couple royal) avec l'ami personnel de Leurs Majestés, à savoir Sophoclis Vénizélos, numéro deux du parti[141]. Être entourés d'amis, centristes de surcroît, quelle différence cela ferait, comparé à Caramanlis qui fut si désagréable tant sur le point politique que personnel ! Ainsi il serait aussi possible de stopper pour de bon la fâcheuse réforme constitutionnelle projetée par ce dernier, dont parlait depuis un certain temps sa presse amicale et qui, à n'en pas douter, aurait porté atteinte aux pouvoirs du Trône (abolissant, disait-on, le droit accordé au roi de dissoudre la Chambre, ainsi que son contrôle sur l'armée). C'était donc faire d'une pierre (au moins) deux coups ! Selon le point de vue des souverains – le cours des événements en témoigne –, non seulement ils ne risqueraient pas grand-chose, mais au contraire, loin de provoquer une crise politique, ils remédieraient en douceur à une autre, laquelle, sévissant depuis 1961, avait sérieusement ébranlé le régime et déstabilisé le pays. De surcroît, grâce à la montée du Centre au pouvoir, avec toutes les garanties que l'on connaît, le régime, fortement secoué pendant ces dernières années sous Caramanlis, se trouverait à la fois consolidé et renouvelé, de sorte que les choses regagneraient leur sillage naturel. Et l'on peut dire que, sous une certaine optique et à court terme, l'entreprise réussit.

La crise, qui couvait, éclata à la fin du printemps 1963. Le prétexte en fut la réalisation ou non du voyage officiel du couple royal à Londres. Par une étrange fatalité, Frédérica se trouva à l'épicentre du conflit, car, s'étant rendue quelque temps auparavant, avec sa fille Irène, à la capitale britannique pour assister au mariage de la princesse Alexandra de Kent (dont la mère était Marina de Grèce, cousine germaine de Paul), elle fut, parce que négligemment gardée par la police britannique, bousculée dans la rue, non loin de son hôtel, par un groupe de manifestants conduit par l'épouse anglaise d'un communiste grec, Abatiélos, détenu politique, qui a voulu protester comme si la reine était responsable de l'incarcération de son mari. Les excuses exprimées par les autorités anglaises y furent particulièrement tièdes (hormis celles de la reine Élisabeth qui se déclara consternée), alors qu'une partie de la presse, gagnée par la légende noire de Frédérica, se montra fort agressive, voire insultante, au moment où la souveraine grecque foulait encore le sol anglais. Caramanlis estima que l'honneur du pays avait été lésé et intima au roi d'annuler la visite officielle à la reine d'Angleterre (la toute première à effectuer en Grande-Bretagne depuis son ascension au trône en 1947), dont l'échéance approchait.

Il est probable que, las de cette situation équivoque et de la guerre qu'il devait mener sur deux fronts, Caramanlis chercha lui aussi à précipiter le dénouement de la crise. L'occasion offerte semblait bonne, et le cas servant de prétexte au bras de fer entre lui et la Couronne était relativement anodin. Si le roi persistait dans sa position, il était clair qu'il avait retiré au premier ministre sa confiance ; après quoi, selon la constitution, il ne restait à celui-ci qu'à se retirer en réclamant toutefois le recours aux urnes. Il était clair aussi que, si le roi ne reculait pas devant la perspective d'une crise ministérielle en raison d'une bagatelle, c'est qu'il était non seulement résolu à se débarrasser de Caramanlis, mais que pour ce faire il était prêt à commettre un acte anticonstitutionnel. En effet, à partir du moment où le chef d'État irresponsable refuse de se plier à l'avis de son gouvernement responsable, représentant le peuple, source unique du pouvoir selon la constitution, il enfreint les lois fondamentales du régime[142]. L'intransigeance du souverain accula, comme on le sait, Caramanlis à démissionner tout en désignant, afin de réduire les conséquences politiques de la crise dans laquelle son propre champ de manœuvre était plutôt étroit, la personne qui le remplacerait au poste de premier ministre et qui « couvrirait », en tant que représentant de la majorité parlementaire, le voyage anglais.

Une dernière explication sur les raisons de l'attitude inflexible du couple royal au sujet de sa visite en Angleterre ne doit pas être négligée, d'autant plus que certains membres de la famille royale, avec qui il advint à l'auteur de ces lignes de discuter à propos, lui accordent de l'importance. Le lecteur, sans la rejeter, ne peut toutefois l'aborder qu'avec scepticisme. Elle pourrait se résumer en la confusion dans l'esprit de Paul et de Frédérica (phénomène point rare dans les monarchies, mais inconcevable en démocratie) du plan politique et public tout comme du plan personnel et privé.

Plus exactement, cela signifierait que, si l'invitation provenait de la part d'un chef d'État autre que la reine d'Angleterre, le roi Paul se serait soumis à l'avis du gouvernement. L'Angleterre en effet, l'alliée par excellence de la Grèce pendant la Seconde Guerre mondiale, fut également de tout temps le soutien étranger le plus ferme de la dynastie grecque. De surcroît, aussi bien la reine Élisabeth que le prince Philippe étaient de très proches parents (Philippe, né prince de Grèce, était en effet le cousin germain de Paul) aussi bien de Paul que de Frédérica (la reine était également princesse d'Angleterre et d'Irlande). Durant les années 1950, le litige gréco-britannique au sujet de Chypre avait tendu les relations entre les deux États et rendu impossible tout contact officiel au niveau de leurs souverains respectifs. Mais voici qu'en 1963 Chypre était indépendante depuis trois ans ; alors comment pourraient-ils décliner l'invitation de cette chère Lilibeth (dont en plus l'attitude lors du récent et regrettable incident de Londres avait été impeccable) et qui constituait un acte amical symbolisant, illustrant et couronnant l'harmonie recouvrée entre les deux États ?

Huit mois après ces incidents, Frédérica était veuve ; quatre ans et demi après, elle était une exilée. Elle ne reverrait plus la Grèce[143].

Dans son admirable documentaire sur Paul et Frédérica, un de la série « Les amants du siècle », Frédéric Mitterand mentionne que des Hindous interviewés par lui lui parlèrent avec sympathie d'une femme qui partagea pendant un certain temps leur quotidien, une dame européenne, en sari, les cheveux gris, presque blancs, coupés courts. Elle leur parlait parfois d'un pays avec beaucoup de soleil, dont elle avait la cuisante nostalgie et où était enterré son mari. Elle ne leur révéla pas son identité. C'était Frédérica, l'ancienne reine des Hellènes.

87. Au sortir de la cérémonie des funérailles du roi Paul à la cathédrale d'Athènes, au moment où le cercueil est placé sur l'affût de canon, le nouveau roi salue le défunt et la reine s'abîme.

88. Constantin et Frédérica au cours du cortège funèbre.

TROISIÈME PARTIE

LA VOIE DU CŒUR

Car, à le prendre exactement, un Roy n'a rien proprement ;
il se doibt soy-mesmes à autruy.
MICHEL DE MONTAIGNE[144]

MISSIONS

Cet ouvrage ne pourrait pas être clos sans qu'il y soit abordé une dimension capitale de la mission royale : celle qui fait de la famille royale la clef de voûte de la société.

Ce rôle important fut, en effet, soit imparfaitement soit nullement couvert au cours des années de république, si ce n'est quelques tentatives de la part de certains primats de l'Église autocéphale de Grèce, qui, par souci pastoral et parce que le défi d'un pouvoir autre que spirituel ne les rebutait pas, cherchèrent à combler le vide laissé en ce domaine par l'abolition de la royauté. Le peuple en fut sensible, en leur fut même reconnaissant[145], indice qu'au niveau du sentiment public une importante lacune existait bel et bien.

Ce qui, en effet, faisait et continue à faire défaut tout particulièrement en période de crise et de profond désarroi social, ce dont plusieurs éprouvent à ce jour vaguement la nostalgie sans pouvoir préciser davantage ce qu'ils ressentent du fait que personne de la part de l'État n'a jamais pris soin d'eux, ni essaya jamais de les écouter et de les comprendre, est l'expression d'un sentiment de solidarité de la part de quelqu'un incarnant au niveau suprême l'autorité, la solidarité attentive, insistante et suivie, manifestée dans les actes et le discours, par des gestes de sollicitude et de compassion, solidarité de quelqu'un qui puisse prendre la défense des faibles, intercéder, voire trancher, en leur faveur, lorsque les limites du tolérable en ce qui concerne leur dignité sont dépassées. Ils éprouvent donc les gens le besoin d'avoir quelqu'un qui puisse être, en cas de catastrophe, leur puissant et efficace messager envers l'État et ses services impersonnels et indifférents, qui soit le fils de la parabole évangélique et point le valet mercenaire ; ils éprouvent le besoin de quelqu'un dont la seule présence parmi eux est joie et consolation. Peuple sentimental, peuple pour qui la politique est avant tout une relation entre personnes, les Grecs, quand bien même se laissèrent-ils servir par leurs politiciens – ne leur reconnaissant, à quelques rarissimes exceptions près, que cela d'utile –, ils n'établirent ce rapport rédempteur de communion qu'avec les représentants d'institutions pétries de mythe, d'institution mystiques dans leur essence : la Couronne et l'Église, auxquelles j'oserais ajouter le Parti communiste[146].

Au lendemain de la libération d'un joug oppressif et barbare de plusieurs siècles, la société grecque exsangue, rendue farouche par la violence de tant d'années de guerre et de dévastations et se trouvant en profond désarroi matériel, avait face à elle un État qui était dans l'impossibilité de subvenir à ses besoins les plus vitaux, de combler ses attentes les plus essentielles et urgentes. La Grèce renaissante manquait en effet de tout : de moyens financiers, de cadres expérimentés, possédant les compétences requises pour l'administrer, alors que par ailleurs proliféraient les rapaces (dont les Puissances dites Protectrices) et pullulaient les cas outranciers d'indifférence envers la chose publique, tout comme les cas de cupidité et de corruption. Aussi, était-il normal qu'au fond des cœurs de la masse indigente et sans défense pointa le désir d'avoir au sommet des pyramides administrative et sociale, au sommet donc de l'État, quelqu'un qui fût à la fois un habile dirigeant et un père. C'est ce que Macriyannis clame haut et fort en chacune de ses pages[147].

Capodistrias (1828–1831), avec les piètres moyens dont il disposait, fit de son mieux pour soulager les maux les plus pressants de la société de son temps, de même que, par la suite, aussi bien la Régence (1833–1835) qu'Othon, lors de son gouvernement personnel (1835–1843). Tous au fond, en tant qu'enfants des Lumières, également pénétrés des principes du despotisme éclairé (celui de la Russie à partir de la Grande Catherine en ce qui regarde le premier, celui de Louis Ier de Bavière, père d'Othon, en ce qui regarde les autres), avaient la même notion de gouverner, inséparable de celle de servir ; servir l'État certes, mais, ce faisant, servir la société et notamment ses échelons inférieurs. Cette optique éminemment paternaliste, mais qui à l'époque ne rebutait personne, était soutenue tant par la taille exiguë du nouvel État, que par la traditionnelle inclination du Grec à personnifier le pouvoir. L'autre face de cette relation était toutefois la quasi-certitude de la part du chef de l'État d'attirer tôt ou tard sur soi les flèches de la colère, suscitée par l'inévitable déception.

Le champ d'action pour un chef attentif était donc immense, puisque la société manquait de tout et l'administration stagnait dans un état d'impotence chronique. Le rôle du souverain – emprunté, ne l'oublions pas, à d'États depuis longtemps rompus à ce genre de problèmes et à de sociétés infiniment plus développées – fut donc celui d'instigateur, d'inspirateur, de coordinateur aussi, tout comme de mécène, de protecteur et de haut patron. Tantôt il s'agissait pour lui, en faisant appel aux bonnes volontés et en prenant la tête de l'action, de créer *ex nihilo* une institution, caritative (hôpital, orphelinat etc.), éducative ou culturelle, tantôt il s'agissait d'accorder à une autre, déjà créée par une tierce initiative, son soutien moral et financier ; les cas y abondent, depuis l'« université othonienne », la cathédrale orthodoxe d'Athènes et le Musée Archéologique National, jusqu'à la création du Théâtre Royal (par la suite National), en y passant par l'« Amalieion », orphelinat créé par la reine Amélie pour abriter les enfants des nombreuses victimes du choléra de 1854–1855, sans négliger de mentionner l'hôpital « Évanguélismos » pour la création duquel, et pour son bon fonctionnement par la suite, l'apport de la reine Olga fut déterminant[148], ou l'hôpital pour les maladies infantiles, cher au cœur de la reine Sophie, qui en prit attentivement soin et compta parmi ses plus généreux donateurs. Incluons dans cette catégorie l'« université populaire », créée en 1865 par un groupe d'Athéniens éclairés, membres fondateurs de la « Société des Amis du Peuple », dans le but d'offrir gratuitement à tous ceux qui ne purent faire d'études un savoir quasi universitaire, livré gratis par des enseignants de renom. Georges Ier compta non seulement parmi ses plus importants donateurs, mais incita les initiateurs de cette enterprise à prendre comme modèle la toute récente université populaire de Copenhague ; il fut écouté.

Il arrivait aussi que de riches Grecs de l'Empire ottoman ou de la diaspora (en Égypte, en Russie ou en Occident) confiassent, directement ou par testament, des sommes importantes au roi (Georges Ier), soit pour qu'il accomplît une tâche précise, soit en lui laissant la liberté de les placer à une œuvre de son choix. Selon eux, seul le roi et non le monde mouvant des politiciens, monde d'une intégrité moins scrupuleuse, était en mesure de garantir que l'argent[149] offert ne serait pas dévié en d'autres fins. Et il n'était point rare que le souverain complétât la somme offerte par une donation de sa propre cassette. Ce fut le cas du Théâtre Royal (qui, de surcroît, pendant quelques années fut entièrement entretenu par Georges Ier), tout comme celui de l'hôpital « Évanguélismos », ainsi que celui de l'hôpital « (princesse) Alexandra ». Il en alla de même du local de détention pour femmes et de celui destiné aux jeunes délinquants, tous les deux dus en grande partie à la sollicitude de la reine Olga. Bien d'autres cas du même ordre pourraient y être cités concernant les deux premiers règnes et jusqu'en 1917.

À cause de son rattachement à ce que la Grèce antique eut de plus glorieux, à cause aussi du retentissement international, facteur extrêmement important à ses yeux, Georges Ier montra, dès le départ, un vif intérêt pour l'initiative de Pierre de Coubertin d'organiser en 1896 à Athènes les premiers Jeux Olympiques de l'ère moderne et contribua de toutes ses forces à son succès. Tous les mâles de la famille royale s'y lancèrent d'ailleurs à fond, et Constantin, à qui échut la présidence du Comité Olympique, intercéda auprès du richissime Georges Avéroff pour qu'il contribuât au financement des travaux d'aménagement du stade. Avéroff en fit plus, puisqu'il prit tout sur lui et couvrit la quasi-totalité de la dépense. Sa statue, inaugurée par le prince héritier, se dresse sur la droite de l'entrée principale du Stade Panathénien.

Dans son allocution lors du grand banquet qui se tint au Palais, juste après la clôture des Jeux, Georges Ier exprima le vœu que ceux-ci se tinssent désormais régulièrement dans le pays où ils étaient nés il y a plus de 2 500 ans et qui venait de nouveau les accueillir sur son sol. Mais auparavant le roi en avait fait davantage, dans la discrétion la plus absolue, et ce dans un temps où il n'était pas encore question de Jeux Olympiques, dans le sens du moins où nous les entendons à partir de 1896. En effet, bien avant que le projet ne fût formé dans l'esprit de Coubertin, Georges Ier, espérant pouvoir un jour reconstituer le stade antique d'Athènes qui gisait à moitié enfui sous terre, entièrement dépouillé de son revêtement de marbre, chercha à en débarrasser le site des propriétés privées qui l'avaient envahi, et acheta, à partir de 1870, dans ce but, les uns après les autres, tous les terrains de particuliers (dont ceux d'Ernst Ziller qui les vendit au roi à prix d'or!) pour les offrir par la suite à un comité olympique existant à Athènes dès les années 1860, dans l'attente d'"un donateur qui se présenterait un jour pour financer la remise en son ancienne splendeur du stade d'Hérode Atticus!

À côté de ses œuvres éminentes et ayant survécu jusqu'à ce jour, d'autres plus discrètes, quasi imperceptibles, n'en furent pas moins utiles à la Grèce. Mentionnons parmi elles la généreuse distribution de bourses (offertes en premier par Louis de Bavière, puis par Othon, et ensuite par Georges Ier[150]) à de jeunes Grecs pour effectuer des études spécialisées en Europe, dans le but d'introduire par la suite en Grèce savoir de pointe et nouvelles pratiques et contribuer ainsi au démarrage de l'économie. Citons également la création ou le soutien d'institutions de promotion en Grèce et à l'étranger des produits du sol (du vin en particulier) et de l'artisanat grecs.

Les archives nationales, accessibles aux chercheurs en ce qui touche uniquement la première dynastie, révèlent également certaines tentatives méritoires de la part des premiers souverains en faveur du patrimoine culturel grec, qui cependant n'aboutirent pas, ayant buté sur des difficultés insurmontables. Nous pourrions citer à titre d'exemple les efforts entrepris par Othon dans les années 1835–1842 – et rapportés par l'actuel directeur du musée de l'Acropole, le professeur Dimitrios Pandermalis, d'après des documents récemment découverts dans les archives de l'État[151] – dans le but de ramener en Grèce quatre parties de la frise du temple d'Athéna Niké, enlevées par Lord Elgin au début du 19e siècle. Selon les documents en question, le roi s'adressa au ministre de la Grèce à la cour d'Angleterre pour lui demander de s'enquérir du prix des antiquités dans le marché de l'art à Londres, se proposant de les acheter lui-même afin de les rapatrier.

La contribution de la famille royale à l'effort de guerre, le partage, autant que possible, des inévitables et pénibles effets et conséquences de celle-ci, font aussi partie de cette dimension du service royal envers la nation que nous essayons d'esquisser. Les hommes, évidemment, partaient pour le front, et les femmes ne se sentaient pas tenues d'être moins mobilisées que leurs maris ou frères. La tâche à laquelle elles s'attelaient sans relâche, la reine en tête, au moment des conflits, que ce fut la guerre malheureuse avec la Turquie en 1897, ou celle, victorieuse, des Balkans en 1912–1913, était vaste, complexe, point conventionnelle, point décorative, mais au contraire éreintante et d'une importance capitale dans le contexte de la nation en armes. Il s'agissait en premier lieu de pourvoir au transport des blessés depuis le champ de bataille jusqu'à l'hôpital, parfois distant de quelques centaines de kilomètres du front, de leur hospitalisation urgente dans des locaux souvent improvisés (les services hospitaliers du temps de paix étant débordés), du soin et du réconfort à apporter aux grabataires. Avec cela, il fallait faire face au problème aigu des réfugiés, affluant des zones envahies par l'ennemi, et secourir en plus les familles des mobilisés restées sans soutien matériel, tout comme les familles des invalides et des tués. Enfin, devait-on, et cela de mille manières, conserver haut le moral de la population civile, surtout lorsque les nouvelles du front n'étaient pas celles que l'on souhaitait.

La reine Olga, en 1897, dès l'instant où la guerre fut déclarée – guerre que Georges Ier, qui l'avait senti venir après la banqueroute de 1893, avait tout fait pour l'éviter –, se plaça à la tête du service hospitalier de la capitale, dont le fleuron était évidemment « son » « Évanguélismos ». Elle entreprit également, en se servant du yacht royal « Sphactérie » et au moyen d'un incessant va et vient entre Haghia Marina (près de Stylis) ou Môlos (près des Thermopyles), lieux, tous les deux, qui abritaient aussi bien de camps militaires que de camps de réfugiés venant de la Thessalie, occupée par l'armée turque, et le port de Laurion en Attique, le transport dans un sens de matériel sanitaire et de vivres et dans l'autre sens de blessés. Les hôpitaux athéniens étant plus que combles, elle loua la vaste demeure d'Alexandros Manos, située entre le palais et « Évanguélismos », et la convertit en hôpital, portant le nom d'« hôpital annexe de la reine », aux frais du grand-duc Georges Michailovitch, fiancé de

90. L'hôpital de la princesse Sophie, épouse du prince héritier, au front de l'Épire.
91. La reine Olga coordonne la réception massive des blessés à la gare des chemins de fer d'Athènes.
92. La princesse Hélène, épouse du prince Nicolas, à la gare des chemins de fer de Larissa.
93. La princesse Marie (Bonaparte) à Prévéza.

94. L'hôpital de la princesse Marie à Philippias.

95. Hôpital flottant, le vapeur « Albanie » entre au port de Prévéza.

la princesse Marie. Par ailleurs, elle mit à la disposition des soldats convalescents de ses deux hôpitaux tout pavillon habitable du domaine de Tatoï, y compris celui qui abritait la petite pharmacie, qu'elle avait autrefois créée pour les habitants de la propriété (et les villageois des alentours) qui bénéficiaient ainsi de la chance d'être examinés et traités gratis par un médecin de la Cour. À chaque fois que cela lui était possible, entre deux déplacements à bord de « Sphactérie » et deux inspections dans les dortoirs des hôpitaux, la reine servait elle-même d'infirmière, aidée par sa bru Sophie et par Marie, sa fille, qui se montra aussi dévouée et aussi capable que sa mère. La reine Victoria, renseignée par l'impératrice Frédéric, remarque avec admiration dans sa correspondance qu'Olga et Sophie de Grèce soignaient également dans leurs hôpitaux des blessés turcs[152].

À l'époque des guerres balkaniques de 1912-1913, ce furent les deux richissimes princesses, à savoir l'épouse de Georges, Marie Bonaparte, et celle de Nicolas, Hélène Vladimirovna, née grande duchesse de Russie, cousine germaine du dernier tsar, à être mises à contribution : elles s'engagèrent, en effet, à financer le transfert des blessés depuis le front, en Macédoine ou en Épire, jusqu'aux hôpitaux d'Athènes (et aussi de Larissa et de Salonique).

Pour cela, la princesse Georges affréta le vapeur « Albanie » qu'elle dota d'une salle d'opération, tandis que sa belle-sœur, la princesse Nicolas, engagea cinq convois de chemin de fer, composés de dix voitures chacun, qu'elle transforma en hôpitaux mobiles, équipés d'une salle d'opération chacun et dotés du matériel chirurgical et pharmaceutique nécessaire, tout comme du personnel adéquat, fourni, lui, en partie par l'armée. Hélène créa, également de ses propres fonds, des hôpitaux militaires provisoires sur le parcours du train entre Larissa et Athènes, un à Larissa, terminus de la voie ferroviaire depuis Athènes, un à Lamia et un à Thèbes ; par la suite, au fur et à mesure que le front s'éloignait, poussé de plus en plus loin par l'armée victorieuse, deux autres hôpitaux provisoires furent créés par la princesse Nicolas : l'un à Salonique, l'autre à Vodéna (l'actuelle Édessa). Hélène était présente lors de l'arrivée de chaque convoi sanitaire de blessés à la gare d'Athènes ; Marie Bonaparte, elle, était à bord de l'« Albanie » au cours de presque tous ses voyages à destination soit de Prévéza, soit de Salonique. Quant à la princesse

André, l'anglaise Alice de Battenberg, qui était loin de posséder la fortune de ses deux belles-sœurs, elle se réserva la tâche la plus pénible, à savoir la collecte des blessés sur le champ de bataille et leur acheminement vers l'hôpital, la gare ou le port le plus proche.

À Athènes même, la reine Olga, qui avait repris son rôle de coordinatrice, secondée par sa bru, la princesse Sophie, était à la tâche. Par rapport à la guerre de 1897, leur apport, bien que précieux, fut moins capital, du fait du progrès accompli entre temps dans le système hospitalier et sanitaire de la capitale et dans l'administration et les services de l'État en général. Pour-

 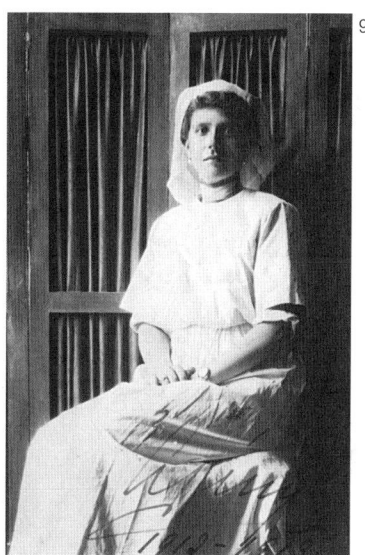

96. La princesse Alice, épouse d'André, en compagnie d'infirmières et de transporteurs de blessés à Philippias.

97. La princesse Alice en tenue d'infirmière sur le front de Macédoine.

tant, un hôpital militaire annexe fut installé aux frais de Sophie dans les locaux de l'École Archéologique allemande d'Athènes, et plusieurs hôpitaux de campagne sur les fronts de Macédoine et d'Épire lui doivent leur existence. L'épouse de Constantin, avec l'aide de dames de la société athénienne, avec qui elle fondera plus tard l'Association Patriotique des Grecques (Πατριωτικός Σύλλογος Ελληνίδων), précurseur de la Fondation Patriotique de

Providence et d'Assistance Sociales (ΠΙΚΠΑ), organisa aussi des associations d'aide aux familles des tués, ainsi que d'autres, destinées à apporter un soutien psychologique par correspondance aux combattants sur le front. Reine à partir de l'assassinat de Georges Ier, le 5 mars 1913 à Salonique, Sophie, dans un état de grossesse avancée, trouva une digne remplaçante en sa fille aînée, Hélène, âgée à l'époque de seize ans, la future et si malheureuse reine mère de Roumanie.

En mesure que l'État progressait et la société s'affermissait, l'action exercée par la famille royale dans le domaine de la politique sociale rétrécissait, bien qu'elle resta considérable au moins jusqu'en 1917. À partir de cette date, en effet, son apport dans des œuvres de tout genre diminua, et le bref sursaut des années 1921 et 1922 fut de portée limitée, à cause des passions politiques exacerbées de l'époque[153], à cause du prolongement d'une guerre à l'issue plus qu'incertaine, puis, à cause de l'ampleur inimaginable de la catastrophe.

Ce fut tout en l'honneur de la jeune République, pourtant si malmenée de tous côtés, d'être parvenue, avec le concours d'associations caritatives étrangères, à affronter décemment le problème de la survie des 1 350 000 déracinés, déversés sur les rivages du pays, dans un état de dénouement effroyable. La crise économique mondiale, survenue quelques années plus tard, ébranla un édifice qui restait malgré tout lamentablement précaire. À partir de 1936, la politique sociale de Jean Métaxas suscita un certain redressement ; le régime néanmoins laissa peu d'espace aux initiatives des membres de la famille royale et alla même jusqu'à contrarier certaines de celles-ci[154]. L'agression italienne contre la Grèce en automne de 1940 provoqua un changement d'attitude de la part de Métaxas à l'égard du Palais qu'il craignait et qu'il tenait toujours à distance, alors que l'opinion publique se rapprochait brusquement de lui, de sorte que les princes – en particulier le prince héritier et sa très jeune épouse, plus ou moins écartés jusque-là du champ de l'action sociale – purent gagner l'avant-scène, dans un esprit qui (la guerre oblige) se voulait d'union nationale. Tout particulièrement, la princesse Frédérica, en asumant la presidenc de l'organisation « Le Tricot du Soldat », créée en 1939, lui donna un nouvel élan en tant que facteur décisif d'encouragement moral et de soutien matériel des soldats sur le front. Puis ce fut la triple occupation du pays, par les Allemands, par les Italiens et par les Bulgares.

Des deux tantes du roi demeurées à Athènes[155], ce fut surtout Alice, dite la « princesse André », qui s'engagea dans différentes actions d'aide sociale, en participant à l'organisation de soupes populaires et à la collecte puis à la distribution de vêtements, de médicaments et de vivres aux plus démunis. Sa contribution toutefois s'inscrit dans un cadre d'action privée, accomplie au même titre que celle de nombreuses dames de la société athénienne. Notons que l'archevêque Damascène d'Athènes, d'un vénizélisme notoire – homme de valeur, incontestablement patriote, mais vindicatif et rancunier – ,qui patronnait la plupart de ces œuvres dans la capitale, voyait avec déplaisir l'immixtion dans celles-ci des tantes de Georges II, d'autant plus que l'une d'entre elles, Hélène, était particulièrement proche de son prédécesseur et rival, Chrysanthos de Trébizonde.

Au lendemain de la Seconde Guerre mondiale, la Grèce semblait avoir basculé à nouveau dans la situation qui avait été la sienne en 1830 ! L'État était à plat, les camps politiques rivaux à la veille de relancer la guerre civile, le voisinage balkanique plus qu'inquiétant, le secours de la part de la Puissance Protectrice (l'Amérique) encore aléatoire, l'attitude de Staline point encore

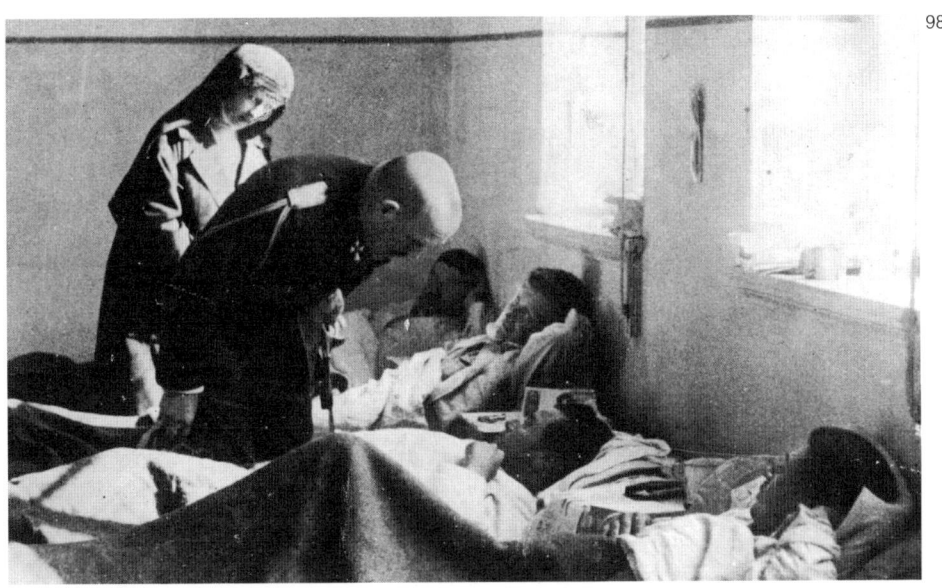

98. Le couple royal Constantin et Sophie auprès de blessés de guerre provenant du front de l'Asie Mineure (1921).

éclaircie en cas où la Gauche révoltée parviendrait à se saisir du pouvoir. C'était soit laisser les choses aller à la dérive, soit réagir, nonobstant le fait que la situation semblait désespérée. Il fallait battre sans délai le rappel, mobiliser sur le champ les bonnes volontés, puiser dans le tréfonds des âmes les forces morales de résistance et de combat. Mais pour y parvenir, il fallait pouvoir donner l'exemple de sa personne, ne point se ménager, ne point s'épargner, risquer gros, y compris sa vie, et bien entendu ne point hésiter de mettre soi-même, soi-même en premier, la main à la pâte. Inutile de rappeler au lecteur le rôle à la fois d'instigateur et de propulseur tenu dans ce gigantesque effort par le couple royal et tout particulièrement par Frédérica[156]. C'est ainsi qu'après une éclipse de plus d'un quart de siècle libre cours était à nouveau laissé à la royauté d'accomplir directement et par des actes concrets ce qu'elle entendait comme un de ses plus sacrés devoirs envers la nation.

En 1949, le roi Paul fonda à Anavryta, l'ancienne propriété du richissime banquier du XIXe siècle Andréas Syngros, au nord d'Athènes, un établissement scolaire pour environ 150 élèves, devant être régi selon les préceptes pédagogiques de Kurt Hahn, eux-mêmes inspirés de ceux de Platon dans la *République*. Leur but était de former des êtres sains de corps et d'esprit, responsables et moraux, maîtres d'eux-mêmes et solidaires de la société dans laquelle ils vivraient, exigeants face à eux-mêmes et disponibles au service de la communauté. Leur avancement de grade en grade correspondrait à leur propre progression selon les aptitudes de chacun, dans la double voie pédagogique tracée, suivant une stricte méritocratie et visant, dans chaque domaine, à la formation du « gouvernement des meilleurs ». Regroupant de représentants de toutes les classes sociales, recrutés aussi bien à Athènes que dans les provinces, afin de constituer un échantillon à l'image de la jeunesse du pays, Anavryta, école-internat, comptait un pourcentage important de boursiers. Dès la première année, parmi les élèves, et en absolue égalité avec ses camarades, figura le diadoque Constantin.

Paul et Frédérica bénéficièrent d'environ dix années pour mettre en pratique leur idéal ; dans cet espace de temps, aux problèmes rudes mais relativement chroniques s'ajoutèrent des coups inattendus et extraordinaires, extraordinaires aussi par leur ampleur, l'acharnement et la fréquence de leur agression : les séismes qui ravagèrent les îles ioniennes (Zante et Céphalonie en particulier), la Magnésie, dont Volos et les villages du mont Pélion, ainsi que la région de Lamia et de Stylis, et l'irruption du volcan de Santorin qui dévasta l'île. En dépit de tous ces aléas, la croissance revint grâce à une gestion habile de la part des gouvernements successifs qui surent tirer parti d'un propice contexte économique mondial, de sorte que le pays changea à nouveau de face. Vers la fin des années 1950, l'État, ayant recouvert sa vigueur, se mit à rechigner contre l'action sociale des souverains, dorénavant considérée comme une ingérence dans son propre domaine d'action, moins appréciée maintenant car moins nécessaire, une fois que le retour à la normale semblait assuré. L'opposition levant la tête, on se montra tout d'un coup scandalisé du manque de transparence dans les finances des bonnes œuvres de la reine, des privilèges jugés exorbitants dont bénéficiaient celles-ci ; on se mit donc à attaquer le gouvernement à cause de l'appui qu'il leur accordait. Bien qu'il y eut beaucoup de faux dans ces remontrances, elles méritaient, malgré le fait qu'elles étaient encore très minoritaires, que le Palais y prêtât attention,

99. La reine Frédérica marche à côté d'un camion militaire transportant du matériel amassé par l'association « Le Tricot du Soldat » quelque part en Grèce, pendant la guerre civile (1947).

263

d'autant plus qu'elles rejoignaient en partie les propres aspirations sinon du gouvernement dans son entier, du moins celles du premier ministre.

En octobre 1962, en effet, Caramanlis exposa directement le problème dans une lettre qu'il adressa au souverain. Dans celle-ci il mettait respectueusement mais fermement en garde le couple royal, en raison des attaques dont il était l'objet et que lui-même estimait en partie justifiées : entre autres mentionna-t-il les goûts de luxe de la famille royale et la question des œuvres sociales. Les privilèges et la relative autonomie financière dont jouissaient les Œuvres servaient fatalement de prétexte pour des critiques désobligeantes, nuisant à l'image de la royauté.

Dans sa réponse courtoise mais sèche, Paul releva un par un les points auxquels Caramanlis avait fait allusion et énuméra à son tour, non sans amertume, ses propres griefs contre le gouvernement et son chef, en exprimant son chagrin que le premier ministre tolérât toutes ses attaques contre la Couronne, attaques qu'il jugeait inacceptables parce qu'injustes. Dans un contexte de rapports de plus en plus tendus (pour des raisons à la fois politiques et personnelles), la question des Œuvres envenima encore davantage la relation entre Caramanlis et le couple royal et constitua un des points de friction majeurs entre eux. Paul et Frédérica se montrèrent intransigeants, d'abord à cause de leur propre conception du contenu moral du pouvoir royal, laquelle était étroitement liée à l'idée de service et dont il sera également question plus loin en ce chapitre. Par ailleurs, l'action sociale exercée au niveau national, relevée et divulguée par la publicité, conférait à la royauté un ascendant politique de taille, quoique les éternels grincheux et rabat-joie en trouvassent matière à médire.

Comment ne pas réserver quelques paragraphes aux bienfaits civilisateurs d'une nature particulière, répandus de la part de la famille royale dans une société encore assez rustre, étrangère à ce genre de raffinements, au moyen d'initiatives visant à l'introduction d'une dimension de la bienfaisance publique, depuis longtemps présente dans les pays riches et stables du nord et de l'ouest et destinée, entre autres, à susciter progressivement en Grèce une conversion durable des mentalités : on entend par là les entreprises de reforestation, la création de jardins et de parcs dans les villes, la stimulation d'un intérêt actif envers la nature, la fondation ou l'encouragement de sociétés protectrices des animaux, domaines, bref, dont peu à l'époque voyaient l'utilité et où le retard était immense.

Il s'agissait de gestes privés tout d'abord, effectués sans nulle intention de publicité, de réactions spontanées pour empêcher que tel acte irréversible ne s'accomplisse ou pour améliorer la condition de vie d'êtres auxquels la société n'accordait que peu d'importance, quand elle ne se comportait envers eux avec cruauté. Ces gestes par ailleurs, révélant des intentions secrètes, des inclinations et des qualités privées, nous renseignent beaucoup plus sur les personnages que les portraits un peu de convention, tracés soit par leurs partisans, soit par leurs adversaires. Dans cet ordre des choses mentionnons les interventions personnelles et directes de la part du diadoque Constantin et de sa femme auprès du chef de la police pour sensibiliser les agents sous ses ordres de veiller à ce que les chiens errants, surtout dans certains quartiers, ne soient pas maltraités, ou auprès de la municipalité afin de sauver un bel arbre allant être abattu. Évidemment, ni les chiens ni l'arbre ne furent en définitive épargnés, alors que fusaient les remarques ironiques, voire malveillantes, à l'égard de pareilles sensibleries. Peu importe, puisque d'une manière ou d'une autre, la graine avait été semée !

Toujours dans cet esprit-là, citons la tentative insistante de la part de Georges Ier d'introduire, sans succès notable, à travers la Société Agricole (Γεωργική Εταιρεία), dont il fut pendant de longues années le président, une modification au harnais des chevaux et des bêtes de trait afin d'adoucir leur sort. Ou bien l'habitude qu'avait ce même roi, quand il se rendait à Tatoï, de descendre de la voiture, en invitant les membres de sa suite à suivre son exemple : *Allez, messieurs, un peu de marche vous fera du bien !*, afin de faciliter la tâche aux chevaux devant gravir une colline.

Tous ces principes trouvaient leur application dans le domaine royal de Tatoï, le seul endroit où Georges Ier régnait en monarque absolu. C'est là, dans un espace de 4 000 hectares environ, que cette conscience écologique avant la lettre trouva son expression la plus fidèle : l'interdiction de la chasse, qui frustrait tout particulièrement Nicolas, son troisième fils et chasseur irrépenti, n'en était qu'un de ses éléments. Une philosophie en émanait et y façonnait une esthétique : celle du respect de la nature, à qui toute priorité était consciemment reconnue.

Dans l'amour de la nature, deux reines de Grèce s'y distinguèrent : Amélie d'Oldenbourg et Sophie de Prusse. Athènes est redevable à la première du Jardin Royal et ensuite National, qui, bien que négligé à présent, fait toujours l'admiration du visiteur et constitue un oasis de fraîcheur pour l'habitant du centre-ville. Jusqu'en 1922, le jardin était exclusivement réservé aux membres de la famille royale. Des tickets d'entrée, valables pour quelques heures par jour, étaient néanmoins distribuées par le service du palais à quelques familles de la bonne société de la capitale, dont les demeures étaient situées face au jardin, le long de l'avenue qui porte maintenant le nom d'Amélie et qui à l'époque, étant très ombragée, était la promenade à la mode des Athéniens élégants.

Quant à Sophie, son intérêt pour le reboisement des étendues désertiques qui entouraient Athènes, pour la création de jardins et de parcs à l'intérieur de la capitale ou dans la périphérie immédiate, de même que pour la sensibilisation de la société en faveur des forêts et de la verdure en général, se manifesta en premier lors de la création, en 1899, de la Société Amie de la Forêt (Φιλοδασική Εταιρεία), au conseil exécutif de laquelle figurait, en tant que membre permanent, le directeur du domaine de Tatoï Otto Weismann, un Danois, représentant la Cour. Sous l'incitation de l'épouse du prince héritier, le métropolite d'Athènes lança un appel, lu dans toutes les églises de la ville, dans lequel il signifiait à ses ouailles que protéger la nature, planter et soigner les arbres faisait partie des devoirs élémentaires du chrétien. Ce fut à notre connaissance la toute première, et ce dans toute l'histoire moderne, intervention pro-environnementale d'un représentant des religions.

Mais ce ne fut qu'à partir du moment où elle devint reine, en mars 1913, et surtout à partir de la fin de l'année 1915, où elle bénéficia d'une quasi entière liberté d'action, que Sophie put donner libre cours à la réalisation de son idéal : faire d'Athènes et de ses environs une cité de jardins et de parcs et développer chez le Grec l'amour des arbres et de la verdure. Elle commença par remodeler le jardin entourant les deux villas royales à Tatoï, mais son œuvre, qu'elle aimait tant vanter et montrer à ses amis, fut détruite par l'incendie du 30 juin 1916, qui ravagea le domaine. Elle entreprit par la suite l'embellissement du jardin de Zappeion, qui acquit ainsi son aspect définitif, puis elle se lança dans un vaste programme de reboisement qui couvrit rapidement d'arbres les pentes, jusque-là désolées, du Lycabette, du Philopappos et d'Ardettos ; son action s'étendit à l'aménagement des berges d'Ilissos, à la création de nombreux jardins publics dans les quartiers périphériques, à la plantation d'arbres le long des artères : des bigaradiers le long des rues et des mollés le long des avenues.

Son désir le plus ardent toutefois était de doter Athènes d'un parc métropolitain. L'emplacement, d'une superficie de presque 80 hectares, en fut choisi sur le versant nord-ouest des collines Tourcovounia, irrigué par le ruisseau Podoniftis, un affluent de la rivière Kiphissos, au débit permanent. Le projet, qui devait porter le nom de Sophie (Bois de la Reine Sophie / Άλσος Βασιλίσσης Σοφίας), fut malheureusement abandonné par le gouvernement vénizéliste en 1917, qui s'acharna de détruire toutes les œuvres de la sœur du Kaiser. En 1921, de retour en Grèce, après le plébiscite ayant triomphalement

100. L'entrée principale du « jardin d'Amélie », tel qu'il a été réaménagé dans les années 1920 afin de devenir un jardin public.

rappelé Constantin, Sophie essaya de reprendre l'affaire du parc et fit même venir à ce propos à Athènes un spécialiste britannique, ainsi que le rapporte dans le compte rendu de l'interview qu'il eut avec elle le jeune journaliste et écrivain anglais Beverley Nichols ; ce dernier y traça de la reine le poignant portrait d'une femme *à qui rien ne fut épargné* [157]. L'époque cependant était peu propice à ce genre d'entreprises auxquelles la reine elle-même ne pouvait accorder l'attention qu'elles méritaient, brisée qu'elle était du deuil de son fils Alexandre et se dévouant au transfert des blessés du front, à la visite des hôpitaux militaires et aux visites de condoléances, faites au domicile des familles des victimes dont les corps ne purent être rapatriés – elle en parle avec déchirement dans sa correspondance avec sa sœur Marguerite de Hesse-Cassel. La débâcle micrasiatique donna au projet le coup de grâce : sur l'emplacement du « Bois de la Reine Sophie » s'éleva bientôt une agglomération de réfugiés au nom nostalgique : Néa Iônia (la Nouvelle Iônie).

Une des idées les plus heureuses de Sophie, mais qui ne vit que brièvement le jour, fut la « Fête verte scolaire » (Σχολική πράσινη εορτή). En effet, sous son instigation, une loi fut voté le 4/13 juin 1916, suivant laquelle chaque écolier de plus de 11 ans devait planter au moins trois arbres et en être responsable pour la durée d'un an. La date de ces plantations massives par les écoliers d'un quartier de la ville ou d'une ville de province devait varier selon les conditions climatiques de chaque région. La reine, accompagnée souvent du prince Nicolas (ce dernier y remplaçait parfois sa belle-sœur), s'y rendait presque à chaque fois pour souligner par sa présence, tant à l'intention des autorités que de la population locale, l'importance du projet. Les événements dramatiques de l'époque ne permirent pas, hélas, à cette initiative de s'étendre au-delà de l'Attique et de la Béotie. Pire, elle disparut, à peine un an plus tard, après l'expulsion de Constantin par l'Entente et l'imposition par celle-ci à la Grèce du gouvernement de Vénizélos.

SACERDOCE

> *Toutes les institutions imaginables reposent sur une idée religieuse,*
> *ou ne font que passer.*
> JOSEPH DE MAISTRE[158]

Esprit de sacrifice, généreux engagement s'offrant en exemple et incitant d'autres à s'engager de la sorte, dévouement à la cause nationale sans limite, sans compromis et sans ménagement de soi, rejet – autant que l'esprit des temps le tolérait – du fanatisme sectaire, sollicitude témoignée envers les plus démunis, constituent une dimension essentielle de la mission paradigmatique de la royauté[159], une des facettes de son apostolat et de son complexe devoir pédagogique, dont les rois et les membres de la famille royale ont pleinement conscience. L'inévitable marge entre l'idéal et son application, plus ou moins large selon les cas, ne nous préoccupera pas en cette dernière partie, dans laquelle sont uniquement traitées des réalités qui, bien que tangibles, sont relativement abstraites et se rencontrent souvent au niveau de l'intention et de l'imaginaire.

Cette mentalité, à la fois paternelle et paternaliste, sous-entend et implique une relation verticale entre le souverain et le peuple, relation cependant qui, ainsi que nous le verrons plus loin dans ce chapitre, n'est pas unilatérale, mais recèle une dialectique affective, aboutissant, dans un échange réciproque d'amour, à une sorte de communion, qui constitue à la fois la vraie assise du régime et un facteur de taille renforçant la cohésion de la nation.

Il est évident que l'on aborde là les confins du sacré et du politique, le lieu où des sentiments, nés de sources éloignées l'une de l'autre, se rencontrent et s'unissent dans les réseaux complexes de l'âme humaine pour donner naissance à une mystique de la royauté dont les origines remontent à la nuit des temps[160]. Chaque mythe, afin de persister, implique un cérémonial, des célébrants, des symboles tangibles, sinon des textes sacrés. Comme il advient pour toute communauté de foi, cet ensemble de rites et de symboles n'a de valeur que pour ses propres adeptes ; dans le cas de la royauté néanmoins, les contours extérieurs de son « église » sont loin d'être précis, dans le sens où elle parvient à toucher et à émouvoir à travers son rayonnement unique un cercle de participants infiniment plus vaste que celui dont les membres se définiraient politiquement comme royalistes, toutes tendances confondues. Dans le cas de la monarchie britannique, actuellement considérée comme le modèle quasi paradigmatique de la Royauté, le mythe royal étend son emprise, ne serait-ce que pour la durée d'un mariage princier, sur l'ensemble ou presque de la planète.

C'est dans ce sens précis que le décorum royal – si puéril pour certains – acquiert sa véritable et, si l'on veut, son incommensurable et inaltérable raison d'être dont l'essence est profondément philanthropique. Certes, il ne symbolise plus le pouvoir politique, passé depuis longtemps en d'autres mains, mais, à travers sa dimension mythique et la qualité du spectacle qu'il offre, lequel rassemble l'exubérance du conte de fée, la dignité de la liturgie et la joie partagée de la fête de famille, il parvient à dégager une puissante force rédemptrice et susciter un pouvoir magique de consolation.

Si ce miracle reste toujours possible, c'est que la Royauté paraît comme dépouillée du poids et de l'opacité de l'individualisme : elle est censée posséder la gratuité et la pérennité d'un élément de la nature, elle est communautaire parce que familiale, elle ne se replie pas égoïstement sur elle-même, mais se rapporte, selon sa propre logique, à quelque chose placée plus haut que soi, alors qu'elle s'épanche et se livre au public en des instants de profonde et d'irrésistible presque communion. Chez ses fidèles ou chez tous ceux qui, pour de brefs instants, se laissent emporter par la magie qu'elle opère, l'effet libérateur en est bouleversant : leur âme se relâche et se dilate en un généreux, tendre et universel sentiment, qui englobe à la fois le personnel et le collectif et que l'on pourrait, dans la plupart des cas, qualifier de familial : familial à l'échelle de la nation. Tourner cela en ridicule serait méconnaître sa solennelle importance, d'autant plus que cette altération libératrice, apaisante et réconciliatrice qui se produit dans l'âme populaire se réfère également à des réalités infiniment plus vastes et plus graves que la convention que représente l'État[161].

Dans le cas des monarchies imparfaitement enracinées, la pompe et le faste royaux jouent, certes, un rôle dans le cadre des grandes festivités du fait qu'elles rehaussent le lustre de l'État et, ce faisant, flattent la vanité ou la fierté nationales, mais ils n'ont guère l'impassible, répétitive et extratemporelle, quasi liturgique majesté que confère le temps au cérémonial des anciennes monarchies. Chez les Grecs, depuis la chute de Byzance, seule l'Église pourrait prétendre à quelque chose de similaire. Ceux-ci néanmoins participaient de bon cœur à ces grandes cérémonies (fêtes commémoratives nationales ou célébrations familiales publiques de la famille royale) où le patriotique se mêle au familial, parfaitement accordés à la chorégraphie de la célébration. Par le biais de l'émotion ressentie (joie ou compassion selon les cas), ils pénétraient imperceptiblement dans un cercle intermédiaire d'allégeance enveloppante, rassurante, flatteuse, d'allégeance envers l'État personnifié en une famille. Ce type de communion est intermédiaire par rapport à deux institutions particulièrement chères aux Grecs et avec qui la royauté s'apparente par certains de ses aspects, à savoir la famille et l'Église. On serait tenté d'y ajouter l'armée.

101. L'arrivée de la mariée et son entrée à la cathédrale d'Athènes : instantané de la cérémonie de mariage de Constantin avec la princesse Sophie de Prusse (15 octobre 1889). Le carosse avait déjà été utilisé lors de la cérémonie pour le passage à l'âge adulte du diadoque, début décembre 1886. Initialement ce véhicule faisait partie d'un groupe de 8 voitures d'apparat, destinées à être utilisées par Henri V (comte de Chambord) à Paris en 1871.

Mais pour que cet élan intégrateur puisse aboutir à une forme d'engagement relativement durable, l'image d'une royauté lointaine, impassible et brillante, symbole quasi sacral de la pérennité de l'État, n'est guère suffisante. L'âme populaire, en réalité égalitaire, exige de la part de ses rois la manifestation d'un lien plus intime et plus direct les rattachant au peuple. Elle réclame donc une royauté à l'écoute, laborieuse, abordable et présente – sans trop de familiarité cependant – qui soit placée à la fois au-dessus du peuple (sans quoi le mythe guérisseur reste inopérant) et au cœur de la société : au-dessus du peuple, afin qu'elle puisse efficacement lui venir en aide, au cœur de la société, afin de mieux en saisir les besoins.

Cela impliquerait un effort sans fin de la part de la famille royale, rien que pour atteindre un état d'équilibre somme toute vacillant et précaire – ce qui signifie qu'elle ne peut jamais s'accorder de repos, ni se permettre de moralement faillir. Néanmoins cette forme de pouvoir constitue, malgré sa fragilité intrinsèque, l'unique ou du moins un des rares régimes capables de concilier les Grecs avec la réalité de l'État. Elle est la seule qui puisse appri-

102

voiser, adoucir ou, mieux, démanteler l'anarchisme individualiste et anti-institutionnel qui caractérise depuis toujours ce peuple et conférer ainsi à l'État le suprême degré de légitimité et de cohésion auquel il puisse aspirer sans pour autant mettre en péril les institutions démocratiques. Elle est aussi la seule forme de pouvoir qui puisse donner des chances à l'institution qu'incarne le chef de l'État à ne pas être dévalorisée, puisque elle est abordée par la voie du cœur, attisée au moyen de la foi, à condition que celle-ci soit toujours revivifiée de la part de la famille royale par des gestes et des actes généreux et rassembleurs, à savoir sans démagogie. Il n'est donc pas un hasard si dans la conception que se fait de sa mission la famille royale on recèle un fort élément de kénose, c. à d. d'abnégation et de sacrifice de soi, dans le sens où les personnes royales reconnaissent que leur rôle leur arroge infiniment plus d'obligations que de droits.

On m'a toujours appris, confie le roi Constantin à la journaliste Pilar Urbano, *et ce depuis l'âge où j'étais tout petit, que l'axe de notre vie devait être le service et l'amour. Tel est le seul rôle possible qui soit laissé aux personnes*

102. Instantané du mariage du diadoque Paul avec la princesse Frédérica de Hanovre. Le carosse royal entre dans la rue Panépistimiou (9 janvier 1938).
103. Le roi Paul et le diadoque se rendent au défilé. Salonique 1962.
104. La princesse Sophie, en rentrant au palais après la cérémonie de mariage, salue le peuple (16 mai 1962).

royales dans une monarchie constitutionnelle. Mais, pour l'assumer, tu dois vouloir du fond de ton cœur servir le peuple sur lequel tu règnes. Lui consacrer un amour absolu et sans limites. Au juste – et c'est en cela que se différencient d'elle aussi bien la république que la dictature – la royauté est une affaire d'amour[162]. Priée, plus loin dans l'interview, de définir sa propre conception au sujet du rôle d'une reine, Sophie eut ce mot admirable : *La reine est celle qui est toujours là* (dans le sens qu'elle est toujours disponible)[163].

Digne fille de Paul et de Frédérica, Sophie tient de ses parents cette haute conception de la royauté[164]. Chez tous les deux, mais en particulier chez le roi Paul, la notion capitale, autour de laquelle s'ordonnait, peut-on dire, toute sa vie, est ce qu'il appelait « l'Unité ». Acquérir l'Unité constituait pour lui le but suprême de l'existence. L'on y parvient par un processus d'unification intérieure, au moyen d'un effort continu de dépouillement, sorte de délestage progressif par lequel on accède à la liberté. Cette notion implique à la fois un détachement absolu de tout ce qui n'est pas l'unique nécessaire et

105. Instantané de la cérémonie grandiose dite de la Réparation (rapatriement des restes du roi Constantin et des reines Olga et Sophie). 22 novembre 1936.

106. Lors de la cérémonie funéraire du roi Paul à la cathédrale d'Athènes, le nouveau roi Constantin aide sa mère, qui était venue se prosterner devant le cercueil de son mari, de regagner sa place.

une intime compréhension de la raison des êtres et des choses, qui à son tour conduit à un état de communion avec Dieu.

Afin de mieux capter sa pensée, écoutons-le s'expliquer devant les étudiants de l'Université de Columbia aux États-Unis[165] : (…) *Par conséquent, nous devons développer un nouveau système éducatif, destiné à mener nos enfants à saisir deux principes absolument essentiels :*

Que l'Unité est le moyen par lequel on arrive à mettre un terme à la contradiction apparente entre le monde visible et le monde invisible, entre la matière et l'esprit, entre le corps et l'âme, entre l'homme et Dieu[166] *et que*

Dès qu'ils prendront conscience de l'importance de la force que recèle l'Unité, nos enfants devront apprendre à développer chacun sa propre responsabilité par rapport à cette force. Et lorsque la jeunesse deviendra consciente du fait que l'homme n'est qu'une parcelle de cette Force Divine, elle doit apprendre comment en user d'une façon édifiante pour le bien de tous.

Et Paul de conclure : *La nation, dont les citoyens parviendraient ainsi à*

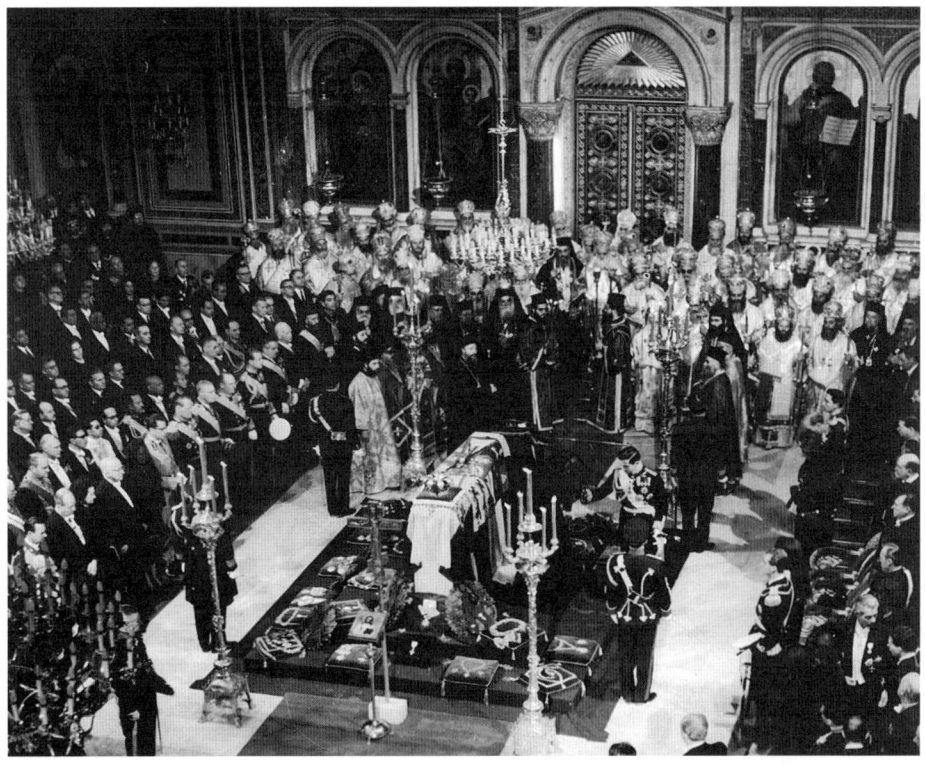
106

trouver leur unité spirituelle et morale, serait destinée à contribuer à la civilisation et à l'harmonie de ce monde bien davantage que celle dont la puissance repose uniquement sur la force matérielle et les slogans politiques.

Si le but poursuivi est l'unité, la force motrice pour y parvenir est l'amour. Les notions *service, amour, état de communion, tendresse et sollicitude*[167] sont en effet celles qui reviennent le plus souvent dans les discours prononcés par Paul et Frédérica, révélant ainsi l'importance primordiale qu'ils leur attribuèrent. En fait, ces notions finissent par former un genre de système, ou plus exactement une sorte de religion politique, politique en son sens le plus large. Lors de la cérémonie de l'entrée en majorité du prince héritier, le 2 juin 1958, Paul, en cet instant solennel, s'adresse à son fils par ces mots :

Constantin,

Dieu a daigné te destiner à régner sur les Grecs, notre peuple glorieux, excellent et noble. Cette grâce divine qui est faite à toi est un honneur insigne et un lourd héritage à porter. À compter de ce jour tu deviens mon collaborateur, ouvrier à mes côtés dans ma tâche d'assurer le bonheur et le progrès

107. Cérémonie de la majorité du diadoque Constantin se déroulant dans la Salle des Trophées du palais de l'Assemblée Nationale. La reine Frédérica est entourée des ex-rois Michel de Roumanie et Syméon de Bulgarie. Derrière elle, se tiennent les princesses Sophie et Irène, ainsi que le prince Georg-Wilhelm de Hanovre. Au fond, se tiennent les membres du gouvernement (2 juin 1958).

de mon peuple. Je suis convaincu que ton amour envers le peuple grec, égal à l'amour incommensurable que je ressens pour lui, te fera partager la félicité dont il est la source. Le peuple grec, payant la rançon de sa glorieuse histoire et subissant les conséquences de ses luttes séculaires et incessantes pour le bien de l'humanité, n'a point eu encore l'occasion de réaliser la pleine mise en valeur de ses possibilités afin d'acquérir le degré de prospérité qui lui convient et auquel il a droit. C'est pour cela qu'il est juste qu'il soit de notre part l'objet de toute notre sollicitude, de notre attention et de notre sacrifice.

Sois juste, modeste ; sois l'ouvrier infatigable du progrès et de la gloire de la Grèce.

Protège fermement les principes démocratiques de notre Constitution et les libertés constitutionnelles des Hellènes.

Consacre ta vie au bonheur de la Patrie. Il n'est pas de mission plus haute et plus belle.

N'oublie jamais qu'il est préférable que ce soit le roi qui souffre plutôt que le Peuple et le Pays.

Travaille avec acharnement à te rendre digne du Soldat Hellène, dont un jour tu seras le chef. Tu prendras ta place à la tête des Forces Armées Grecques, dépositaires d'une tradition héroïque et glorieuse. Conserve-les intactes, prêtes au combat, gardiennes de notre patrimoine, respectées des amis, redoutables aux ennemis – fier ornement d'un peuple fier ! Dieu veuille qu'elles ne se trouvent pas dans la nécessité de frapper.

Sois le gardien et le protecteur de notre Sainte Église.

Que seul l'amour soit le fondement de ton pouvoir.

Réponds à l'injure par le pardon, à la discorde par l'union, à l'erreur par la vérité, au doute par la foi. Je prie pour que toi et mon peuple connaissiez des jours de gloire, dans de nobles luttes pour la civilisation et le progrès.

Veuille la Miséricorde Divine faire de toi un instrument de paix et qu'elle protège la Grèce et toi, Constantin, à jamais [168].

Mais de tous les discours du règne, le plus explicite en ce qui concerne la révélation de son noyau spirituel, la conception du pouvoir qui en émane et le genre d'action qui s'articule conséquemment à celle-ci est peut-être celui que prononça Frédérica[169] à la cérémonie pour le dixième anniversaire depuis la fondation de l'organisation de la « Providence Royale ». C'est pour cela qu'il mérite d'être cité en entier :

Vous savez tous que mon Mari et moi nous croyons en l'amour. Non seulement en l'amour qui naît entre les gens, mais en l'amour qu'on recèle dans l'âme de tout homme et de toute femme et dont la source est l'amour de Dieu.

Vous tous, mes collaborateurs bien aimés, tout comme l'ensemble du peuple grec, vous êtes pour nous la preuve la plus admirable que notre foi est fondée sur la vérité. En regardant en arrière, le long de ces dix années écoulées, certains diront qu'elles furent excessivement dures, et elles le furent en effet. Cependant, tant pour mon Mari que pour moi-même, elles furent également des années merveilleuses. Car elles constituent une période pendant laquelle, en dépit de la guerre et de la désolation matérielle, l'âme de notre Peuple se manifesta pleine de puissance créative, tant par sa foi en mon Mari et en moi qu'à travers d'innombrables et généreux actes d'amour des Grecs entre eux.

La preuve en est la « Providence Royale ». Des gens non avertis pourraient nous juger, nous les Grecs, d'après des éléments superficiels. Le Roi et moi nous estimons votre valeur en contemplant votre âme noble et créative. Nous la connaissons bien cette âme, nous en avons fait mille fois l'expérience de ses vertus, au point qu'elle a fini par devenir une partie de notre âme à nous. Le fait que vous, le peuple grec, nous ayez révélé la beauté et la vérité de votre caractère fait de nous un roi et une reine vraiment comblés. La « Providence Royale » n'aurait jamais pu mener à bout avec tant de succès sa tâche sans votre soutien et sans votre confiance et votre amour. Que la nouvelle génération, qui bénéficie maintenant des effets de votre œuvre, récompense votre foi et vos peines, en donnant des preuves de sa loyauté et de son amour pour la Grèce.

La « Providence Royale » est née durant les heures les plus sombres de notre Histoire récente. Elle vint comme un message d'Espoir et d'Amour du Peuple pour le Peuple. Je suis convaincue que vous tous, qui en portez la charge et qui en assumez la responsabilité, demeurerez à jamais les instruments dévoués de cet Amour.

Vers vous, mes bien aimées Dames de la Collecte, à vous les jeunes Directeurs et les Chefs des Maisons et des Cités d'Enfants, ainsi que vers tous ceux qui, d'une manière ou d'une autre, participez à l'accomplissement de cette tâche, vers vous tous qui, si volontiers et sans vous épargner, vous donnâtes le meilleur de vous-même dans cette grande Œuvre commune, vers vous je me tourne, mue d'une profonde reconnaissance non seulement pour ce que vous avez fait mais aussi pour ce que vous êtes vous-mêmes. Si la « Providence » est devenue une véritable bénédiction pour notre Peuple, cela est dû au fait que vous tous qui y servez portez la bénédiction dans vos cœurs.

Rendons tous grâce à Dieu, du fait que, quand bien même notre Peuple est pauvre et torturé, il conserve toujours un cœur créatif, courageux, désintéressé et sincère.

Je souhaite que vous sentiez ardemment et pour toujours que notre reconnaissance envers vous est telle qu'elle ne peut s'exprimer que par l'Amour que nous ressentons pour vous.

Or de cet édifice politico-mystique le roi en est à la fois le pivot et le grand prêtre. Tel est le contenu du sacerdoce royal. Il tient en peu de mots dans l'extrait néotestamentaire, tiré de l'Évangile selon Saint Jean[170], que Paul, fidèle à la tradition dynastique, choisit pour qu'il figura sur la surface en marbre de sa tombe à Tatoï :

Je t'ai glorifié sur terre, j'ai achevé l'œuvre que tu m'as donnée à faire (…) Désormais je ne suis plus dans le monde ; eux restent dans le monde, tandis que moi je vais à toi. Père saint, garde-les en ton nom que tu m'as donné, pour qu'ils soient un comme nous sommes un.

De ces versets, tirés du Discours du Christ dit épiscopal, ressort clairement l'idée d'une mission confiée, qui n'est autre que la transformation par le roi de la nation en une communauté, dont les membres seraient unis dans l'amour et œuvreraient pour la gloire de Dieu et celle de la patrie. Nous voici au cœur quasi christique de la mystique royale : la royauté en tant que communion d'amour à l'image du Dieu trinitaire et la royauté comme médiatrice entre le peuple et Dieu, le roi intercédant pour son peuple. Le roi, non plus seulement chef politique, mais père de la nation, en quittant le monde, remet entre les mains du seul Roi et Père de tous l'ensemble des siens : sa propre famille certes, mais, inséparablement, l'ensemble de la nation.

ÉPILOGUE

DAMNATIO MEMORIAE[171]

Quarante-deux ans après sa disparition de l'avant-scène politique de la Grèce, quarante-neuf après que le dernier roi régnant ait quitté le pays, la Royauté grecque continue à y être traitée comme un sujet tabou. Rares sont ceux qui en parlent ; et quand ils le font, ce n'est que parce que se taire devient impossible. Ils se résignent donc à contrecœur à en faire mention, toujours le plus brièvement possible, en usant d'un langage dont la prudence et la circonspection, les milles précautions afin d'éviter la tare d'être pris pour un sympathisant de l'« ancien régime », la crainte d'y laisser échapper non pas quelque franche éloge, chose impensable, mais quelque fugitive et bien timide appréciation positive sur quelque fait de détail quant au régime déchu, sautent aux yeux. En revanche, lorsqu'il s'agit d'y déverser du fiel, là on se doit de crier haut et fort ; tout y est permis (invention comprise) qui, sans que personne n'y voit d'inconvénient, prend sans vergogne la place de l'histoire, laquelle dans ce cas se distancie peu de la propagande, voire de la calomnie. La quasi-certitude que rares seront ceux qui voudront remonter jusqu'à la source – habituellement politicienne ou journalistique militante – et en démasquer l'imposture enhardit les rares scrupuleux et ôte toute retenue aux imposteurs. De la sorte les uns comme les autres se laissent allégrement porter par la lâche facilité de se répéter mutuellement la même version des faits, en prenant d'autant plus plaisir à en forcer les traits que souiller une sommité déchue divertit sans faute le vulgaire et l'envieux et rend toujours populaire le diffamateur, tout en flattant le maître du moment, pour peu que celui-ci se complût de ces bassesses. *Nous n'écoutons d'instincts que ceux qui sont les nôtres*, affirme La Fontaine, ce, en quoi il faut lui donner raison.

Ce mélange astucieux de silence et de calomnies, systématiquement concocté pendant plus de quarante ans par des canaux de tout genre, y compris les plus officiels et ceux faisant autorité, et jamais publiquement décrié, démenti ou contredit, finit par se transformer en *vérité*, une fois qu'il a réussi à prendre racine dans la conscience publique. Une fois le but obtenu, et les choses sciemment parvenues à ce point de non-retour, une fois la royauté honnie ou extirpée de la mémoire collective, il devint permis à un historien, de préférence issu de la Droite libérale (de ceux qui seuls avaient droit de cité dans les universités grecques maldre le fait qu'ils ne fussent pas de gauche), et que, donc, aucun soupçon d'inclination royaliste n'accable, de se détacher du tas de ses confrères et d'oser prononcer un avis nuancé, voire positif, sur tel acte royal, ou bien révéler un aspect peu à son avantage d'un adversaire de la Couronne. Fausse témérité désormais que la sienne, puisqu'il n'encoure aucun risque ; elle procure en plus à son auteur, historien parfois repenti sur le tard, le mérite, peu recherché en Grèce, de l'objectivité. Pousser la prouesse jusqu'à publiquement dénoncer le scandale que la totalité des archives officielles de la seconde dynastie (ayant régné à partir de l'année 1863) sont encore hors de la portée du chercheur[172], et l'honnêteté scientifique jusqu'à avancer quelques doutes sur les axiomes colportés concernant le rôle historique de la royauté pour cause d'inaccessibilité aux sources capitales, relevait jusqu'à hier du domaine de l'inconcevable, tant était servile la classe rampante des maîtres de pensée. La présence toutefois d'une jeune génération d'historiens grecs, laissant parler les sources et dont les ouvrages sont appréciés pour leur objectivité et leur impartialité, bref pour leur honnêteté scientifique, laisse à supposer que le jour n'est peut-être pas loin où l'on pourra en Grèce aussi traiter n'importe quel chapitre de notre histoire contemporaine en chercheurs et non pas en partisans, voire, ce qui est encore pire, en courtisans, en laquais du pouvoir !

Mais nous n'en sommes pas encore là. Les raisons de cette attitude discriminatrice unie et systématique, dont est accablé un régime qui a été le régime légal du pays pendant 130 ans parmi les 186 que compte la Grèce depuis son indépendance, ont été facilement perçues par le lecteur. Parmi ces raisons quatre méritent d'être particulièrement relevées ; pour que le lecteur en saisisse toute l'ampleur dans le processus mental de cristallisation qui a été mis en œuvre en vue de rendre définitivement maudit ou puéril le régime royal (ces deux buts étant poursuivis de pair), elles doivent être comprises comme agissant simultanément et se soutenant mutuellement :

a) Commençons par ce qui semble aller de soi, à savoir le besoin qu'éprouve tout régime neuf, fraîchement installé et pour un temps encore plus ou moins instable, de discréditer le plus possible le régime antérieur et ce afin de mieux se consolider dans l'opinion publique. Ce phénomène, compréhensible de la part de l'État (mais point de la part d'un intellectuel ou d'un enseignant) tant que la précarité persiste, est cependant inutile après que se soient dissipées toute crainte d'un retour des choses en arrière et la mauvaise conscience de la part des auteurs de la légende noire d'avoir forcé la vérité. Or, le fait est qu'il perdure jusqu'à maintenant !

b) La légende noire fut à l'origine d'autant plus facilement crue que demeuraient vivaces dans la mémoire collective les graves désordres politiques dont se rendit responsable la royauté au cours des deux années 1963 et 1965, interprétés de la part de ses adversaires de la façon la plus négative. Le fait qu'à la crise de ce temps-là succéda la dictature des colonels rendit à posteriori encore plus crédible cette version des faits. Ainsi s'implanta dans la conscience populaire, sans soulever d'opposition, la fausse accusation selon laquelle Constantin, faussement supposé d'être en train de fomenter un coup d'état avec ses généraux et pris de court par les colonels, se contenta, sans trop de regrets, du régime de ces derniers. Lorsque quelques mois plus tard le jeune roi tenta de renverser la dictature militaire, en exposant lui-même et sa famille à des risques certains (la reine Anne-Marie, à l'issue de l'entreprise ratée, fit une fausse couche), peu y prêtèrent attention. Ceux qui s'y arrêtèrent ne le firent que pour souligner la puérilité du complot, en omettant tout commentaire sur la noblesse des intentions. La masse du peuple, quant à elle, suivit les événements dans l'indifférence, tant la Couronne était à l'époque discréditée, et encore plus que celle-ci l'ensemble de la classe politique.

c) Ce renversement des mentalités n'eut peut être pas été réalisable sans la présence de deux facteurs importants, qui contribuèrent à priver le régime royal d'alliés aussi bien au sein de la société que dans le monde politique. C'est ainsi que peut s'expliquer l'absence de toute opposition populaire, comme celle qui, dans le passé, s'était massivement manifestée à l'appui du roi lors de la dispute entre partisans de Constantin Ier et partisans de Vénizélos dans les années 1915–1935 ou, plus tard, dans une moindre mesure, lors du plébiscite de 1946 et du retour du roi.

En ce qui concerne la société, outre les raisons évoquées, il faut mentionner le fait du désistement – un phénomène de véritable désertion –, dès la fin de la guerre civile, de la part des régimes bourgeois (de Droite ou de Centre-droite, (dont l'intelligentsia n'a pas voulu s'investir dans la vie intellectuelle du pays), une poignée de penseurs bourgeois exceptée, à cheval entre l'université et la politique. Leurs œuvres, sous le vernis grec desquelles transparaît la pensée idéaliste allemande à laquelle ils s'étaient familiarisés du temps de leurs études universitaires à Heidelberg, étaient trop érudites ou d'un hellénisme trop académique et de laboratoire pour être appréciées et senties par le Grec moyen. Peut-être étaient-elles aussi trop distantes de la réalité grecque de l'époque. Toujours est-il que la vie intellectuelle et artistique du pays fut, dans une grande mesure, l'affaire de la Gauche. Celle-ci, bien pourvue en personnalités de marque dans le secteur de la littérature et des arts, s'adonna, sur un autre échelon, à un systématique travail de sape, dans le but de démontrer que les amis de la liberté, de la démocratie et des droits de l'homme se trouvaient dans les rangs des vaincus de la guerre civile, à savoir dans ses propres rangs. La dictature des colonels, avec son anticommunisme primaire et ses méthodes autoritaires, sembla confirmer cette thèse, alors que surgissait une nouvelle génération, celle dite de « l'École Polytechnique », née après la fin des hostilités et endoctrinée au marxisme jusqu'au fanatisme. Le rétablissement de la démocratie en 1974 donna à la Gauche tout pouvoir sur les universités, où ses représentants exercèrent une véritable terreur sur l'ensemble du corps enseignant, dont la minorité non marxiste, ayant survécu aux purges de 1975 ou étant parvenue à s'y infiltrer malgré les consignes et les gardes, fut acculée, sans trop de ménagements, au choix de se soumettre ou de se démettre. Elle se soumit et en fut gratifiée.

Le premier épisode et le plus décisif de ce chambardement se déroula – fait paradoxal – sous un gouvernement conservateur. En effet, il ne fut rendu possible que parce qu'entre temps la Droite, sous l'impulsion de Constantin Caramanlis (rentré en 1974 méconnaissable de son séjour parisien), était en train de changer. Elle a voulu entreprendre le démantèlement systématique de toutes les fidélités et de toutes les certitudes et d'effacer tous les repères, afin de briser, dans le corps même du parti qui soutenait politiquement le premier ministre, tout lien avec son propre passé. Cette entreprise fut menée avec une violence inouïe, main dans la main avec la Gauche marxiste. Serviles, les politiciens rampèrent docilement sous la houlette du maître et furent d'ailleurs amplement récompensés pour leur souplesse et la rapidité de leur « conversion ». Le résultat en fut que, pour la première fois depuis la guerre, la droite parlementaire cessa d'assurer l'appui de la Couronne.

Les officiers ayant changé de camp, vint le tour de la piétaille, qui était, certes, plus dure à mater, d'autant plus que le plébiscite sur la nature du régime (république ou démocratie avec roi), qui a eu lieu le 13 décembre 1974, dans des conditions dont l'équité pourrait être sujette à caution, avait démontré une fâcheuse constance de la part de la masse populaire conservatrice, cette race indomptable des royalistes plébéiens, comme disait Bernanos, envers ses anciennes idoles –intolérable ténacité qu'il fallait casser sans tarder. Confondre royalistes et partisans de la junte, en se fondant sur la façade anticommuniste commune et en passant sous silence tout le reste, y compris les persécutions de la part de la junte de maints royalistes, afin d'attirer sur les uns le lourd discrédit qui, depuis peu, pesait sur les autres, était chose aisée, étant donné que tout dialogue ou possibilité d'émettre la moindre objection était abolis. Le peuple de la Droite, de plus en plus désorienté sous les feux croisés de ses propres chefs, qui fraternisaient avec ses pires ennemis, rejeté par la nouvelle génération, dont les souvenirs ne remontaient pas au-delà de la junte et qui avait subi le lavage de cerveau dont on vient de parler, finit par ne plus y voir clair. Il allait jusqu'à douter de ses propres convictions d'hier, voire d'évènements auxquels il avait assisté en témoin oculaire ou dont il avait été victime. Ce complexe mouvement d'esprit totalitaire, véritable alliance contre nature perdurant pendant des décennies, eut finalement gain de cause et parvint à définitivement enlever à la royauté les alliances, les appuis et les sympathies qui l'avaient soutenue jusqu'en 1967.

d) À cela il faudrait ajouter le nouveau contexte international, à la fois social et politique, où l'accent est porté soit sur le *self-made man* soit sur le socialisme, bref, dans les deux cas, contre les valeurs héritées et surtout contre une conception hiérarchique de la société, fondée sur un droit de naissance. Dans cette fin démocratique du XXe siècle, voire en ce début du siècle en cours, la royauté paraît en effet sinon comme une anomalie, du moins comme une survivance désuète du passé, dépourvue de sens dans le monde moderne. En plus de cela, les membres des familles royales, au lieu de chercher à s'inventer une nouvelle raison d'être qui vaille, s'acharnent, dirait-on, à détruire leur propre mythe, pour la bonne raison qu'ils sont, eux aussi, gagnés par l'esprit du temps. Individualisme, opulence (dans certains cas) et désœuvrement, manque d'assises religieuses et spirituelles solides, sans lesquelles il est impossible de garder le cap sur un devoir auquel il faut être prêt à sacrifier une bonne part de soi-même, manque d'ambition noble, fléchissent les meilleures intentions, à supposer qu'elles existent. Le mythe royal périclite, n'étant plus alimenté par la foi en ce que la royauté est censée incarner (à ceci on pourrait ajouter la perte dans nos sociétés du sens du sacré en général), délaissé par ses grands desservants eux-mêmes, qui doutent de leur propre raison d'être. Longtemps après avoir perdu tout droit de participation à l'exercice du pouvoir, il restait encore aux rois la possibilité de s'élever sur un autre piédestal et gagner sur le plan spirituel et moral le terrain cédé aux politiciens. Ces hautes, ingrates et solitaires exigences furent au-dessus de la portée de la plupart des membres des familles royales. Le vide créé fut fatal. Car, entre temps, footballeurs, chanteurs, acteurs, mannequins de renom, richissimes hommes d'affaires, eurent vite fait de déloger les personnes royales du cœur et des rêves (de l'imaginaire) de la masse populaire, décisif tournant dans les mentalités qu'il faudrait chronologiquement situer autour de 1980, alors donc que s'éteignait la génération née avec le XXe siècle.

Et pourtant ! Le voyage surprise de la famille royale en Grèce pendant l'été 1993, dû à l'insoutenable nostalgie du roi pour son pays, provoqua une vive émotion surtout dans les provinces restées encore royalistes, ainsi qu'une levée de boucliers, tout à fait disproportionnée à la taille de l'évènement, de la part des adversaires de la royauté. L'image des navires de guerre traquant la frêle embarcation, sans équipage, qui transportait la famille royale et sur laquelle plongeaient en rase-motte des avions militaires serait, nonobstant sa dimension tragique, d'un ridicule achevé.

À vrai dire, Constantin, pour son propre intérêt, aurait dû patienter davantage. Car entre lui et le gouvernement Mitsotakis un accord réglant l'épineuse, pour certains, question de la propriété privée de sa famille en Grèce était sur le point d'être conclu, les deux parties étant parvenues à une entente, laquelle allait être prochainement scellée par une loi votée au parlement. Or la visite inopinée de la famille royale mit Mitsotakis dans une mauvaise posture, d'autant plus que Caramanlis, à l'époque président sans pouvoir de la République hellénique, ne cachait pas son mécontentement quant à la présence dans le pays de l'ancienne famille royale et le retentissement qu'elle a eu. D'où la démesure, de la part du gouvernement, de la réaction que l'on a évoquée.

La vraie riposte à la visite royale ne tarda pas à éclater. Elle vint de la part du nouveau gouvernement socialiste, le gouvernement Mitsotakis ayant été entre temps renversé. Le nouveau gouvernement en effet – qui fut le dernier d'Andréas Papandréou – raya d'un trait les accords réalisés entre le gouvernement précédent et l'ex-famille royale, malgré le fait qu'ils ne se distanciaient pas tellement de la ligne générale convenue auparavant entre un autre gouvernement Papandréou et l'ex-souverain, avant donc la fin des années 1980. Ce renversement total des données advint alors que Constantin songeait déjà aux travaux de restauration à effectuer à la villa à Tatoï. Ce n'était point tout. Le droit à toute propriété privée en Grèce fut contesté aux membres de la famille royale, décision arbitraire applaudie à l'unisson par la presse et les chaînes télévisées, le roi étant présenté comme un vil escroc, cherchant à déposséder le peuple grec. Outre cela, les membres de la famille royale furent privés de leur nationalité. Encore une fois, personne ne se leva pour protester contre une mesure dont l'arbitraire et la démesure faisait reculer la Grèce au temps des colonels honnis.

Constantin fit appel à la justice, la justice grecque d'abord ; puis mena l'affaire devant la cour européenne des droits de l'homme à Strasbourg. Neuf ans de lutte s'en suivirent pour démontrer ce qui était l'évidence même. Car, pour la plupart, les titres de propriété étaient on ne peut plus clairs. Il va de soi que l'ex-roi, agissant comme n'importe quel individu lésé dans ses droits élémentaires, cherchait à défendre ses biens de famille. Pour le gouvernement en revanche, l'enjeu était politique. Conscient des séquelles royalistes subsistantes, il chercha à détruire tout lien entre la personne de Constantin et les symboles concrets de la royauté. Il s'acharna avant tout à lui arracher Tatoï, malgré les irréfutables titres de propriété. Le choix de résider sur un lieu qui était le symbole par excellence de la royauté et où sont enterrés ses ancêtres ferait quasi automatiquement de l'ex-roi un prétendant potentiel indépendamment de sa propre volonté. Les droits de propriété de la famille royale sur Tatoï (en Attique), Mon Repos (à Corfou) et Polydendri (en Thessalie) ayant été confirmés par le tribunal siégeant à Strasbourg, le gouvernement fut placé devant le choix soit de rendre son bien à celle-ci (qui, de son côté, devrait régler maintes questions fiscales) soit de lui verser un dédommagement dont le montant restait à fixer.

Dédaignant tout contact avec l'ex-souverain, traité en pestiféré, le gouvernement Simitis opta pour la seconde solution. À l'opposé de ce qu'avait fait Georges II en 1924, qui, dans des conditions analogues, avait refusé de traiter avec un gouvernement dont il rejetait les actes arbitraires frappant sa famille, Constantin accepta la tractation. La somme arrêtée – scandaleusement basse sous prétexte de compenser les sommes dues à l'état pour droits de succession et d'héritage – lui fut versée, de sorte que la famille royale se retrouva sans biens en Grèce. Dans un paroxysme de grossièreté et de méchanceté gratuite, le gouvernement annonça que l'argent versé à l'ancien roi serait retiré de la partie du budget réservée à parer aux urgences provoquées par des catastrophes naturelles. En réponse à cela, Constantin investit une partie de cette somme dans une fondation, à qui il donna le nom de sa femme, destinée à porter secours à des sinistrés ou à remédier aux destructions et dommages suscités par des séismes ou des intempéries. Cette affaire assez lamentable pour le prestige de l'État eut cependant pour la famille royale un côté positif : le différent économique ayant été résolu, et l'État ayant, à moindres frais, réalisé son but, la porte du retour au pays de Constantin et de sa famille s'ouvrait enfin.

RETOUR AU PAYS

Ils y arrivèrent à l'improviste, tous ensemble, sauf la princesse Irène, sœur du roi, hospitalisée à Madrid. L'opinion s'en émut, ce que les chaînes de télévision privées ne manquèrent pas d'exploiter. La même chose s'était produite en 1998, au moment de la visite officielle du couple royal d'Espagne (pour les Grecs c'était surtout Sophie qui comptait, parce que princesse de Grèce), à savoir l'absolue opposition entre le mythe implanté et la réalité, telle qu'elle se présentait, sans artifice, sous tous les regards. On était loin des ogres, des êtres hautains, inabordables, balbutiant quelques mots écorchés de grec ! De même, lorsque la princesse Irène arriva, seule, trois mois plus tard, elle fut, elle aussi, assaillie par les journalistes, qui la dépistaient dans les endroits les plus reculés – une chapelle byzantine dans la campagne près de Paiania ou bien dans le site archéologique de Palaiochôra en Égine, absolument désertique ce jour là –, et fut entourée, partout où elle alla, par une foule intriguée, curieuse, mais dans l'ensemble amicale et accueillante. C'en était plus que le gouvernement ne pouvait tolérer. L'ex-roi et sa famille étaient libres de circuler où bon leur semblait, à condition néanmoins que leur présence passât inaperçue. Le silence fut à nouveau imposé à la télévision, alors que les journalistes, dans les très rares occasions où ils mentionnaient les personnes royales, reprenaient les accents mi-condescendants et mi-ironiques du passé.

Toutes les ordonnances et tous les impératifs du monde ne seraient peut-être pas parvenus à détourner l'attention, voire la sympathie, pour l'ex-famille royale, si celle-ci, à une notable exception près, celle de la sœur cadette du roi, n'offrait le banal spectacle d'individus, aimables certes mais ordinaires, se mouvant uniquement dans des cercles mondains, dans les îles et les villégiatures à la mode, menant, avec élégance et sans ostentation, une existence oisive et cherchant surtout à profiter (hélas, dans son aspect le plus superficiel) de ce dont l'exil les avait pendant si longtemps douloureusement privés : la Grèce. Cela était compréhensible, voire émouvant, mais néanmoins insuffisant pour marquer les retrouvailles entre un peuple et sa famille royale. Le fait d'éviter tout ce qui pourrait mécontenter le pouvoir et risquerait de mettre à nouveau en péril l'accès au pays compte, peut-être, parmi les raisons de cet effacement, tout comme la volonté de la part du roi de vivre enfin en paix et comme il l'entend le reste de ses jours, après de décennies de luttes exaspérantes et d'affronts gratuits, après de décennies d'exil, se contentant du fait, seul désormais essentiel à ses yeux, de pouvoir demeurer dans son pays et s'y mouvoir librement. Pour ce qui est de la plus jeune génération de la famille royale, cette gêne apparente dans la manière de nouer contact avec le pays doit bien certainement être attribuée au long exil subi, sans réel espoir de retour, mais aussi au type d'éducation reçue, qui était sans contenu autre que privé et inapte à susciter chez les princes l'ambition de jouer, le cas échéant, un rôle public.

La mise en vente aux enchères chez Christie's, en janvier 2008, d'à peu près un millier d'objets, que Constantin a pu en toute légalité faire sortir de la Grèce, eut un effet navrant sur l'opinion ; nombreux furent les royalistes qui ressentirent l'évènement comme une espèce d'humiliation personnelle. Parmi ces lots exposés, fleurons de la collection, figuraient une cinquantaine de pièces dont l'ex-roi, tout en étant l'incontestable propriétaire, n'avait pas, selon eux, moralement le droit de s'en désister (entre autres, le mobilier de la salle du trône du temps de Georges Ier)[173], premièrement parce qu'ils faisaient partie des symboles tangibles du régime, deuxièmement parce que la dispersion des objets rend plus dure la tâche de constituer un jour à Tatoï un musée consacré à la dynastie, troisièmement parce que cet acte se situe à l'opposé de la tradition de la famille royale grecque, qui – n'en déplaise à la légende noire – ne fut point vorace en matière d'argent[174], en dépit du fait que celui-ci souvent lui manqua, et quatrièmement à cause surtout de tout un peuple fidèle, les vivants aussi bien que les morts, ayant persévéré dans sa foi, ayant gardé bouchées ses oreilles au chant des sirènes et fait obstinément face aux différentes pressions, agrippé qu'il était sur une foi farouche, qui prit l'allure d'une sorte de résistance populaire, grave, intraitable et désespérée. À ce peuple, à la mémoire certes courte et au grand cœur, Constantin devait épargner l'affligeant spectacle de pyramides de vaisselle en argent empilées et offertes au plus payant dans une salle londonienne, images que les chaînes de télévision grecques prenaient un vilain plaisir à montrer à tout bout de champ, assaisonnées de commentaires que l'on devine… *Viendra un temps*, écrit Chateaubriand, *où la monarchie s'en allant, l'on se mettra à la fenêtre pour la voir passer.* Les usages ayant évolué depuis, les Grecs, eux, n'eurent qu'à se placer devant leur poste de télévision pour contempler leur royauté en train de liquider son garde-meuble ! En revanche, vue sous un angle différent, cette vente aux enchères réalisée selon des critères exclusivement privés, serait révélatrice de la volonté de la famille royale de se montrer égale en tout point au reste des Grecs. La récente et discrète installation en Grèce de l'ex-couple royal, ainsi que de leur fils Nicolas avec son épouse, irait dans le même sens. Il ne faut pas négliger pour autant l'envie, plus que compréhensible, démontrée également par ce retour, de revenir au pays dans lequel on est né et auquel on se sent lié. La restitution de la nationalité hellénique aux membres de la dynastie déchue devrait suivre et avec elle la suppression de l'injustice commise il y a vingt ans ; pour cela, certaines questions devront être réglées qui nécessitent des compromis de part et d'autre. Laissons-en la décision au temps.

NOTES

1. Il est vrai que le gouvernement britannique caressa pour un moment l'idée de voir le trône de Grèce occupé par un de ses princes, Alfred, duc d'Édimbourg, à qui l'affaire parut un instant ne pas lui déplaire. Mais cette solution buta tout de suite d'une part sur le refus absolu de la reine Victoria à voir partir un de ses fils pour la lointaine et incertaine Grèce et d'autre part sur une des clauses du Protocole de Londres de 1830, qui interdisait formellement aux dynasties régnantes des Puissances de désigner un de leurs membres comme roi de Grèce. Il est intéressant que Vénizélos, vers 1909-1910 d'abord, puis encore une fois, et ce plus sérieusement, en 1916-1917, au moment où la «Scission de la Nation» battait son plein, songea au remplacement de la dynastie par une autre d'origine anglaise. Gunnar Hering, *Die politische Parteien in Griechenland 1821-1936*, B. Oldenburg Verlag, München 1992 (éd. grecque: *Τα πολιτικά κόμματα στην Ελλάδα 1821-1936*, ΜΙΕΤ, Αθήνα 2008, τ. II, 905).

2. Il est à noter que Georges Ier, aussi longtemps que vécut Canaris (+1877), lui amenait chez lui à Kypséli, à l'occasion de la fête nationale du 25 Mars (anniversaire du déclanchement de la guerre d'Indépendance), ses deux fils les plus âgés Constantin et Georges pour que le vénérable vieillard leur contât des épisodes glorieux de la lutte pour l'Indépendance auxquels il avait lui-même participé, ainsi que ses exploits personnels contre les escadres du sultan.

3. Je ne puis résister à la tentation d'ajouter à celui de Colocotronis un autre texte confirmant les avis du généralissime, extrait de la harangue que l'amiral Andréas Miaoulis prononça le 6 juillet 1824 devant les notables de Hydra, dans les jours qui précédèrent la confrontation avec la flotte égyptienne, l'Egypte étant à l'époque vassale du sultan: *En quoi peut-elle prétendre à la victoire, alors qu'elle se met en position de combat face à l'ennemi, une flotte dont les matelots n'obéissent pas aux capitaines, lesquels sont en désaccord entre eux, et dont l'un fait voile vers l'ouest et l'autre vers l'est, l'un avance en direction du vent et l'autre dans le sens opposé, et ceci arrive parce qu'ils sont animés par leur convoitise et leur avidité rapace, et tous, qu'ils fussent capitaines ou matelots, ne pensent qu'à leur propre intérêt au détriment de l'intérêt public qu'ils sacrifient aisément au profit du leur* (Archives de la commune d'Hydra = Αρχείον της κοινότητος Ύδρας, Πειραιεύς 1924, τ. 10, 274). Or, ce même Miaoulis à la parole si sage et au courage cent fois démontré face à l'ennemi, poussé par sa haine pour le gouverneur de la Grèce Jean Capodistrias et défendant l'autonomie de son île, le 1er août 1831 incendia lui-même la flotte de guerre grecque, acquise au prix de tant de sacrifices, au large de Poros, pour éviter qu'elle ne tombât entre les mains des gouvernementaux!

4. Théodoros Colocotronis, *Mémoires (Απομνημονεύματα. Διήγησις συμβάντων της ελληνικής φυλής*, καταγραφή Γ. Τερσέτη, εισαγωγή και φιλολογική επιμέλεια Τάσου Βουρνά, Ωκεανίδα, 1983, 179).

5. Alexandros Papadiamantis, *Mon cher St Georges! À l'occasion de sa fête du 23 avril (Αι μου Γιώργη! (επί τη εορτή της ΚΓ´ Απριλίου)*, κριτική έκδοση Ν.Δ. Τριανταφυλλόπουλος, Δόμος, 1998, τ. V,191-192).

6. Si telles étaient l'aspiration et l'attente des Grecs les plus traditionalistes, il est plus que certain qu'ils s'exposaient à de cruels et tragiques désappointements, incapables qu'ils étaient de faire la part entre l'idéal et le possible, entre une Byzance idéalisée et la Grèce de leur temps. Ainsi le monarchique et ultra-orthodoxe Papadiamantis, dans l'esprit duquel s'unissent étroitement le sacré et le politique, n'était guère prêt à approuver le roi régnant, son contemporain, à savoir le protestant, le libéral et le si terre-à-terre Georges Ier!

7. Par opposition à la vocation pétrinienne de l'Église de Rome, infiniment plus liée au monde, dont elle épousa les métamorphoses, l'Église orthodoxe, tournée plutôt vers la contemplation et l'eschatologie, relève davantage de Jean, disciple préféré de Jésus, penché lors de la Cène sur le sein du Maître et présent –seul parmi les apôtres– sous la Croix avec Marie et les autres femmes. Cette différenciation tire son sens du chapitre 21 de l'Évangile selon Jean, où le Christ, s'adressant à Pierre, lui parle de Jean : *Si je veux qu'il demeure jusqu'à ce que je vienne, que t'importe ?* (Jean 21, 22). Auparavant il avait adressé à Pierre cette dure parole prophétique : *En vérité, en vérité, je te le dis, quand tu étais jeune, tu nouais ta ceinture et tu allais où tu voulais ; mais lorsque tu seras devenu vieux, tu étendras les mains, et c'est un autre qui nouera ta ceinture et qui te conduira là où tu ne voudrais pas* (Jean 21, 18).

8. Dans le cas le plus éclatant, celui de la famille Papandréou, le culte de la personnalité reste vivant pendant plusieurs décennies, alors que les masses, sentimentalement comblées et matériellement repues, gorgées d'argent emprunté et grisées par des slogans de Gauche contre toute hiérarchie et contre l'Occident, rentraient dans leur état apathique habituel.

9. On ne peut pas passer sous silence cette osmose typiquement grecque de deux régimes diamétralement opposés tels que la monarchie et la démocratie, où les politiciens parvinrent à former de véritables dynasties (les Papandréou en sont arrivés à leur troisième génération de premiers ministres !) et où la royauté était soumise à cinq épreuves électorales sous forme de plébiscite qu'elle ne remporta que trois fois (1862, 1935, 1946).

10. Cette particularité s'étend jusque dans la perception du dogme trinitaire : chez les orthodoxes, l'accent est mis sur les Personnes et sur la relation entre celles-ci, alors que d'autres traditions chrétiennes mettent davantage l'accent sur l'Essence divine, commune aux Trois. Malgré l'irréfutable attrait qu'elles exercèrent sur des penseurs chrétiens de renom tel Évagre, les doctrines néoplatoniciennes furent, dès l'âge d'Origène, rejetées par l'Église, qui vit en elles une tentative d'assujettir le Dieu de la Bible à un principe impersonnel. Ce qui implique que, même au niveau de cette clef de voûte qu'est le concept trinitaire, la Loi s'efface devant la Personne ; celle-ci néanmoins, étant en permanence en relation d'amour avec les deux autres Personnes, n'est nullement une entité arbitraire ni fermée : étant amour, la Trinité ne peut s'épancher vers l'extérieur que comme amour. Cette conception théologique, qui n'est pas sans influence sur l'anthropologie chrétienne et qui a, en tant qu'idéal, son impact sur la politique, faisait dire à un penseur russe du XIXe siècle : « la Trinité, voilà mon système social ! »

11. *Lettres inédites de la reine Amélie à son père, 1836–1853* (en grec : *Ανέκδοτες επιστολές της βασίλισσας Αμαλίας στον πατέρα της, 1836–1853*, μεταγραφή, εισαγωγή, μετάφραση, σχόλια Βάνα και Μίχαελ Μπούσε, βιβλιοπωλείον της Εστίας, Αθήνα 2011, τ. Ι, 295, 11-12-1841, τ. ΙΙ, 59, 3-4-1846, 135, 2-10-1846).

12. Dans sa correspondance avec son père, la reine Amélie tente de définir le comportement politique des Grecs et elle y parvient autant que le lui permet sa propre culture politique. La reine perçoit fatalement l'aspiration à l'arbitraire, qui se fonde sur la force, la persuasion et l'intérêt privé, de ses sujets comme fidélité au principe monarchique, établi, lui, sur la tradition et la loi. *Lui* (la reine parle de son frère) *est au nord, moi je demeure au sud, lui vit dans une atmosphère toute monarchique, moi dans une qui est révolutionnaire et en ébullition ; celle-ci, alors qu'en profondeur elle est également monarchique, en surface elle est multiforme, de sorte que tous ici se battent en permanence contre tous.* Cf. plus haut, note 11 : *Lettres inédites de la reine Amélie à son père, 1836–1853* (*Ανέκδοτες επιστολές της βασίλισσας Αμαλίας*, t. I, 838, 3-9-1845).

13. St. Ramphos, *La logique de la paranoia* (Στ. Ράμφος, *Η λογική της παράνοιας*, εκδ. Αρμός, Αθήνα 2011).

14. Nombreux étaient les Grecs pour qui l'Empire byzantin n'avait jamais été entièrement aboli. Pour eux, le trône impérial, bien que vacant, existait toujours et serait

occupé à nouveau à une date que seul Dieu connaissait. Ce point de vue est explicitement présenté par Colocotronis et rapporté dans ses propres *Mémoires*, dans lesquels il mentionne la discussion qu'il eut à Nauplie avec l'amiral anglais Hamilton : *Un jour, alors que nous venions de prendre Nauplie*, raconte-t-il, *Hamilton vint me voir et me dit : Il faut maintenant que vous les Grecs trouviez un compromis, ce à quoi l'Angleterre est prête à vous aider. Je lui répondis que cela ne se pourrait jamais faire et que notre choix était la liberté ou la mort. Nous autres, capitaine Hamilton, nous n'avons jamais fait de compromis avec les Turcs. Certains d'entre nous ont été massacrés, d'autres furent réduits en esclavage par la force des armes, mais d'autres encore, comme c'est notre cas, ne furent jamais soumis et vécurent libres de génération en génération. Notre roi fut tué au combat, mais ne conclut aucun traité avec l'ennemi ; sa garde était en guerre permanente contre les Turcs et deux de ses forteresses sont toujours insoumises. Il me dit : quelle est sa garde, et quelles sont les citadelles? La garde de notre roi c'est ceux qu'on appelle les clephtes, et les citadelles sont le Magne, Souli et les montagnes. Il ne m'en reparla plus.* Colocotronis, *Mémoires* (Απομνημονεύματα), 178.
15. A.B. Dascalakis, *Textes-sources de l'histoire de la Revolution grecque* (Απ. Β. Δασκαλάκης, Κείμενα-πηγαί της ιστορίας της Ελληνικής Επαναστάσεως, t. II, 2ème partie (1827–1832), Αθήνα 1967, 951).
16. Dascalakis, *Textes-sources*, t. II, 2ème partie, 1120.
17. *De ce système-là* (la république) *nous n'en voulons pas, nous les gens honnêtes, car nous l'avions goûté auparavant …* . Discours du général Macriyannis, destiné à calmer l'ardeur de quelques têtes chaudes à Athènes, prêtes à partir à l'assaut de la monarchie, lorsqu'ils apprirent la nouvelle de la chute de Louis-Philippe et de l'instauration en France d'un régime républicain. *Certains gens d'ici*, poursuit-il, *se mirent néanmoins en branle pour imposer ce système et cherchaient de surcroît à mettre en route pour conquérir Constantinople. Ils vinrent donc nombreux chez moi et me demandèrent d'être leur compagnon et d'agir avec eux. Je leur dis : De ce système que nous avions auparavant, nous savons tous quel fruit nous en avons récolté et dans quel état il nous a menés.* Général Macriyannis, *Mémoires* (Στρατηγός Μακρυγιάννης, *Απομνημονεύματα*, εκδ. Μπάυρον, 492, 493). Selon un paradoxe bien grec, Macriyannis, héros de la guerre de l'Indépendance et auteur de passionnants mémoires, fit à la fois tout pour soutenir et pour anéantir Othon.
18. *Aujourd'hui la patrie ressuscite et renaît, elle qui pendant si longtemps était perdue et comme effacée ; aujourd'hui ressuscitent dans la joie les combattants civils, religieux et militaires, car notre Roi est venu, le Roi que nous avons pu avoir grâce à la puissance de Dieu (…) La grâce divine a voulu nous donner des forces et nous délivrer de la tyrannie du sultan. Aujourd'hui nous avons la joie de contempler notre Roi. Notre devoir est de l'écouter et de le protéger au moyen de nos vies, mais que ta Majesté veuille appliquer sa justice pour adoucir nos maux.* Extraits du discours prononcé par le général Macriyannis le 18/30 janvier 1833, jour d'arrivée du roi Othon en Grèce (Macriyannis, *Mémoires*, 344, 345). *Je lui dis : Ce jour est celui pour lequel les Grecs se donnèrent tant de mal et parmi eux les militaires tout particulièrement, lesquels versèrent des fleuves de sang. Et après que nous avions eu la chance de voir s'asseoir sur le trône le Roi de notre combat… .* Harangue prononcée par le général Macriyannis le 20 mai / juin 1835, jour de l'entrée en majorité du roi Othon (Macriyannis, *Mémoires*, 369).
19. Auparavant cette devise fut celle de Frédéric VII, premier roi constitutionnel du Danemark.
20. C'est par ailleurs dans le cadre institutionnel de la monarchie modérée que se complètent le principe archétypique oriental et son équivalent occidental, soit en joignant les deux parties constitutives du caractère grec, soit en constituant le trait d'union entre ce que le Grec est et ce à quoi il aspire.
21. La distinction entre notables «autochtones» et «hétérochtones», qui suscita d'interminables débats à l'Assemblée Nationale de 1844, lesquels aboutirent à des décisions

restrictives limitant les droits de la première catégorie, dépendait du lieu de naissance des membres de chaque catégorie, les «autochtones» étant les Péloponnésiens et les Rouméliotes, nés à l'intérieur des limites de l'état grec (en deçà de ses frontières du temps du roi Othon) et les «hétérochtones» provenant surtout des îles de la mer Ionienne et de Constantinople. Plus policés que les notables «indigènes», ceux du «dehors», Grecs de Constantinople phanariotes ou Grecs de l'Heptanèse anciennement vénitienne, étaient souvent l'objet de l'envie et de la haine, tout comme de la risée populaire. Pour ces deux parties de notables, l'enjeu était, bien entendu, les rares places lucratives de l'administration.

22. En Grèce, après le démantèlement de la grande propriété foncière, dont les origines, partout sauf dans le Péloponnèse, ne vont pas au-delà de la Libération, les très grosses fortunes –à l'exception de celles des armateurs– se constituent par l'entremise de l'État dont les représentants touchent régulièrement leur prime de la part de leurs protégés prospères et reconnaissants! Là aussi il s'agit d'une séquelle héritée de l'époque ottomane.

23. On doit souligner, outre la popularité dont jouissait ce groupe social de par son incivisme notoire, une certaine continuité établie dans l'esprit des gens de la campagne entre le phénomène du banditisme endémique et la guérilla de la Résistance lors de la IIe Guerre Mondiale, contre l'occupant allemand, italien ou bulgare. Les dates entre ces deux faits historiques sont d'ailleurs assez rapprochées, si l'on songe que la dernière bande de brigands à l'ancienne n'a été exterminée qu'en 1929!

24. Dascalakis, *Textes-sources*, t. II, 1ère partie (1821–1826), 446–447.

25. Othon et Amélie partageaient entièrement les sentiments pro-français de Colettis, le chef du «Parti français» et premier ministre grec de 1844 jusqu'à sa mort en 1847, en dépit du peu de sympathie qu'ils éprouvaient pour Louis Philippe, en tant que traître du principe de la légitimité, en dépit du mépris qu'ils ressentaient pour le parvenu Napoléon III et en dépit d'une certaine crainte, avouée en privé, à l'égard de la République, après 1848. Ces sentiments persistèrent jusqu'à la fin de leur règne.

26. À chaque règle son exception: dans le cas précis la plus éminente exception fut Jean Colettis, président du Conseil des ministres de 1844 à 1847, année de sa mort prématurée.

27. Hostilité, en fait, il n'y eut que de la part de certains cercles libéraux de la capitale, de quelques esprits échauffés dans les garnisons de certaines villes, de quelques ultra-orthodoxes, ainsi que de la part de certains riches grecs vivant en Angleterre et finançant à distance la lutte pour le renversement d'Othon; la plupart de ces opposants au régime appartenaient à la nouvelle et impatiente génération, née après l'Indépendance et parvenue aux affaires aux alentours de 1860. Il est vrai, en revanche, que le peuple suivit d'un œil indifférent les événements qui aboutirent à la déposition et au départ d'Othon.

28. Gilbert Dagron, *Empereur et prêtre. Étude sur le «césaropapisme» byzantin*, Gallimard, 1996.

29. Vu de plus près, le rapport de forces entre le gouvernement et l'armée ne fut cependant pas le même sous les deux régimes. Sous la république ce fut plutôt l'armée qui eut la haute main (avec cependant quelques exceptions notoires), et ce en raison, d'une part, de la grande fragilité des gouvernements en place et, d'autre part, à cause de la contribution initiale des militaires à l'instauration du régime, sans laquelle ce dernier ne saurait subsister. Ce rapport fut inversé sous la royauté dans les années 1935–1940, en dépit du fait que la restauration était également due à un coup militaire répondant à un coup militaire républicain raté. Les raisons de cette apparente subordination du militaire à l'exécutif civil –le roi étant également un officier, voire le chef des armées– sont dues à des facteurs variés, dont nous venons d'évoquer l'un d'entre eux. Ajoutons la revivification des anciens liens de fidélité, forgés sur les champs de bataille, qui renforçaient le sermon prêté autrefois à Constantin ou à son père. Il ne faudrait pas également passer sous silence des motifs étroits d'intérêt personnel : la présence du roi était ressentie comme une garantie protégeant contre la réintégration à l'armée des adversaires, à savoir les officiers vénizélistes congédiés. Enfin, puisqu'on parle d'hommes appartenant en fin de compte au XIXe siècle, il faut mentionner le pouvoir émotionnel que, souvent inconsciemment, exerçait sur eux l'institution monarchique ou simplement royale ; ce pouvoir était dû à la prétendue altérité indéfectible que confère à l'occupant du trône le principe héréditaire.

30. Lors de la débâcle en Asie Mineure, l'armée humiliée s'insurgea et instaura un gouvernement révolutionnaire. Il était clair que la situation était en train de glisser vers un changement de régime, malgré les tentatives de Vénizélos pour l'en empêcher. L'échec d'un deuxième coup d'État de la part, cette fois, de militaires modérés, en accéléra le mouvement, de sorte qu'en décembre 1923 le roi Georges II fut prié de quitter le pays, sous le prétexte de partir en vacances. Il se rendit en Roumanie, patrie de sa femme Élisabeth. La République ne fut proclamée que le 24 mars 1924.

31. Les noyaux durs des deux camps étaient composés d'éléments à la mentalité similaire : les royalistes concédaient le droit rectificateur à la Couronne, lui permettant d'agir dans les cas extrêmes et urgents en bordure ou carrément en marge de la légalité constitutionnelle, alors que les ultras du camp républicain (dans leur cas, républicain ne signifie pas forcément démocrate), tout en ne tolérant pas ce genre d'initiatives royales, étaient prêts à encourager toute tentative, même musclée, permettant aux leurs soit de se cramponner au pouvoir, soit d'y accéder à nouveau, en renversant un gouvernement issu d'élections parfaitement légales, mais dont le tort consistait dans le fait qu'il était entre les mains de leurs adversaires. Exemple, les coups d'État vénizélistes de 1933 et de 1935.

32. Rien de plus convaincant quant à cette crise de légitimité que la passivité de la majorité de la population, se défiant des extrémistes des deux camps et se prononçant en faveur de l'ordre et de la modération, quel que fût le régime en place ; c'est ce qui advint aussi bien lors des élections de 1924 que lors de celles de 1935. Ce qui équivalait à affirmer que le moteur du changement politique était l'affaire de minorités ardentes et décidées, soutenues par les intéressés à grands frais de propagande.

33. Le fait que, entre 1923 et 1935, la Grande-Bretagne s'était détournée de la Grèce obligea cette dernière, en mal d'alliance et de protection, de rechercher, en particulier sous le gouvernement de Vénizélos revenu au pouvoir en 1928, dans un premier temps le rapprochement avec l'Italie fasciste, qui, ayant dans les Balkans des projets opposés aux intérêts d'Athènes, rejeta l'amitié que la Grèce lui offrait, et procéda à la création d'une alliance, sorte de petite Entente balkanique, constituée par la Grèce, la Yougoslavie, la Roumanie et la Turquie.

34. La Droite grecque, née dans les années 1930, se rassembla autour du roi, qui revint en 1935, et de l'armée épurée de ses éléments vénizélistes extrémistes et finit par se stabiliser au sein du régime du 4 août. Auparavant, seule existait la divergence entre les mondes vénizéliste et antivénizéliste, dont le premier comportait à l'origine une majorité de royalistes modérés (qui s'étaient opposés à Constantin, mais pas au régime royal) et une minorité républicaine. Avec le temps, les partisans du régime républicain, qui s'autodésignait comme « démocratie sans roi », gagnèrent du terrain en s'attirant des sympathies sur l'autre bord, signe irréfutable que le zèle de certains royalistes envers la dynastie déchue était en train de s'attiédir. En fait, ce fut l'aile gauche (non royaliste) du vénizélisme qui, entraînant l'ensemble du parti dans sa propre direction, et ce malgré l'opposition personnelle et farouche de Vénizélos au départ, donna naissance à la Grèce dite « démocratique », alors que de l'autre côté ce fut la faction ultraroyaliste qui, dominant l'ensemble du monde antivénizéliste, modela la Droite grecque. Sous l'occupation allemande, la Grèce démocratique se scindera en trois fractions : l'une sera communiste, une autre, la plus modérée, passera vers 1945 dans l'autre camp et s'insérera dans le bloc royaliste, tandis que la troisième demeurera républicaine et démocratique. Cela dit, jusqu'à l'arrivée massive des réfugiés d'Asie Mineure, le parti royaliste fut le seul réellement populaire – ce fut d'ailleurs son nom officiel à partir de 1920 –, alors que le parti libéral vénizéliste fut essentiellement un parti bourgeois. Ce dernier bénéficiait d'ailleurs de l'appui des membres les plus influents des importantes communautés grecques de Constantinople et de Smyrne, ainsi que du soutien des négociants et financiers de haute volée qui composaient l'élite sociale de la diaspora grecque, tout particulièrement celle d'Égypte.

35. Les anciens partis bourgeois de tendance aussi bien vénizéliste qu'antivénizéliste eurent aussi à pâtir pendant l'Occupation de l'indifférence de l'opinion publique à leur égard. Le grand bénéficiaire de cet abandon massif de causes ou de personnalités jadis si populaires en fut le Front National pour la Libération (EAM), sous tutelle communiste, laquelle devenait de plus en plus oppressive en mesure que la fin de la guerre approchait. L'accroissement de la pression communiste et la spirale de la violence que celui-ci entraîna furent responsables d'une part de l'enrôlement volontaire dans la milice du dernier gouvernement collaborationniste de ceux qui cherchaient à s'armer pour pouvoir se défendre, alors qu'il était clair que la guerre était perdue pour les Allemands, et d'autre part de l'étiolement de la base populaire de l'EAM au cours de l'année 1944, année qui se clos avec la bataille d'Athènes.

36. P. Dimitrakis, *Greece and the English: British Diplomacy and the Kings of Greece*. I.B.Tauris Publishers, London/New York, 2009, 58, 59.

37. L'accord de Varkiza (du nom d'une localité au sud-est d'Athènes, où se tint la conférence qui aboutit à l'accord) fut signé le 13 février 1945 entre le gouvernement grec centriste de Nicolaos Plastiras et le Front National pour la Libération (EAM) qui venait de perdre la bataille d'Athènes et donc de rater sa tentative de se saisir du pouvoir par voie d'insurrection. L'accord prévoyait la dissolution ainsi que le désarmement immédiat des forces résistantes (communistes), tout comme il fixait les étapes (plébiscite quant au choix du régime, puis élections législatives) censées conduire à la normalisation de la vie politique. L'accord de Varkiza, conclu sous étroite surveillance britannique, fut peu respecté, EAM refusant de livrer la totalité de ses armes sous prétexte de pouvoir se défendre contre la terreur blanche sévissant contre ses membres, mais en réalité parce qu'il avait en vue la reprise de la guerre civile, qui éclata en effet à nouveau au cours de l'année 1946.

38. Sur le Mont Athos circule jusqu'à aujourd'hui une rumeur selon laquelle Georges II reçut le « petit schème » (le degré inférieur de la hiérarchie monacale) au cours de l'hiver 1946-47, au monastère de Grigoriou par son highoumène, en présence de l'highoumène du monastère voisin de Dionysiou, un père spirituel de renom, de nom de Gabriel. Cette histoire est attestée par un moine du monastère de Grigoriou, actuellement très âgé, qui, jeune novice à l'époque, avait reçu l'ordre de la part de son abbé de préparer le nécessaire pour une cérémonie de tonsure dans une pièce dans laquelle il n'y avait que les deux highoumènes et le roi.

39. Ελένη Βλάχου, *Πενήντα και κάτι (δημοσιογραφικά χρόνια)*, Ελευθερουδάκης, επανέκδοση 2008, τ. 2 (1951–1967), 20 (*Cinquante et quelques (années de journalisme)*, t. II, 20).

40. Il s'agit du général de l'armée de l'air, ami intime et collaborateur du roi Paul, Haralambos Potamianos.

41. Malgré le fait que la fin des hostilités eut lieu le 30 août 1949, avec l'écrasement des dernières forces communistes sur le sommet de Vitsi, tout contre la frontière yougoslave (depuis peu fermée aux rebelles grecs) et aussi la frontière avec l'Albanie (soudainement devenue plus qu'inhospitalière à leur égard, craignant une invasion de l'armée hellénique), les cruautés qui suivent inéluctablement toute guerre civile se prolongèrent jusqu'en 1951-1952 (années pendant lesquelles eurent lieu les dernières exécutions capitales), alors que pesaient sur le peuple de la Gauche les mesures policières d'exception et que ses membres étaient contraints de fournir à tout bout de champ aux autorités le « certificat d'opinion sociale » afin de pouvoir se procurer un quelconque travail ou même pour se déplacer de quelques dizaines de kilomètres du lieu où ils résidaient. Ce régime persista longtemps. Pendant toute cette période, le nombre des détenus politiques était de 20 291 le 1er décembre 1949, de 1 350 en janvier 1962 et de moins de 1 000 en mai 1963. En 1962 le nombre des déportés dans les îles était de 296. À cela il faudra ajouter les quelques 60–80 000 réfugiés dans les pays derrière le Rideau de fer, dont le retour au pays restait interdit. Jean Meynaud, *Les forces politiques en Grèce*, dans la série « Études de Science Politique », no. 10, Montréal, 1965, 177, 179.

42. Il est remarquable qu'en dépit de l'écrasement de leurs propres forces en août 1949 sur le champ de bataille, en dépit des souffrances sans nombre infligées à leurs partisans qu'ils avaient eux-mêmes conduits à la boucherie, à la prison ou à l'exil, les chefs du Parti Communiste n'avaient point abandonné la volonté de s'emparer du pouvoir en Grèce et étaient en train de s'organiser afin de préparer une nouvelle attaque depuis l'étranger, avec l'accord, l'appui et l'encouragement de certains pays du bloc communiste et ce jusqu'à la mort de Staline. N. Marantzidis/C. Tsivos, *La guerre civile grecque et le mouvement communiste international. Le Parti Communiste grec à travers les archives tchèques 1946-1968* (Ν. Μαραντζίδης/Κ. Τσίβος, *Ο ελληνικός εμφύλιος και το διεθνές κομουνιστικό σύστημα. Το ΚΚΕ μέσα από τα τσεχικά αρχεία 1946-1968*, εκδόσεις Αλεξάνδρεια, 2012, 117, 119, 120, 128, 133-137, 182, 183, 203-205, 209, 223, 227-229).

43. La séduction qu'exerçait la reine dans ces années-là sur un grand nombre de ses adversaires idéologiques qui luttaient pour ne pas être subjugués par son charme est attestée par la plume d'un homme de gauche dont le père avait été persécuté lors de la guerre civile. *Sans jamais reprendre son souffle, la voilà encore et encore, l'aryenne Allemande, qui distribue des vêtements, des sourires et des gratifications aux sujets obéissants. Sans artifice et solide, souple et méthodique. Captivante.* Κώστας Ζουράρις, *Γελάς Ελλάς αποφράς. Στοιχεία και στοιχειά στην ρωμέηκη αγχιβασίην*, εκδ. Αρμός, 1990, 33.
La reine elle-même dans ses propres mémoires raconte que, profitant d'une visite à Salonique, elle voulut aller dans un quartier communiste de la ville et que les efforts de la police pour l'en dissuader n'eurent comme effet que d'accroître son obstination à s'y rendre. La première chose qu'elle remarqua fut l'extrême pauvreté des gens rassemblés, ainsi que leur attitude qui n'avait rien d'hostile. Ceci lui donna courage. Elle monta donc sur un parapet, afin de mieux voir les gens et d'être vue par eux et, s'adressant tout particulièrement aux femmes, elle leur parla en tant que mère de ses enfants et voulut entendre d'elles leurs propres problèmes quotidiens. *Le lendemain*, écrit-elle, *ma photo y figurait entre celles de Staline et de Marco. J'avais été promue!* Frederica of the Hellenes, *A Measure of Understanding*, Macmillan, London/Basinstoke, 1971, 96, 97.

44. Avec tout de même une exception de taille, la désignation, à la surprise générale, sauf peut-être celle de la CIA, de Caramanlis, en octobre 1955, en tant que successeur de Papagos.

45. Les gouvernements de service étaient censés conduire les élections législatives afin de garantir leur bon déroulement et empêcher les abus. Alors que de coutume ils étaient présidés par un haut magistrat, tel le Président de la Cour de Cassation, le gouvernement de service de 1961 fut placé sous le général Constantin Dovas, chef de la Maison militaire du souverain, et eut comme ministre de la Défense le général de l'armée de l'air Haralambos Potamianos, ami de longue date et proche collaborateur du roi.

46. Voir N.K. Alivizatos, *Introduction à l'histoire constitutionnelle grecque* (Εισαγωγή στην ελληνική συνταγματική ιστορία, Αθήνα, 1981, 114).

47. Dans le calcul politique du roi Paul, la présence de Sophoclis Vénizélos était primordiale, de sorte que sa mort soudaine, survenue le 7 février 1964, créa pour le Palais un vide difficile à combler et pourrait être comparée à la série des morts fatales de l'hiver 1935–1936, qui bouleversèrent les données politiques et acculèrent le pays à l'impasse. *S. Vénizélos, en effet, était la seule personnalité de l'E.K.* (Union du Centre) *pouvant dans les circonstances de l'époque disputer à G. Papandréou la direction du Parti, avec des chances sérieuses de réussite. En relation avec le Palais, il disposait de l'appui d'un grand nombre de députés du Centre; son assise électorale était relativement large et il avait été le chef du Parti Libéral (pendant longtemps la plus importante formation du Centre). Or, le point de vue tactique de S. Vénizélos pour la bataille politique contre l'Union Nationale Radicale (= la Droite de Caramanlis) était différent de celui de Georges Papandréou. Pour renverser l'ERE, il fallait, selon le premier, proposer aux éléments modérés de ce parti une alliance gouvernementale avec les éléments modérés de l'Union du Centre, alliance susceptible de se transformer en formule gouvernementale.* J. Meynaud, *Forces politiques*, 279.

48. C'est sous le terme de «lutte irréductible» ou «combat intransigeant» qu'est désignée la lutte entreprise par l'Union du Centre contre la droite dirigée par Constantin Caramanlis, sous prétexte que cette dernière avait remporté les élections législatives de 1961 frauduleusement et en ayant recours à l'intimidation et la violence. Cette attaque frontale d'une outrance verbale inouïe, qui dura presque deux ans, ébranla sérieusement les fondements de l'État, ainsi que la cohésion sociale. Les accusations portées contre la Droite, sans être entièrement fausses, étaient néanmoins exagérées. Le fait que le Palais, sans vraiment soutenir Caramanlis, refusait tout de même de le congédier, ainsi que l'exigeait l'Union du Centre, finit par lui nuire considérablement auprès de l'opinion «progressiste», car il devint la cible facile des partisans du «combat intransigeant»; ces derniers, conduits par Constantin Mitsotakis, successeur présumé du vieux Papandréou, haussèrent le ton jusqu'à menacer le roi d'une mise en question du régime lui-même. Le chantage finit par porter ses fruits et Caramanlis, contre qui les griefs de la famille royale s'étaient accumulés, dut quitter le pouvoir et peu après le pays. Plus tard, Constantin Mitsotakis dira qu'il regrettait l'excès du «combat intransigeant», qui en définitive fit à la Grèce plus de mal que de bien.

49. Les trois lettres du roi furent publiées dès 1965 dans un recueil comprenant en plus la réponse du premier ministre ainsi que le texte minuté des réunions du Conseil de la Couronne du 1er et du 2 septembre 1965: *Pour éclaircir la crise politique qui a secoué la Grèce* (Φως εις την πολιτικήν κρίσιν που συνεκλόνισε την Ελλάδα, Ιστορικαί εκδόσεις, Αθήναι 1965). Constantin allait dire publiquement plus tard dans une interview qu'il n'était pas fier du ton de ces trois lettres adressées à Georges Papandréou depuis Corfou. Leur rédacteur fut Constantin Hoïdas, chef du Bureau politique du souverain.

50. Le rôle du roi dans cette lamentable affaire, où se mêlèrent armateurs grecs, diplomates américains et agents de la CIA, reste encore sous bénéfice d'inventaire. Lui-même a souvent nié toute immixtion. Selon certaines sources, si le roi n'apparaît jamais dans ce sombre tableau, il ne va pas de même pour sa mère, en particulier au moment du bref gouvernement de l'homme de Gauche Ilias Tsirimocos (19 août–17 septembre 1965): au moyen d'une pressante intervention de sa part auprès de certains chefs politiques, Frédérica espérait les faire voter, eux et bon nombre de leurs députés, en faveur du deuxième gouvernement «apostat». Spyros Markésinis fut des politiciens qui reçurent un tel appel téléphonique de la part de la reine mère.

51. Le fait que Constantin tenta par la suite de redresser la situation, démontrant habileté et courage, ne changea pas son image auprès des masses urbaines, d'une part parce que celles-ci, scandalisées, s'étaient détachées de la royauté, et d'autre part parce que les démarches du roi furent conduites dans le secret et ne furent connues que par les protagonistes politiques de l'époque. Enfin, la confusion quant à son rôle le jour du coup d'État des colonels – régime qu'en fait il abhorrait, sans que cela fût rendu clair aux masses – n'améliora pas l'image que l'opinion s'était faite de lui. D'où la relative indifférence avec laquelle fut suivie sa tentative du 13 décembre 1967 de renverser la junte (moins impopulaire à l'époque qu'on ne l'a par la suite prétendu) ainsi que la fuite, après l'échec de l'entreprise, de la famille royale à Rome.

52. G.C. Théodoridis, *Alexandros Mavrocordatos. Un liberal au temps de la guerre pour l'Indépendance* (Γ.Κ. Θεοδωρίδης, *Αλέξανδρος Μαυροκορδάτος. Ένας φιλελεύθερος στα χρόνια του εικοσιένα*, ΕΙΕ, Ινστιτούτο Ιστορικών Ερευνών, Τμήμα Νεοελληνικών Ερευνών, Αθήνα 2012, 340).

53. A.B. Dascalakis, *Les organismes locaux de la Révolution de 1821 et le régime d'Épidaure* (Α.Β. Δασκαλάκης, *Οι Τοπικοί Οργανισμοί της Επαναστάσεως του 1821 και το Πολίτευμα της Επιδαύρου*, εκδ. Ευτ. Γ. Βαγιονάκη (νέα έκδοση), Αθήναι 1980, 71, 253).

54. Voir N.K. Alivizatos, *Introduction*, 35–38.

55. D.C. Fleming, *John Capodistrias and the Conference of London 1828-1831*, Institute for Balkan Studies, Thessaloniki, 1970, 59, 66, 71.

56. Aussi tard qu'en 1909 et 1910, le prince Nicolas de Grèce, dans deux passages de son journal partiellement publié, fait dépendre la survie de la royauté en Grèce de certains traits du caractère grec, qui rendent la république difficile à réaliser du fait que le Grec refuse de s'effacer et d'obéir à son semblable. À en croire le prince, l'égalitarisme furieux des Grecs constituerait davantage une garantie qu'une menace pour le régime royal: *Et que deviendrait ce pays si le roi allait le quitter? Les Grecs se jalousent et s'envient tellement entre eux qu'ils ne parviendront jamais à reconnaître l'un d'eux soit comme prince, soit même comme président de la République. Ils veulent un étranger et non pas un Grec à la première place, qui puisse présider à tout.* Plus loin Nicolas devient plus explicite: *Ce qui retient encore aujourd'hui les Grecs* (d'établir une république) *c'est l'envie qu'ils éprouvent l'un pour l'autre, de sorte qu'ils préfèrent avoir à la tête de l'État un étranger, parce que lui seul est capable de rester au-dessus des querelles des partis et des disputes. Journal du prince Nicolas) (1909-1912),* édité par Costas M. Stamatopoulos (en grec: *Ημερολόγιο πρίγκιπος Νικολάου*, Φερενίκη, 2011, 224, 477).

57. Immobilisé à Ancône, dans l'attente du vaisseau anglais devant le transporter en Grèce après la tournée effectuée dans les capitales européennes, Capodistrias, dans une lettre qu'il adresse à Adam, gouverneur des îles ioniennes, lui écrit en français, non sans mélancolie, ces quelques lignes pleines de lucidité: *Je vous avouerai aussi franchement, mon général, que je ne peux partager l'opinion de S.E. et la vôtre sur l'importance du rang du bâtiment qui me ferait débarquer en Grèce. Je n'ai moi-même aucun rang aux yeux des Puissances Alliées; et tout ce que j'ai eu lieu d'observer dans les relations confidentielles que leurs cabinets ont daigné entretenir avec moi, ne m'autorise à espérer qu'elles soient empressées de faire croire aux Grecs le contraire.* D.C. Fleming, *John Capodistrias*, 19.

58. Il s'agissait de Constantin et de Georges Mavromichalis.

59. L'instauration d'un régime monarchique en Grèce, en Serbie, en Valachie et en Moldavie était une idée que Capodistrias avait conçue depuis longtemps et il en avait fait la proposition au tsar en 1812. Dans un contexte d'attaque imminente de la France contre la Russie, il pensa offrir «la couronne de la Grèce et de l'Épire» à Ali Pacha, vassal insoumis du sultan, qui était l'allié de Napoléon. Grigori Ars, *Jean Capodistrias en Russie* (traduit en grec), Bibliothèque du Centre des Études historiques gréco-russes, éd. Asini, 41 et 113–114. B.S. Markesinis, *The Theory and Practice of Dissolution of Parliament*, dans la série Cambridge Studies in International and Comparative Law, Cambridge University Press, 1972, 132.

60. N.C. Cassomoulis, *Souvenirs militaires de la révolution grecque* (Ν. Κ. Κασομούλης, Ενθυμήματα στρατιωτικά της επαναστάσεως των Ελλήνων), trois extraits tirés du même texte, volume III, 608–611 : (…) *Notre situation politique avait ainsi changé de fond en comble, et il devint clair que l'opposition de la part de ceux-là (= Zaïmis et Métaxas) fut organisée par les gouvernementaux; tout cela advenait au moment où nous apprîmes que le Roi et ses troupes s'étaient embarqués et faisaient voile vers la Grèce. En même temps, certains corps armés d'irréguliers se dirigèrent sur Astros, d'où allait sortir le Sénat, alors que des bandes d'autres irréguliers erraient dans les provinces, commettant divers excès et exactions, sans aucune retenue et sans la crainte d'en être jamais punis. Tous les citoyens, tant ceux de Nauplie que ceux d'ailleurs, en eurent plus qu'assez et étaient indignés de l'inaction chronique du gouvernement et de l'armée et des abus qui en étaient la conséquence; d'autre part, les chefs de guerre étaient montés contre leurs hommes à cause de leurs débordements, alors que ces derniers étaient furieux contre leurs chefs de la part de qui ils s'estimaient lésés. Par conséquent, tous, aussi bien les civils que les militaires de tout grade, n'avaient d'autre recours que de remettre leur salut à Dieu et criaient à l'unisson que, quand bien même le Roi daignât ne leur envoyer qu'un chien pour le représenter, ils l'accueilleraient tous de joie, pour que cessassent enfin leurs innombrables maux. En effet, ils en étaient amenés à ne voir d'autre consolation que dans la venue désirée et prochaine du Roi, pour laquelle ils priaient quotidiennement.*

Et plus loin dans le même texte : *En revanche, nous, à qui il n'est guère possible de nous cacher derrière notre doigt, nous ne pouvons que dire la vérité, qui se présente ainsi : dès 1824, Colettis commença à quémander le soutien des Français, Mavrocordatos, lui, dès 1822, celui des Anglais, et nous, depuis 1828, l'appui des Russes; à cause de cela les factions aspirant au gouvernement, après l'arrivée de Capodistrias se diversifiaient entre elles en fonction de leur préférence de régime, les Russes aspirant à un gouvernement monarchique, les Anglais étant pour un gouvernement aristocratique, et les Français pour un gouvernement constitutionnel. Néanmoins, aujourd'hui, étant tous sans distinction d'accord sur l'heureux évènement que fut le choix du Roi, quelle serait la fraction qui oserait non pas s'y déclarer contraire, mais qui en ferait seulement la moindre remarque négative ? En effet, puisque tous, comme on vient de le dire, étaient amenés à placer leur salut dans l'arrivée ne serait-ce que d'un chien de la part du Roi, qu'arriverait-il si le roi arrivait en personne ? (…) À l'apparition, sur la côte du Péloponnèse, des navires transportant sa Majesté et sa suite, depuis là-bas des messagers et des signaux lumineux en répandirent partout la nouvelle, et tous furent comme fous de joie. Les militaires jetant leurs armes, les politiciens faisant de même de leurs plumes, oubliant tous les maux dont ils avaient été victimes jusque-là, ils accouraient vers le rivage pour accueillir le Sauveur, le père éternel de la nation (…) Et spontanément, versant des pleurs de joie et rendant grâce à Dieu parce qu'Il permit que nous vécussions cela et que nous vissions, après douze années de déchirements, de désespoirs et de peurs, notre patrie, aussi bien à l'extérieur qu'à l'intérieur, enfin à l'abri, avec un Roi parmi nous, heureux jusqu'à la folie, nous nous serrions si nombreux autour du palais que si une pomme était lancée de haut, elle ne saurait atteindre le sol; nous nous félicitions réciproquement et nous nous embrassions, ne sachant en effet ni où nous nous trouvions, ni quoi faire, si grande était notre joie ce jour magnifique du 25 janvier.*

61. Macriyannis, *Mémoires* (Μακρυγιάννης, Απομνημονεύματα, 492, 493), voir plus haut, note 17.

62. Il est intéressant de voir ce que pensait de la Régence bavaroise la reine Amélie. Dans une lettre adressée à son père le 20 août/1 Septembre 1844, la reine, faisant l'éloge de Colettis, compare la façon «toute grecque» de gouverner de ce dernier (mélange d'autorité et de souplesse) à celle de la Régence contre laquelle elle émet une critique sévère mais pertinente : *La Régence avait des idées bizarres : elle croyait qu'en habillant les Grecs d'un frac, elle en faisait des Européens*. Busse, *Lettres de la reine Amélie (Επιστολές της βασίλισσας Αμαλίας*, t. I, 638).

63. B.S. Markesinis, *Dissolution of Parliament*, 135.

64. Dans la ville d'Athènes, sur 10 108 votants, Alfred réunit 9 987 voix, le prince de Leuchtenberg 4, la République 7 et Grégoire Hypsilantis, unique candidat de sang grec, n'obtint aucune voix. À Constantinople, parmi les 3 500 électeurs (sujets hellènes), 2 495 votèrent pour Alfred.

65. E. Prevelakis, *British Policy towards the change of Dynasty in Greece 1862–1863*, Athènes, 1953, 107–116.

66. Voir aussi, N.K. Alivizatos, *Introduction*, 82–85.

67. D. Michalopoulos, *La vie politique en Grèce pendant les années 1862–1869*, Athènes, 1981, 178.

68. En dépit de la croyance établie que la réforme apportée par Tricoupis en 1875 assainit durablement les mœurs parlementaires dans la mesure où elle contraignait le roi à toujours faire appel au parti majoritaire afin de former un gouvernement, celle-ci fut de courte durée à cause de la réaction qu'elle suscita chez le grand rival de Tricoupis que fut Théodoros Déliyannis. Ce dernier –qui était loin d'être un ami du roi– soutenait en effet que le souverain avait bien le droit de faire aussi appel à des partis minoritaires pour faire gouverner le pays, sous la condition que ceux-ci obtinssent la confiance de la Chambre. Ce que Déliyannis craignait, non sans raison, était l'instauration de ce qu'il appelait une « dictature parlementaire ». Et c'est au fond sa propre façon de voir qui prévalut et persista dans les faits. B.S. Markesinis, *Dissolution of Parliament*, 147, 148.

69. Il est toutefois intéressant de signaler que l'unique tentative, dans le cadre d'une constitution grecque, la Constitution républicaine de 1927 incluse, d'abroger le droit du chef de l'État de dissoudre la Chambre provint des rangs royalistes ; ce fut en effet le très progressiste en matière politique et sociale chef du parti Populaire (le plus puissant des partis antivénizélistes de la Chambre issue des élections de 1920) qui, lors des travaux de la IIIe Assemblée constituante (à partir donc du 25 janvier 1921) lesquels ne purent jamais aboutir, proposa l'abolition du droit de dissolution. Il défendit sa proposition malgré la vive opposition de l'armée et ce en pleine guerre. Ajoutons que ce même Dimitrios Ghounaris, qui, moins de deux ans plus tard, allait terminer sa vie (avec quatre de ses collègues, plus un militaire) sous le feu du peloton d'exécution en tant que responsable présumé de la catastrophe en Asie Mineure, avait également défendu, dans le cadre de cette même révision constitutionnelle, l'égalité des droits entre sexes et en particulier l'octroi du droit de vote et d'élection aux femmes. Il fut combattu par quelques-uns de ses propres députés (ainsi que par des députés de partis alliés), mais surtout par les députés musulmans, ce qui était compréhensible, ainsi que par le parti Libéral, ce qui l'était bien moins ! Gunnar Hering, *Die politische Parteien (Τα πολιτικά κόμματα*, t. II, 957, 958).

70. Les travaux publics à grande échelle entrepris par les gouvernements de Harilaos Tricoupis dans la décennie 1880–1890, nécessaires afin de moderniser l'infrastructure grecque, ce qui à la longue allait profiter à son économie, furent, dans l'immédiat, catastrophiques sur le plan financier. En résulta l'endettement du pays dans des proportions alarmantes, une augmentation des impôts, forcément impopulaire, ainsi qu'une politique de rapprochement avec la Turquie –alors que se succédaient les crises balkaniques–, attitude qui ne déplaisait pas à l'Angleterre et permettait à la Grèce de réduire ses dépenses d'armement. Cette dernière mesure était particulièrement impopulaire dans une période de nationalisme et d'irrédentisme exacerbés. Personne donc ne fut surpris lorsqu'aux élections du 3 mai 1892 Tricoupis fut battu à plate couture, au profit de Théodoros Déliyannis, irresponsable démagogue, le type même du politicien que le roi abhorrait. Incapable de faire quoi que ce soit pour redresser la situation financière lamentable, Déliyannis essaya de faire dévier l'attention de l'opinion des choses graves, en intentant des procès politiques contre ses adversaires défaits, calomniés d'avoir détourné des fonds de l'État. Excédé, le roi exigea sa démission, et Déliyannis, refusant de se démettre, fut tout bonnement congédié. Après une brève tentative de mettre en place un gouvernement neutre, des élections furent à nouveau proclamées pour le 3 mai 1893. Elles se soldèrent par un nouveau triomphe de Tricoupis, et par conséquent par une nette approbation populaire de l'initiative risquée du roi. B.S. Markesinis, *Dissolution of Parliement*, 150–155.

71. Le différend entre le roi Constantin et le premier ministre Vénizélos allant être relaté en détail plus loin, nous nous bornons ici à indiquer qu'il y eut, au cours de l'année 1915, deux démissions du premier ministre, dont les vues divergeaient de celles du roi quant à la position de la Grèce dans le cadre de la Première Guerre mondiale. Entre les deux démissions, il y eut appel aux urnes, et Vénizélos en sortit vainqueur. En demandant donc pour la deuxième fois sa démission au premier ministre, Constantin destituait le chef d'une majorité récemment confirmée. L'honnêteté cependant oblige d'y ajouter que le différend, qui avant la fin de l'été 1915 allait scinder la Grèce en deux camps adverses, n'avait pas, à la date des élections législatives trois mois auparavant, atteint les masses. Indiquons de surcroît que lorsque le bilan de la politique vénizéliste des années 1915–1920 fut soumis au verdict populaire, lors des élections de novembre 1920, le vénizélisme et son chef subirent une véritable déroute.

72. Il s'agit de la rupture entre le jeune roi Constantin II et le premier ministre, l'octogénaire Georges Papandréou, dont le véritable enjeu fut le contrôle de l'armée. À cet épisode si crucial pour la destinée de la dynastie la présente étude a accordé l'attention qu'il mérite.

73. Il n'est pas ici inopportun de signaler au lecteur un autre genre d'action en marge de la constitution, qui fut menée par le roi Paul en douce, sans provoquer de violentes ruptures et sans offusquer l'opinion. Nous sommes à la fin du printemps 1963, dans un contexte qui, dans l'esprit du roi, est déjà celui de la passation au Centre du pouvoir que détenait depuis onze ans déjà la Droite. Le roi devine que Caramanlis est au fond coincé, car son propre parti ne le suivrait pas au cas où il songerait à se heurter à la Couronne. D'autre part Paul est également conscient de fait qu'une grande partie de l'opinion est favorable à la montée du Centre au pouvoir, évolution qui de surcroît aurait l'avantage de calmer les passions antiroyalistes qu'avait fait naître le résultat contesté des élections de 1961. Il ne risquait donc pas grand-chose. Aussi fit-il la sourde oreille lorsque Caramanlis sollicita la dissolution de la Chambre et le recours aux urnes. Par la suite il accepta sans difficulté la démission du premier ministre, accueillit avec joie à la présidence du Conseil le monarchiste P. Pipinellis, désigné par Caramanlis comme étant le seul parmi les principaux membres de son parti à ne point pouvoir s'ériger en rival à la tête de la Droite, entreprit avec la reine le fameux voyage officiel en Angleterre qui avait servi de prétexte à sa rupture avec le chef de la Droite et, une fois rentré, proclama pour le 3 novembre 1963 les élections dont le résultat permit à l'Union du Centre l'accès au pouvoir.

74. L'élément monarchique et autoritaire est introduit dans la famille royale grecque plutôt par la reine Olga et se durcit par la suite du fait de l'influence prussienne. Sa dimension sociale, à savoir féodale, se renforça à cause de l'influence des deux reines d'origine allemande, i.e. Sophie de Prusse et Frédérica de Hanovre. Cependant, notre époque démocratique et individualiste a balayé ce genre de préjugés et de pratiques dans toutes les familles royales, y compris celle de Grèce. Seule aujourd'hui, dans l'étroite famille de Constantin, subsiste la ségrégation à critère « racial ». En effet, si tous les enfants du roi à ce jour mariés ont épousé des roturiers/ères, aucun de ces élus/es n'a le sang grec, bien qu'au moins deux d'entre eux aient eu avant leur mariage de longues liaisons avec des compatriotes. Ceci dit, par trois fois des membres de la dynastie osèrent enfreindre cette loi non écrite : a) le roi Alexandre en épousant en 1919, dans le secret et contre l'avis de ses parents et du gouvernement Vénizélos, la belle Aspasie Manos ; b) la princesse Marie de Grèce, veuve du grand-duc Georges Michailovitch, qui épousa en 1922 le commandant de vaisseau Périclis Ioannidis ; c) le prince Michel, qui épousa en 1965 Marina Carella, fille d'une famille d'industriels et peintre de renom. Pour y parvenir, il dut cependant renoncer à ses droits de succession au trône.

75. Les offres faites au roi par des politiciens de tout bord, la Gauche exceptée, afin qu'il favorisât leur ascension au pouvoir, étaient parfois d'autant plus alléchantes qu'elles comprenaient la reconnaissance de leur part de privilèges régaliens non inscrits dans la Constitution, mais imposés par des impératives que les circonstances dictaient. Tel fut le contrôle de la politique extérieure et le choix de la personne des ambassadeurs envoyés dans les grandes capitales, exigé par Georges Ier, ou, plus récemment, après la fin de la guerre civile, le contrôle de l'armée recherché par Paul et Constantin II. Inutile de préciser que ces marchandages étaient en marge de la Constitution et qu'ils recelaient un piège mortel pour le souverain, au cas où les politiciens, une fois parvenus au pouvoir, décideraient de se rétracter. L'appel à l'article 31 et surtout son application était une arme à double tranchant, puisqu'il risquait de dresser contre le roi la majorité de l'opinion : c'est ce qui arriva en 1965.

76. Il n'y a à ce jour aucune biographie accomplie de Georges Ier, roi des Hellènes, sauf une esquisse élogieuse, rédigée peu après la mort du souverain par un de ses amis personnels, officier de la Marine danoise, le capitaine Walter Christmas et dont il existe une version en anglais : *King George of Greece, by captain Walter Christmas*, traduit du danois par A.G. Chater, New York, 1914.

77. *Georges Ier, Mon très cher…*, traduction et commentaires d'Aristéa Papanicolaou-Christensen, édition de 11 lettres adressées de la part de Georges Ier à son ami danois Frits Peter Uldall (Γεώργιος Αʹ, Φίλτατε…, μετάφραση, επιμέλεια, σχόλια Αριστέα Παπανικολάου-Κρίστενσεν, Ερμής, 2006, 27, 28).

78. Voici donc pourquoi les Grecs asservis, sujets du sultan, célébraient, avec tant d'éclat et d'une manière somme toute provocante, la fête du roi des Hellènes même dans la plus petite commune grecque de l'Empire ottoman, en Anatolie ou dans les Balkans.

79. Les archives des chancelleries des Puissances occidentales contiennent le récit de maints efforts que Georges Ier faisait en vue de l'accomplissement des aspirations irrédentistes de la Grèce, tout en voulant éviter la guerre avec la Turquie, qu'il estimait désastreuse. Nous nous bornons de signaler au lecteur sa tentative avortée, réalisée en 1883, afin de convaincre l'Autriche-Hongrie de reconnaître, en cas de démembrement de l'Empire Ottoman, les droits de la Grèce sur Salonique. C.I. Ailianos, *Une perspective d'alliance entre la Grèce et l'Autriche-Hongrie sans lendemain. 1883–1887* (Κ.Ι. Αιλιανός, *Μία προοπτική συμμαχίας Ελλάδος-Αυστρο-Ουγγαρίας χωρίς επαύριο. 1883–1887*), Institute for Balkan Studies, 1994, 31–34, 48, 55–59) et E. Driault/M. Lhéritier, *Histoire diplomatique de la Grèce*, vol. IV, 188, 189. Par ailleurs, le traité gréco-serbe de Vöslau (14/26 août 1867), fixant les aspirations minimales des deux États dans le cas d'un partage de la partie balkanique de l'Empire Ottoman, fut conclu avec le plein consentement du roi qui le valida depuis Francfort en se dirigeant vers Saint-Pétersbourg pour y célébrer ses noces. Le souverain grec émit seulement des objections quant au contenu de l'article 9 du traité, estimant la Grèce incapable de satisfaire aux obligations militaires en faveur des Serbes qui y étaient prévues. Spyros Markésinis signale avec raison que le traité de Vöslau, réalisé moins de quatre ans après

la venue de Georges Ier en Grèce, montre que le roi ne se considérait pas lié par les accords de Copenhague et surtout qu'il n'en avait pas conclu d'autres, tenus secrets. S.B. Markesinis, *Histoire politique de la Grèce moderne* (Σ.Β. Μαρκεζίνης, *Πολιτική Ιστορία της Νεωτέρας Ελλάδος*, Πάπυρος, 1966, t. II, 60–61).

80. Ce privilège royal que Georges Ier s'était attribué n'a jamais été mis en question, car nul ne saurait contester que le seul Grec pouvant traiter sur un pied d'égalité avec les grands de ce monde dans une Europe encore monarchique était celui dont l'une des sœurs était la princesse de Galles (puis reine d'Angleterre), une autre la tsarine de Russie, la troisième la reine (en exil) de Hanovre et dont l'un des frères était le roi du Danemark et l'un des neveux le roi de Norvège. À cette liste de noms aux titres prestigieux nous pourrions ajouter, à partir de 1889, celui de l'empereur allemand, frère de l'épouse du prince héritier, à condition de ne pas perdre de vue que les rapports de Georges Ier avec Guillaume II n'allèrent jamais au-delà de la politesse strictement conventionnelle.

81. Fr. Morton, *Thunder at Twilight. Vienna 1913–1914*, Da Capo Press, Boston 2014, 191. Des membres de cette même organisation paramilitaire, en devançant l'armée régulière, avaient procédé, avec le plein assentiment des autorités serbes, à des atrocités à grande échelle, dirigées tout particulièrement contre les populations musulmanes de Macédoine, mais aussi contre des villages grecs ou bulgares, lors du déclenchement de la première guerre balkanique. La mission que s'était fixée la «Main Noire» était la réalisation de la Grande Serbie, dans laquelle seraient inclus tous les Slaves des Balkans, mission présupposant l'élimination de tous ceux qui y apportaient des entraves et en empêchaient l'accomplissement. Georges Ier fut donc assassiné pour avoir, par sa présence à Salonique, mis obstacle à l'incorporation de cette ville dans le monde slave. François-Ferdinand, quant à lui, fut tué en tant qu'héritier d'une couronne occupant des provinces slaves qui, d'après les ultranationalistes Serbes, devaient revenir à la Serbie. Le premier noyau de ces officiers qui allaient plus tard constituer la «Main Noire» était responsable du meurtre, en 1903, d'Alexandre et de Draga Obrénovitch, le couple royal serbe, détesté pour ses sympathies pro-autrichiennes.

82. *Apocalypse*, II, 10.

83. *Constantin Ier inconnu, politique et amoureux. Lettres inédites du feu Roi de Grèce à la princesse d'Ostheim (1912–1923). La Petite Illustration*, no 731, 13 juillet 1935.

84. S.B. Markesinis, *Histoire politique* (Σ.Β. Μαρκεζίνης, *Πολιτική Ιστορία*, t. 3, 37).

85. En fait, Esme Howard arriva en Crète alors que les consuls des Puissances étaient déjà montés contre le prince. Considérant que celui-ci avait échoué dans sa mission et étant muni des instructions que l'on connaît, Howard trouva en Vénizélos l'alternative désirée. Ainsi, lorsque ce dernier, avec trois cents compagnons, se révolta contre l'autorité du prince et se retrancha à Thérissos, le consul anglais non seulement s'abstint de toute mesure contre les rebelles – malgré le fait que Georges était le haut-commissaire des Puissances – mais encore entra publiquement en contact avec Vénizélos, le rencontra à plusieurs reprises et déclara partager ses critiques contre le régime. Fort de l'appui des consuls – qui de surcroît s'étaient attribués une part de liberté d'action que leurs gouvernements respectifs ne leur avaient pas concédé –, Vénizélos proposa la création d'une commission internationale d'inspection du régime crétois, dont les travaux, suivis d'un remaniement en profondeur du régime local, seraient effectués sous le contrôle des Puissances, après l'octroi d'une amnistie totale. L'invitation faite aux Puissances à se mêler davantage aux affaires intérieures de la Crète ne renforça pas la popularité de Vénizélos et fit en revanche du prince le symbole de la résistance crétoise contre les menées des étrangers et de leurs appuis locaux. Désormais, sortir de l'impasse signifiait pour les Puissances se débarrasser du prince, alors que celui-ci était parvenu au faîte de la popularité. Devant une forte mobilisation populaire pour empêcher son départ de Crète et alors que son embarquement officiel était prévu pour avoir lieu dans la baie de Souda, Georges fut contraint par les Anglais de gagner, sans cérémonie, le bord d'un navire grec mouillant au large du port de la Canée et de partir sans tarder pour Athènes. Au Pirée le prince eut en revanche droit à un accueil triomphal, auquel (comble de l'ironie !) participait l'ambassadeur britannique. À supposer que le lecteur connaissait la suite des événements, il ne pourrait s'empêcher de relever des similitudes frappantes entre l'aventure crétoise des années 1904–1906 et la crise majeure dite «Scission Nationale», à savoir la rupture entre le roi Constantin et Vénizélos, tout particulièrement dans le laps de temps allant de février 1915 à juin 1917. Voir R. Holland/Diana Markides, *The British and the Hellenes: Struggles for Mastery in the Eastern Mediterranean, 1850–1960,* Oxford University Press, New York 2006. (L'auteur renvoie à la traduction grecque de l'ouvrage *Οι Βρετανοί και οι Έλληνες. Αγώνες εξουσίας στην ανατολική Μεσόγειο, 1850–1960*, εκδόσεις Πατάκη, 2007, 202–244). Voir aussi C. Svolopoulos, *Eleuthérios Vénizélos et sa politique en Crète autonome. 1901–1906* (Κ. Σβολόπουλος, *Ο Ελευθέριος Βενιζέλος και η πολιτική του εις την αυτόνομον Κρήτην. 1901–1906*, Αθήνα 1974) et Prince George of Greece, *The Cretan Drama,* New York 1959.

86. J. Métaxas, *Son journal personnel* (Ιωάννης Μεταξάς, *Το προσωπικό του ημερολόγιο*, εκδ. Γκοβόστη, t. II, 1, 48).

87. Entre deux hommes aussi différents que Constantin et Vénizélos les frottements et les pointes d'humeur furent nombreux, et ce dès le moment où ils se rencontrèrent pour la première fois. L'un méthodique, affable, d'une intelligence moins large, homme d'honneur, de scrupules et de doute, l'autre génial, astucieux, sûr de lui, imbu de sa supériorité intellectuelle et de son charme auquel peu de gens résistaient, confiant en son étoile. Constantin était le modèle du soldat, Vénizélos le type même du joueur, aimant improviser et ne dédaignant pas s'exposer au risque dans l'espoir d'y gagner davantage. Le plus célèbre de ces épisodes de frictions est celui qui précéda la prise de Salonique. Il en existe deux versions : une mythologique et une vraie. Comme il est fréquent en Grèce, c'est la mythologique qui s'imposa ; elle tire son origine du récit que fit des événements en question l'un des deux protagonistes, Vénizélos, dans le discours qu'il prononça lors de la séance inaugurale du «Parlement des Lazare», le 17 août 1917. Son but ? Retirer à son profit la gloire de son adversaire d'avoir pris Salonique : exaspéré de voir le diadoque hésiter et ensuite décider de progresser vers le nord en direction de Monastir, alors que les Bulgares fonçaient sur Salonique, Vénizélos, qui harcelait le prince de télégrammes de plus en plus impatients, sortit de ses gonds et lui intima l'ordre de marcher immédiatement sur Salonique. Constantin s'y soumit, Salonique fut prise, l'armée grecque ayant devancé de justesse deux divisions bulgares qui se hâtaient d'arriver les premières. Le seul point commun entre les deux versions des faits fut le harcèlement du prince héritier par les télégrammes angoissés de Vénizélos qui se rongeait les sangs et entendait dicter au chef de l'armée qui était sur le front quelles devaient être ses priorités, alors que lui se trouvait à plus de 400 km de distance ! Si Constantin, dont le but évidemment était la conquête de Salonique, hésitait, c'est qu'il cherchait à connaître la position de l'ennemi, à savoir le chemin par lequel se retirait l'armée ottomane, afin que la sienne ne soit pas prise entre deux feux. Les éclaireurs lui ayant rapporté que les Turcs se repliaient sur Salonique, Constantin donna l'ordre aux troupes de se mettre avec diligence à ses pas. L'armée s'engageait sur la route de Verhoia, lorsque parvint au diadoque-généralissime le fameux télégramme de Vénizélos, insistant certes, mais rédigé sur un ton déférant. La réponse de Constantin, excédé du martèlement télégraphique du premier ministre qui se voulait stratège, trahit l'irritation de son auteur, qui se trouvait alors à Kozani, de s'entendre dicter son devoir depuis un bureau athénien ! L'épisode est rapporté en détail dans la précieuse étude de Constantin Sérépissos, qui établit avec minutie et sans équivoque la suite réelle des événements en en citant à chaque fois les sources, dont s'inspirèrent également les premières éditions du récit de la guerre de 1912–1913, réalisés par le Service Historique de l'Armée. Or, dans les éditions ultérieures de ce même Service Historique, le récit de cet épisode se met à varier, passant de la version originale à la version vénizéliste et vice versa, suivant la couleur du régime ou du gouvernement en place ! Enfin il se stabilise, s'immobilisant en la fiction vénizéliste ; le comble en est que désormais la version officielle ne peut plus être contredite par les sources, l'original gênant ayant disparu des archives ! C. Serepissos, *Combattre pour Salonique. 1912–1913.* Tiré à part du tome 33 (1991) de la revue *Parnassos* (Κ.Γ. Σερεπίσος, *Αγώνες διά την Θεσσαλονίκην. 1912–1913*, Ανάτυπον εκ του ΛΓ´ τόμου (1991) του περιοδικού *Παρνασσός*; J. Papafloratos, *L'histoire de l'armée grecque. 1833–1949* (Ι. Παπαφλωράτος, *Η ιστορία του Ελληνικού Στρατού. 1833–1949*, εκδόσεις Σάκκουλα, Αθήνα/Θεσσαλονίκη 2014, t. I, 229–240).

88. Winston Churchill, *The World Crisis 1911-1918*, Odham Press Limited, Long Acre, volumes I– IV, London 1938 (new edition). «(…) *this magnanimous offer, made as it was while all was so uncertain and even before the main battle of France had been joined* (…)» (vol. II, 441).« Magnanime » donc dans le sens où la Grèce s'était empressée d'offrir son alliance à l'Entente avant la décisive bataille de la Marne et alors que Paris semblait condamné.

89. Prince Nicholas of Greece, *Political Memoirs 1914–1917. Pages from my Diary.* Hutchinson & Co (Publishers), s.d., 32, 33.

90. En dépit de l'atteinte au principe de l'intégrité territoriale de l'empire ottoman que constituait l'annexion de la Bosnie-Herzégovine par l'Autriche-Hongrie ainsi que l'érection de Bulgarie en royaume, c. à d. en état indépendant, la Grande-Bretagne persistait à s'y accrocher, tout en cajolant la Bulgarie dans l'espoir d'en diminuer l'influence russe sur celle-ci ; inutile de préciser combien cette perception anglaise de la réalité dans le Proche-Orient portait préjudice aux intérêts grecs et combien la Grèce en sortait délaissée, depuis le temps où l'attention de la Grande-Bretagne en Méditerranée se concentrait d'une part sur l'Égypte et la zone du canal de Suez et d'autre part sur ses autres possessions, jalonnant le parcours vers les Indes. En ce qui concerne le monde grec, seule la Crète demeurait dans sa zone d'intérêt, Chypre faisant partie intégrante de l'empire de Sa Gracieuse Majesté depuis 1878. En revanche, le retrait britannique hors des Balkans avait permis à la Russie et à l'Autriche-Hongrie, rivales dans la Question d'Orient, d'y accroître leur influence, en vue d'un partage des territoires ottomans en Europe, partage que toutes deux considéraient comme imminent en ce début du XXe siècle. Or la Russie se sentait lésée par l'Autriche-Hongrie, qui, après avoir annexé la Bosnie-Herzégovine, s'était bien gardée, à l'encontre de ce qui avait été convenu à Buchlau en septembre 1908 entre leurs ministres respectifs Izvolsky et von Ährental, d'appuyer les aspirations de Saint-Pétersbourg afin que s'ouvrissent enfin les Détroits à sa flotte de guerre. En 1911, elle finit par prendre sa revanche en établissant une alliance serbo-bulgare tournée contre Vienne et faisant du tsar l'arbitre du sort d'une grande partie de la Macédoine. Cette nouvelle percée russe en direction des eaux chaudes de la Méditerranée eut comme conséquence d'alarmer Londres qui voulut la contrecarrer en se servant de la Grèce en mal d'alliés et en l'encourageant à sortir de son isolement.

Vénizélos, au pouvoir depuis l'automne 1910, conscient du péril encouru du fait de rester isolé au cœur d'un environnement mouvant et chargé de menaces, avait tout d'abord cherché à s'attirer les faveurs de l'Italie, allant jusqu'à livrer à cette puissance émergente, voisine de la Grèce et en prise depuis peu avec l'Empire ottoman, les plans de l'état-major grec concernant la prise de la ville de Prévéza. Son offre n'ayant pas suscité la réaction qu'il attendait, Vénizélos se tourna vers le gouvernement des Jeunes Turcs, qui ne montrèrent pas plus d'empressement. Il était sur le point d'entreprendre une troisième tentative, cette fois-ci en direction des petits États balkaniques en vue de les grouper en une alliance défensive antiturque, lorsqu'il se vit raffermi par le retour de la Grande-Bretagne sur la scène balkanique ; leurs efforts joints n'eurent cependant que de maigres résultats, étant donné que, d'une part, la Bulgarie était consciente de la supériorité de ses propres forces par rapport à celles de la Grèce, stigmatisées par la débâcle de 1897, et que, d'autre part, le partage d'une grande partie des territoires balkaniques ottomans avait déjà été résolu sur le papier entre elle et les Serbes, sous égide russe. Quantité négligeable en tant que force continentale, la Grèce pourrait toutefois lui être utile sur mer, sa flotte étant en mesure d'empêcher le transfert de renforts turcs depuis l'Asie Mineure en Macédoine, une des zones principales des combats. Cette disparité de forces ne pouvait que se refléter dans le texte du traité gréco-bulgare, dans lequel le second partenaire se réserva la part du lion. En effet, non seulement le traité ne prévoyait pas, à l'encontre de celui entre la Serbie et la Bulgarie, de concessions territoriales en faveur de la Grèce, mais cédait de plus à la Bulgarie la totalité de la Macédoine orientale, y compris la ville de Serres et la fertile plaine de la rivière Strymon. Parmi ses clauses y figurait une qui stipulait que la puissance dont l'armée entrerait la première dans une ville ottomane à l'ouest de la zone déjà concédée à la Bulgarie pourrait définitivement se l'approprier. D'où la ruée bulgare sur Salonique et l'affolement de Vénizélos, qui depuis Athènes flairait le danger. D'où enfin l'immense contribution de Constantin à l'extension grecque vers le nord, dont l'armée parvint en 24 heures à forcer les défilés fortifiés de Sarantaporo, portes de la Macédoine, estimés inexpugnables par les Bulgares, et put, par la suite, promptement progresser en direction de Salonique, aux portes de laquelle il remporta la décisive victoire de Yanitsa.

91. Fisher finit bien par démissionner en mai 1915. Voir Nigel Steel/Peter Hart, *Defeat at Gallipoli*, Papermac, 1994, 11, 169.

92. Alexander S. Mitrakos, *France in Greece during World War I. A study in the politics of power*, East European Monographs, Columbia University Press, 1982, 4. C. Sakellaropoulos, *L'ombre de l'Occident* (Κ. Σακελλαρόπουλος, *Η σκιά της Δύσεως*, Αθήνα ²1960, 25–30, 216).

93. Sean McMeekin, *The Russian Origins of the First World War*, The Belknap Press of Harvard University Press, Cambridge Massachusetts/London, 2011, 96, 97, 120–125.

94. Peter Hart, *Gallipoli*, Profile Books, 2011, 33–44.

95. P.C. Enepekidis, *La gloire et la scission nationale : données puisées aux archives secrets de Vienne, Berlin et Berne, 1908–1918* (Π.Κ. Ενεπεκίδης, *Η δόξα και ο διχασμός (από τα μυστικά αρχεία Βιέννης, Βερολίνου και Βέρνης, 1908–1918)*, Σ.Ι. Ζαχαρόπουλος, 393–396).

96. P.C. Enepekidis, *La gloire et la scission nationale* (Π.Κ. Ενεπεκίδης, *Η δόξα και ο διχασμός*, 271–274).

97. Ce projet est développé le long des pages, rédigées entre juillet et septembre 1915, du journal de Georges Stréit, ancien ministre des Affaires Étrangères et conseiller intime du roi Constantin. G. Stréit, *Journal-Archive* (Γεώργιος Στρέιτ, *Ημερολόγιον-Αρχείον*, t. II, fasc. 2, Αθήνα 1966, 80, 81, 85–87, 91, 95, 99–101, 105, 109, 114–118). Il est par ailleurs intéressant de constater, à propos de la politique allemande envers la Grèce, que cette dernière ne figurait pas parmi les pays devant constituer une sorte de «Commonwealth» continental gravitant autour de l'Empire germanique, d'après le plan du chancelier Bethmann-Hollweg (énoncé en partie dans son «Septemberprogramm» de 1914 et remanié ultérieurement,

compte tenu de l'évolution de la guerre). La limite sud de cette union satellite allemande à construire, dont le noyau devrait former une union douanière, correspondrait en effet à la frontière nord de la Grèce, signe irréfutable que l'Allemagne, du moins aussi longtemps que Bethmann-Hollweg allait en tenir les rênes, à savoir jusqu'au 14 juillet 1917, s'effaçait au sud des Balkans devant la prépondérance britannique, jugée irréductible, malgré ses déboires.

98. Sakellaropoulos, *L'ombre de l'Occident* (Σακελλαρόπουλος, *Η σκιά της Δύσεως*, 246, n. 2).

99. Sakellaropoulos, *L'ombre de l'Occident* (Σακελλαρόπουλος, *Η σκιά της Δύσεως*, 273).

100. Mitrakos, *France in Greece during World War I*, 5.

101. G. Stréit, *Journal-Archive* (Γεώργιος Στρέιτ, *Ημερολόγιον-Αρχείον*, t. II, 121.

102. Mitrakos, *France in Greece during World War I*, 231.

103. Mitrakos, *France in Greece during World War I*, 20, 21.

104. C. Zavitsianos, *Mes souvenirs concernant la dissension historique entre le roi Constantin et Eleuthérios Vénizélos comme je l'ai vécue. 1914–1922* (Κ. Ζαβιτσιάνος, *Αι αναμνήσεις μου εκ της ιστορικής διαφωνίας Βασιλέως Κωνσταντίνου και Ελευθερίου Βενιζέλου όπως την έζησα. 1914–1922*), Athènes, 1946, 152–155).

105. Mitrakos, *France in Greece during World War I*, 50.

106. J. Giannoulopoulos, «*Noble cécité que la nôtre*». *Politique extérieure et «questions nationales» depuis la défaite de 1897 jusqu'au désastre en Asie Mineure* (Γ. Γιαννουλόπουλος, «*Η ευγενής μας τύφλωσις…*». *Εξωτερική πολιτική και «εθνικά θέματα» από την ήττα του 1897 έως τη μικρασιαστική καταστροφή*, Αθήνα ⁴2003, 227).

107. *Lettres de l'impératrice Alexandra Féodorovna à l'empereur Nicolas II*. Préface et notes de J. W. Bienstock, Payot, 1924, 470, 471, 477.

108. John van der Kiste, *The Prussian Princesses. The sisters of Kaiser Wilhelm II*, Fronthill, 2014, 86.

109. Le feu qui le 30 juin 1916 ravagea le domaine royal de Tatoï, où résidait la famille royale, a été perçu par l'opinion publique grecque surexcitée comme une tentative de la part de l'Entente de supprimer Constantin. Cet avis, que la reine partageait pleinement, mais que Constantin rejetait, n'est cependant fondé sur aucune preuve; le fait que toute la Grèce du sud était pendant ces jours-là un immense brasier, à cause des hautes températures ainsi que de la sécheresse exceptionnellement longue, suivie par des vents violents, écarte la thèse de l'incendie criminel. Le roi, accouru en première ligne afin d'assister les soldats essayant d'entraver la marche des flammes, faillit, en effet, y périr et, blessé, ne fut sauvé in extremis que grâce à la bravoure de deux soldats qui le transportèrent dans leurs bras, le feu à leurs trousses. L'incendie, qui réduisit en cendres la propre villa de Constantin, coûta la vie à onze personnes, dont deux officiers, amis intimes du roi.

110. La correspondance de Sophie des Hellènes avec sa sœur Marguerite de Hesse-Cassel a été consultée par l'auteur du présent ouvrage au Fasanerie Schloss, château situé non loin de la ville de Fulda, où sont conservées les archives de la maison princière de Hesse. Les deux princesses correspondaient entre elles en anglais, langue de leur mère, l'impératrice Frédéric, fille aînée de la reine Victoria.

111. Les événements de juin 1916 font suite à la prise de Roupel par les Allemands (voir, plus loin, n. 115), laquelle fut exploitée par l'Entente (pour certains elle fut même suscitée par celle-ci-dans le but d'accroître sa mainmise sur la Grèce. Ils constituent à coup sûr un des moments forts de la «scission nationale»: l'intervention outrageante de l'Entente (celle de la France en particulier) dans les affaires intérieures de la Grèce et la reconnaissante approbation publique qu'elle s'attira de la part de Vénizélos fit basculer une partie importante de l'opinion libérale dans le camp opposé. La formule de Vénizélos, (…) *elles* (=*les Puissances*) *ont restauré en même temps leur droit de Puissances* *garantes et les libertés grecques*, fut reçue de la part de nombreux patriotes comme une insulte personnelle. Aussi, par réaction à l'arbitraire de l'Entente, se renforçait-il au sein du peuple grec le courant en faveur de la neutralité (germanophile ou pas), alors même que l'Entente était en train de se saisir des rênes du pays ; pour la majorité de la nation, Vénizélos avait franchi les bords de l'inadmissible, au moment où la politique de Constantin échouait piteusement et où la présence du chef des libéraux devenait indispensable.

La conjonction des efforts des ministres surexcités de l'Entente à Athènes et de la conférence interalliée réunie à Londres (où Aristide Briand eut finalement raison des scrupules britanniques en se servant du précédent historique des interventions des Puissances) fit céder sur tous les points le gouvernement de Stéphanos Scouloudis et fit choir la Grèce, en dépit de sa neutralité officielle point remise en question, au rang des pays asservis. Sous la menace de sa flotte réunie à Mélos, l'Entente arracha le 21 juin 1916 le repli du gouvernement grec sur les points suivants : a) La complète démobilisation des forces armées grecques ; b) la constitution d'un nouveau gouvernement offrant les garanties nécessaires pour le respect d'une politique de neutralité bienveillante à l'égard de l'Entente ; c) la dissolution immédiate de la Chambre des Députés et la proclamation de nouvelles élections législatives, dans les délais prévus par la constitution, mais après l'achèvement de la démobilisation ; d) le remplacement immédiat dans tous les services publics et en particulier celui de la sécurité, du personnel suspecté de sympathies neutres ou germanophiles, par des cadres favorables à l'Entente. Mitrakos, *France in Greece during World War I*, 70–76. E. Driault et M. Lhéritier, *Histoire diplomatique de la Grèce de 1821 à nos jours*, tome V, Presses Universitaires de France, 1926, 245–247.

Toujours est-il que Métaxas fait état d'un télégramme que Vénizélos envoya à Aristide Briand, formulé dans ces termes : « La note apporta une solution à une situation sans issue ; le ton sévère qu'elle emprunte à juste titre, la sincérité de ses arguments, la distinction absolue qu'elle opère entre le peuple grec et ses gouvernants lui confèrent vraiment un air de sollicitude paternelle envers les Grecs. Les Puissances Protectrices ont réagi à l'instar de parents dans la plénitude de leurs droits ». Métaxas renvoie le lecteur au journal « Daily Telegraph » de Londres, daté du 11 juin 1916. Voir *L'histoire de la « Scission Nationale » selons les articles écrits par Eleuthérios Vénizélos et Jean Métaxas* (Η ιστορία του Εθνικού Διχασμού κατά την αρθρογραφίαν του Ελευθερίου Βενιζέλου και του Ιωάννου Μεταξά, Thessaloniki 1994, 215).

112. Voici comment Jean Métaxas présente le mouvement des Épistrates, dans le fameux duel journalistique avec Vénizélos en 1934 : (…) *La démobilisation eut, en revanche, une autre conséquence inattendue. Les conscrits, officiers et soldats, dès qu'ils furent congédiés, formèrent de leur propre initiative la ligue des Épistrates (=mobilisés). Qui furent ces Épistrates ? Ils furent la jeunesse de la Grèce, les vingt classes les plus jeunes, non pas des électeurs, mais celles des anciens combattants. Ce furent les guerriers de 1912 et de 1913 (…), bref, toute la jeunesse de la Grèce. Ils n'étaient guère les ennemis de l'Entente, tout au contraire, la plupart même étaient des admirateurs enthousiastes de la France en particulier. Seulement étaient-ils les ennemis de part en part de monsieur Vénizélos. Non parce qu'ils restèrent mobilisés pendant neuf mois, ainsi que le prétend celui-ci, mais parce qu'ils furent les témoins oculaires des humiliations tangibles que subit leur patrie de la part des étrangers, humiliations qui furent suscitées, conduites, encouragées ou dictées par Vénizélos. (…) À leurs yeux le Roi était le symbole des traditions de la race grecque. Il était le chef victorieux, sous la conduite de qui ils corrigèrent sur les champs de bataille de 1912–1913 les fautes commises par la politique de monsieur Vénizélos.*

Démobilisés et gagnant depuis la Macédoine l'intérieur de la Grèce, en train, en bateau, sur les routes, ils formèrent spontanément les ligues des Épistrates. C'est eux qui se donnèrent ce nom.

Ce fut un mouvement implacable, farouche, primaire. Ce fut la protestation de l'âme grecque contre la dissolution de l'indépendance de la patrie (…) Monsieur Vénizélos m'a accusé dans le passé et encore maintenant d'en avoir été l'organisateur. Je ressens l'accusation comme un honneur. Oui! Le mouvement a été la création spontanée de la jeunesse grecque de l'époque. Moi je me suis mis à son service et je luttais avec bon nombre de collaborateurs inoubliables afin qu'il prenne une forme organisée (…) Tels furent les Épistrates! Ces Épistrates qui mirent fin aux espoirs de monsieur Vénizélos de remporter une victoire électorale. Et c'est pourquoi les élections furent indéfiniment ajournées, suivant les exigences de monsieur Guillemin, pour que monsieur Vénizélos soit sauvé. Voir *L'histoire de la "scission nationale" selon les articles écrits d'Eleuthérios Vénizélos et de Jean Métaxas* (Η ιστορία του Εθνικού Διχασμού κατά την αρθογραφία του Ελευθερίου Βενιζέλου και του Ιωάννου Μεταξά, Thessaloniki 1994, 377, 378).

113. B. S. Markesinis, *Dissolution of Parliament*, 178.

114. La thèse, en revanche, elon laquelle Constantin favorisa personnellement la fuite de Vénizélos hors d'Athènes (fuite qui fut organisée par le service de contre-espionnage français, mais que les autorités grecques, averties à temps, auraient pu empêcher) dans le but de renforcer la présence grecque en Macédoine, malgré bien d'indices en sa faveur, n'est pas entièrement fondée. Mitrakos, *France in Greece during World War I*, 102.

115. Au printemps 1916, les effectifs francobritanniques rassemblés à Salonique, transformée en camp retranché, s'élevaient à peu près à 400 000 hommes. La raison de la présence de cette importante armée qui restait confinée dans un étroit périmètre autour de la ville était loin d'être claire, y compris dans l'esprit de ceux qui en avaient projeté l'expédition. L'on a déjà vu que cette expédition concernait davantage les aspirations françaises dans la région après la fin de la guerre, et que c'était justement à ce propos que la France hésitait entre faire de la Macédoine grecque un protectorat français ou étendre celui-ci sur l'ensemble de la Grèce. Cependant, l'opinion, qui n'était point renseignée des nébuleux desseins du gouvernement, s'indignait de voir toute une armée parquée sans utilité apparente en Orient, alors que les effectifs faisaient si cruellement défaut sur le front ouest. D'autre part, la bataille de Verdun étant sur le point de s'engager, les états-majors alliés résolurent de créer en Orient un second front, dans le but de diviser les forces allemandes et, ce faisant, d'en atténuer la pression sur le front principal. L'armée donc, quittant ses quartiers de Salonique et progressant vers le nord et le nord-est, s'étendit sur une distance allant à peu près de la frontière grecque actuelle jusqu'à la chaîne montagneuse à l'ouest de la rivière de Strymon.

Suivant d'un œil inquiet les agissements de l'Entente en Macédoine après un répit de quelques mois, le gouvernement grec de Stéphanos Scouloudis, sachant que la réplique allemande ne saurait tarder, conjura les forces de l'Entente d'occuper les premières les forts de l'étroit défilé de Roupel sur la frontière bulgare, qui seraient les premiers à être attaqués. Non seulement elles n'en firent rien, mais en plus, pour des raisons à ce jour non encore parfaitement élucidées, mais que l'on parvient à deviner, elles firent sauter le pont du chemin de fer enjambant la rivière de Strymon, créant ainsi entre leur zone à elles et la Macédoine orientale une barrière quasi infranchissable. Berlin en effet, après avoir vivement protesté au gouvernement d'Athènes contre ce qu'il considérait comme étant une violation de l'état de neutralité de la Grèce, donna l'ordre à ses troupes de franchir la frontière et d'attaquer Roupel. Coincé entre l'hostilité de l'Entente et l'invasion allemande, Scouloudis fut réduit à en ordonner le retrait des forces grecques; en fait il ne faisait qu'appliquer les clauses d'une convention, conclue le 14 novembre 1915 avec les ministres des Puissances à Athènes, suivant lesquelles la Grèce retirerait, en cas d'agression de la part de l'Allemagne, ses forces de la zone envahie et laisserait le champ libre aux deux belligérants de s'y affronter. Agissant ainsi, le gouvernement grec espérait d'une part sauvegarder dans l'immédiat la neutralité du pays et d'autre part protéger à long terme la Macédoine de la convoitise des Bulgares. On peut discuter si ce double but fut atteint. Dans l'immédiat cependant, Roupel fut occupé, et il fut occupé non pas par les Allemands seuls, mais, ce qui fut pire, par leurs alliés, les Bulgares abhorrés. Le retentissement en fut immense. Les vénizélistes crièrent à la trahison, certains des antivénizélistes furent un moment ébranlés et se mirent à douter de la justesse de leur position, et l'Entente, dont la responsabilité dans cet épisode a été accablante, s'en servit comme d'un excellent prétexte afin d'accroître les mesures coercitives contre le gouvernement athénien.

116. Pour ce qui est du quotidien de Constantin en Suisse, deux sources capitales demeurent à ce jour non publiées. Il s'agit a) de la partie du journal de son frère Nicolas se rapportant à l'exil suisse (quelque 2 000 pages manuscrites réparties en 8 cahiers) dont l'édition est en préparation par l'auteur de ce livre, et b) de la correspondance secrète entre Constantin et son fils Alexandre resté en Grèce, qui se trouve dans les archives de SAR le prince Alexandre de Serbie, petit-fils du roi Alexandre et d'Aspasie Manou. Contrairement à la première source qui, bien que livrant un grand nombre de renseignements sur la vie privée du roi, ne se concentre pas sur la personne de Constantin, qui vivait à Lucerne alors que Nicolas était à Territet, en Suisse romande, la deuxième source constitue un document d'importance majeure, sans lequel bon nombre de situations particulières, éclairant des événements cruciaux, demeurent inconnues ou obscures.

117. Le Traité de Sèvres est la convention internationale, signée le 10 août 1920, entre les puissances victorieuses de l'Entente et l'empire ottoman vaincu. En ce qui concerne la Grèce, il accordait à celle-ci la quasi-totalité de la Thrace Orientale presque jusqu'aux portes de Constantinople et maintenait l'administration grecque dans la région de Smyrne cinq ans de plus, période au bout de laquelle un plébiscite déciderait pour ou contre le rattachement définitif de cette province – rebaptisée en Iônie – à la Grèce agrandie, *la Grèce des cinq mers* (la mer Égée, la mer Ionienne, la Méditerranée, la Propontide, le Pont Euxin) *et des deux continents*, ainsi que le proclamait la propagande vénizéliste. La réalité néanmoins était beaucoup moins faste. En premier, parce que l'application du traité dépendait du sort d'une guerre particulièrement épuisante et impopulaire, que la Grèce, divisée, s'était engagée à mener seule et sans soutien. En plus, cette guerre se déroulait loin des côtes peuplées de Grecs, sur un territoire immense et quasi désertique, à la population hostile, en train de se soulever en un gigantesque mouvement de résistance afin de rejeter l'envahisseur à la mer, galvanisée par un chef, Mustapha Kemal pacha, militaire s'étant illustré en Cyrénaïque, ainsi que dans la défense des Dardanelles en 1915, et qui rejetait le traité, signé par le gouvernement du sultan. En troisième lieu, l'ennemi disposait d'un chef de valeur, bien résolu de lutter jusqu'au bout, et qui de surcroît sut admirablement exploiter les divergences entre Puissances et fit mine, afin de mieux effrayer leurs gouvernements bourgeois, de flirter avec Lénine, en mal de soutien étranger. C'est en effet l'or soviétique qui permit en grande partie à l'armée kémaliste de s'armer, le reste du matériel de guerre employé contre les Grecs étant livré par l'Italie et plus tard aussi par la France. Pour cette dernière, le Traité de Sèvres n'était qu'une victoire de l'impérialisme anglais, accompli par l'intermédiaire et aux frais des Grecs. Quant à l'Italie, elle était inconsolable d'avoir perdu Smyrne, pourtant promise à elle par l'Entente à la conférence interalliée de Saint-Jean-de-Maurienne, le 19–21 avril 1917. Ces deux puissances, chacune pour ses propres motifs, étaient désormais résolues de laisser la Grèce s'embourber en Asie Mineure. Quant à l'aide britannique, elle ne fut que verbale. Au point que Vénizélos, assailli par son opposition politique ragaillardie par la levée de l'état de siège (la Grèce étant à la veille d'élections) et se rendant compte, en dépit des fanfaronnades de sa propre propagande, qu'il avait sous-estimé l'adversaire turc, fût amené le 5 octobre 1920 à adresser à Lloyd George un télégramme, moitié cri de détresse, moitié chantage, dans lequel il déclarait sans ambages que la Grèce, se trouvant dans l'impossibilité de poursuivre la lutte dans ces conditions d'abandon de la part de tous ses alliés au nom desquels elle était censée combattre, serait contrainte de retirer son armée d'Anatolie (ce qui mettrait en péril les positions anglaises de la zone des Détroits, aux prises déjà avec les bandes d'irréguliers turcs, kémalistes et autres): *Documents on British Foreign Policy*, série 1, XIII, Londres 1963, 157–158, no 152. C'est là-dessus que Vénizélos fut battu aux élections du 1/14 novembre 1920 et que Constantin fut rappelé en Grèce. Le retour du roi «germanophile», le beau-frère du Kaiser, fut une véritable aubaine pour les gouvernements ententistes, en particulier pour le gouvernement français, car il lui offrait le prétexte de dévoiler enfin au grand jour son hostilité aux projets anatoliens d'Athènes. Le Traité de Sèvres fut révisé par celui de Lausanne, signé le 24 juillet 1923 et qui, entre autres, entérinait le déracinement de l'hellénisme micrasiatique, en grande partie déjà consommé dans les faits.

118. Afin de justifier son échec aux élections de 1920, le parti libéral forgea une théorie selon laquelle la victoire du camp antivénizeliste s'expliquait par sa promesse de mettre fin à la guerre. La supercherie apparaît à la lecture des trois discours électoraux de Dimitrios Ghounaris à Corfou, à Patras et enfin à Athènes, d'où il ressort clairement que la seule divergence de taille séparant les deux camps est le rétablissement de la justice, la dissolution de la tyrannie et le retour de Constantin. Voir S. Markesinis, *Histoire politique* (Σ.Β. Μαρκεζίνης, Πολιτική Ιστορία, t. IV, 36–41 de l'annexe).

119. Sur l'attitude confuse et embarrassée de Lloyd George, tiraillé entre son amitié pour la Grèce (avec ou sans Vénizélos) et sa solidarité à l'égard de la France et, de plus, parfaitement isolé par rapport à son propre gouvernement (sauf lord Curzon, qui, à la tête du Foreign Office et bien qu'au départ opposé à l'extension grecque en Asie Mineure, s'était par la suite rangé à l'avis du premier ministre), qui entendait autrement les intérêts britanniques, voir Michael Llewellyn Smith, *Ionian Vision. Greece in Asia Minor 1919-1922*, Hurst & Company, London 1998 (^{1}1973), 162–171, 271).

120. Dans la partie non publiée de son journal, le prince Nicolas affirme que si le roi Constantin se plia au référendum c'est essentiellement par respect de la souveraineté populaire. Il complète sa pensée en ajoutant que, si Constantin faisait dépendre son retour du seul résultat des élections, ne serait que le chef de la section antivénizeliste du peuple et non le roi de tous les Hellènes. C'est cet argument en faveur du plébiscite qu'avança Nicolas à son frère, qui l'accepta aussitôt, déclarant que c'était aussi son avis (Journal du prince Nicolas, section III (1918–1920), fasc. VIII, p. 67, 69, 70, entrée Lucerne, 4/17 novembre 1920). Peu de temps auparavant, au moment où la nouvelle de la mort d'Alexandre leur était parvenue, Nicolas notait que dans le cas invraisemblable où Vénizélos lui-même appelait le roi à rentrer, celui-ci devait rejeter l'invitation, refusant de reconnaître à quiconque, sauf au peuple grec souverain, le droit de décider du régime du pays et de son roi (fasc. VII, p. 39). C'est dans cet esprit que le prince Paul rédigea sa réponse au gouvernement grec qui lui offrait la couronne. Telle fut également la ligne de conduite tracée lors du conseil familial qui se réunit à ce propos à Lucerne, le dimanche 25 octobre 1920: à cette occasion, Constantin invita les membres de sa famille qui étaient à l'étranger –le diadoque Georges en Roumanie, le prince Georges, oncle du roi, en France, et le prince André en Italie– à se prononcer par écrit afin qu'une décision pût être prise.

121. II Timothée, IV, 7.

122. Le roi Paul, son mari, en était, paraît-il, conscient de sorte que, chaque fois qu'il la sentait démoralisée et défaite, il l'envoyait faire, en jeep ou à dos de mule, selon l'état des routes de la contrée à visiter, une tournée en province, d'où elle revenait revigorée.

123. Sa fille, le princesse Irène de Grèce, devait dire plus tard que si la misère en Inde –où elle vécut plusieurs années durant– ne la heurta point, c'est qu'elle en avait fait l'expérience en visitant les recoins de la Grèce avec sa mère au cours de son enfance et de sa prime jeunesse.

124. En fait, elle échoua complètement, car les deux princesses quand bien même n'acquirent que peu de connaissances directes de la Grèce, contractèrent pour leur pays d'origine un amour indéfectible et profond.

125. On devine donc combien dût être blessante pour Frédérica la décision prise par Georges II (et, probablement, aussi par les Britanniques), l'été 1941, de l'éloigner de l'Égypte et du théâtre de la guerre et de l'isoler avec ses deux enfants en Afrique du Sud. Et c'est peut-être cette même suspicion à l'égard de sa belle-sœur qui dicta au roi l'exclusion de celle-ci du conseil de régence, devant régner durant la minorité de Constantin (âgé à l'époque d'à peine un an) si il advenait que par un accident de guerre disparussent à la fois le roi et le prince héritier Paul. Le choix que fit Georges II du prince Pierre de Grèce (fils du prince Georges de Grèce et de Marie Bonaparte) en tant que régent (à qui furent associés le prince Georges, ainsi que le prince André, oncles du roi) paraît moins paradoxal si l'on songe d'une part que, étant donné son âge (33 ans), il était le seul prince du sang à pouvoir assumer une longue régence, et que d'autre part il pourrait difficilement s'ériger en prétendant, étant donné qu'il avait renoncé à ses droits de succession à la couronne afin d'épouser la roturière russe Irène Ovtchinnikova. Pour le texte de la loi obligatoire 3061, du 20 août 1941, accordant au roi, dans les circonstances extraordinaires dues à la guerre, le droit de nommer lui-même le conseil de régence (à la place du parlement, ainsi que l'exigeait la constitution de 1911) et de placer à sa tête un membre de la famille royale de son choix, voir Journal Officiel grec (ΦΕΚΑ, τεύχος μόνον, φύλλο 169 (εξόριστη κυβέρνηση) Γιοχάνεσμπουργκ 5 Σεπτεμβρίου 1941, Α.Ν. 3061, 20 Αυγούστου 1941). Pour la composition du conseil et le choix de Pierre, voir sur internet le texte tiré d'une note manuscrite de Georges II, dite «Acte Royal», rédigée le 24 août 1941 et remise sous enveloppe scellée à l'ambassade royale de Grèce à Londres, avec la mention de la main du roi et parafé par celui-ci: «envers le gouvernement royal. À ne décacheter qu'au cas échéant et après réception de prescriptions orales». Après la fin de la guerre et le retour de la famille royale en Grèce, l'enveloppe contenant l'acte royal de 1941, dont la valeur désormais n'était qu'historique, fut déposée aux archives du Bureau Politique du Roi, le 20 mars 1947, ainsi que nous renseigne Panaghiotis Pipinellis, chef du Bureau Politique, qui en accuse réception. Il est regrettable que le document ne figure pas parmi le matériel classé et répertorié des archives royales qui se trouve aux Archives Générales de l'État, bien que le rédacteur de l'article sur internet le décrit comme si il l'avait sous les yeux.

126. S.I. Théotokis, *Souvenirs de la vie politique* (Σπ.Ι. Θεοτόκης, *Πολιτικαί αναμνήσεις*, Αθήνες 1986, 93–95). Sur la décision de Paul à s'engager dans la Résistance, voir aussi l'ouvrage de Lilica S. Papanicolaou, *Frederica Queen of the Hellenes, Mission of a Modern Queen*, Publishers Enterprises Group (PEG) Ltd, 1994, 87–91. Les dates qui y sont mentionnées s'étalent entre fin juin et début septembre 1943 et sont donc antérieures d'une année par rapport à celles concernant Frédérica. Lilica Papanicolaou compta parmi les collaboratrices les plus proches de la reine. Son ouvrage, bien qu'hagiologique et par moments outrageusement subjectif, contient un grand nombre d'informations utiles. En plus, il a le mérite d'inclure en appendice une grande partie de la correspondance entre la souveraine et le général Georges Marshall.

Dans son journal, récemment publié, Napoléon Zervas ne mentionne Frédérica que deux fois : la première, le 28 juin 1944, à propos d'un télégramme par lequel elle lui annonçait l'envoi de matériel sanitaire ; la seconde, quelques semaines plus tard, le 17 juillet, jour où Zervas note avoir reçu de la princesse une croix en cadeau (*Journal du général Napoléon Zervas 1942–1945*, Ημερολόγιο στρατηγού Ναπολέοντος Ζέρβα 1942–1945, Athènes 2013, 539, 555). Le fait qu'il passe sous silence les plans de Paul et de Frédérica de rejoindre ses propres forces en Épire montre que ceux-ci ne lui auraient été communiqués, par mesure de sécurité, que la veille de leur réalisation. Le moins que l'on puisse dire c'est qu'ils auraient grandement embarrassé Zervas, ancien républicain, appartenant à l'aile gauche du vénizélisme, bien que ses sentiments, en raison de la sanglante pression communiste qui le harcelait un peu partout en Épire, aient été en train de lentement évoluer en faveur de la royauté. L'unique mention d'un contact direct avec le roi concerne l'inscription du 4 Mai 1944, jour où Zervas note avoir reçu un télégramme de Georges II, à qui il répondit immédiatement (*Journal*, 502–503).

127. En 1970, au cours des sombres heures de l'exil romain, alors que la junte des colonels était en train de démanteler l'œuvre sociale royale, Frédérica choisit le jour de la fête de son mari, à savoir le 29 juin, pour adresser aux dames responsables de ses différentes œuvres une lettre de consolation et de soutien moral, dont voici quelques extraits : *Nous devons à présent tirer des événements en cours une nouvelle leçon, celle qui consiste à abandonner notre création, que nous aimons tant et grâce à laquelle nous avons aidé des milliers de gens. Mais si l'on réfléchit vraiment, nous n'avons pas offert nos services à une organisation ; bien au contraire nous avons servi des êtres humains, en particulier des jeunes qui sont redevables à vous toutes de l'enseignement qu'ils ont reçu, de l'équilibre psychique et du corps sain qui sont les leurs, et par-dessus tout de la conscience qu'ils ont acquis de l'auguste héritage grec. En définitive il est plus important de sauver des vies humaines que de sauver une organisation (…) Rendons à présent à Dieu l'illumination dont Il nous a jugés dignes (…) C'est à Lui seul qu'elle appartient et nous ne devons pas commettre l'erreur d'envelopper de tristesse la mémoire d'une œuvre que nous avons accompli avec joie*. Lilica Papanicolaou, *Frederica, Queen of the Hellenes*, 370, 371.

128. Extrait de l'allocution prononcée par la reine lors de la cérémonie d'obtention par elle du doctorat *honoris causa* de l'université de Columbia, le 22 janvier 1964. Lilica Papanicolaou, *Frederica, Queen of the Hellenes*, 332.

129. La «Providence Royale» (Βασιλική Πρόνοια, service social du roi et de la reine) fut fondée en 1947, au moment de l'ascension au trône de Paul et de Frédérica, afin de subvenir aux problèmes humains et matériels graves et urgents, suscités par la guerre civile, tout d'abord dans les provinces du nord, les plus exposées au péril communiste (d'où son appellation initiale de «Providence des provinces du nord de la Grèce»), avant de s'étendre sur l'ensemble du pays. La PR était censée suppléer aux services sociaux de l'État, anéantis par la guerre, par l'occupation étrangère et puis par la guerre civile, en s'adressant surtout à la générosité de la société civile, ainsi qu'aux Grecs de la diaspora, et en encourageant l'action volontaire au niveau tant individuel que communal.

Dans un premier temps, l'effort de la PR fut concentré sur la protection des enfants et des adolescents qu'il fallait au plus vite retirer des villages situés dans les zones les plus atteintes par la guerre afin d'éviter qu'ils ne fussent enlevés par les bandes communistes, soit pour être enrôlés lorsque leur âge le permettait, soit pour être transportés dans des camps d'endoctrinement dans les pays du rideau de fer. Il fallait héberger ces milliers de jeunes, déplacés généralement avec le consentement de leurs parents, tout comme les vêtir, les nourrir, les éduquer. C'est pour parer à cet immense et urgent besoin que furent montées par la reine, dans un temps record, 55 «Cités d'Enfants» (il en restait encore 15 en 1955, 9 en 1957, le but étant de n'en conserver au final que 3), qui, dès le second semestre de 1948, hébergeaient quelques 18 000 enfants. Après la fin des hostilités, l'objet tout particulier de la sollicitude royale fut l'encadrement de la vie des très jeunes restés ou rentrés aux villages ; il s'agissait de leur donner la possibilité d'améliorer leurs conditions de vie, de se construire un avenir et de les faire contribuer au redressement du pays. C'est dans ce but que furent conçues par la reine les « Maisons de l'enfant » (Σπίτια του παιδιού) dans 196 chefs-lieux de district, installés dans des bâtiments cédés pour la plupart par les municipalités. Les « Maisons », dont chacune fut confiée à une jeune institutrice sélectionnée avec soin, offrirent à 27 650 enfants et adolescents le cadre et les moyens de recevoir des rudiments d'instruction générale (l'accent y était mis sur l'histoire, la morale, la religion), ainsi que d'acquérir une qualification professionnelle par l'apprentissage d'un métier technique ou agricole. Par ailleurs, elles donnaient l'occasion à ces jeunes à la vie si dure de se divertir (par le sport, les danses, la projection de films etc.), ainsi que celle de se rendre utiles envers la société en entreprenant, entre autres, de considérables travaux de reboisement. Des conseils d'hygiène y étaient également dispensés à de jeunes mères par des médecins itinérants au service de la PR. Entre 1947 et 1957 la PR finança la reconstruction de 479 écoles (1 069 salles de cours au total), de 129 églises et de 12 286 maisons dans les villages sinistrés. Elle assuma aussi l'installation de 41 412 mètres de tuyaux d'irrigation, ainsi que la construction de 709 fontaines de villages. Portant son attention sur une tranche d'âge plus avancée, la PR procéda à la création de deux écoles techniques, de deux écoles agricoles et de deux écoles de ménagères. De même elle fonda dans la région d'Athènes un établissement, sorte de sanatorium, permettant à des enfants à la santé fragilisée de recouvrer leurs forces.

De même la PR pourvut avec efficacité à des dizaines de soupes populaires installées dans les quartiers pauvres des grandes villes, avec l'assistance des associations caritatives locales. Afin d'accroître son efficacité et d'étendre le rayon de son action en province, la PR instaura des réseaux parallèles de service, spécialisés chacun dans un domaine particulier. C'est ainsi que les « Équipes pour l'aide à la province » (Ομάδες βοηθείας υπαίθρου), équipés d'ingénieurs et de mécaniciens et assistés de jeunes apprentis issus des Cités d'enfants ou des écoles techniques de la « Fondation Nationale Royale » (Βασιλικόν Εθνικόν Ίδρυμα), se réservèrent la tâche de la reconstruction ou de la restauration de bâtiments. Au cours de la décennie 1947–1957 ces équipes travaillèrent dans 394 villages en y rétablissant maisons, églises, ponts, citernes etc. En revanche, la mission des « Amis du village » (Φίλοι του χωριού), dont les fonds provenaient exclusivement des Grecs de la diaspora, était plus vaste et consistait en l'assistance matérielle de tout genre, dispensée aux villages les plus démunis : 185 860 villageois dans 532 villages en furent les bénéficiaires. Ces organisations, tout comme l'ensemble de l'œuvre de la PR, furent épaulées par des associations de volontaires et encouragées par l'Église et l'État.

Afin d'établir un lien entre les jeunes des Cités et des Maisons d'enfants, des jeux sportifs annuels furent institués. Ces compétitions, inaugurées en 1952, se déroulaient chaque année dans un endroit différent, toujours loin des grandes villes, d'où leur nom : Ακρίτια, à savoir « Concours sportifs des marches grecques ». La reine y était toujours présente et remettait personnellement les prix aux vainqueurs. Dans le même but, la PR créa une revue bimensuelle, initiative qui eut moins de succès. En outre, elle mit sur pied 11 équipes cinématographiques qui eurent comme mission à la fois le divertissement des jeunes des Cités et des Maisons ainsi que la promotion de l'ensemble de cette œuvre. La PR, sous la surveillance personnelle de la reine, offrit une aide prompte et efficace aux victimes des séismes des années

1953–1956, qui ravagèrent tout particulièrement Céphallonie, Zante, Santorin, Lamia, Volos et les villages du mont Pélion. Enfin, la PR procéda à la construction de 316 immeubles pour ouvriers, pavillons élégants en pierre apparente, de deux étages et de 4 à 6 appartements chacun. Voir *PR. Bilan 1947–1957* (Βασιλική Πρόνοια: απολογισμός δεκαετίας 1947–1957); *PR. Les bâtiments de la PR* (Βασιλική Πρόνοια: τα κτίσματα της Βασιλικής Προνοίας), février 1962; *PR. Ce qu'elle est et ce qu'elle offre au peuple grec*. Discours de Mme Alexandra Méla prononcé à la Société des Amis du Peuple (*Τι είναι και τι προσφέρει εις τον ελληνικόν λαόν η Βασιλική Πρόνοια. Ομιλία η οποία έγινε εις την Εταιρείαν των Φίλων του Λαού υπό της κας Αλεξάνδρας Μελά, Αθήναι 1967*); *Bilan au niveau des municipalités et des communes et prix royaux* (Απολογισμός τοπικής αυτοδιοικήσεως και βασιλικαί βραβεύσεις, έκδοσις της Επιτροπής Δήμων και Κοινοτήτων, Εθνικόν Ίδρυμα, Αθήναι 1955).

130. Selon les propres dires de SAR la princesse Irène de Grèce à l'auteur de ces lignes.

131. Alexandros Papagos (1883–1955) connut toutes les vicissitudes de carrière d'un officier royaliste de sa génération et fut parmi les principaux instigateurs de la restauration de la Royauté en 1935. La veille de la Seconde Guerre mondiale il devint généralissime des forces militaires grecques et sut organiser la résistance de l'armée lors des attaques italienne et puis allemande. Bien que farouchement opposé à toute idée de compromis et d'armistice, il refusa de quitter le pays à la suite du roi et du gouvernement, pris part à la résistance et fut déporté à Dachau puis dans d'autres camps de concentration, d'où il ne revint qu'en juillet 1945. Après le retour de la famille royale en 1946, il fut nommé grand chambellan de la Cour. Le 19 janvier 1949, il accéda à nouveau au poste de généralissime et sut, bénéficiant de pleins pouvoirs et en réorganisant de fond en comble l'armée, conduire le camp national à la victoire finale. Reconnaissant, le roi lui remit, avec l'assentiment du parlement, le bâton de maréchal, privilège que Papagos fut le seul à avoir jamais partagé avec les souverains de Grèce. En revanche, sa décision, en 1951, d'entrer en politique en quittant définitivement l'armée, suscita la vive opposition du Palais; il faillit même être arrêté par ordre du roi! Le prétexte avancé fut son ancienne qualité de membre de la Cour. En fait il s'agissait plutôt de la crainte ressentie par le couple royal de voir diminuer son emprise sur le pays, rien que par la présence au sommet de celui-ci d'une personnalité et d'un gouvernement forts. La question du contrôle des forces armées – et ce malgré le coup d'état avorté du 31 mai 1951, fomenté par la Ligue Sacrée des Officiers Grecs (ΙΔΕΑ) – est moins importante, Papagos ayant toujours été d'une loyauté absolue et n'ayant nullement l'intention de renier toute sa vie précédente. Bénéficiant du soutien des quotidiens les plus influents ainsi que de l'encouragement des États-Unis, pays qui contra la politique du Palais avec une stupéfiante virulence, il accéda au gouvernement, le 16 novembre 1952, du fait de sa popularité certes, mais aussi grâce au changement du mode de scrutin, passé du proportionnel au majoritaire. Les années Papagos (1952–1955) furent dans l'ensemble fastes; l'économie progressa rapidement, grâce aux mesures du ministre génial de l'Économie Spyros Markesinis. Seule note négative: l'immixtion officielle en 1954 de la Grèce dans l'affaire de Chypre, qui aliéna l'Angleterre, embrouilla encore plus la situation dans l'île et fut fatale à la communauté grecque d'Istanbul. Lors de la mort de Papagos en 1955, la famille royale vint s'incliner devant son cercueil déposé dans la cathédrale, et le roi ainsi que son fils assistèrent à son enterrement.

132. Cette allégeance n'était pas toutefois inconditionnelle. Parmi les lettres que Frédérica adressa à Georges Marshall, madame Marica Michalos, chercheur gréco-américain, au cours de sa recherche sur John Emil Peurifoy (sujet de sa thèse à l'université de Stony Brook) en découvrit une où la reine demandait à Marshall le rappel immédiat de l'ambassadeur américain à cause de sa trop vive immixtion dans la vie politique grecque. Selon M. Michalos, cette lettre contribua fortement au départ prématuré en 1953 de Peurifoy, qui par la suite fut muté au Guatemala.

133. La création de cabales de la part d'officiers trop zélés, qui, pour des raisons non exemptes d'ambitions personnelles, s'arrogeaient le droit de contrôle et d'intervention rectificatrice sur le gouvernement démocratiquement élu, était un phénomène maintes fois produit dans le passé et tout particulièrement au sein de l'État vénizéliste (1922–1935); il en a d'ailleurs été longuement question ailleurs dans cet ouvrage. Toutefois, entre les factions d'officiers du passé, gardiennes autoproclamées du régime en place, et celles apparues dans les années 1950 existait une différence de taille, qui consiste en le fait que dans cette dernière période, à cause justement de la Guerre Froide, de l'appartenance de la Grèce à l'OTAN, des crises répétées dans le Moyen Orient, de l'instabilité ambiante autour du bassin oriental de la Méditerranée, bref en raison de pressants et éminents impératifs géopolitiques, tout ce qui touchait à l'armée grecque concernait directement aussi le «facteur allié», désignation pudique de l'Amérique; de là jusqu'à ce que cette dernière, bénéficiant de la complaisance du régime à son égard, poursuive ses propres desseins, à l'insu, voire même au détriment, de la Grèce, il n'y avait qu'un pas; il fut franchi en 1967 par les services secrets américains et notamment par la CIA, qui depuis longtemps tissait dans l'ombre ses filets, se servant de la complicité de certains officiers, membres de ces groupes ultras d'éventuels conspirateurs, décrits auparavant.

134. Cette attitude en faveur du Centre adoptée par le Palais dans les années 1960 est à mettre en relation avec les directives données à Athènes par l'Angleterre dans l'immédiat après-guerre (avant même le retour de la famille royale en Grèce) mais aussi avec celles prescrites, en pleine guerre civile, par les États-Unis.

135. Voir note 48.

136. Les effets furent cependant lents à se manifester et n'éclatèrent au grand jour qu'en 1974, mélangés dans l'esprit de cette nouvelle Droite qui ne voulait plus du roi avec le souvenir des événements de 1965 et de 1967. En cela la crise larvée de 1963 ne constitua pas dans l'immédiat une rupture.

137. B.S. Markésinis, *Dissolution of Parliement*, 205.

138. Il est possible, mais il n'est guère certain, puisqu'aucune source publiée jusqu'à présent n'en témoigne, que le roi ne fit là-dessus que suivre la suggestion du gouvernement des États-Unis, lequel avait peut-être déjà jeté son dévolu sur Caramanlis dès 1951, année au cours de laquelle celui-ci, relativement inconnu à l'époque, effectua outre Atlantique un séjour de plusieurs mois en tant qu'invité du gouvernement américain. Selon une autre thèse, plus convaincante, son ascension à la présidence du Conseil serait à imputer non pas au gouvernement américain (qui en effet se montra surpris du choix de la part du roi, du moins au niveau de son ambassadeur à Athènes) mais à la CIA, avec laquelle Caramanlis, et maints autres politiciens grecs, entretenait des liens étroits.

139. Pour donner un exemple de l'effort entrepris par le roi dans le but d'attiser la popularité déjà considérable de Caramanlis, appelé par lui, le 6 octobre 1955, à la présidence du gouvernement en vue des prochaines élections, citons l'absence de toute la famille royale à l'étranger lors des cérémonies annuelles du 28 octobre (fête nationale) – cas absolument unique dans les annales – afin que Caramanlis y soit l'unique point de mire.

140. Coincé par ses propres agissements en 1965 et se trouvant dans une situation quasi désespérée, Constantin II, roi depuis mars 1964, essaya, au cours de 1966 et dans les trois premiers mois de 1967, de sortir de l'impasse par une série de gestes courageux et habiles; deux d'entre eux concernent Caramanlis, à qui le jeune roi demanda de rentrer en Grèce afin de l'aider, à la tête d'un gouvernement provisoire, de redresser la situation qui était en train de glisser vers l'anarchie ou la dictature. À deux reprises, l'ancien premier ministre auto-exilé refusa son apport, faisant dépendre son retour de l'instauration d'une dictature dont la durée serait limitée et prescrite d'avance, estimant que la Grèce n'était plus gouvernable autrement. Constantin ne put y consentir et les choses en demeurèrent là.

Durant les années de la dictature des colonels, les rapports entre les deux hommes devinrent de plus en plus distants, par la volonté de Caramanlis. Au moment décisif, la junte venant de plier bagages, Caramanlis, de retour à Athènes, où il fut accueilli en Messie, trompa effrontément Constantin (qui, constitutionnellement correct, demanda conseil auprès de lui quant au moment propice de son retour en Grèce), le laissant croire qu'il allait le faire rentrer sous peu. Juste après, par une sorte de coup d'état constitutionnel, il rétablit la Constitution de 1952, hormis les articles ayant trait à la forme du régime! De la sorte, le plébiscite de 1974 s'inscrivit dans la ligne de tous les plébiscites précédents (1920, 1924, 1935, 1946, plus les deux sous la junte) qui ne faisaient, en effet, que confirmer un régime dans les faits déjà établi. Le but de Caramanlis était d'une part de montrer au peuple, et surtout aux électeurs de la Droite, que son choix était fait et d'autre part de maintenir le souverain en suspens, loin du pays au moment où se déroulerait la campagne du plébiscite qui allait décider du sort du régime.

Puis, non satisfait du résultat du plébiscite (notons que, pendant la campagne, le roi n'eut l'autorisation que pour deux courtes interventions télévisées), il s'acharna plus que quiconque, par l'intermédiaire de son parti, la Nouvelle Démocratie, dont les 2/3 au moins des électeurs étaient, à l'époque, royalistes, à extirper le royalisme du cœur et de la mémoire des Grecs.

La vindicte, voire la haine personnelle, n'explique cependant qu'en partie l'abandon de la part de Caramanlis de certains principes, qui, ayant été ceux de la Droite grecque, ont également été, pour un temps considérable, les siens. Ses propres démêlés avec le couple royal y jouèrent certainement un rôle, mais d'autres facteurs, moins subjectifs, ont dû également contribuer à la cristallisation de sa nouvelle ligne politique. Son attirance par la modernité (vers laquelle il se lançait parfois sans discernement) a dû en constituer un, comme par ailleurs son vif et assez précoce engagement en faveur de l'idée européenne, bien que le roi y fut également favorable. Il dut en somme être parvenu à la conclusion (que semblait confirmer la nouvelle crise politique déclenchée par le jeune roi en 1965) que la dynastie grecque, s'étant à plusieurs reprises montrée incapable de se maintenir dans les cadres prescrits par la constitution, s'était avérée un des fauteurs majeurs de troubles dans la vie politique, qu'elle maintenait, en y exerçant sa tutelle, dans un état de sous-développement chronique. Il valait donc mieux la supprimer, d'autant plus qu'en 1974 le pays était en train de franchir un seuil et s'engager dans une ère nouvelle et particulièrement prometteuse, espérait-on alors, de son histoire.

141. Par un coup de malchance, Sophoclis Vénizélos mourut subitement au cours de la campagne électorale d'un arrêt cardiaque à bord du bateau qui le ramenait de Crète, sa propre circonscription.

142. Cette nouvelle constitution ne vit jamais le jour et resta au stade d'esquisses de réformes à apporter et d'amendements à faire. Les spécialistes en histoire constitutionnelle affirment en revanche, qu'elle n'aurait rien de libéral et qu'au contraire elle aurait renforcé encore plus l'exécutif, tout en réduisant le pouvoir d'immixtion de la Couronne, et aurait davantage ligoté l'opposition. N.C. Alivizatos, *La Constitution et ses ennemis dans l'histoire politique de la Grèce moderne. 1800–2010* (Ν.Κ. Αλιβιζάτος, *Το Σύνταγμα και οι εχθροί του στη νεοελληνική ιστορία. 1800–2010*, Athènes 2010, 375–380).

143. La reine mourut subitement à Madrid le 7 février 1981, au cours d'une intervention chirurgicale si légère, que le bruit (dépourvu, certes, de tout fondement) courut qu'elle avait été assassinée. Ses obsèques eurent lieu le 12 février à Tatoï, où elle fut déposée, selon ses vœux, dans une tombe commune aux côtés de son mari. Le service fut célébré dans la chapelle funéraire de Tatoï, par l'archevêque d'Athènes, assisté par le métropolite de France et de la péninsule ibérique. Le cercueil, sur lequel était placée la couronne royale (dont ce fut, à ce jour, la dernière apparition), était recouvert du drapeau grec et de l'étendard royal aux emblèmes de la dynastie. Tout autour de lui se tenaient la famille royale de Grèce, la reine d'Espagne, les représentants de plusieurs familles royales ou princières européennes, ainsi qu'un nombre réduit d'anciens courtisans et d'amis intimes. Le Gouvernement grec se fit représenté par le ministre de la Présidence du Conseil Costis Stéphanopoulos, royaliste et futur président de la République.

Les funérailles donnèrent l'occasion à la presse antiroyaliste de se livrer à une explosion d'injures contre la défunte, campagne d'une virulence et d'une cruauté inouïes. En revanche, ils suscitèrent de la part de l'opinion royaliste des scènes touchantes de fidélité et de reconnaissance qui se déroulèrent le long de la route, depuis l'aéroport de Tatoï, où atterrit l'avion portant la dépouille, jusqu'à l'entrée de la propriété royale, puis autour de l'église et du palais ; le gros des effectifs royalistes pourtant, tenant à être présents aux obsèques et qui convergeaient sur Athènes en cortèges de voitures depuis leurs provinces, avaient été refoulés par la police, qui avait dressé des barrages sur l'isthme de Corinthe et sur l'autoroute de Lamia, au niveau de Tanagra. Quant au gouvernement, il se signala par une série de mesquineries dans le but de réduire au strict nécessaire le temps de la présence de la famille royale sur le sol grec.

144. Michel de Montaigne, *Les Essais*, éd. Villey-Saulnier, PUF 2004 ([1]1924), livre III, chapitre VI, 903.

145. La preuve en fut la popularité de feu l'archevêque d'Athènes Christodoulos, qui tenta consciemment de combler la lacune, ce pourquoi il fut attaqué d'une part par les occidentalistes, comme outrepassant les limites de son champ d'autorité qui serait strictement spirituel, et d'autre part par les orthodoxes puristes qui l'accusaient de mêler outrageusement dans son discours les niveaux ecclésial et national et, ce faisant, de nuire au message chrétien. Mais le peuple, qui n'a que faire de ces subtilités et de ces scrupules, entoura Christodoulos de son amour, qui se manifesta avec éclat lors de ses obsèques. Notons aussi que l'archevêque, en dictant ses dernières volontés, souhaita que l'ancien couple royal assistât à son enterrement dans la cathédrale. Constantin et Anne-Marie prirent en effet place sur le côté du catafalque où se tenait le haut clergé, l'autre côté étant occupé par les présidents de la République, qui, pour la plupart, jugèrent comme faisant injure à leur dignité de siéger, ne serait-ce que le temps d'un office funèbre, au même rang que l'ancien chef couronné de l'État, leur prédécesseur.

146. D'où l'existence jusque dans un passé fort récent – cas typiquement grec – de personnes qui étaient à la fois communistes et royalistes (vassilokommounistes). Il n'était pas rare non plus que ces mêmes gens fussent également de fervents chrétiens.

147. Présentons à titre d'exemple l'épisode où Macriyannis offrit à Othon deux statues antiques qu'il avait pu arracher à ceux qui les avaient découvertes au moment où ils étaient sur le point de les vendre à des étrangers ; son but était de faire plaisir au roi, mais surtout d'empêcher qu'elles ne quittassent le pays. Othon le remercia à la fois du don des statues, tout comme des services qu'il avait rendus à la Grèce. Et Macriyannis de lui répondre : *En ce qui concerne les services rendus, ta Majesté est notre père à tous et nous, tes sujets, nous sommes tous tes enfants à qui tu dois porter justice. Les statues, qui sont des choses sacrées, je te les offre à présent comme à notre père commun, afin qu'elles soient utiles à notre patrie. Nous les Grecs fîmes tous notre devoir envers la patrie, et* *si il y en a parmi nous qui ont commis de grandes fautes, maintenant que ta Majesté est arrivée, nous allons tous travailler avec foi et dévouement. Et que soient placés sous ta protection tous ceux qui ont lutté, peu importe qu'ils soient religieux, civils ou militaires; emploie tes bons sentiments afin que justice leur soit faite, car ce sont eux qui ont fait de la patrie un royaume. Et n'écoute pas les perfides qui ont réduit la patrie à l'état critique où tu l'as trouvé* (p. 352). Un peu plus haut dans le texte (p. 350) Macriyannis, dans sa réponse à l'allocution royale, formule le vœu *que puisse enfin ta Majesté mettre sa justice dans nos maux*. De même plus bas (p. 353), en discutant avec l'amiral von Heideck, il accuse les politiciens, qui, fort chacun de l'appui du ministre plénipotentiaire d'une Puissance Protectrice, empêchaient à ce que le souverain puisse faire justice, tout comme ils empêchaient que s'accomplisse la vraie communion du roi avec ses sujets, en érigeant mille entraves et en s'y interposant.

148. Évangélismos (de pair avec l'hôpital pour marins russes du Pirée) fut l'institution caritative la plus intimement liée à l'action de la reine. Olga aimait s'y rendre plusieurs fois par semaine, le plus souvent à pied, seule ou en compagnie de sa fille Marie. Les visites de celle qui avait fait au futur roi Georges V d'Angleterre, son neveu, la confidence que *sa religion était celle de la souffrance humaine* resteront légendaires; elle passait des heures dans chaque dortoir et se penchait sur le cas de chaque hospitalisé, essayant de contribuer à son rétablissement et à son réconfort. À la veille d'entreprendre son voyage annuel en Russie et en Occident, la reine demandait qu'on lui dressât la liste des besoins en matériel de toute sorte, pour qu'elle puisse se le procurer lors de son périple européen. Non seulement aida-t-elle l'hôpital de ses propres deniers, mais elle incitait ses parents en Russie à y envoyer de riches subsides.

149. La toute dernière donation de ce genre, d'un montant de 10 000 livres sterling, fut faite à la reine Frédérica par l'armateur Evghénios Evghénidis pour contribuer au lancement du tourisme en Grèce. Avec cet argent, le couple royal eut l'idée d'organiser une croisière de 10 jours (à savoir du 22 août au 2 septembre 1954), à laquelle furent conviés les membres de toutes les familles royales d'Europe, qui visitaient ainsi, talonnées par les plus grandes agences de presse du monde qui y dépêchèrent leurs meilleurs journalistes, les sites historiques et archéologiques les plus fameux, les faisant ainsi connaître au grand public. La croisière débuta et se termina à Naples. Une centaine d'invités y prirent part, à bord de l'«Agamemnon», paquebot nouvellement construit que l'armateur D. Nomicos mit gracieusement à la disposition des souverains grecs. Le navire, voyageant de nuit, fit successivement escale à Corfou, Katakolo (port proche d'Olympie), à Hérakleion (les participants se rendirent à Knossos), à Rhodes, à Santorin, à Délos, à Skiathos et au cap Sounion d'où ces passagers de marque furent conduits à l'Acropole d'Athènes et au palais de Tatoï. La dernière partie de la croisière comprenait une visite à Nauplie (et la montée jusqu'à Mycènes) et à Épidaure où, dans le théâtre antique, ils assistèrent à la représentation d'*Hippolyte*, qui fut la toute première représentation des temps modernes à Épidaure. L'«Agamemnon» fit également escale à Itéa, afin de permettre la visite de Delphes, et à nouveau à Corfou, dernier arrêt avant Naples. Notons que seule la famille royale anglaise était absente, la loi britannique lui interdisant de participer à n'importe quelle campagne de publicité.

150. Aussi bien Othon que Georges Ier (dans une moindre mesure) accordaient des bourses à des étudiants grecs pour aller parfaire leurs études à l'étranger. Georges Ier offrit de surcroît des bourses à des étudiants du Danemark pour les inciter à venir faire des stages en Grèce, dans le but d'y introduire des nouvelles techniques, ainsi que de faire mieux connaître le pays au reste de l'Europe. Par ce biais il souhaitait également contribuer au renforcement des liens réciproques entre ses deux patries.

151. Documents présentés dans un court-métrage qui fut projeté le 19 mars 2012 au musée de l'Acropole pour annoncer leur découverte et leur publication prochaine chez la maison d'édition Alétheia.

152. John van der Kiste, *The Prussians Princesses. The Sisters of Kaiser Wilhelm II*, 65.

153. En août 1922, la reine Sophie pria H.B. Hill, membre de l'École américaine d'Archéologie, de prendre contact avec la richissime Pénélope Delta, afin de la persuader de contribuer à la collecte entreprise par elle dans le but de venir en aide aux familles des soldats tombée dans la misère. La rencontre entre l'archéologue américain et l'illustre écrivain de contes pour enfants et par ailleurs ardente vénizéliste eut lieu dans le jardin de cette dernière à Kiphissia. Leur dialogue, rapporté par Delta, traduit l'exacerbation des passions, ainsi que l'indescriptible haine séparant les deux Grèce, alors que le front s'effondrait.

Écoutez-moi bien, Monsieur Hill, lui dis-je. Je sais parfaitement où va l'argent collecté par la Reine ; il est entièrement dépensé en faveur des Épistrates (cf. plus haut note 111), parce qu'elle attend d'eux qu'ils la défendent contre la colère populaire qu'elle sent autour d'elle. De moi elle ne recevra pas un sou. Mon père m'a envoyé de l'argent afin que j'aidasse les réfugiés. Je n'ai pas l'intention de les donner à ceux qui ont voulu le tuer, aux Épistrates, que le Roi a fait sortir de prison lors des événements de novembre (1916) pour qu'ils le tuent. La Reine m'empêche de travailler. Ça la regarde ! Mais qu'elle ne s'attende pas à recevoir de l'argent de moi. De moi elle n'aura pas un sou ! Je réexpédie l'argent à mon père, mais à elle je ne le donne pas ! Dites-le lui comme vous l'entendez.

Je crains que vous n'ayez tort. La misère est horrible, les besoins énormes…

Je ferai ce qui est en mon pouvoir, mais individuellement.

Oui…mais vous savez que cela est interdit.

Je le sais. Mais Sophie ne peut m'extraire l'argent de force. Et moi je ne lui en donnerai pas.

Est-ce cela votre dernière parole ?

Oui.

Et nous nous séparâmes.

Penelope S. Delta, *Eleuthérios Vénizélos* (Πηνελόπη Σ. Δέλτα, *Ελευθέριος Κ. Βενιζέλος*, Ερμής, Αθήνα 2002, 124–125). En ce qui concerne les excès du camp antivénizéliste durant cette même période d'extrême polarisation, voir G. Hering, *Die politische Parteien* (Τα πολιτικά κόμματα, 954).

154. À partir du moment où Métaxas chercha à développer la « Jeunesse » de son régime à l'image des régimes fascistes ou fascisants de l'époque, il se heurta aux organisations de scoutisme placées sous l'égide du prince héritier. Ce dernier dut néanmoins s'incliner, de sorte que les équipes de boyscouts furent pour un temps dissoutes, sans que la Jeunesse du régime du 4 août pût réellement en bénéficier, car l'attitude négative de la société à son égard ne varia pas. Elle parvint cependant à une brève mais vive popularité, au moment du déclenchement de la guerre, emportée dans cette vague d'enthousiasme patriotique qui souleva le pays.

155. Les deux tantes de Georges II, les princesses Hélène, veuve de Nicolas, et Alice, épouse séparée d'André, refusèrent de suivre le reste de la famille royale qui quitta le pays en train de succomber à l'ennemi. Elles possédaient des personnalités on ne peut plus différentes, en dépit de la grande piété qu'elles avaient en commun. Autant l'une était hautaine et distante, autant l'autre était d'un contact facile, malgré le fait qu'elle était sourde de naissance. Le point de vue selon lequel Hélène, née grande duchesse de Russie, se serait laissée tenter par les Allemands, en caressant l'illusion, partagée à l'époque par bien de Russes blancs, qu'Hitler allait rétablir sinon le régime impérial, du moins la foi orthodoxe et certaines autres libertés dans son pays d'origine, est catégoriquement démenti par son propre journal, gardé dans les archives de la vénérable Société des Amis du Peuple à Athènes. Ce texte, rédigé en anglais sous forme de lettres-récits qu'Hélène adresse à ses trois filles de qui la guerre l'avait séparée, couvre la période entre la veille du départ de la famille royale pour la Crète et le jour de son retour à Athènes, plus de cinq ans après. A chaque page il en ressort une vive antipathie pour l'occupant avec qui elle refuse tout contact. Bien plus, la princesse Nicolas fraya avec les milieux de la Résistance et servit d'intermédiaire entre le chef de la Croix Rouge à Athènes, Sandstrom, un Suédois (futur président de la Croix Rouge internationale) et l'organisation de résistants Action Nationale (Εθνική Δράσις), à laquelle participaient certains de ses amis. Alice également se montra tout aussi intransigeante à l'égard de l'occupant dès l'entrée de celui-ci à Athènes. Le gouverneur allemand, venu lui présenter ses respects, fut fort mal accueilli : « Le seul service que vous pouvez me rendre est de débarrasser mon pays de la présence allemande », lui lança Alice à la figure, et il dut demeurer debout au cours de leur bref et glacial entretien ; il était cependant loin de se douter que la princesse André cachait une famille juive dans la maison même où elle le reçut et dont elle avait fait son habitation provisoire, à savoir l'hôtel particulier du prince Georges de Grèce et de Marie Bonaparte, dans le centre-ville. Au moment de l'insurrection communiste, les deux princesses y cohabitèrent, Hélène ayant dû quitter sa villa mal protégée à Psychico, dans la proche banlieue de la capitale. Le 27 septembre 1946, tout de blanc vêtues pour l'occasion, elles accueillirent la famille royale, enfin de retour, aux portes de la cathédrale. S.B. Markesinis, *Histoire politique* (Σπ. Β. Μαρκεζίνης, *Πολιτική ιστορία*, t. 4 (1932–1936), 103). Hugo Vickers, *Alice Princess Andrew of Greece*, Hamish Hamilton Ltd, 2000, 292–300. Frederica Queen of the Hellenes, *A Measure of Understanding*, 91.

156. L'action sociale de Paul et de Frédérica apparaît comme ayant moins de rapport avec l'évergétisme royal du XIXe siècle : elle prenait la relève, d'une manière beaucoup plus systématique et pour un espace de temps beaucoup plus étendu, de l'action sociale d'Othon et Amélie lors de la guerre de Crimée, puis de celle de Constantin et Sophie pendant le rude hiver et le printemps 1916–1917. Dans les deux cas évoqués, il s'agissait de venir matériellement en aide à la population frappée par de graves privations (à la disette vint s'ajouter, en 1854–1855, le choléra, propagé par les troupes venues de Crimée) et surtout, au moyen de la présence assidue et attentionnée du couple royal au milieu d'eux, de soutenir moralement les Athéniens et, ce faisant, d'entretenir chez eux l'esprit de résistance. Dans les deux cas, les maux étaient dus au blocus des ports et des côtes grecques par les flottes de guerre réunies de la France et de l'Angleterre.

157. John van der Kiste, *Kings of the Hellenes : the Greek Kings 1863–1974*, 131.

158. Joseph de Maistre, *Oeuvres*, Pierre Claudes, Bouquins Robert Laffont, Paris 2007.

159. Il s'agissait parfois de gestes fort simples, mais dont la répercussion – grâce en partie à l'aura de la royauté – fut considérable chez ceux qui en furent témoins. Parfois même ceux-là en avaient été si marqués, qu'ils ne pouvaient, malgré le temps écoulé, mentionner ces gestes sans vive émotion. Faute de place, nous n'en citerons qu'un seul témoignage ; il a comme protagoniste la reine Frédérica et se déroule dans la Grèce du Nord, pendant la guerre civile ou peu après. Il nous a été rapporté par une dame à Salonique, qui, âgée d'environ 10 ou 12 ans à l'époque et étant orpheline, avait été accueillie dans une des institutions pour enfants fondées par la reine, dans la ville de Soufli, sur la frontière turque.

C'était un jour d'inspection par la reine en personne. Elle vint dans une jeep militaire, depuis l'aéroport d'Alexandroupolis, et elle était en train de faire le tour des installations, lorsqu'elle aperçut, délaissé au fond d'un dortoir, un enfant arriéré, qui manifestement devait subir rejet et mépris de la part des petits paysans, plutôt rustres et, en plus, endurcis par les horreurs de la guerre. Frédérica prit le gosse dans ses bras et acheva ainsi de faire le tour des baraquements, sans adresser à personne un reproche, mais en montrant par son geste que c'est aux plus démunis qu'il faut réserver le plus d'attention et de soins. Cet épisode illumina la vie de la petite orpheline, qui ne l'oublia jamais, au point que chaque fois qu'elle rédige la liste des noms des défunts de sa propre famille pour qu'ils soient commémorés à la liturgie elle y ajoute celui de la reine.

160. Le mythe des rois thaumaturges, né au cours du XIe siècle quasi simultanément des deux côtés de la Manche, constitue peut-être l'expression la plus condensée, et en même temps la plus primitive, de cet aura magique qui entoure la royauté dans le monde occidental chrétien et dont la lointaine origine serait le roi-prêtre. Dans ces deux cas, la vertu guérisseuse était conditionnée soit par le temps (limitée à une courte période lors du couronnement du nouveau souverain) soit par la maladie elle-même, puisqu'elle ne s'avérait efficace que dans le cas de certaines maladies seulement, comme, par exemple, les écrouelles. Dans le monde germanique du Moyen Âge, les prétentions césaropapistes impériales furent brisées dès 1087, devant les portes clauses du château de Canossa, par la Papauté, qui cultivait les mêmes ambitions dans le sens du papocésarisme. Toujours est-il que, par le biais du sacre (n'en déplaise aux juristes, tout comme, plus tard, aux rédacteurs des froides constitutions) le religieux avait récupéré le politique et le politique se voyait consolidé par le religieux.

Quant à Byzance, héritière en cela de Rome et des monarchies hellénistiques de l'antiquité, le *basileus*, oint du Seigneur, était paré de pouvoirs quasi épiscopaux, possédant lui (et non pas le patriarche œcuménique) le droit de convoquer et de présider les conciles, tout comme celui de pénétrer dans le sanctuaire par la porte centrale, ainsi que de communier (après avoir hôté sa couronne) autour de l'autel avec le clergé. Sa titulature le désignait comme « Saint » (Ἅγιος), son palais, à savoir le palais impérial de Constantinople, était appelé « Sacré » (Ἱερόν), dans les représentations et les portraits officiels sa tête couronnée est entourée d'un nimbe. Néanmoins, il ne possédait aucun droit sur la définition du dogme (en cela les empereurs iconoclastes constituent une exception notoire, tout comme, vers la fin de l'empire et dans une bien moindre mesure, les empereurs partisans de l'union avec Rome), qui restait strictement l'affaire du clergé, et n'était muni d'aucun pouvoir sacramental. Certains des privilèges du *basileus* furent hérités plus tard (XVe et XVIe siècles) par les princes moscovites qui, incités par des circonstances historiques favorables à leurs ambitions d'autocrates, rompirent tout équilibre et établirent un système de concepts et d'institutions franchement césaropapiste.

161. L'extrait qui suit est tiré d'une interview, accordée par la reine Sophie d'Espagne à la journaliste Pilar Urbano, cherchant esquisser la biographie de la souveraine, et présente ce lien intime, quasi-religieux, rattachant l'âme populaire au mythe royal, qui, dans ce cas précis, se manifeste avec une forte consonance biblique, exhalant un parfum marial :
Un jour, alors que je visitais un quartier d'une ville, escortée d'une suite officielle peu nombreuse, ainsi que de quelques hommes du service de sécurité, une femme du peuple, peu policée, corpulente, aux traits du visage assez rustres, ayant brusquement frayé son chemin jusqu'au premier rang des spectateurs, avait tout l'air de vouloir sauter sur moi. Mes gardes du corps la retinrent, mais celle-ci se lança dans ma direction, et par un sursaut de corps, écarta les bras des policiers qui l'empêchaient de m'approcher. Dans ce genre de cas d'habitude je m'arrête. Manifestement elle voulait me dire quelque chose. C'était son droit. Mon devoir était de l'écouter. Lorsque son visage s'approcha du mien – au fond je croyais qu'elle allait m'envoyer une injure ou protester contre une injustice dont elle souffrait –, ses traits devinrent très graves, elle me fixa du regard, et d'une voix assez basse et néanmoins puissante, en articulant nettement chaque syllabe, elle me dit : « que soit béni le ventre qui t'a enfantée » ! Ce fut le meilleur compliment que j'ai reçu de ma vie. Voir Pilar Urbano, *La Reina*, Ed. Plaza Janes, 327–328.

162. Pilar Urbano, *La Reina*, 315.

163. Pilar Urbano, *La Reina*, 353.

164. Ce qui explique l'insistance du roi Paul

à rédiger lui-même les passages non politiques de ses adresses au peuple : il cherchait à communiquer à celui-ci son message d'unité et à l'assurer de sa sollicitude sans faille, suscitant de sa part des sentiments d'amour réciproque.

165. Columbia University. *The Greek Crown*, Athènes 1958, 45–47.

166. C'est dans ce même esprit que Paul voulut organiser la « Rencontre d'Athènes », sorte de conférence internationale, à laquelle seraient conviés à participer des scientifiques, des philosophes et des théologiens de renom, représentant un vaste éventail de traditions religieuses et d'écoles de pensée. La « Rencontre » aurait lieu tous les deux ans au début de l'été, sur la colline de Pnyx, face à l'Acropole. En fait, elle ne se déroula qu'une seule fois, en juin 1964, après donc la mort de Paul, sous la présidence de Constantin II.

167. *Grâce soit rendue à Dieu qui m'a accordé l'honneur de faire par des œuvres montre de ma sollicitude envers le peuple du Dodécanèse (…)* : Extrait d'un discours du roi Paul, adressé au peuple du Dodécanèse le 7 mars 1948 lors du rattachement de ces îles à la Grèce.

168. Allocution de Sa Majesté le roi lors de la cérémonie pour l'entrée en majorité de SAR le diadoque, prononcée dans la Salle des Trophées du Vieux Palais, le 2 juin 1958.

169. Allocution de Sa Majesté la reine prononcée au palais de Zappeion le 27 juin 1957. Voir la source en grec : « Providence Royale ». *Bilan de dix ans 1947–1957*. Discours de sa Majesté la Reine (Βασιλική Πρόνοια, *Απολογισμός δεκαετίας 1947–1957*. Ομιλία της Α. Μ. της Βασιλίσσης).

170. Jean 17, 4 et 11.

171. Condamnation de la mémoire : sentence par laquelle le Sénat romain frappait après leur mort ceux qu'il considérait comme ayant porté grièvement préjudice à Rome.

172. L'inaccessibilité, aux Archives Générales de l'État, au fonds de la dynastie de Georges Ier a enfin été levée en 2011. Néanmoins une partie des documents royaux, qui demeurent à ce jour non classés, reste toujours hors d'accès pour le chercheur.

173. Par souci d'exactitude, il faudrait également préciser qu'aucun parmi les neuf cent et quelques objets royaux exposés chez Christie's n'est de provenance grecque et ne fait partie du patrimoine culturel, artistique et artisanal hellénique.

174. À l'encontre des habitudes bien établies de la bourgeoisie grecque –et donc d'une bonne part de la classe politique–, la famille royale grecque ne transféra jamais de l'argent à l'étranger, et ce malgré l'incertitude de l'avenir et les fréquentes vicissitudes de sa destinée. À son amie Paola Lottero qui, au début de l'année 1922, l'invitait à prendre promptement soin de ses finances et de se munir à temps de quoi affronter matériellement un nouvel exil, le roi Constantin répond qu'il ne disposait pas de l'argent nécessaire, mais que, même s'il en avait les moyens, il se serait gardé d'expatrier des fonds « afin de ne pas influer sur le taux du change » –telles sont ses propres paroles– et nuire à son pays. La conséquence en fut que, lors des douze années d'exil (1923–1935), la plupart des princes vécurent soit au crochet de parents fortunés (dont la princesse Georges de Grèce, alias Marie Bonaparte, Edwina Ashley, la richissime épouse de Louis Mountbatten, ou bien la famille royale de Roumanie), soit furent-ils contraints de travailler. De même, après le 13 décembre 1967, la famille royale dans son exil romain dut affronter bien des difficultés financières, étant donné que la junte, en essayant de faire pression sur le roi, arbitrairement y détenait une partie de la Liste Civile et ne versait le reste qu'au compte-goutte et ce de plus en plus irrégulièrement. Après le changement de régime en 1973, toute rémunération en provenance de la Grèce cessa, de sorte que la famille royale dépendit en partie et pour un certain temps de la générosité d'amis grecs, armateurs de Londres et du Pirée. Précisons également que la Liste Civile, d'un montant considérable, était censée pourvoir aux besoins non seulement de la famille royale, mais de l'ensemble du Palais (frais de personnel, entretien des demeures royales, etc.).

CHRONOLOGIE SOMMAIRE (1821–1974)

25 mars/avril 1821 Déclaration de la révolution contre les Turcs. Début de la guerre de l'Indépendance.

1/12 janvier 1822 Proclamation de l'indépendance de la Grèce par l'assemblée réunie à Épidaure.

26 juillet/7 août 1825 Alors que l'armée égyptienne dévaste la Morée, les autorités de la Grèce remettent *volontairement le dépôt sacré de sa liberté et de son existence politique sous la protection exclusive de la Grande-Bretagne.*

Le 18/30 août 1825 L'Angleterre reconnaît aux Grecs insurgés le statut de belligérants.

3/15 avril 1827 L'assemblée de Trézène élit le comte Jean Capo d'Istria (Capodistrias) gouverneur de la Grèce pour sept ans.

25 juin/6 juillet 1827 Signature du traité de Londres. L'Angleterre, la France et la Russie invitent la Porte à concéder aux Grecs une autonomie sous sa suzeraineté.

8/20 octobre 1827 Destruction de la flotte ottomane et égyptienne à Navarin par les escadres réunies de l'Angleterre, de la France et de la Russie.

8/20 janvier 1828 Arrivée du gouverneur Capodistrias à Nauplie. Il y prête serment le 26 janvier/7 février.

14/26 avril 1828–2/14 septembre 1829 Guerre russo-ottomane.

22 janvier/3 février 1830 Reconnaissance de l'indépendance de la Grèce par les Puissances (Protocole de Londres). La Grèce est reconnue comme une monarchie. Léopold de Saxe-Cobourg est désigné pour être souverain de Grèce.

9/21 mai 1830 Léopold de Saxe-Cobourg renonce au trône de Grèce.

27 septembre/9 octobre 1831 Assassinat du gouverneur Capodistrias à Nauplie.

25 avril/7 mai 1832 Signature du Protocole de Londres qui désigne le prince Otto de Bavière comme roi de Grèce. La Grèce en tant que royaume parachève son indépendance. Aucune allusion n'est faite à une constitution.

27 juillet/8 août 1832 L'assemblée nationale reconnait Othon de Bavière comme roi de Grèce.

18/30 janvier 1833 Arrivée du roi Othon à Nauplie. Le roi, étant mineur, est accompagné d'une régence. Instauration d'un régime de monarchie absolue.

18/30 septembre 1834 Athènes est proclamée capitale du royaume.

20 mai/1 juin 1835 Majorité du roi.

10/22 novembre 1836 Othon de Grèce épouse la princesse Amélie de Oldenbourg qui arrive à Athènes le 2/14 février 1837.

3/15 septembre 1843 La révolution force Othon à octroyer une constitution. La Grèce devient une monarchie constitutionnelle. Une constitution est votée. Le roi y prête serment le 20 novembre/2 décembre 1843.

3/5 janvier–23 février/7 mars 1850 Blocus du Pirée par la flotte britannique (suite aux affaires de David Pacifico, naturalisé anglais, et de Georges Finlay). Saisie des bâtiments de commerce grecs.

1853–1855 Guerre de Crimée.

25 avril/7 mai 1854 Occupation du Pirée et de certains faubourgs d'Athènes par l'armée franco-britannique. Elle y demeure jusqu'au 16/28 février 1857.

10/22 octobre 1862 La révolution éclata à Athènes.

11/23 octobre 1862 La dynastie des Wittelsbach est destituée. Convocation d'une Assemblée Nationale.

12/24 octobre 1862 Le couple royal détrôné quitte la Grèce pour toujours.

10/22 décembre 1862 Première séance de la IIe Assemblée Nationale issue d'élections. Par voie plébiscitaire les Grecs accordent quasi unanimement leurs suffrages au prince Alfred d'Édimbourg. Le nombre des voix républicaines est dérisoire. Le 27 janvier/7 février 1863, Alfred décline définitivement l'offre du trône grec vacant.

18/30 mars 1863 L'Assemblée Nationale proclame le prince Guillaume-Georges du Danemark roi constitutionnel des Hellènes, sous le nom de Georges Ier, alors que les pourparlers étaient en cours entre les Puissances (en fait l'Angleterre) et le Danemark ; ils aboutissent le 24 mai/5 juin).

25 mai/6 juin 1863 Réception de la délégation grecque qui s'était rendue à Copenhague pour offrir la couronne de Grèce au prince danois.

18/30 octobre 1863 Arrivée du roi Georges Ier à Athènes.

17/29 mars 1864 Les îles de la mer Ionienne, britanniques depuis 1815, s'unissent à la Grèce.

16/28 novembre 1864 Le roi prête serment à la Constitution. La Grèce devient une Démocratie Couronnée.

15/27 octobre 1867 Georges Ier épouse à Saint-Pétersbourg la grande duchesse Olga Constantinovna de Russie.

21 juillet/2 août 1868 Naissance du prince héritier Constantin (1868–1923). Le parlement lui octroie peu après le titre de duc de Sparte.

11/23 août 1875 Dans le discours du Trône, prononcé lors de l'ouverture du parlement, Georges Ier s'engage à ne former des gouvernements qu'issus de la majorité déclarée.

31 mars/12 avril 1881 Union de la Thessalie ainsi que de la province de Arta (en Épire) à la Grèce.

3/15 mars 1882–27 avril/9 mai 1893 Ère de Harilaos Tricoupis.

26 avril/8 mai–26 mai/7 juin 1886 Blocus maritime des côtes de la Grèce par les flottes des Puissances (sous le commandement d'Alfred d'Édimbourg) afin de contraindre le pays au désarmement.

15/27 octobre 1889 Mariage à Athènes du prince héritier Constantin à la princesse Sophie de Prusse.

1/13 décembre 1893 L'État grec fait banqueroute.

25 mars/6 avril–3/12 avril 1896 Les premiers jeux Olympiques de l'ère moderne se déroulent à Athènes.

6/18 avril–8/20 mai 1897 Guerre gréco-turque. Débâcle grecque.

22 novembre/4 décembre 1897 La Grèce est placée sous contrôle économique international.

11/24 juillet 1908 La révolution des Jeunes Turcs bouleverse les données dans l'Empire ottoman.

15/28 août 1909 Coup d'État de la Ligue Militaire à Athènes ; l'armée maîtresse du pays.

28 décembre 1909/0 janvier 1910 La Ligue Militaire fait appel à Vénizélos qui s'installe désormais à Athènes.

5/18 octobre 1910 Vénizélos forme son premier gouvernement.

1/14 juin 1911 Achèvement des travaux de la nouvelle Constitution. Le roi y prête serment.

4/17 octobre 1912 La Grèce (de pair avec les autres États balkaniques) déclare la guerre à la Turquie (Première guerre balkanique : octobre 1912–mai 1913). Constantin généralissime.

26 octobre/8 novembre 1912 Prise de Salonique.

21 février/7 mars 1913 Prise de Ioannina.

5/18 mars 1913 Assassinat de Georges Ier à Salonique où il montait la garde. Constantin proclamé roi des Hellènes.

17/30 mai–5/18 juillet 1913 Deuxième guerre balkanique.

8/21 janvier 1914 L'Angleterre rejette l'offre d'alliance de la Grèce.

15/28 juin 1914 Assassinat de l'archiduc François-Ferdinand et de son épouse à Sarajevo.

22 juillet/4 août 1914 Déclenchement de la Première Guerre mondiale.

1/14 août 1914 Constantin Ier refuse l'offre d'alliance que lui propose l'empereur allemand.

5/18 août 1914 L'Angleterre rejette une nouvelle fois l'alliance grecque.

15 février/1 mars 1915 Vénizélos propose à l'Entente la participation de la Grèce à la campagne des Dardanelles. Rejet camouflé de la France, refus absolu de la Russie.

20 février/5 mars 1915 Première démission du gouvernement de Vénizélos.

5/18 mars 1915 Lourd échec de la flotte de l'Entente devant les Dardanelles.

9/22 mars 1915 Offre d'alliance de la part de la Grèce. L'Entente la rejette.

1/14 avril 1915 Nouveau rejet de la part de l'Entente de l'alliance grecque. Refus de la part de l'Entente de garantir l'intégrité du territoire grec.

22 avril/4 mai 1915 Devant le refus de garantir l'intégrité de son territoire, la Grèce réitère sa proposition d'alliance à l'Entente en n'y engageant que sa flotte. Nouveau refus.

31 mai/13 juin 1915 Élections législatives. Victoire de Vénizélos qui ne forme un gouvernement que le 4/17 août.

8/21 septembre 1915 Mobilisation de l'armée bulgare. Entrée en vigueur du traité secret avec la Serbie. La Grèce mobilise le lendemain. Vénizélos cherche à savoir si l'Entente serait disponible de fournir à la Grèce les 150 000 hommes que la Serbie, attaquée par le nord, est incapable d'engager contre les Bulgares. Seule la France répond par l'affirmative.

22 septembre/5 octobre 1915 Débarquement des premières troupes ententistes à Salonique en provenance des Dardanelles.

23 septembre/6 octobre 1915 Deuxième démission de Vénizélos.

6/19 décembre 1915 Elections législatives. Abstention du parti vénizéliste.

16/29 août 1916 Déclaration à Salonique du mouvement de la Défense Nationale.

26 septembre/9 octobre 1916 Arrivée de Vénizélos à Salonique. Création du gouvernement dit de la Défense Nationale. La Grèce cassée en deux.

18 novembre (décembre) 1916 « Evénements de novembre » : affrontements sanglants entre la population d'Athènes et les troupes françaises, débarquées dans une tentative d'intimidation et afin d'occuper certains points stratégiques de la capitale. Sévices de la populace contre des éminents vénizélistes.

25 novembre/8 décembre 1916 L'Entente décrète le blocus des côtes grecques.

29 mai/11 juin 1917 Ultimatum de l'Entente dont la flotte bloque Athènes. Le haut-commissaire français exige le départ immédiat de Constantin.

1/14 juin 1917 Constantin quitte la Grèce sans abdiquer. Lui succède, à titre provisoire, son deuxième fils, Alexandre (1893–1920).

11 juin 1917–14 novembre 1920 Tyrannie vénizéliste.

17/30 mai 1918 Bataille de Skra di Lengen. Victoire décisive grecque contre les Bulgares.

30 octobre/11 novembre 1918 L'Armistice. Fin de la Première Guerre mondiale.

2/15 mai 1919 Le conseil de la Paix envoie des forces grecques à Smyrne pour maintenir l'ordre.

28 juillet/10 août 1920 Signature du traité de Sèvres.

12/25 octobre 1920 Mort accidentelle du prince-roi Alexandre à 27 ans. L'amiral Paul Coundouriotis proclamé régent.

1/14 novembre 1920 Élections législatives. Défaite du parti vénizéliste. La reine mère Olga proclamée régente de Grèce.

22 novembre/4 décembre 1920 Plébiscite pour le retour du roi Constantin.

6/19 décembre 1920 Accueil triomphal de Constantin à Athènes.

27 août/8 septembre 1922 Entrée des avant-gardes turques dans Smyrne. Début des massacres.

31 août/12 septembre 1922 Incendie de Smyrne.

11/24 septembre 1922 L'armée révoltée en route vers Athènes, sous la conduite de N. Plastiras, exige l'abdication de Constantin et la dissolution de l'assemblée nationale.

14/27 septembre 1922 Abdication de Constantin Ier. Lui succède Georges II (1890–1947). Instauration d'un gouvernement révolutionnaire.

15/28 novembre 1922 « Exécution des six » (cinq politiciens et un militaire, prétendus responsables de la Catastrophe). La sentence de mort fut prononcée par une cour martiale extraordinaire. Le prince André y échappa de justesse.

29 décembre 1922/11 janvier 1923 Mort de Constantin Ier à Palerme.

16 décembre 1923 Élections législatives. Abstention des partis royalistes.

19 décembre 1923 Georges II et la reine Élisabeth son épouse quittent la Grèce.

25 mars 1924 Proclamation de la République par l'assemblée. L'amiral Paul Coundouriotis proclamé président de la République.

13 avril 1924 Plébiscite confirmant le changement de régime.

25 juin 1925–22 août 1926 Dictature du général Théodoros Pangalos.

19 août 1928–21 mai 1932 Gouvernement de Vénizélos.

14 décembre 1929 Alexandros Zaïmis proclamé président de la République.

6 mai 1933 Échec du coup d'État vénizeliste contre le gouvernement élu de P. Tsaldaris.

6 juin 1933 Tentative d'assassinat de Vénizélos.

1 mars 1935 L'échec du coup d'État vénizeliste contre le gouvernement élu rapproche l'éventualité de la restauration de la Royauté.

9 juin 1935 Élections législatives. Abstention du parti vénizeliste.

10 octobre 1935 Les chefs de l'armée démettent de ses fonctions le premier ministre P. Tsaldaris, s'emparent du pouvoir et décrètent le rétablissement de la Royauté.

3 novembre 1935 Plébiscite confirmant le changement de régime.

25 novembre 1935 Retour de Georges II à Athènes.

26 janvier 1936 Élections législatives : les deux partis bourgeois arrivent à égalité ; arbitre de la situation le parti communiste (avec 4,4 % des voix).

19 mars 1936 Mort de Vénizélos à Paris.

13 avril 1936 Suite à la mort du premier ministre Démertzis, le roi confie le gouvernement à l'ex-vice-président du Conseil et ministre de la Défense Jean Métaxas.

27 avril 1936 Métaxas obtient la confiance de la Chambre qui interrompt ses travaux pour six mois.

8–10 mai 1936 Troubles ouvriers sanglants à Salonique.

4 août 1936 Instauration par Georges II de la dictature de Jean Métaxas.

9 janvier 1938 Célébration à Athènes du mariage du diadoque Paul avec la princesse Frédérica de Hanovre et de Grande-Bretagne.

1 septembre 1939 Déclenchement de la Seconde Guerre mondiale.

28 octobre 1940 Attaque italienne contre la Grèce sur le front albanais. La Grèce victorieuse.

29 janvier 1941 Mort de Jean Métaxas.

6 avril 1941 Les Allemands envahissent la Grèce.

23 avril 1941 Le roi quitte Athènes pour la Crète ; capitulation de l'armée de l'Épire pour épargner que le pays ne soit inutilement dévasté.

20 mai 1941 Évacuation de la Crète. La famille royale et le gouvernement se réfugient en Égypte.

11 septembre 1941 Création de la Ligue Hellénique Nationale et Démocratique (EDES).

27 septembre 1941 Création du Front National de Libération (EAM). La direction du mouvement suivra bientôt les lignes définies par le Kominterm : fronts patriotiques couvrant un éventail idéologique le plus large possible. Immense retentissement.

3 septembre 1943 Capitulation de l'Italie. Tournant décisif de la résistance grecque. Dissolution du Komintern. Sous emprise communiste, EAM se livre à l'extermination systématique de toute force résistante armée non communiste (Ier tour de guerre civile).

18 mars 1944 Création du gouvernement provisoire, composé de socialistes et de communistes, qui se place en rival du gouvernement officiel en exil. À partir du 27 mai 1944 il est soumis aux directives du « Conseil National », entièrement communiste.

3–27 avril 1944 Mutinerie des forces armées helléniques en Égypte. Le 24 avril Georges Papandréou est nommé par le roi chef du gouvernement en exile.

20 mai 1944 Signature des accords du Liban. Échec du gouvernement provisoire et du P.C. Les forces de la résistance sont placées sous l'autorité du gouvernement ; la nature du régime (Royauté ou République) sujette au choix populaire.

26 septembre 1944 L'accord de Caserte : l'ensemble des forces armées résistantes font désormais partie de l'armée grecque, placée sous l'autorité du général Scobie.

9 octobre 1944 La conférence de Moscou confirme le maintien de la Grèce dans la zone d'influence britannique.

18 octobre 1944 Libération d'Athènes.

3 décembre 1944–3 janvier 1945 La bataille d'Athènes : insurrection communiste.

12 février 1945 Signature de l'accord de Varkiza.

31 mars 1946 Élections législatives. Abstention de la gauche communiste. Victoire de la droite royaliste.

31 mars 1946 Début de la 3ᵉ phase de la guerre civile qui dans les mois suivants sera matériellement encouragée par Moscou et ses acolytes.

1 septembre 1946 Plébiscite confirmant le verdict des urnes aux élections législatives.

27 septembre 1946 Retour de la famille royale en Grèce.

21 février 1947 La Grande-Bretagne annonce son impossibilité de soutenir davantage la Grèce.

12 mars 1947 Les États-Unis s'engagent à soutenir la Grèce (et la Turquie) dans sa lutte contre l'agression communiste (dogme Truman).

1 avril 1947 Mort de Georges II ; lui succède son frère Paul (1901–1964).

5 juin 1947 Annonce du plan Marshall. L'aide livrée en Grèce ne sera effective qu'à partir du printemps 1948.

31 août 1949 Fin de la guerre civile.

31 décembre 1952 Vote par l'assemblée de la nouvelle Constitution.

19 novembre 1952–4 octobre 1955 Gouvernement du maréchal Papagos. Démarrage du redressement économique du pays.

5 octobre 1955 Le roi Paul nomme Constantin Caramanlis premier ministre. Début de l'ère Caramanlis. Poursuite spectaculaire du redressement.

11 mai 1958 Aux élections législatives le P.C. (EDA) obtient le 24% des voix.

29 octobre 1961 Élections législatives dont le résultat fut contesté par l'opposition qui organise contre le gouvernement le « combat intransigeant ».

1 novembre 1962 La Grèce est reconnue membre associé du Marché Commun Européen.

27 mai 1963 Assassinat de Grigoris Lambrakis, député de la Gauche à Salonique.

18 juillet 1963 Caramanlis démissionne désapprouvant la visite officielle du couple royal en Angleterre.

3 novembre 1963 Élections législatives. Georges Papandréou obtient 138 sièges sur 300 et forme, avec l'appui du Palais, son gouvernement.

14 février 1964 Aux élections, l'Union du Centre remporte le 52,72% des suffrages.

6 mars 1964 Mort de Paul Ier. Lui succède Constantin II (né en 1940).

15 juillet 1965 La « crise de juillet ». Abdication de Georges Papandréou.

17 septembre 1965 Le gouvernement, dit « des apostats », de Stéphanos Stéphanopoulos obtient la confiance du Parlement.

21 avril 1967 Le coup d'État des colonels inaugure une dictature de sept ans.

13 décembre 1967 Contre coup d'État du roi afin de renverser la dictature. Suite à l'échec, la famille royale s'exile à Rome.

1 juin 1973 La Junte abolit la Royauté.

20 juillet 1974 Invasion turque à Chypre. Effondrement de la junte.

24 juillet 1974 Rétablissement de la démocratie. Constantin Caramanlis, rentré de Paris, forme son gouvernement. Peu après, entrée en vigueur de la constitution de 1952, sauf les clauses définissant le régime.

8 décembre 1974 Plébiscite confirmant le choix de régime fait par Caramanlis : en faveur de la restauration de la Royauté (Démocratie couronnée) vota le 30,85% des Grecs. Le taux d'abstention s'éleva à 25,5%.

ARBRE GÉNÉALOGIQUE DES FAMILLES ROYALES DE DANEMARK ET DE GRÈCE

ROIS DE DANEMARK
ROIS DE GRÈCE

Christian IX (1818–1906) (Louise de Hesse-Cassel)

- Valdemar (Marie d'Orléans)
  - Marguerite (René de Bourbon-Parme)
  - Viggo
  - Erik
  - Axel
  - Aage

- Thyra (Ernest-Auguste II de Hanovre, duc de Cumberland) → HANOVRE

- Dagmar / Maria Feodorovna (Alexandre III de Russie) → RUSSIE

- **Guillaume / Georges Ier de Grèce (1845–1913)** (Olga Constantinovna de Russie)
  - Christophe (Nancy Leeds (Anastasia) / Françoise d'Orléans)
  - André (Alice de Battenberg)
  - Olga
  - Maria (Georges Michailovitch de Russie, Périclis Ioannidis)
  - Nicolas (Elena Vladimirovna de Russie)
  - Alexandra (Paul Alexandrovitch de Russie)
  - Georges (Marie Bonaparte)
  - **Constantin Ier / XII (1868–1923)** (Sophie de Prusse)

- Alexandra (Édouard VII de Grande-Betagne) → ANGLETERRE

- **Frédéric VIII (1843–1912)** (Louise de Suède et de Norvège)
  - Dagmar
  - Gustave
  - Thyra
  - Ingeborg
  - Harald
  - Louise
  - Charles / Haakon VII (Maude de Galles) → NORVÈGE
  - **Christian X (1870–1947)** (Alexandrine de Mecklembourg-Schwerin)

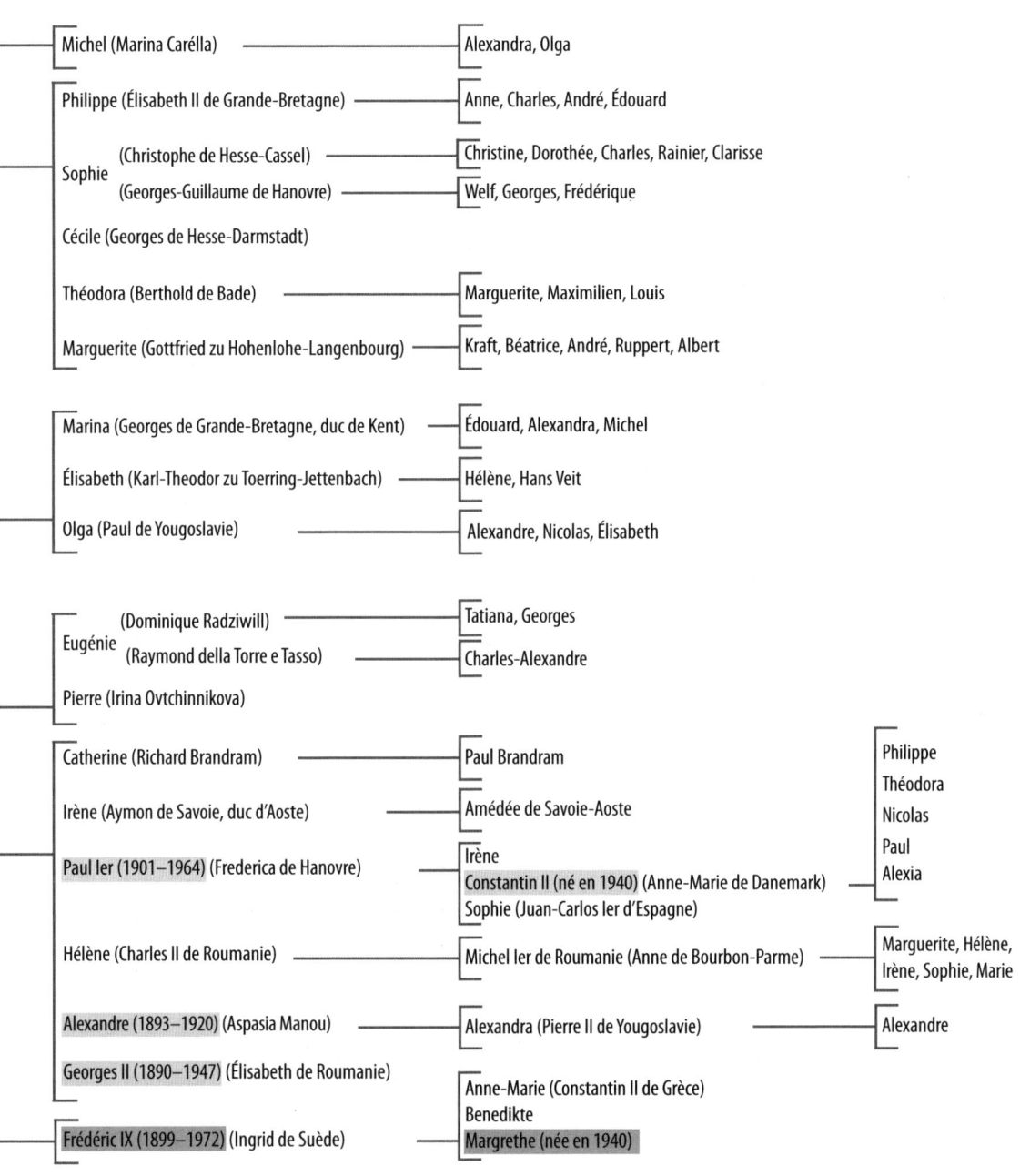

INDEX

A

Abatiélos, Andonis 245
Abdul Hamid II 140
About, Edmond 23
Agamemnon, roi de Mycènes 40
Ährenthal, Alois Lexa von 306
Alexandra de Danemark, princesse de Galles, reine d'Angleterre 22
Alexandra de Grèce, grande duchesse Paul de Russie 129
Alexandra de Kent 245
Alexandre prince, puis roi des Hellènes 147, 196, 200, 201, 202, 203, 204, 210, 268, 311, 312, 327
Alexandre le Grand 27
Alexandre Ier, tsar de Russie 51, 103
Alexandre de Serbie 311
Alfred d'Édimbourg 22, 52, 112, 291, 325, 326
Alice de Battenberg, princesse André de Grèce 192, 259, 261, 321, 322
Amélie (Amalia) d'Oldenbourg, reine de Grèce 37, 56, 58, 59, 61, 62, 63, 110, 111, 252, 266, 267, 292, 294, 300
André, prince de Grèce 130, 205, 209, 312, 313, 321, 327
Anne-Marie de Danemark, reine des Hellènes 98, 282, 319
Armansperg, Joseph Ludwig von 108
Ashley, Edwina 324
Athanassiadis Novas, Georges 98
Attlee, Clément 78, 80
Avéroff, Georges 253

B

Bahauer, Gina 83
Beauharnais, Eugène de 101
Bethmann-Hollweg, Theobald von 308
Briand, Aristide 188, 196, 309
Broussilov, Alexéi Alexéevitch 187

C

Canaris, Constantinos 25, 291
Canellopoulos, Panaghiotis 97, 243
Canning, Georges 51
Capodistrias, Augustin 106
Capodistrias, Ioannis / Jean 25, 39, 41, 44, 47, 51, 52, 59, 101, 103, 104, 105, 106, 109, 114, 115, 118, 134, 251, 291, 299, 300, 325
Caramanlis, Constantin 39, 90, 235, 236, 240, 241, 242, 243, 244, 245, 246, 264, 283, 286, 297, 298, 302, 317, 318, 329
Carella, Marina 303
Castlereagh, Robert Stewart, vicomte 51
Catherine de Grèce, lady Brandram 147, 260, 331
Catherine II de Russie (Grande Catherine) 251
Charles X, roi de France 54
Chateaubriand, François-René 290
Christian de Schleswig-Holstein-Sonderbourg-Glucksbourg, futur Christian IX de Danemark 21
Christian Guillaume Ferdinand Adolphe Georges, prince de Danemark, futur Georges Ier des Hellènes 21, 22, 25, 113, 325
Christmas, Walter 303
Christodoulos, archevêque d'Athènes 319
Christophe, prince de Grèce 205
Chrysanthos de Trébizonde (archevêque) 261
Chrysostome de Smyrne (métropolite) 206
Churchill, Winston 79, 155, 164, 177, 181
Cochin, Denys 189
Colettis, Jean 54, 103, 294, 300
Colocotronis, Théodoros 18, 26, 40, 103, 291, 293
Contostavlou, Angélique 129
Condylis, Georges 68
Constantin XI Paléologue, empereur des Romains 40
Constantin diadoque, puis Constantin Ier, roi des Hellènes 24, 55, 66, 68, 80, 87, 88, 89, 124, 131, 135, 136, 137, 138, 139, 141, 142, 143, 144, 145, 146, 147, 148, 152, 154, 155, 156, 157, 158, 161, 162, 164, 165, 166, 167, 168, 170, 171, 172, 173, 174, 175, 176, 180, 181, 182, 184, 185, 187, 188, 189, 190, 191, 193, 194, 195, 197, 198, 199, 200, 201, 203, 204, 205, 206, 207, 208, 210, 226, 253, 261, 262, 263, 268, 271, 274, 282, 291, 294, 302, 305, 306, 307, 308, 309, 311, 312, 324, 326, 327
Constantin, héritier présomptif, diadoque, puis Constantin II, roi des Hellènes 81, 84, 85, 89, 90, 91, 93, 94, 97, 98, 99, 211, 212, 217, 230, 236,

243, 247, 273, 276, 277, 282, 286, 287, 289, 298, 299, 302, 303, 313, 317, 318, 319, 329
Coraïs, Adamantios 43
Coryzis, Alexandros 76
Costi, Julie 129
Coubertin, Pierre de 253
Coumoundouros, Alexandros 133
Coundouriotis, Paul 327

D
Damascène d'Athènes (archevêque) 80, 261
Delcassé, Théophile 179
Déliyannis, Théodoros 301, 302
Delta, Pénélope 321
Démertzis, Constantin 328
Dovas, Constantin 297

E
Édouard, prince de Galles, futur Édouard VII 22,
Elgin, Thomas Bruce Lord 254
Élisabeth II, reine d'Angleterre 245, 246
Élisabeth, princesse de Roumanie, reine des Hellènes 295, 327
Elliott, Henry Sir 132
Eugène de Leuchtenberg 22
Eugène de Saxe-Cobourg 112, 113
Évagre 292
Evghénidis, Evghénios 320
Eynard, Jean-Gabriel 112

F
Finlay, Georges 325
Fisher, John Arbuthnot 164
François-Ferdinand des Habsbourg 136, 304, 326
Fouché, Joseph 100
François d'Orléans, prince de Joinville 112
Frédéric, impératrice 131, 141, 308
Frédéric VII de Danemark 21, 22, 23, 24, 113, 293
Frédérica de Hanovre, princesse héritière, puis reine des Hellènes 84, 85, 88, 90, 124, 211, 212, 213, 216, 217, 218, 221, 222, 223, 224, 226, 227, 228, 229, 230, 231, 233, 236, 238, 240, 241, 242, 243, 245, 246, 247, 260, 262, 263, 264, 273, 274, 276, 277, 298, 302, 313, 314, 320, 322, 328

G
Georg-Wilhelm, prince de Hanovre 276
Georges, prince de Grèce 130, 141, 148, 149, 150, 167, 190, 205, 312, 313, 322
Georges Ier, roi des Hellènes 23, 25, 26, 43, 64, 65, 89, 96, 112, 113, 114, 115, 116, 118, 124, 125, 127, 128, 129, 131, 132, 133, 134, 135, 136, 137, 138, 139, 141, 142, 144, 145, 146, 147, 148, 152, 153, 252, 253, 254, 255, 260, 265, 289, 291, 303, 304, 320, 324, 326
Georges Ier, dynastie de 66
Georges, prince héritier, puis roi Georges II des Hellènes 68, 70, 71, 73, 74, 75, 76, 77, 78, 79, 80, 81, 83, 84, 147, 196, 204, 208, 210, 218, 287, 291, 295, 296, 312, 313, 314, 321, 327, 328, 329
Georges IV, roi d'Angleterre 106, 233
Georges V, roi d'Angleterre 190, 191, 233, 320
Georges Michailovitch, grand duc de Russie 255, 303
Ghounaris, Dimitrios 169, 301, 312
Glucksbourg, maison / dynastie 24
Grey, Edward Lord 155, 179, 182, 191
Guillaume / Guillaume-Georges, voir Christian Guillaume Ferdinand Adolphe Georges
Guillaume II, empereur allemand (Kaiser) 141, 154, 172, 174, 182, 183, 214, 267, 304, 312
Guillemin, Jean 310
Guizot, François 54

H
Hahn, Kurt 262
Hamilton, amiral anglais 293
Heideck, Carl Wilhelm von 108, 320
Hélène de Grèce, reine mère de Roumanie 147, 260, 261
Hélène de Russie, princesse Nicolas de Grèce 192, 256, 258, 321, 322
Henri V, comte de Chambord 271
Hill, H.B. 321
Hitler, Adolphe 321
Hoïdas, Constantin 298
Howard, Esme 149, 304
Hypsilantis, Alexandros 44
Hypsilantis, Dimitrios 44
Hypsilantis, Grégoire 112, 301

I

Ignace, métropolite d'Arta 101
Ioannidis, Périclis 303
Irène de Grèce 84, 85, 89, 93, 212, 217, 243, 245, 276, 288, 313
Irène de Grèce, duchesse d'Aoste 147
Izwolsky Alexandre, 306

J

Jonnart, Charles 194
Juan Carlos de Bourbon, roi d'Espagne 243
Jules, prince de Glucksbourg 25, 115, 133

K

Kemal Ataturk, Mustafa 206, 311
Kerr, Mark (amiral) 159

L

Lambrakis, Grigoris 329
Léopold de Saxe-Cobourg 41, 106, 325
Léopold Ier, roi des Belges 113
Lieven, Christophe de 108
Lloyd George, David 312
Lottero, Paola, comtesse d'Ostheim 172, 324
Louis Ier, roi de Bavière 21, 251, 254
Louis II de Bavière 127
Louis XVI, roi de France, 100
Louise de Hesse-Cassel 21
Louis d'Orléans, duc de Nemours 103
Louis-Philippe, duc d'Orléans, puis roi des Français 103, 293, 294

M

Mac Mahon, Patrice de 112
Mackensen, August von 183
Macriyannis, Ioannis 251, 293, 319, 320
Maistre, Joseph de 269
Maitland, Thomas 51
Manos, Alexandros 255
Manou, Aspasie, princesse Aspasie de Grèce 202, 303, 311
Margaritis, Philippos 109
Marguerite de Prusse, princesse de Hesse-Cassel 141, 172, 192, 268, 308
Marie Bonaparte, princesse Georges de Grèce 149, 256, 257, 258, 313, 322, 324
Marie de Grèce, grande duchesse Georges de Russie 129, 205, 258, 303, 320
Marina de Grèce, duchesse de Kent 245
Markesinis, Spyros 240, 298, 303, 316
Mavrocordatos, Alexandros 47, 101, 300
Marshall, Georges 234 (plan), 239, 313, 316, 328 (plan)
Mary, Queen of England 233
Maurer, Georg Ludwig von 108
Mavromichalis, Constantin et Georges 299
Méla, Alexandra 223, 227, 316
Menuhin, Yehudi 83
Métaxas, Jean 72, 74, 75, 76, 79, 143, 151, 156, 164, 166, 195, 196, 208, 260, 300, 309, 310, 321, 328
Miaoulis, Andréas 40, 291
Michalos, Marica 316, 317
Michel de Grèce 93, 303
Michel de Roumanie 276
Mitsotakis, Constantin 96, 244, 286, 298
Mitterand, Frédéric 247
Mohamed Ali, pacha puis khédive d'Egypte 48
Mountbatten, Louis Lord 324

N

Nichols, Beverley 268
Nicolas, prince de Grèce 130, 131, 139, 157, 189, 199, 205, 265, 268, 299, 311, 312, 321
Nicolas, prince de Grèce 290
Nicolas II, tsar de Russie 100, 190
Nomicos, Dimitrios 320

O

Obrénovitch, Alexandre et Draga 304
Oldenbourg, maison ducale d' 113
Oldenbourg, Paul Frédéric Auguste, duc d' 37
Olga (Constantinovna) de Russie, reine des Hellènes 65, 129, 130, 131, 204, 205, 214, 252, 253, 255, 256, 258, 259, 274, 302, 320, 326, 327
Othon (Otto) de Wittelsbach, prince de Bavière, roi de Grèce 21, 24, 25, 26, 41, 44, 52, 55, 56, 57, 58, 59, 60, 62, 63, 64, 107, 108, 109, 110, 111, 112, 114, 115, 129, 251, 254, 293, 294, 319, 320, 325
Origène 292
Ovtchinnikova, Irène 313

P

Pacifico, David 325
Palmerston, Henri Jean Temple, vicomte de 22, 24, 52, 62, 108

Pandermalis, Dimitrios 254
Pangalos, Théodoros 77, 328
Papadiamantis, Alexandros 19, 26, 27, 40, 291
Papagos, Alexandros 90, 235, 237, 240, 241, 242, 297, 316, 329
Papalighouras, Panaghis 243
Papandréou, Andréas (fils) 40, 96, 97, 286
Papandréou, Georges (père) 80, 82, 93, 96, 97, 98, 233, 239, 244, 298, 302, 328, 329
Papandréou, famille 292
Papanicolaou, Lilica 313
Passarov 175
Paul, prince héritier, puis roi des Hellènes 74, 79, 81, 82, 83, 84, 85, 87, 88, 120, 147, 201, 204, 213, 215, 216, 220, 222, 230, 235, 240, 245, 246, 247, 262, 264, 273, 274, 275, 276, 279, 296, 302, 303, 313, 314, 322, 323, 328, 329
Paul Alexandrovitch, grand duc de Russie 129
Peron, Evita 225
Peurifoy, John Emil 239, 316, 317
Philippe de Grèce, duc d'Édimbourg 246
Pierre le Grand, tsar de Russie 168
Pierre, prince de Grèce 313
Pierre saint 292
Pipinellis, Panaghiotis 302, 313
Plastiras, Nicolaos 77, 80, 239, 296, 327
Platon 262
Potamianos, Haralambos 296, 298

R

Ribot, Alexandre 196
Rodopoulos, Constantin 243
Roquefeuil, Maximilien de 188
Rothschild, banquiers 49

S

Sandstrom, Emil 322
Sapountzaki, Catherine 129
Sarrail, Maurice 186, 189, 190, 191
Scouloudis, Stéphanos 309, 310
Simitis, Constantin 287
Sophie de Grèce, reine d'Espagne 84, 85, 89, 187, 217, 273, 274, 276, 288, 319, 323
Sophie de Prusse, princesse héritière, puis reine des Hellènes 129, 147, 154, 172, 187, 191, 192, 207, 210, 214, 252, 256, 258, 259, 260, 261, 266, 267, 268, 271, 274, 302, 308, 321, 326
Sophoulis, Thémistoclis 72, 239
Sponneck, Charles Epinger 114, 115, 133
Staline, Joseph Vissarionovitch Djougachvili 261, 297

Stéphanopoulos, Costis 319
Stéphanopoulos, Stéphanos 100, 243, 329
Stréit, Georges 156, 180, 307
Syméon de Bulgarie 276
Syngros, Andréas 262

T

Talleyrand, Charles Maurice de 108
Théochari, Hélène 129
Théotokis, Georges 133–134, 140
Tricoupis, Harilaos 39, 117, 118, 133, 135, 139, 301, 302, 326
Tsaldaris, Constantin (Dinos) 239
Tsaldaris, Panaghiotis (Panaghis) 328
Tsacalotos, Thrasyvoulos 240
Tsirimocos, Ilias 298
Tsoudéros, Emmanuel 77

U

Uldall, Frits Peter 303
Urbano, Pilar 273, 323

V

Vénizélos, Eleuthérios 19, 39, 65, 70, 71, 72, 75, 93, 134, 141, 142, 146, 147, 148, 149, 150, 151, 152, 153, 154, 155, 156, 157, 158, 159, 160, 162, 164, 165, 166, 167, 168, 169, 171, 172, 173, 174, 175, 176, 178, 179, 180, 181, 182, 183, 190, 191, 193, 195, 196, 197, 198, 203, 204, 239, 268, 282–283, 291, 295, 302, 304, 305, 306, 307, 308, 309, 310, 311, 312, 326, 327, 328
Vénizélos, Sophoclis 93, 239, 244, 298, 318
Vernardakis, Dimitrios 38
Victoria, princesse d'Angleterre 137
Victoria, reine d'Angleterre 22, 52, 113, 131, 141, 258, 308
Viviani, René 183

W

Weismann, Otto 266
Wellington, Arthur Wellesley, duc de 18
Wittelsbach bavarois 62
Wittelsbach grecs 62

Z

Zaïmis, Alexandros 182, 300, 328
Zervas, Napoléon 218, 314
Ziller, Ernst 254

LÉGENDES DES PHOTOS SUR DEUX PAGES

p. 16–17. L'arrivée d'Othon à Nauplie le 25 janvier / 6 février 1833. Tableau de Peter von Hess (1835).

p. 122–123. Eleuthérios Vénizélos, en tant que ministre des Affaires Militaires, offre de la part du gouvernement le bâton de maréchal au roi Constantin Ier, dans la Salle des Cérémonies du palais royal, le 6 / 18 avril 1914. Aux côtés du roi, ses adjudants, les colonels Constantinos Lévidis et Andréas Callinskis. À l'extrême gauche de la photo, les princes. Tableau du peintre français Georges Bertin-Scott.

p. 248–249. Instantané du mariage de la princesse Sophie de Grèce avec le prince espagnol Juan Carlos des Bourbons le 16 mai 1962. Le carosse transportant les mariés sort de la rue Ermou sur la place de Syntagma. Le diadoque Constantin les suit à cheval.

PROVENANCE DES IMAGES

Archive de l'auteur: images 25, 65, 69, 71–73, 78, 83, 87, 103.

Archive des éditions Kapon: images 9–10, 100.

Bibliothèque du Parlement Hellénique: images 46, 61.

Société des Amis du Peuple: images 4, 5, 14, 17, 18–21, 28–30, 32, 44, 55, 57, 60, 63, 66, 67, 84, 85, 99, 106.

Musée d'Histoire Nationale d'Athènes: images 2, 6, 7, 11, 16, 21–23, 26, 27, 31, 33, 36–38, 40–42, 48, 50–54, 58–59, 64, 89, 97, 98, 102, 105.

Fondation *Actia Nicopolis*: photographe prince Nicolas: images 43, 47, 49, 90, 91, 92. Φωτ. Labranche Étienne (Βλαστός Στέφανος;): images 93, 94, 95, 96.

Royal Collection Trust / © Her Majesty Queen Elizabeth II 2015: image 45.

Nicos Politis: images 15, 70, 74, 75, 88, 104.

Maro Vassilicou: images 80, 81.

© David Seymour / Magnum Photos: image 24.

Political memoirs, 1914–1917: pages from my diary, Nicholas, Prince of Greece, 1872-1938, Londres 1928: image 62.

Deutsche Iauen in Athen, Hans Herman Russack, Berlin 1942: image 12.

Θεσσαλονίκη 1912–1962: Αναμνηστική έκδοση, 1963 (*Salonique 1912–1962: édition commémorative*, 1963): image 86.

Πολιτική Ιστορία της Νεωτέρας Ελλάδος, Σπυρίδων Μαρκεζίνης, Εκδόσεις Πάπυρος, Αθήνα 1968 (*Histoire Politique de la Grèce moderne*, Spyridon Markesinis, éditions Papyros, Athènes 1968): image 35.

A Measure of Understanding. Queen Frederica of the Hellenes, Macmillan, 1971: images 68, 76, 77, 79, 82, 107.

Αρμενίζοντας στο Χρόνο. Το πλοίο στην ελληνική τέχνη, Έλση Σπαθάρη, Εκδόσεις Καπόν, Αθήνα 1997 (*Naviguer dans le temps. Le navir dans l'art grec*, Elsi Spathari, éditions Kapon, Athènes 1997): image 8.

Το χρονικό του Τατοΐου, Κώστας Μ. Σταματόπουλος, Εκδόσεις Καπόν, Αθήνα 2004 (*La chronique du domaine royal de Tatoï*, Costas M. Stamatopoulos, éditions Kapon, Athènes 2004): images 13, 39, 56.

Το Ναύπλιο των περιηγητών, Αφροδίτη Κούρια, Εμπορική Τράπεζα της Ελλάδος, Αθήνα 2007 (*Nauplie vu par les voyageurs*, Aphroditi Couria, Banque Commerciale de Grèce, Athènes 2007): images 1, 3.

Ο Χαρίλαος Τρικούπης, Μια βιογραφική περιήγηση, Λύντια Τρίχα, Εκδόσεις Καπόν, Αθήνα 2010 (*Harilaos Tricoupis: itinéraire d'une vie*, Lydia Triha, éditions Kapon, Athènes 2010): images 34, 101.

CONCEPTION ARTISTIQUE: **RACHEL MISDRAHI-KAPON**
CONSEILLER ARTISTIQUE: **MOÏSE KAPON**
ÉDITION DES TEXTES: **ANASTASIA CARASTATHI**
DTP: **ELENI VALMA, MINA MANTA, DEMETRA POULAKI**
TRAITEMENT DES IMAGES: **MICHALIS TZANNÉTAKIS**
SECRÉTARIAT: **MARIA KATAGA**
IMPRESSION: **ELIKON S.A.R.L.**
RELIURE: **I. BOUNTAS - P. VASILIADIS**